4 000 prénoms
d'hier, d'aujourd'hui et d'ailleurs

Marie-Andrée
FOURNIER

4 000 prénoms
d'hier, d'aujourd'hui et d'ailleurs

Traditionnels ou nouveaux,
mythologiques, historiques,
régionaux, étrangers ou écologiques.

ROBERT LAFFONT

© Éditions Robert Laffont, S.A., Paris, 1999

PRÉSENTATION

L'être humain se démarque des autres individus par son nom. Par son prénom, il se distingue des personnes qu'il connaît directement, famille, amis, relations. Il affirme ainsi sa spécificité et son originalité au milieu de ses semblables. Le choix d'un prénom ne doit pas être, en conséquence, fait à la légère, car, la vie durant, il s'amplifie de tout un contenu affectif et social.

Résonances affectives tout d'abord. Le nourrisson endormi dans son berceau est nimbé des potentialités qu'attribuent ses parents à son prénom. Celui-ci recouvre une somme d'espoirs de caractéristiques physiques et intellectuelles qui orientent les parents vers tel ou tel choix. Inconsciemment, pour les parents, le prénom doit être avant tout bénéfique et posséder une sorte d'aura mi-protectrice, mi-orientatrice. Quel est celui qui, tenté par le choix de tel prénom, ne l'a pas écarté sans appel parce qu'il lui rappelait quelqu'un de sa connaissance ainsi prénommé et particulièrement malchanceux ? Cette notion rejoint sans ambages le culte du saint patron dont on souhaite la fête, à qui l'on met des cierges, que l'on invoque aux moments de crise et que l'on remercie avec des ex-voto. Le saint patron est salvateur et bienfaisant.

Socialement parlant, les résonances du prénom sur l'entourage sont tout aussi importantes. Le prénom situe, classe : géographiquement, on se souvient des querelles à propos des prénoms bretons ; professionnellement, choix des prénoms littéraires ; familialement, prénoms traditionnels d'une famille ; historiquement, prénoms révolutionnaires, belliqueux, etc.

Le prénom est le révélateur de la personne : il donne une image de celui qui le porte avant même de le voir, chacun ayant en lui un petit schéma inconscient à propos de tel ou tel prénom, l'énoncé et la musicalité de ceux-ci comptant pour beaucoup. Toujours est-il que cette image détermine une réaction en retour qui a toute son importance dans la mesure où elle accepte ou rejette le porteur de ce prénom et conditionne ainsi son développement et sa manière d'être négative ou positive en société. D'où la nécessité de ne pas perdre de vue ce que j'appellerai un choix social.

Déjà, dès les temps les plus reculés, les êtres se reconnaissaient et se distinguaient par leurs noms. L'Hébreu n'avait qu'une seule dénomination. Le Grec, pour sa part, portait un nom, en principe celui du grand-père, associé au démotique, c'est-à-dire le nom du dème (circonscription géographique) dont il dépendait.

Le latin, plus raffiné encore, possédait jusqu'à quatre désignations : tout d'abord le gentilice, c'est-à-dire le nom de la *gens* (famille très élargie comprenant les clients ou protégés de celle-ci) : le gentilice était souvent formé sur le nom de l'ancêtre éponyme quelquefois divinisé, ceci pour dorer le blason de la *gens* ; suivaient ensuite le nom de famille propre ou *cognomen*, le prénom ou *praenomen* attribué une dizaine de jours après la naissance, et quelquefois l'*agnomen*, surnom donné à l'âge adulte. Les filles n'avaient droit, en ce qui les concernait, ni au *praenomen* ni à l'*agnomen* ; une fois mariées, elles se contentaient d'adjoindre, au gentilice et au *cognomen*, le nom de leur mari.

Ce schéma latin fut introduit en Gaule, lors des invasions romaines. Les Gaulois, qui n'avaient jusque-là qu'un seul nom, d'essence guerrière en principe comme beaucoup de noms celtes, se coulèrent dans le moule des vainqueurs, et adoptèrent leur mode de désignation jusqu'au Ve siècle. À cette date, les hordes germaniques déferlèrent sur le pays. Si les barbares ne parvinrent jamais à oblitérer la langue des envahis, leurs noms sonores et redondants, aux significations belliqueuses, conquirent la noblesse tout d'abord, et le vulgum pecus un peu plus tard. Tant et si bien que Giry estime, dans son manuel de Diplomatique, qu'au Ve siècle, un quart de la France était gagné aux noms germaniques, au VIe siècle, la moitié du pays était concernée, au VIIe siècle, les trois quarts, et au IXe siècle, la majeure partie.

On peut cependant émettre une petite réserve pour le sud de la France, un peu moins touché par le phénomène. Les noms barbares étaient uniques, mais constitués en général de mots accolés tels Hrod (gloire), Berth (brillante) qui donna Robert ; Ercan (naturel), Bald (audacieux) : Archibald ; Adal (noble), Gund (combat) : Aldegonde.

PRÉSENTATION

Ce fonds germanique déformé, latinisé, forme le substrat de nos prénoms actuels.

Aux alentours de l'An Mil, l'Église gagnant de l'influence sur la société, le culte des saints se développa d'autant, entraînant le peuple à mettre sa progéniture sous la garde bienfaisante de bienheureux patrons. On assista alors à une pléthore d'homonymie, chacun se précipitant sur les mêmes grands saints régionaux ou nationaux, d'où une certaine difficulté pour différencier les individus. Ces derniers se tirèrent toutefois fort bien de ce mauvais pas, en s'affublant les uns les autres de surnoms dérivant de la toponymie, des métiers exercés, ou tout simplement de sobriquets plus ou moins charitables.

Il se fit alors un emploi de plus en plus fréquent du nom de baptême primitif, associé au surnom qui tendit à devenir héréditaire et familial entre le XIIIe et le XVe siècle. La distinction : nom-prénom, telle qu'on la connaît à l'heure actuelle, était née. Cet état de choses fut entériné en 1539 par l'ordonnance de Villers-Cotterêts, sur les ordres de François Ier, soucieux d'unité nationale. Il y était stipulé que les curés des paroisses devraient établir et tenir un état civil des individus, état civil qui associerait la double désignation : nom de baptême-nom de famille.

En 1598, l'édit de Nantes imposa la même tâche aux pasteurs, l'ordonnance de Villers-Cotterêts n'ayant pas prévu les guerres de Religion !

En 1792, entre le 20 et le 25 septembre, on décida la laïcisation de l'état civil. Ce décret fut entériné par la loi du 11 germinal, an IX (1er avril 1803) sous le Consulat, alors en pleine rédaction du Code civil. Il y était notamment stipulé que la tenue de l'état civil reviendrait aux maires et à leurs adjoints. Nous demeurons encore, de nos jours, sous la férule de cette loi.

Il importe de connaître, maintenant, la législation concernant les conditions et le choix des prénoms. Rien ne sert en effet d'élire un nom particulier, s'il doit être refusé par l'officier d'état civil. Il est également normal de pouvoir disposer d'arguments valables afin d'éviter un refus, et de connaître ses droits au cas où ce refus serait maintenu. Il est bien évident que les prénoms ridicules ne peuvent être tolérés, mais il faut savoir quelquefois faire respecter son choix. Il me souvient du cas d'amis personnels ayant voulu prénommer leur fille Jennifer dans une ville de province, et s'être vu catégoriquement refuser cette appellation par l'officier d'état civil, qui la trouvait « bizarre ». Quoi de plus joli que ce prénom féminin, porté cependant par quelques petites filles de ma connaissance, et qui n'a pas soulevé l'étonnement d'autres officiers d'état civil, chargés d'enregistrer leur naissance ! Il importe donc de lutter contre l'arbitraire et la vue courte, et de se battre pour le prénom que l'on a choisi, à un moment où le pape, lui-même, fait entrer un sang nouveau dans le calendrier des saints. Encouragés, depuis 1966, par la révision de la loi de Germinal, nos officiers d'état civil sont heureusement de plus en plus ouverts et conciliants, et vont dans le sens d'une plus grande liberté de choix des parents. (Cf. art. 223 a : « Ils ne devront pas perdre de vue [les officiers de l'état civil] que le choix des prénoms appartient aux parents et que, dans toute la mesure du possible, il convient de tenir compte des désirs qu'ils ont pu exprimer. »)

D'autre part, les articles 223 b et 223 c déclarent maintenant recevables ces catégories de prénoms qui, autrefois, occasionnaient tant de disputes :

Art. 223 b : Outre les prénoms normalement recevables dans les articles limites de la loi de Germinal, peuvent donc, compte tenu des considérations qui précèdent et le cas échéant, sous réserve des justifications appropriées, être éventuellement admis :

1º Certains prénoms tirés de la mythologie (tels Achille, Diane, Hercule, etc.) ;

2º Certains prénoms propres à des idiomes locaux du territoire national (basques, bretons, provençaux...) ;

3º Certains prénoms étrangers (Ivan, Nadine, Manfred, James...) ;

4º Certains prénoms qui correspondent à des vocables pourvus d'un sens précis (tels Olive, Violette, etc.) ou même à d'anciens noms de famille (tels Gonzague, Régis, Xavier, Chantal, etc.) ;

5º Les prénoms composés, à condition qu'ils ne comportent pas plus de deux vocables simples (tels Jean-Pierre, Marie-France, mais non, par exemple, Jean-Paul-Yves, qui accolerait trois prénoms).

Art. 223 c : Exceptionnellement, les officiers de l'état civil peuvent encore accepter mais avec une certaine prudence :

1º Certains diminutifs (tels « Ginette » pour Geneviève,

« Annie » pour Anne ou même « Line » qui est tiré des prénoms féminins présentant cette désinence) ;

2° Certaines contractions de prénoms doubles (telles « Marianne » pour Marie-Anne, « Marlène » pour Marie-Hélène, « Maïté » pour Marie-Thérèse, « Sylviane » pour Sylvie-Anne...) ;

3° Certaines variations d'orthographe (par exemple, Michèle ou Michelle, Henri ou Henry, Ghislaine ou Guislaine, Madeleine ou Magdeleine, etc.).

NOTE : La loi ne précise cependant pas un nombre total de prénoms limitatif. Il semble que trois ou quatre prénoms soient l'usage courant.

En cas de contestation et d'obstination des parents dans leur choix, ces derniers ont la possibilité d'en appeler au tribunal de grande instance du lieu de naissance de leur enfant. Ce tribunal statue en dernier recours. Si le prénom est accepté, l'officier d'état civil ne pourra, en aucune façon, réitérer son refus d'inscrire le ou les prénoms. S'il est en revanche refusé, les parents seront condamnés aux dépens. Cependant, il est à noter que lorsque les prénoms litigieux ne sont pas saugrenus (vocables de choses, d'animaux, onomatopées, rappel de faits historiques), les tribunaux ont tendance à entériner le choix des parents.

Si nous faisons un tour chez nos voisins (limitrophes) on peut voir que les législations diffèrent du tout au tout.

En Angleterre, l'officier d'état civil accepte tout nom donné par le déclarant, habituellement le père ou la mère, pourvu que ce nom ne puisse être soumis à une objection. Même un nom imaginé de toutes pièces est admis dans la mesure, cependant, où il n'est pas obscène ou pas trop gênant à porter. Nous voyons que nos voisins anglais se montrent très conciliants en ce qui concerne le choix des prénoms.

En Allemagne, cette latitude est beaucoup plus limitée. C'est l'article 172 des D.A. (Dienstanweisungen für die Standesbeamten und ihre Aufsichtsbehörden) qui règle ces décisions. Le choix des prénoms est fait par le déclarant et le nombre n'en est pas limité. Les appellations qui, par leur nature, ne sont pas des prénoms, sont refusées. Il en va de même pour les dénominations absurdes ou choquantes, et les noms de famille. Ainsi qu'on peut le constater, c'est un choix très défini et encadré, manquant à tout le moins de fantaisie, que propose la législation allemande.

En Suisse, l'article 69, alinéa 2, de l'ordonnance fédérale du 18 mai 1928, notifie que les prénoms préjudiciables aux intérêts des enfants seront refusés. Seront également écartés les noms de famille pris comme prénoms (cette dernière clause pour obvier à une habitude montagnarde qui dégénérait). Hormis ceci, la plus grande liberté est donnée aux Suisses à qui l'on fait confiance très libéralement quant au choix des prénoms de leurs enfants.

En Belgique enfin, on trouve une législation très proche de celle qui existe en France (et pour cause !), la Belgique occupée par la France sous le Consulat se vit dotée, elle aussi, de la loi de Germinal. Son évolution cependant paraît un peu plus libérale. Tout prénom est recevable dans la mesure où il figure dans un calendrier quel qu'il soit, dans la Bible, ou qu'il soit celui d'un personnage de l'histoire ancienne (la loi française conseille que ce soit plutôt celui d'un personnage connu !).

– Les traductions de prénoms étrangers, et les prénoms étrangers sont admis sans ambages (en France, on est un peu plus réservé, cela afin de sauvegarder le patrimoine prénominal francophone).
– Le nombre de prénoms n'est pas limitatif.
– Un nom masculin peut être donné à une fille et vice versa.

Le seul côté peu libéré de cette législation se trouve dans le fait misogyne que le choix du père l'emporte sur celui de la mère. Celle-ci, toutefois, a un droit de recours auprès du Tribunal de la jeunesse, qui entérine en général... le choix du père.

Ainsi, de la permissivité de l'Angleterre et de la Suisse, à l'encadrement plus rigide de l'Allemagne, en passant par la tolérance de bon aloi de la Belgique, chaque pays a vu la nécessité d'éviter avant tout le ridicule dans le choix des prénoms ; cela mis à part, une grande latitude est laissée, dans l'ensemble, aux parents.

Ces petits problèmes législatifs, par ailleurs, ne sont rien au regard du casse-tête que provoque la quête d'un prénom pour les parents. Cette recherche, en effet, n'est pas si simple et amène le pourquoi de ce livre.

PRÉSENTATION

Ayant eu à faire un tel choix, je suis restée fort perplexe devant l'éventail offert, un peu restreint et timoré. De beaux prénoms, il y en avait, mais communs et exploités. Je désirais quelque chose de nouveau, dont le contenu et l'image reflétés seraient singuliers, riches de promesses, de couleurs, de sonorités, d'évocations, un peu en somme comme un parfum. Il m'en fallait également beaucoup, afin de ne pas avoir l'impression d'être passée précisément à côté de celui qui m'aurait comblée.

Alors, j'ai cherché dans différentes directions. Tout d'abord, portée par mes études historiques, j'ai fouillé dans les prénoms anciens, désuets, laissés un peu à l'écart, et pourtant tellement pleins de charme. Les prénoms obéissent aux modes. Alors, pourquoi ne pas les tirer de l'oubli à l'image de tel ou tel style de mobilier que les antiquaires exhument suivant les tendances du moment ? L'histoire fourmille de prénoms intéressants, notamment en ce qui concerne l'Antiquité et les premiers siècles de notre ère où, peu à peu, les noms se sont formés, agrégés les uns aux autres, au gré des interférences de civilisations, prénoms grecs, latins, celtiques, qui ne demandent qu'à revivre et renaître de leurs cendres. Il en est parmi eux d'un modernisme évident qui ne peut que les faire élire par ceux qui désirent tout à la fois sortir des sentiers battus et faire un petit clin d'œil à nos lointains ancêtres.

Autre chemin giboyeux : les prénoms régionaux, riches en couleur, où la langue d'autrefois rejaillit dans les consonances, prénoms provençaux, languedociens, basques. Mais, en fait, la Bretagne est la seule région à avoir su vraiment préserver son patrimoine prénominal. On se souvient des nombreuses querelles soutenues afin de faire entériner les prénoms celtiques auprès des tribunaux et qui, progressivement, obtinrent gain de cause (cf. art. 223 b).

Par ailleurs, une autre voie que l'on pourrait appeler « écologique » me paraissait d'actualité. Aux nombreuses petites Églantine, Marguerite, Rose, Lilas, pourquoi ne pas joindre à cette gracieuse cohorte quelques prénoms de même essence, tout aussi jolis et ayant le mérite de la nouveauté, de l'originalité, et donc de la modernité, style Bergamote, Délia, Symphorine, Allamanda, Althéa, etc.

Cette nouvelle édition propose un choix encore plus étendu, dans la mesure où s'ajoutent des prénoms d'origine étrangère, principalement de consonance anglaise ou arabe. Si l'étymologie arabe est relativement homogène, il n'en va pas de même en ce qui concerne les prénoms anglais. Un petit historique peut s'avérer nécessaire afin de mieux resituer les prénoms dans leurs contextes.

Les prénoms les plus anciens en Angleterre sont d'origine celte, peuple de race indo-européenne. Les Celtes furent refoulés en Gaule, en Espagne et dans les îles Britanniques aux Xe et IXe siècles avant Jésus-Christ. C'est en Bretagne, au pays de Galles et en Irlande que le type de la langue celtique s'est le mieux conservé. Elle se subdivise en trois branches :

– le celtique continental ou gaulois,

– le britannique comprenant le gallois (ou cymrique), le cornique (Cornouailles) et le breton de l'Armorique française,

– le gaélique qui comprend l'écossais, l'irlandais et le mannois (dialecte de l'île de Man).

À ce fonds celtique, s'ajoutent des vocables saxons et normands, véhiculés lors des invasions, respectivement au IXe et au XIe siècle, par ces deux peuples en Angleterre. Les prénoms anglais sont extrêmement variés et vivants, s'inspirant de leur histoire, la loi anglaise n'étant pas contraignante, ils ont un devenir sans cesse renouvelé. La loi française permet maintenant de les adopter sans trop de problèmes.

Il ne faut toutefois pas bouder les prénoms traditionnels un peu moins singuliers. Si un jour cependant, ils tombent un tant soit peu dans l'oubli, ils pourront, à l'image de ceux aujourd'hui en vogue, renaître et retrouver leur splendeur oubliée.

Le prénom, en effet, est un éternel recommencement. L'important est que le prénom élu plaise vraiment aux parents et qu'à chaque fois qu'ils le prononceront, ils aient l'impression de le découvrir et de le choisir comme la première fois. Ce sentiment d'adhésion parfaite avec ce choix primitif ne peut qu'amener l'enfant à aimer vivre en pleine harmonie avec ce prénom si tendrement et chaleureusement sélectionné.

Ce livre proposant quelque 4 000 prénoms, a donc pour premier but d'aider et de faciliter cette élection en offrant, à côté des « grands » traditionnels, une palette inusitée de « nouveaux » prénoms qui ne demandent qu'à être adoptés.

A

Aanor

Fête : 2 mai. cf. *Eléonore* ; *adaptation bretonne de ce prénom.*

Abel

Fête : 5 août
- **Étym.** : de l'hébreu (celui qui pleure) • **Hist.** VIIIᵉ s. : nommé archevêque de Reims vers 743, et évincé de ce siège à la suite d'une conjuration, il mourut exilé à Lobbes • **S. Zod.** : Lion • **Dérivés** : *Abelin, Abeline, Abelinda, Abella.*

Abélard

Fête : 5 août. cf. *Abel*
- **Étym.** : du germain *adal* (noble), *hard* (dur).

Abélia

Fête : 5 octobre. cf. *Fleur*
L'abélia est un petit arbuste à port étalé qui se couvre de fleurs blanc-rose, très odorantes, dès juin • **S. Zod.** : Balance.

Abelin, Abeline, Abelinda, Abella

Fête : 5 août. cf. *Abel* ou 5 octobre. cf. *Fleur*

Abigaïl

Fête : 16 décembre. cf. *Adélaïde*
- **Étym.** : de l'hébreu (joie du père), forme dérivée anglo-saxonne du prénom • **Hist.** : Abigaïl était une des femmes du roi David.

Abir, Abira

Fête suggérée : 5 août. cf. *Abel*
- **Étym.** : de l'arabe *safra* (jaune).

Abondance

Fête : 16 septembre
- **Étym.** : du latin *abundantia* (opulence, richesse) • **Hist.** IVᵉ s. : Abondance fut martyrisé sous Dioclétien vers 304 • **S. Zod.** : Vierge.

Acace

Fête : 31 mars

• **Étym.** : du grec *acacia* (innocence, simplicité) • **Hist.** IIIᵉ s. : évêque d'Antioche, Acace défendit si bien sa cause lors des persécutions de Dèce, que l'empereur l'épargna et lui fit grâce • **S. Zod.** : Bélier • **Dérivés** : *Acacie, Acaciane*.

Acacie, Acaciane

Fête : 31 mars. cf. *Acace*

Acanthe

Fête : 31 mars. cf. *Acace*
Nom féminin porté à l'époque romaine.

Achille, Achillée

Fête : 12 mai

• **Étym.** : étymologie obscure
• **Hist.** Iᵉʳ s. : Achille mourut martyrisé lors d'une persécution en 95, en compagnie de son père • **S. Zod.** : Taureau.

Acmé

Fête : 20 février. cf. *Aimée*
Nom féminin porté à l'époque romaine.

Ada

Fête : 4 décembre.
cf. *Adnette*

Adalbald

Fête : 2 mai

• **Étym.** : du germain *adal* (noble), *bald* (hardi) • **Hist.** VIIᵉ s. : petit-fils de sainte Gertrude, Adalbald était chevalier du roi Dagobert Iᵉʳ ; il mourut assassiné en 652. On ne sait pratiquement rien d'autre le concernant • **S. Zod.** : Taureau
• **Dérivés** : *Adalbaud, Adalbaude*.

Adalbaud, Adalbaude

Fête : 2 mai. cf. *Adalbald*

Adalbert

Fête : 15 novembre. cf. *Albert* ; *forme primitive du prénom.*

• **Étym.** : du germain *adal* (noble), *berht* (brillant).

Adalhard

Fête : 2 janvier. cf. *Adélard* ; *forme primitive du prénom.*

• **Étym.** : du germain *adal* (noble), *hard* (dur).

Adalsinde

Fête : 2 ou 12 mai

• **Étym.** : du germain *adal* (noble), *lind* (doux) • **Hist.** VIIᵉ s. : Adalsinde était la fille de saint Adalbald et de sainte Rictrude, aussi peut-on souhaiter la fête de ce prénom soit à la Saint-Adalbald

(2 mai), soit à la Saint-Rictrude (12 mai) • **S. Zod.** : Taureau • **Dérivés** : *Cindy* ou *Cindie*.

Adam

Fête suggérée : 2 mai. cf. *Adalbald*
• **Étym.** : de l'hébreu (celui de la terre rouge) • **Hist.** : ce fut le premier homme selon la Bible.

Adamante

Fête : 2 mai. cf. *Adalbald*
• **Étym.** : du latin *adamatis* (herbe magique). Surnom d'origine romaine.

Adegrin

Fête : 4 juin
• **Étym.** : du germain *adal* (noble), *grin* (cruel) • **Hist.** xe s. : soldat du comte d'Anjou, Adegrin abandonna tous ses biens pour mener une vie érémitique. Il mourut vers 940 • **S. Zod.** : Gémeaux • **Dérivé** : *Adegrine*.

Adegrine

Fête : 4 juin. cf. *Adegrin*

Adélaïde

Fête : 16 décembre
• **Étym.** : du germain *adal* (noble), *hild* (combat) • **Hist.** xe s. : née en 931, Adélaïde était la fille du roi de Bourgogne Rodolphe II. En 947, elle épousa Lothaire d'Italie, mais son mari décéda peu après, en 950 sans doute, empoisonné par un aventurier du nom de Béranger. Évincée du trône par ce dernier, Adélaïde fit alors appel à Otton Ier de Germanie qui l'aida à chasser l'intrus et l'épousa en 951. Adélaïde, par ce fait, devint la première impératrice du Saint Empire romain germanique. Elle assuma la régence de l'empire à la mort de son époux en 973, et après celle de son fils Otton II en 978. Parallèlement, elle fut à l'origine du développement des monastères clunisiens qu'elle favorisa par de nombreux dons. Elle mourut en 999 • **S. Zod.** : Sagittaire • **Dérivés** : *Aïda, Alaïs, Alice, Alis, Alissa, Aliocha, Alioucha*.

Adélard

Fête : 2 janvier
• **Étym.** : du germain *adal* (noble), *hard* (dur) • **Hist.** VIIIe-IXe s. : né en 753, Adélard était le petit-fils de Charles Martel et le neveu de Pépin le Bref. À vingt ans, il se retira du monde et se cloîtra à Corbie, où il devint abbé. Mais appelé à la cour carolingienne, il fut nommé gouverneur des fils de Charlemagne. Ce préceptorat terminé, il revint de nouveau à Corbie où il mourut en 827 • **S. Zod.** : Capricorne • **Dérivés** : *Adalhard, Adhémar*.

Adèle

Fête : 24 décembre
• **Étym.** : du germain *adal* (noble)
• **Hist.** VIIIe s. : Adèle fonda un monastère près de Trèves dont elle devint la première abbesse. Elle y éleva parallèlement son petit-fils Grégoire, plus connu ultérieurement sous le nom de saint Grégoire d'Utrecht. Adèle s'éteignit dans son abbaye en 730 • **S. Zod.** : Capricorne
• **Dérivés** : *Adélice, Adelicia, Adélie, Adelita, Azelice, Azelicia, Azeline, Azelle.*

Adélice, Adelicia

Fête : 24 décembre. cf. *Adèle*

Adélie

Fête : 24 décembre. cf. *Adèle*

Adelin, Adelina

Fête : 20 octobre. cf. *Adeline*

Adelinda, Adelinde

Fête : 28 août
• **Étym.** : du germain *adal* (noble), *lind* (doux) • **Hist.** Xe s. : devenue veuve, Adelinda entra au monastère de Buchau, en Souabe (Allemagne). Elle en devint abbesse et y mourut en 930 • **S. Zod.** : Vierge. • **Dérivé** : *Linda.*

Adeline

Fête : 20 octobre
• **Étym.** : du germain *adal* (noble), *lind* (doux) • **Hist.** XIIe s. : Adeline fut la première supérieure du monastère bénédictin de Mortain dans la Manche. Cette abbaye avait été placée par son fondateur Guillaume de Mortain sous la dépendance du frère d'Adeline, Vital, abbé de Savigny. Les religieuses portèrent longtemps le nom de Dames Blanches, en raison de leur habit immaculé. Adeline mourut au couvent en 1125 • **S. Zod.** : Balance • **Dérivés** : *Adelin, Adelina, Aline, Line, Lynn.*

Adelita

Fête : 24 décembre. cf. *Adèle*

Adelphe

Fête : 29 août
• **Étym.** : du grec *adelphos* (frère)
• **Hist.** Ve s. : évêque de Metz au Ve siècle. On ne sait rien de plus à son sujet • **S. Zod.** : Vierge
• **Dérivé** : *Adelphine.*

Adelphine

Fête : 29 août. cf. *Adelphe*

Adémar

Fête : 24 mars. cf. *Aldemar*

Adenora

Fête : 2 mai. cf. *Eléonore*

Adhémar

Fête : 24 mars. cf. *Aldemar*
• **Étym.** : du germain *adal* (noble), *maro* (célèbre).

Adnette, Adrehilde

Fête : 4 décembre
• **Étym.** : du germain *adal* (noble)
• **Hist.** VIIe s. : supérieure de l'abbaye de Sainte-Marie du Mans, Adnette y introduisit la règle bénédictine et y mourut vers 692. Il semble cependant que son culte est confondu avec celui d'une autre supérieure portant un nom voisin : Ada ou Adrehilde • **S. Zod.** : Sagittaire.

Adolphe

Fête : 14 février
• **Étym.** : du germain *adal* (noble), *wulf* (loup) • **Hist.** XIIe-XIIIe s. : chanoine de Saint-Pierre-de-Cologne (Allemagne), Adolphe devint évêque d'Osnabrück (Westphalie) en 1216. Il mourut dans son diocèse en 1224 • **S. Zod.** : Verseau.

Adon

Fête : 16 décembre
• **Étym.** : du mot sémitique *adon* (seigneur) • **Hist.** IXe s. : entré jeune dans la vie ecclésiastique, Adon décida d'écrire le fameux martyrologe par lequel il est connu. En 859, il devint archevêque de Vienne et se fit remarquer pour son dévouement. Il décéda en 875 dans son diocèse • **S. Zod.** : Sagittaire • **Dérivés** : *Adonna, Donna.*

Adonna

Fête : 16 décembre. cf. *Adon*

Adrastéa

Fête : 9 janvier. cf. *Adrien*
• **Étym.** : du grec *adrasteia* (l'inévitable) • **Myth.** : Adrastéa fut la nymphe crétoise qui veilla sur Zeus enfant • **S. Zod.** : Vierge.

Adrian

Fête : 9 janvier. cf. *Adrien* ; *forme bretonne et occitane du prénom.*

Adriana, Adrianne

Fête : 9 janvier. cf. *Adrien*

Adrien

Fête : 9 janvier
• **Étym.** : du grec *adrianos* (de l'Adriatique) • **Hist.** VIIe-VIIIe s. : né en Afrique, Adrien fit des études très complètes. Il refusa cependant l'archiépiscopat de Cantorbéry, préférant simplement être l'adjoint du nouvel évêque. Il mourut en Angleterre en 710

- **S. Zod.** : Capricorne • **Dérivés** : *Adrian, Adriana, Adrienne*.

Adrienne
▼
Fête : 9 janvier. cf. *Adrien*

Adulphe
▼
Fête : 17 juin
• **Étym.** : du germain *adal* (noble), *wulf* (loup) • **Hist.** VIIe s. : de noble famille, Adulphe délaissa ses biens pour devenir moine. Il fut nommé par la suite évêque d'Utrecht • **S. Zod.** : Gémeaux.

Aéchmea
▼
Fête : 5 octobre. cf. *Fleur*
• **Étym.** : l'aéchmea est une plante brésilienne qui pousse sur les troncs d'arbre • **S. Zod.** : Balance.

Ael
▼
Fête : 5 mai. cf. *Ange*
• **Étym.** : Ael est la forme bretonne du prénom Ange, du latin *angelus*. Les féminins d'Ael sont Aela, Aelig.

Aela, Aelig
▼
Fête : 27 janvier. cf. *Angèle* ; *formes bretonnes du prénom*.

Aelred
▼
Fête : 3 mars
• **Étym.** : du germain *adal* (noble), *regin* (conseil) • **Hist.** XIIe s. : issu d'une noble famille anglaise, Aelred fit de solides études et devint l'ami du comte Henri, fils du roi d'Écosse. Attiré par la vie monacale, il renonça au monde et entra au monastère de Rievaux, dont il devint abbé en 1147. Il est connu pour ses écrits teintés d'humanisme et pour sa sagesse. Il mourut en 1167, âgé de cinquante-sept ans • **S. Zod.** : Poissons.

Aemilia
▼
Fête : 19 septembre. cf. *Émilie*

Aenor, Aenora
▼
Fête : 2 mai. cf. *Eléonore* ; *formes celtiques du prénom*.

Aeropé
▼
Fête : 25 janvier. cf. *Eurosie*
• **Myth.** : fille du roi de Crète, Catrée, Aeropé fut vendue comme esclave par son père, persuadé qu'un de ses enfants le tuerait • **S. Zod.** : Verseau.

Aesa
▼
Fête : 22 février. cf. *Isabelle*
• **Myth.** : Aesa était l'une des Moires, déesses présidant à la Destinée en Grèce • **S. Zod.** : Poissons.

Aesane

Fête : 22 février. cf. *Isabelle* (voir *Aesa*)

Aethalia, Aethalie

Fête : 7 octobre. cf. *Aethère* ; ou 10 novembre. cf. *Nymphe*
- **Myth.** : Aethalia était une nymphe, fille d'Hephaïstos, dieu du Feu et des Forges • **S. Zod.** : Balance.

Aethère

Fête : 5 octobre
- **Étym.** : du grec *aither* (ciel, demeure céleste, espaces aériens)
- **Hist.** VIᵉ-VIIᵉ s. : nommé évêque de Lyon, Aethère lutta, durant son apostolat, contre la licence des mœurs du clergé. Il décéda vers 602 • **S. Zod.** : Balance.

Africa

Fête suggérée : 5 août
- **Étym.** : du latin *afri*, du nom de la tribu berbère des Awrigha, appelée « Afri » par les Romains, qui donna ensuite son nom au continent tout entier au XVᵉ siècle • **Hist.** XIIᵉ s. : on connaît une reine Africa, souveraine de l'île de Man.

Agapé

Fête : 15 avril
- **Étym.** : du grec *agapé* (amour)
- **Hist.** IVᵉ s. : Agapé serait morte martyrisée à Terni (Italie). On ne sait rien d'autre à son sujet • **S. Zod.** : Bélier.

Agatha

Fête : 5 février. cf. *Agathe*

Agathe

Fête : 5 février
- **Étym.** : du grec *agathos* (bon)
- **Hist.** IIIᵉ s. : issue d'une famille patricienne de Sicile, Agathe éconduisit le consul de Sicile, Quintien. Dépité, il lui fit trancher les seins. Mais elle fut guérie miraculeusement. Elle est la patronne des nourrices. Ayant également protégé Catane, lors d'une éruption de l'Etna, on l'invoque parallèlement contre les éruptions volcaniques et les incendies • **S. Zod.** : Verseau
- **Dérivé** : *Agatha*.

Agathon

Fête : 17 janvier
- **Étym.** : du grec *agathos* (bon)
- **Hist.** VIIᵉ s. : pape de 678 à 681, Agathon est patron de la ville de Palerme, en Sicile
- **S. Zod.** : Capricorne.

Agenor

Fête : 11 octobre. cf. *Agilbert*
- **Myth.** : fils de Poséidon, dieu des Océans, et de Libye (déesse qui donna son nom au pays connu sous ce vocable), Agenor

fut roi de Phénicie • **S. Zod.** : Balance.

Agilbert
▼
Fête : 11 octobre
• **Étym.** : du germain *ghil* (otage), *berht* (brillant) • **Hist.** VIIe s. : français, Agilbert vécut en Angleterre où il devint évêque du Dorchester en 668. Rappelé en France, il fut nommé évêque de Paris et mourut dans son diocèse en 685 • **S. Zod.** : Balance • **Dérivé** : *Agilberta*.

Agilberta, Agilberte
▼
Fête : 11 octobre. cf. *Agilbert*

Aglaé
▼
Fête : 5 octobre.
cf. *Aglaonema*
• **Étym.** : du grec *aglaia* (l'éclat) • **Myth.** : divinité gracieuse, Aglaé était l'une des compagnes d'Aphrodite, déesse de la Beauté et de l'Amour • **S. Zod.** : Balance • **Dérivés** : *Aglaea, Aglaïa, Aglaïane*.

Aglaea, Aglaïa, Aglaïane
▼
Fête : 5 octobre.
cf. *Aglaonema*

Aglaonema
▼
Fête : 5 octobre. cf. *Fleur*
L'Aglaonema est une plante originaire de l'Insulinde • **S. Zod.** : Balance.

Agnane
▼
Fête : 17 novembre.
cf. *Aignan* ; ou 2 avril.
cf. *Agneflète*

Agneflète
▼
Fête : 2 avril
• **Étym.** : du latin *agnus* (innocent), *fletus* (pleuré) • **Hist.** VIIe s. : toute jeune fille, Agneflète se voua à Dieu, malgré la volonté de ses parents. Elle se réfugia alors auprès de l'abbé de Longis (futur saint Longis), qui la fit entrer dans un couvent, où elle mourut en 638 • **S. Zod.** : Bélier.

Agnès
▼
Fête : 21 janvier
• **Étym.** : du grec *agne* (pur) • **Hist.** IIIe-IVe s. : sainte très vénérée depuis l'Antiquité, Agnès préféra le martyre à la perte de sa pureté. Alors qu'elle avait à peine 12 ans, elle mourut brûlée vive en 304 • **S. Zod.** : Verseau • **Dérivé** : *Aïssa*.

Agobart
▼
Fête : 6 juin
• **Étym.** : du germain *ago* (lame), *hard* (dur) • **Hist.** IXe s. : devenu prêtre en 804, Agobart devint archevêque de Lyon. Il pourfendit toutes formes d'hérésies ainsi que les ordalies (juge-

ments de Dieu). Il mourut en 840 • **S. Zod.** : Gémeaux.

Agrippine

Fête : 23 juin

• **Étym.** : du latin *agripeta* (détenteur d'un lot) • **Hist.** IIIe s. : Agrippine fut martyrisée à Rome sous le règne de l'empereur Valérien. On ne sait rien d'autre la concernant • **S. Zod.** : Cancer.

Aibert

Fête : 7 avril

• **Étym.** : du germain *haim* (maison), *berht* (brillant) • **Hist.** XIe-XIIe s. : fils d'officier, Aibert se fit ermite. Sa sainteté attira les foules et il obtint beaucoup de conversions et de guérisons. Il mourut en 1170 • **S. Zod.** : Bélier.

Aïcha

Fête suggérée :
16 décembre. cf. *Adélaïde*

• **Étym.** : de l'arabe (la vitalité).

Aïda

Fête : 16 décembre.
cf. *Adélaïde*

Aignan

Fête : 17 novembre

• **Étym.** : du latin *agnus* (pur, innocent) • **Hist.** Ve s. : évêque d'Orléans, au temps d'Attila, Aignan avait conduit la prière pendant l'attaque des Huns. Il mourut en 453 • **S. Zod.** : Scorpion • **Dérivés** : *Agnane, Aignane, Ainane.*

Aignane

Fête : 17 novembre.
cf. *Aignan*

Ailbe

Fête : 12 septembre

• **Étym.** : du latin *albus* (blanc) • **Hist.** VIe s. : Ailbe est un saint originaire d'Irlande dont on ne sait que peu de chose, sinon qu'il fut évêque d'Emly au VIe siècle • **S. Zod.** : Vierge.

Ailean

Fête : 9 septembre. cf. *Alain*
• **Étym.** : du gaélique (harmonie).

Aileen

Fête : 18 août. cf. *Hélène* ; *forme saxonne du prénom.*

Ailith, Alith

Fête : 16 septembre. cf. *Édith* ; *formes saxonnes du prénom.*

Aimable

Fête : 18 octobre. cf. *Amable*

Aïmane

Fête suggérée :
13 septembre. cf. *Aimé*
• **Étym. :** de l'arabe (l'heureux).

Aimé

Fête : 13 septembre
• **Étym. :** du latin *amatus* (qui est aimé) • **Hist.** VIe-VIIe s. : abbé de Remiremont, de 560 à 628, Aimé avait commencé sa vie monacale au monastère d'Agaune, puis s'était retiré du monde. Convaincu par Eustase, évêque de Luxeuil, de le suivre, il fonda avec le seigneur du pays, Romarie, le monastère double du Mont pour hommes et femmes. Romarie et Mont, accolés, donnèrent naissance au vocable Remiremont. Cette abbaye allait, dans les temps postérieurs, accéder à une grande célébrité. Aimé s'éteignit dans ce monastère vers 628 • **S. Zod. :** Vierge.

Aimée, Amata

Fête : 20 février
• **Étym. :** du latin *amatus* (qui est aimé) • **Hist.** XIIIe s. : après une jeunesse frivole, Amata ou Aimée délaissa le monde pour entrer chez les Clarisses, après avoir été convertie par sa tante, sainte Claire d'Assise. Atteinte d'une infirmité grave, elle aurait été guérie miraculeusement à la suite d'une imposition des mains de sainte Claire. Aimée s'éteignit au couvent en 1250 • **S. Zod. :** Poissons
• **Dérivés :** *Aimie, Amy, Amaya*.

Aimeric

Fête : 22 septembre.
cf. *Maurice*

Aimie

Fête : 20 février. cf. *Aimée*

Aina

Fête : 21 janvier. cf. *Agnès*

Airy

Fête : 1er décembre
• **Étym. :** du germain *haim* (maison), *rik* (puissant ou roi) • **Hist.** VIe s. : évêque de Verdun, Airy stigmatisa les cruautés des cours mérovingiennes. Il mourut en 588 • **S. Zod. :** Sagittaire.

Akasha

Fête suggérée : 31 mars.
cf. *Acace*
• **Étym. :** de l'ancien égyptien (protection) • **Myth. :** mère primordiale dans la cosmogonie antique.

Alaeddine, Alaeddina

Fête suggérée : 22 octobre.
cf. *Alodie*, ou 26 octobre.
cf. *Alor*
• **Étym. :** de l'arabe (grandeur religieuse).

Alain
▼
Fête : 9 septembre
- **Étym.** : du latin *alanus* (les Alani étaient un peuple de la Sarmatie européenne) • **Hist.** XVe s. : né en 1428, Alain entra chez les dominicains, à Dinan, où il fit ses études et devint professeur. Il exerça d'abord à Paris, puis aux Pays-Bas, où il mourut en 1475. Alain se fit remarquer pour la grande dévotion qu'il témoignait à la Vierge • **S. Zod.** : Vierge • **Dérivés** : *Alaine, Alan, Alana, Alanne, Alayne, Alec.*

Alaine, Alayne
▼
Fête : 9 septembre. cf. *Alain*

Alaïs
▼
Fête : 16 décembre.
cf. *Alice* et *Adélaïde*

Alan
▼
Fête : 9 septembre. cf. *Alain* ; *forme bretonne du prénom.*

Alana, Alanne
▼
Fête : 9 septembre. cf. *Alain*

Alara
▼
Fête : 1er décembre. cf. *Eloi* ; *forme féminine d'Alaric.*

Alaric
▼
Fête : 1er décembre. cf. *Eloi*
- **Étym.** : du germain *adal* (noble), *rik* (roi). Forme primitive du prénom.

Alaude
▼
Fête : 18 novembre. cf. *Aude*

Alba
▼
Fête : 22 juin. cf. *Alban*

Alban
▼
Fête : 22 juin
- **Étym.** : du latin *albus* (blanc)
- **Hist.** IIIe s. : ayant accueilli chez lui un clerc recherché, ce dernier le convertit au christianisme. Alban refusa ensuite de le livrer aux soldats venus l'arrêter et fut emmené et exécuté avec lui en 287. Alban passe pour avoir été le premier martyr de l'Angleterre • **S. Zod.** : Cancer
- **Dérivés** : *Alba, Albane, Albe.*

Albane, Albe
▼
Fête : 22 juin. cf. *Alban*

Albaric, Albéric
▼
Fête : 21 août
- **Étym.** : du germain *adal* (noble), *rik* (roi) • **Hist.** VIIIe s. : neveu de Grégoire, abbé de Saint-Martin-d'Utrecht, Albéric était au service de Charlemagne, tout

en étant lui-même descendant des ex-rois mérovingiens. Il fut évêque d'Utrecht et continua l'évangélisation du pays. Il mourut en 784 • **S. Zod.** : Lion.

Albert
▼
Fête : 15 novembre
• **Étym.** : du germain *adal* (noble), *berht* (brillant) • **Hist.** XIIIᵉ s. : né en Bavière, vers 1200, d'une petite famille noble, Albert fit ses études chez les dominicains. Prêchant ensuite dans toute l'Europe, il eut de nombreux émules, dont notamment le futur saint Thomas d'Aquin. Évêque de Ratisbonne, il résilia sa charge afin de se consacrer à la recherche scientifique. À sa mort, en 1280, à Cologne, il laissa une œuvre très dense. Ayant touché à des disciplines aussi diverses que la philosophie, la théologie, la chimie, la géologie, la géométrie, il s'attacha toujours à montrer que la connaissance scientifique n'était pas contraire à la foi chrétienne. Il est le patron de la recherche scientifique • **S. Zod.** : Scorpion • **Dérivés** : *Alberta, Alberte, Albertina, Albertine.*

Alberta, Alberte, Albertina, Albertine
▼
Fête : 15 novembre.
cf. *Albert*

Albin, Albina
Fête : 1ᵉʳ mars. cf. *Aubin*

Albrecht
▼
Fête : 15 novembre.
cf. *Albert ; Forme alsacienne du prénom.*

Alda, Aldobrandesca
▼
Fête : 26 avril
• **Étym.** : du germain *adal* (noble)
• **Hist.** XIIIᵉ s. : née à Sienne (Italie) en 1249, Alda se maria très jeune à un noble Siennois. Devenue veuve, elle entra dans le Tiers Ordre des Humiliés, tout en continuant d'habiter chez elle. Désirant toutefois davantage de solitude, Alda s'installa dans une de ses propriétés voisines de Sienne, puis finit par se dessaisir de tous ses biens afin de les distribuer aux pauvres. Elle s'établit alors définitivement à l'hôpital de Sienne et y soigna les malades jusqu'à sa mort en 1309 • **S. Zod.** : Taureau • **Dérivés** : *Aldona, Aldo.*

Aldebert
▼
Fête : 15 novembre.
cf. *Albert ; forme primitive du prénom.*

Aldegonde
▼
Fête : 30 janvier
• **Étym.** : du germain *adal* (noble), *gund* (guerre) • **Hist.** VIIᵉ s. : née en 635 d'une famille noble du Hainaut, Aldegonde préféra se faire moniale plutôt qu'épouser le

prétendant imposé par ses parents. Elle se retira alors dans un ermitage qui deviendra le monastère de Maubeuge, ville dont elle est la patronne • **S. Zod.** : Verseau.

Aldemar

Fête : 24 mars
• **Étym.** : du germain *adal* (noble), *maro* (célèbre) • **Hist.** XIe s. : originaire de Capoue, Aldemar fut tout d'abord diacre au couvent du mont Cassin. Mais, souffrant de l'animosité d'Aloara, princesse de Capoue, il se retira dans un monastère des Abruzzes où il finit ses jours. Il passe pour avoir fait de nombreux miracles • **S. Zod.** : Bélier • **Dérivés** : *Adémar* ou *Adhémar*.

Aldith, Alditha

Fête : 16 septembre.
cf. *Édith*

Aldo, Aldona

Fête : 26 avril. cf. *Alda*

Aldobrandesca

Fête : 26 avril. cf. *Alda*

Aldred

Fête : 10 octobre. cf. *Aldric* ; pendant féminin saxon d'Aldric.

Aldric

Fête : 10 octobre
• **Étym.** : du germain *adal* (noble), *rik* (roi) • **Hist.** IXe s. : son père le dépêcha, très jeune, à la cour de Charlemagne où il se lia d'amité avec Louis, fils de l'empereur. Aldric rentra ensuite dans les ordres et devint, plus tard, le confesseur de Louis. En 832, nommé évêque du Mans, il utilisa sa grande fortune à aider les pauvres et à fonder des monastères. Il mourut vers 856 • **S. Zod.** : Balance • **Dérivé** : *Amalric*.

Aldwin

Fête : 20 août. cf. *Baudouin*
Altération de la forme primitive du prénom Baldwin.

Aleaume

Fête : 30 janvier
• **Étym.** : du germain *adal* (noble), *helm* (casque) • **Hist.** XIIe s. : né en Poitou, à Loudun, Aleaume fut tout d'abord soldat avant d'entrer dans les ordres. Après avoir été, un certain temps, abbé du monastère de La Chaise-Dieu, il devint celui de l'abbaye de Saint-Jean, près de Burgos, en Espagne, où il mourut vers 1100 • **S. Zod.** : Verseau • **Dérivés** : *Leaume, Leauma, Leaumane*.

Alec
▼
Fête : 9 septembre. cf. *Alain*

Alegria
▼
Fête : 23 novembre ou 18 août. cf. *Félicité ou Laetitia (Laetus)*

Alena, Alène
▼
Fête : 7 juin

• **Étym. :** du latin *ales* (qui a des ailes) • **Hist.** VIIe s. : née de parents païens, non loin de Bruxelles, Alène se fit baptiser contre le gré de sa famille. Ramenée de force du couvent où elle s'était retirée, elle ne survécut pas à la blessure qu'elle avait reçue lors de cette expédition, et mourut en juin 640 • **S. Zod. :** Gémeaux.

Alèthe
▼
Fête : 11 juillet

• **Étym. :** du latin *ales-alitis* (qui a des ailes) • **Hist. :** prêtre de Cahors, connu pour sa sagesse, Alèthe est le patron de cette ville • **S. Zod. :** Cancer.

Aléthea
▼
Fête : 11 juillet. cf. *Alèthe*
Prénom très en vogue en Angleterre au XIXe siècle.

Alette
▼
Fête : 4 avril

• **Étym. :** du latin *ales-alitis* (qui a des ailes) • **Hist.** XIIe s. : Alette de Montbard épousa le seigneur Tecelin de Fontaine-lès-Dijon et lui donna de nombreux enfants parmi lesquels saint Bernard et sainte Ombeline. Elle s'éteignit en 1110 et son corps, sur l'ordre de saint Bernard, fut inhumé à Clairvaux • **S. Zod. :** Bélier.

Alex
▼
Fête : 26 février. cf. *Alexandre* ou 17 juillet. cf. *Alexis*

Alexander
▼
Fête : 26 février. cf. *Alexandre*

Alexandra
▼
Fête : 20 mars

• **Étym. :** du grec *alexein* (repousser), *andros* (homme – sous-entendu l'ennemi) • **Hist. :** Alexandra, Claudia, Euphrasie, Julienne, Euphémie et Théodosie, originaires de Paphlagonie, moururent en martyres pour avoir refusé de renier leur foi chrétienne à Amide pendant la persécution de Maximin • **S. Zod. :** Poissons • **Dérivés :** *Alessandra, Alexandrine, Sandie, Sandra.*

Alexandre
▼
Fête : 26 février

• **Étym.** : du grec *alexein* (repousser), *andros* (homme – sous-entendu l'ennemi) • **Hist.** IVe s. : Alexandre devint patriarche d'Alexandrie en 313. Il est connu pour s'être opposé de tout son pouvoir à l'hérésie arienne. Il participa à ce propos au concile de Nicée, réuni en 325 pour juguler l'hérésie. Il s'éteignit à Alexandrie en 326. Un autre saint Alexandre est vénéré et fêté le 22 avril • **S. Zod.** : Poissons • **Dérivés** : *Alessandro, Alex, Alexander*.

Alexandrine
▼
Fête : 20 mars. cf. *Alexandra*

Alexane, Alexia, Alexiane
▼
Fête : 17 juillet. cf. *Alexis*

Alexis
▼
Fête : 17 juillet
• **Étym.** : du grec *alexein* (repousser) • **Hist.** Ve s. : fils d'une noble famille romaine, Alexis abandonna les biens du monde pour mener une vie de mendicité en Syrie, où il resta 17 ans. Étant retourné à Rome, il passa le reste de sa vie sous l'escalier de sa maison natale où il vécut dans le jeûne et l'austérité. Par ailleurs, on fête, le 17 février, saint Alexis Falconieni, fondateur de l'ordre des servites de Marie • **S. Zod.** : Cancer • **Dérivés** : *Alexane, Alexia, Alexiane*.

Aleyde
▼
Fête : 16 juin
• **Étym.** : du germain *al* (tout), *haid* (lande, bruyère) • **Hist.** XIIIe s. : née près de Bruxelles, Aleyde devint religieuse cistercienne. Cependant, atteinte de la lèpre, elle dut s'isoler et vivre en recluse jusqu'à sa mort en 1250 • **S. Zod.** : Gémeaux • **Dérivé** : *Alla*.

Alfie
▼
Fête : 8 décembre. cf. *Elfried*

Alfred
▼
Fête : 15 août
• **Étym.** : du germain *al* (tout), *frido* (paix) • **Hist.** IXe s. : évêque d'Hildesheim, en Allemagne, Alfred eut aussi un rôle politique important dans la diplomatie, sous Louis le Germanique. On lui doit en outre la construction de la cathédrale d'Hildesheim. Il s'éteignit en 874 • **S. Zod.** : Lion • **Dérivés** : *Alfreda, Freddo, Freddy*.

Alfreda
▼
Fête : 15 août. cf. *Alfred*

Alfwold
▼
Fête : 25 mars
• **Étym.** : du germain *al* (tout), *wulf* (loup) • **Hist.** XIe s. : évêque de Sherbone en Angleterre, Alfwold contribua à évangéliser le Dorset • **S. Zod.** : Bélier.

Algasie

Fête : 14 août. cf. *Athanasie*
ou 2 juin. cf. *Algis*

Algiane, Algie

Fête : 2 juin. cf. *Algis*

Algis

Fête : 2 juin
• **Étym.** : du germain *adal* (noble), *gari* (lance) • **Hist.** VIIe s. : émule de saint Fursy, il prêcha dans le nord de la France et mourut en 670, dans un village de l'Aisne qui, depuis, a pris son nom • **S. Zod.** : Gémeaux • **Dérivés** : *Algasie, Algiane, Algie*.

Ali, Alia, Alya

Fête suggérée : 22 octobre.
cf. *Alodie*
ou 26 octobre. cf. *Alor*
• **Étym.** : de l'arabe (noble).

Alice, Alicia

Fête : 9 janvier. cf. *Alix*

Alida

Fête : 26 avril. cf. *Alda*
ou 20 octobre. cf. *Adeline*

Aliénor

Fête : 2 mai. cf. *Eléonore* ;
forme occitane du prénom.

Aline, Aliona

Fête : 20 octobre. cf. *Adeline*

Aliocha, Alioucha

Fête : 16 décembre.
cf. *Adélaïde*

Alis

Fête : 9 janvier. cf. *Alix* ;
forme primitive du prénom.

Alissa

Fête : 9 janvier. cf. *Alix*
Alissa est le pendant russe d'Alice.

Alith

Fête : 16 septembre.
cf. *Édith* (voir *Ailith*)

Alix

Fête : 9 janvier
• **Étym.** : adaptation en vieux français du germain *adal* (noble), *haid* (lande) • **Hist.** XVIe-XVIIe s. : née à Remiremont en 1576, Alix, au cours d'une maladie, lut un livre qui changea son regard sur le monde. Elle alla trouver son curé, le futur saint Pierre Fourier, et lui dit son intention de fonder une congrégation qui aurait pour but l'éducation des jeunes filles pauvres. Après quelques difficultés avec ses parents, elle put fonder une première institution à Poussay, aidée en cela par la châtelaine

locale, Mme d'Apremont. Puis, appelée par le cardinal de Lorraine à Nancy, Alix fut à même de créer sa congrégation de Notre-Dame en 1603 et en fut la première supérieure. D'autres maisons se montèrent suivant ce modèle. Alix s'éteignit en 1622 à Nancy • **S. Zod.** : Verseau.

Alizé

Fête suggérée : 9 janvier.
cf. *Alix*

• **Étym.** : de l'espagnol *alisios* (lissés), nom donné aux vents tièdes des Tropiques. Ce prénom a été mis en vogue avec le développement de la plaisance.

Alla

Fête : 25 juin. cf. *Aleyde* ou 9 septembre. cf. *Alain*

Allamande

Fête : 5 octobre. cf. *Fleur*
Arbuste d'Amérique tropicale au feuillage vert intense, qui fleurit à l'automne en corolles jaune d'or.

Allison

Fête : 9 janvier. cf. *Alix* ; diminutif médiéval d'Alice.

Allister, Alister, Alistair, Allistair

Fête : 26 février.

cf. *Alexandre* ; formes dérivées anglo-normandes du prénom.

Allyre

Fête : 7 juillet

• **Étym.** : du latin *lyra* (lyre)
• **Hist.** IVe s. : né dans l'Allier, Allyre fut évêque de Clermont, vers 370. Il s'attacha avant tout à convertir les gens de son diocèse • **S. Zod.** : Cancer • **Dérivé** : *Allyriane*.

Allyriane

Fête : 7 juillet. cf. *Allyre*

Alma

Fête : 1er août. cf. *Almeda*

Almeda

Fête : 1er août

• **Étym.** : du vieux breton *mael* (chef, prince) • **Hist.** VIe s. : originaire du pays de Galles, Almeda se refusa à son prétendant qui, furieux, lui trancha la tête d'un coup d'épée • **S. Zod.** : Lion
• **Dérivé** : *Ismelda*.

Almira

Fête suggérée : 16 juillet.
cf. *Elvira*

• **Étym.** : de l'arabe (précieuse).

Aloara

Fête : 1er décembre. cf. *Alric*

Prénom barbare, pendant féminin d'Alaric.

Alodie
▼
Fête : 22 octobre
• **Étym.** : du latin *alodis* (propriété) • **Hist.** xɪᵉ s. : Alodie fut décapitée avec sa sœur Nunilon dans le sud de l'Espagne lors des persécutions du calife Abder-Rahman II contre les chrétiens • **S. Zod.** : Balance.

Aloha
▼
Fête suggérée : 9 janvier. cf. *Alix*
• **Étym.** : de l'hawaïen *aloha* (souhait).

Aloïs
▼
Fête : 25 août. cf. *Loïs*

Alor
▼
Fête : 26 octobre
• **Étym.** : du latin *alarius* (cavalier auxiliaire) • **Hist.** vɪᵉ s. : Alor fut évêque de Quimper au vɪᵉ siècle. Il est le patron des éleveurs de chevaux • **S. Zod.** : Scorpion.

Alphonse
▼
Fête : 1ᵉʳ août
• **Étym.** : du germain *adal* (noble), *funs* (rapide) • **Hist.** xvɪɪɪᵉ s. : issu d'une noble famille napolitaine, Alphonse devint docteur en droit à 17 ans, puis avocat. Mais, à 26 ans, il délaissa le monde pour entrer dans les ordres. Il sillonna les routes et prêcha en priorité pour les pauvres et les ignorants. Il créa l'ordre des Rédemptoristes et des Rédemptoristines, ordre qui eut comme première motivation l'évangélisation du peuple. Après avoir écrit de nombreux ouvrages de théologie et acquis la dignité de Docteur de l'Église, Alphonse mourut en 1787, miné par la cyphose • **S. Zod.** : Lion • **Dérivés** : *Alphonsie, Alphonsine*.

Alphonsie, Alphonsine
▼
Fête : 1ᵉʳ août. cf. *Alphonse*

Althéa
▼
Fête : 5 octobre. cf. *Fleur*
• **Étym.** : du latin *althea* (la mauve). Une fleur porte ce nom et a pour nom coutumier rose trémière • **Myth.** : fille du roi d'Étolie, Althéa maudit son fils, coupable d'avoir tué ses oncles • **S. Zod.** : Balance • **Dérivé** : *Althée*.

Alysse
▼
Fête : 5 octobre. cf. *Fleur*
L'alysse est une fleur naine vivace, qui peut être jaune ou blanche et qui fleurit d'avril à juin • **S. Zod.** : Balance.

Amable

Fête : 18 octobre
- **Étym.** : du latin *amatus* (qui est aimé) • **Hist.** Vᵉ s. : prêtre, Amable était très charitable envers les pauvres. Il passe pour avoir débarrassé la région de Riom (Auvergne) des serpents. Il est le patron de cette ville et est invoqué contre les morsures de reptiles • **S. Zod.** : Balance.

Amadéa, Amadeo, Amadeus

Fête : 18 janvier. cf. *Amédée*

Amadour

Fête : 20 août
- **Étym.** : du latin *amabilis* (digne d'amour) • **Hist.** Iᵉʳ s. : la légende le donne pour mari de sainte Véronique. Devenu veuf, il se serait fait ermite à Rocamadour (Quercy), c'est-à-dire la roche d'Amadour • **S. Zod.** : Lion.

Amael

Fête : 24 mai. cf. *Mael*

Amalia

Fête : 5 janvier. cf. *Amélie*

Amalric

Fête : 10 octobre. cf. *Aldric*

Amalthée

Fête : 5 janvier. cf. *Amélie* ou 10 novembre. cf. *Nymphe*
- **Étym.** : du grec *kepas amalteas* (corne d'abondance) • **Myth.** : Amalthée fut la nymphe qui se transforma en chèvre afin de nourrir Zeus enfant • **S. Zod.** : Capricorne.

Amand

Fête : 8 février
- **Étym.** : du latin *amandus* (aimable) • **Hist.** VIIᵉ s. : né dans la région de Nantes, Amand entra dans la vie ecclésiastique à l'âge de vingt ans, malgré l'opposition de son père. Nommé évêque itinérant, il fit un gros travail d'évangélisation dans le nord de la France et dans les Pays-Bas. Il s'éteignit en 684 dans l'abbaye d'Elnone, à partir de laquelle s'est développée l'actuelle ville de Saint-Amand • **S. Zod.** : Verseau.

Amanda

Fête : 9 juillet. cf. *Amandine*
Amanda est une invention littéraire du XVIIᵉ siècle.

Amandin

Fête : 7 novembre
- **Étym.** : du latin *amandus* (aimable) • **Hist.** : on a trouvé dans l'église Saint-Saturnin de Clermont les reliques de saint Amandin. On ne connaît rien d'autre à

son propos, sinon qu'il a donné son nom à un village du Cantal • **S. Zod. :** Scorpion.

Amandine, Armandine

Fête : 9 juillet
• **Étym. :** du latin *amandus* (aimable) • **Hist.** XIXe s. : née en 1872, sœur Marie-Amandine, née Pauline Seuris, se fit missionnaire franciscaine en Chine. Elle y mourut en 1900, victime des Boxers • **S. Zod. :** Cancer • **Dérivés :** *Amanda, Amandina, Amarande, Armande, Mandy.*

Amarande

Fête : 5 octobre. cf. *Amarante* ou 9 juillet. cf. *Amandine*

Amarante

Fête : 5 octobre. cf. *Fleur*
L'amarante est une fleur annuelle à feuillage vert clair qui fleurit en éventail de couleur jaune, rouge, rose, violet, à l'extrémité de la tige, de juin à octobre • **S. Zod. :** Balance.

Amaryllis

Fête : 5 octobre. cf. *Fleur*
Plante vivace qui ressemble au lys. Elle a des fleurs blanches et roses et fleurit d'août à septembre. C'est aussi un nom féminin porté à l'époque gréco-romaine, et très prisé dans l'Angleterre du XIXe siècle • **S. Zod. :** Balance.

Amarynthe

Fête : 9 juin. cf. *Diane*
• **Myth :** Amarynthe était l'un des surnoms de la déesse Diane.

Amata

Fête : 20 février. cf. *Aimée*
Nom féminin porté déjà à l'époque romaine.

Amaury

Fête : 22 septembre.
cf. *Maurice*
• **Étym. :** du germain *amal* (étymologie obscure), *rik* (roi ou puissant) • **S. Zod. :** Vierge • **Dérivé :** *Almaric.*

Amaya

Fête : 20 février. cf. *Aimée*

Ambre

Fête : 29 juin. cf. *Pierre* ou 7 décembre. cf. *Ambroise*
Prénom féminin littéraire.

Ambroise

Fête : 7 décembre
• **Étym. :** du grec *ambrotos* (immortel) • **Hist.** IVe s. : issu d'une grande famille patricienne et chrétienne, Ambroise était avocat et consul de l'Émilie à Milan. À la mort de l'évêque arien de Milan, il fut nommé par le peuple à cette fonction. Il se mit

alors à l'étude de la théologie, travailla à relever le niveau du clergé, lutta contre les tenants de l'hérésie arienne. Au cours d'un différend qui l'opposait à l'empereur Théodose, toujours au sujet de l'hérésie, il fut enfermé dans une église avec quelques prêtres. Pour les dérider, Ambroise inventa alors les chants liturgiques. Il mourut en 397, laissant derrière lui de nombreux ouvrages doctrinaux • **S. Zod.** : Sagittaire • **Dérivés** : *Ambre, Ambroisie, Ambroisine, Ambrosia, Ambrosie*.

Ambroisie, Ambroisine, Ambrosia, Ambrosie
▼
Fête : 7 décembre.
cf. *Ambroise*

Amé
▼
Fête : 13 septembre
• **Étym.** : du latin *amatus* (qui est aimé) • **Hist.** VIIe s. : évêque de Sion, vers 660, Amé eut maille à partir avec le maire du palais, Ebroïn, qui lui fit retirer son épiscopat et le fit enfermer à Péronne. Il mourut en 690 • **S. Zod.** : Vierge.

Amédée
▼
Fête : 28 janvier
• **Étym.** : du latin *amandus* (aimable) • **Hist.** XIIe s. : très jeune, Amédée entra à l'abbaye de Clairvaux, dirigée par saint Bernard. En 1139, il devint abbé du monastère cistercien de Haute-Combe, puis, en 1144, il fut nommé évêque de Lausanne, où il mourut en 1159 • **S. Zod.** : Verseau • **Dérivés** : *Amadéa, Amadéo*.

Amélia, Amaliane, Améliane
▼
Fête : 5 janvier. cf. *Amélie*

Amélie
▼
Fête : 5 janvier
• **Étym.** : du germain *amal* (étymologie obscure), *liut* (peuple) • **Hist.** VIIe s. : fille du maire du palais Pépin de Landen, Amélie entra en religion ainsi que son époux après avoir terminé l'éducation de ses enfants. Elle s'éteignit en 690 • **S. Zod.** : Capricorne • **Dérivés** : *Amalia, Amaliane, Amélia, Ameliane, Ameline, Mélie*.

Ameline
▼
Fête : 5 janvier. cf. *Amélie*

Amenâa
▼
Fête suggérée : 20 février.
cf. *Aimée*
• **Étym.** : de l'ancien égyptien *jmen âa* (la maison d'Amon) ; prénom égyptien féminin porté en Égypte antique.

Amerigo

Fête : 22 septembre.
cf. *Amaury (Maurice)*

Améthyste

Fête suggérée : 29 juin.
cf. *Pierre*

• **Étym.** : du grec *amethusthos* (ivresse) ; on disait que cette pierre semi-précieuse violette avait le pouvoir, broyée, d'empêcher les empoisonnements et l'ivresse.

Amina

Fête suggérée : 31 août.
cf. *Ammie*

• **Étym.** : de l'arabe (fidèle).

Ammie

Fête : 31 août

• **Étym.** : du latin *amicus* (ami)
• **Hist.** Ier s. : on n'est pas très sûr de l'existence de sainte Ammie. On la donne faussement pour la gouvernante de saint Mamert qu'elle aurait suivi dans le martyre • **S. Zod :** Vierge.

Amos

Fête : 31 mars

• **Étym.** : étymologie hébraïque obscure • **Hist.** VIIIe s. avant J.-C. : Amos protesta contre les exactions et les mœurs dissolues des habitants de Jérusalem
• **S. Zod.** : Bélier.

Amy

Fête : 20 février. cf. *Aimée*
ou 31 août. cf. *Ammie*

Ana

Fête : 20 novembre

• **Étym.** : de l'hébreu *hannah* (grâce) • **Hist.** IVe s. : Ana fut une jeune vierge martyrisée par les manichéens en 343 • **S. Zod.** : Scorpion.

Anaïs

Fête : 26 juillet. cf. *Anne*

Anaïs est le dérivé breton d'Ana, déesse celtique ancienne, plus tard assimilée à sainte Anne.

Anastase

Fête : 19 décembre

• **Étym.** : du grec *anastasis* (résurrection) • **Hist.** IVe s. : Anastase Ier devint pape en 399. Il s'attaqua à l'hérésie donatiste, en Afrique du Nord. Il mourut en 401, peu de temps avant l'invasion des Goths • **S. Zod.** : Sagittaire.

Anastasia, Anastasiane

Fête : 15 avril. cf. *Anastasie*

Anastasie

Fête : 15 avril

• **Étym.** : du grec *anastasis* (résurrection) • **Hist.** Ier s. : Anastasie aurait été une patricienne romaine, martyrisée pour avoir enterré les corps de saint Pierre et de saint Paul • **S. Zod.** : Bélier • **Dérivés** : *Anastasia, Anastasiane, Astasie, Aspasie.*

Anatole
▼
Fête : 3 juillet

• **Étym.** : du grec *anatolis* (aurore) • **Hist.** IIIe s. : Anatole fut patriarche de l'Église de Byzance • **S. Zod.** : Cancer.

Anatolie
▼
Fête : 25 décembre

• **Étym.** : du grec *anatolis* (aurore) • **Hist.** : Anatolie et sa sœur Victoire auraient été martyrisées à Tubulano, en Italie, où elles sont vénérées • **S. Zod.** : Capricorne • **Dérivé** : *Anatoline.*

Anatoline
▼
Fête : 25 décembre.
cf. *Anatolie*

Ancel, Ancelin, Anceline
Fête : 21 avril. cf. *Anselme*

Andéol
▼
Fête : 1er mai

• **Étym.** : du grec *andreia* (virilité, énergie, bravoure) • **Hist.** IIIe s. : venu d'Orient pour prêcher l'Évangile, Andéol fut arrêté sur les ordres de l'empereur Septime Sévère, dans un petit village du Rhône, qui prendra, plus tard, le nom de Bourg-Saint-Andéol. Andéol, refusant toujours de renier Dieu, fut torturé puis décapité en 208 • **S. Zod.** : Taureau • **Dérivé** : *Andy.*

André
▼
Fête : 30 novembre

• **Étym.** : du grec *andreia* (virilité, énergie, bravoure) • **Hist.** Ier s. : apôtre du Christ qui le rallia à lui près du lac de Tibériade, André évangélisa la Thrace, la Scythie, le Péloponnèse. Après l'Ascension, il devint évêque de Patras. Il mourut en martyr sur une croix en forme de X, qui ne prendra d'ailleurs son nom qu'au XIVe siècle. André est le patron de la Russie, de l'Écosse, ainsi que du duché de Bourgogne. C'est à lui également qu'était dédié l'ordre de la Toison d'Or • **S. Zod.** : Sagittaire • **Dérivés** : *Andrea, Andrée, Andreï, Andrew, Andrev, Andreva, Andy.*

Andrea, Andrée, Andreï
▼
Fête : 30 novembre.
cf. *André*

Andrès
▼
Fête : 30 novembre.
cf. *André ; forme bretonne du prénom.*

Andrev, Andreva

Fête : 30 novembre.
cf. *André* ; formes bretonnes
masculine et féminine
du prénom.

Andrew

Fête : 30 novembre.
cf. *André* ; forme britannique
du prénom.

Andronic

Fête : 9 octobre
• **Étym. :** du grec *andreia* (virilité, énergie, bravoure) • **Hist.** Vᵉ s. : à la mort accidentelle de leurs enfants, Andronic et sa femme se séparèrent pour mener une vie érémitique dans le désert de Syrie • **S. Zod. :** Balance.

Andy

Fête : 1ᵉʳ mai. cf. *Andéol*
ou 30 novembre. cf. *André*

Anémone

Fête : 5 octobre. cf. *Fleur*
Fleur simple se caractérisant par la grande variété de ses coloris. La floraison a lieu en avril-mai • **S. Zod. :** Balance.

Aneth

Fête : 5 octobre. cf. *Fleur*
L'aneth est aussi appelé fenouil et est utilisé comme aromate • **S. Zod. :** Balance.

Anga

Fête : 14 octobre.
cf. *Angadrème*

Angadrème, Angadrisma

Fête : 14 octobre
• **Étym. :** du germain *angil* (lame), *drugan* (combattre)
• **Hist.** VIIᵉ s. : refusant d'épouser le haut dignitaire de la cour de Clotaire III proposé par son père, Angadrème se réfugia dans un couvent de Beauvais dont elle devint abbesse. Elle est la patronne de cette ville • **S. Zod. :** Balance.

Ange

Fête : 5 mai
• **Étym. :** du latin *angelus* (ange)
• **Hist.** XIIᵉ s. : né à Jérusalem à la fin du XIIᵉ siècle, Ange se rendit en Italie pour y prêcher mais il fut assassiné en 1225
• **S. Zod. :** Taureau • **Dérivés :** *Angel, Angelo.*

Angel, Angelo

Fête : 5 mai. cf. *Ange*

Angela

Fête : 27 janvier. cf. *Angèle*

Angèle

Fête : 27 janvier

- **Étym.** : du latin *angelus* (ange)
- **Hist.** XVe-XVIe s. : née en 1470 d'une famille de petite noblesse lombarde, Angèle déplorait le manque d'éducation des femmes de sa connaissance et décida d'y remédier. En 1516, elle ouvrit une école à Brescia, et vers 1530, créa un ordre original où les religieuses, délaissant la vie purement monastique, se dévouaient à l'éducation des jeunes filles dans la vie séculière. Ainsi naquirent les ursulines, qui tiennent leur nom de sainte Ursule, patronne de la culture. Sainte Angèle s'éteignit en 1540 • **S. Zod.** : Verseau
- **Dérivés** : *Angel, Angela, Angelon, Angie, Anja.*

Angelica, Angélique

Fête : 5 octobre. cf. *Fleur*
ou 27 janvier. cf. *Angèle*
ou 15 juillet. cf. *Angelina*

L'angélique est une fleur rustique dont on se sert en confiserie • **S. Zod.** : Balance.

Angelina, Angeline

Fête : 15 juillet

- **Étym.** : du latin *angelus* (ange)
- **Hist.** XVe s. : née à Montegione près d'Orvieto (Italie) en 1377, Angeline était de noble origine. Devenue veuve à 17 ans, elle entra dans le tiers ordre franciscain. Elle fonda cependant plus tard un monastère de tertiaires cloîtrées à Foligna. Cet exemple fut suivi de beaucoup d'autres. Ainsi après sa mort, en 1435, on comptait dès le XVIIe siècle plus de 135 monastères disséminés en France et en Italie
- **S. Zod.** : Cancer.

Angie

Fête : 27 janvier. cf. *Angèle*

Angilbert

Fête : 18 février

- **Étym.** : du germain *agil* (lame), *berth* (brillant) • **Hist.** VIIIe-IXe s. : issu de noble famille, Angilbert devint le secrétaire de Charlemagne, puis gouverneur d'une région du nord de la France. Cependant, à la suite d'un vœu, il quitta le monde pour embrasser la vie monastique, à Centule, couvent dont il devint abbé en 788. Nommé exécuteur testamentaire de Charlemagne en 811, il mourut quelques semaines après lui en 814 • **S. Zod.** : Verseau • **Dérivés** : *Angilberta, Angilberte.*

Angilberta, Angilberte

Fête : 18 février. cf. *Angilbert*

Ania

Fête : 21 janvier. cf. *Agnès*

Anicet
▼
Fête : 17 avril
• **Étym. :** du latin *anicetum* (anis)
• **Hist.** IIᵉ s. : né en Syrie, Anicet devint pape en 155. Une controverse importante intervint entre lui et saint Polycarpe au sujet de la fixation de la date de Pâques, conflit qui ne fut réglé que bien plus tard au concile de Nicée. Anicet mourut martyrisé pendant une persécution de Marc Aurèle, en 166 • **S. Zod. :** Bélier • **Dérivé :** *Anicette.*

Anicette
▼
Fête : 17 avril. cf. *Anicet*

Anika
▼
Fête : 26 juillet. cf. *Anne*

Anissa
▼
Fête suggérée : 26 juillet. cf. *Anne*
• **Étym. :** de l'arabe (gentille).

Anita
▼
Fête : 26 juillet. cf. *Anne*

Anna
▼
Fête : 26 juillet. cf. *Anne*

Annabella, Annabelle
▼
Fête : 26 juillet. cf. *Anne*

Annaïg, Annaïk
▼
Fête : 26 juillet. cf. *Anne ; formes bretonnes du prénom.*

Anne
▼
Fête : 26 juillet
• **Étym. :** de l'hébreu *hannah* (grâce) • **Hist.** Iᵉʳ s. avant J.-C. : Anne était mariée à Joachim et ne pouvait avoir d'enfants depuis vingt ans, lorsqu'un ange lui apparut. Il lui annonça la prochaine naissance d'une fille qui aurait nom Marie, et qu'elle devrait consacrer à Dieu. Le culte de cette sainte se répandit en Occident, sans doute pendant les croisades, et gagna la Bretagne dont elle est la patronne • **S. Zod. :** Lion • **Dérivés :** *Anaïs, Ania, Anika, Anita, Anna, Annabella, Annabelle, Annaïg, Annaïk, Annette, Annia, Annie, Annick, Annouk, Anouk, Annouchka, Nancy.*

Anne-Marie
▼
Fête : 15 juillet
• **Étym. :** de l'hébreu *hannah* (grâce), *mar* (maîtresse) • **Hist.** XVIIIᵉ-XIXᵉ s. : Anne-Marie Javouhey (1779-1851) fonda en 1806 une congrégation hospitalière et enseignante. En 1822, elle partit pour l'Afrique afin d'y développer l'éducation religieuse et y soigner les malades. Elle mourut, âgée de 72 ans, après avoir dirigé son ordre de Saint-Joseph-

de-Cluny pendant 45 ans • **S. Zod.**: Cancer.

Annette
▼
Fête : 26 juillet. cf. *Anne*

Annia, Annie
▼
Fête : 26 juillet. cf. *Anne*

Annick
▼
Fête : 26 juillet. cf. *Anne*

Annouk, Anouchka, Anouk
▼
Fête : 26 juillet. cf. *Anne*

Ansan
▼
Fête : 1er décembre

• **Étym.** : du germain *ans* (nom d'une divinité teutonne) • **Hist.** IVe s. : martyrisé sous Dioclétien en 304, Ansan fut le premier apôtre de Sienne • **S. Zod.** : Sagittaire.

Ansbert
▼
Fête : 9 février

• **Étym.** : du germain *ans* (nom d'une divinité teutonne), *berht* (brillant) • **Hist.** VIIe s. : chancelier du roi Clotaire III, Ansbert se fit ordonner prêtre et devint abbé de Fontenelle, en 677. Il s'occupa des pauvres et des malades, et en 684, devint évêque de Rouen. Mais, calomnié, il fut exilé dans le monastère de Hautmont, en Hainaut, où il mourut en 695 • **S. Zod.** : Verseau • **Dérivés** : *Ansberta, Ansberte.*

Ansberta, Ansberte
▼
Fête : 9 février. cf. *Ansbert*

Ansegise
▼
Fête : 20 juillet

• **Étym.** : du germain *ans* (nom d'une divinité teutonne), *ghil* (otage) • **Hist.** IXe s. : religieux, Ansegise devint l'un des conseillers de Charlemagne. Il termina sa vie abbé du monastère de Fontanelle • **S. Zod.** : Cancer.

Anselme
▼
Fête : 21 avril

• **Étym.** : du germain *ans* (nom d'une divinité teutonne), *helm* (casque) • **Hist.** XIe-XIIe s. : né à Aoste en 1033. Après une jeunesse dissolue, Anselme devint bénédictin à l'abbaye du Bec-Hellouin (Eure), la plus fameuse école de l'époque. Nommé contre son gré archevêque de Canterbury, il s'opposa successivement aux rois anglais Guillaume le Roux et Henri Ier sur le problème des investitures. Cette question débouchait directement sur la question de la séparation de l'Église et de l'État. En 1106, un accord fut signé et Anselme reprit les rênes de l'Église anglaise jusqu'à sa mort en 1109 • **S. Zod.** : Taureau • **Dérivé** : *Selma*.

Ansfrid
▼
Fête : 11 mai

• **Étym.** : du germain *ans* (nom d'une divinité teutonne), *frido* (paix) • **Hist.** X^e-XIe s. : comte de Brabant, Ansfrid devint évêque d'Utrecht et fonda les abbayes de Thorn et de Heiligenberg. Il s'éteignit en 1010 dans cette dernière • **S. Zod.** : Taureau • **Dérivé** : *Ansfrida*.

Ansfrida
▼
Fête : 11 mai. cf. *Ansfrid*

Anshaire
▼
Fête : 3 février

• **Étym.** : du germain *ans* (nom d'une divinité teutonne), *gari* (lance) • **Hist.** IXe s. : né de famille noble à Amiens, Anshaire se fit moine à Corbie. Nommé évêque de Hambourg, il s'acharna à évangéliser les peuplades nordiques et en 852, il convertit le roi Olaf de Suède. Il s'éteignit en 865 • **S. Zod.** : Verseau.

Anstrude
▼
Fête : 17 octobre

• **Étym.** : du germain *ans* (nom d'une divinité teutonne), *trud* (fidélité) • **Hist.** VIIe-VIIIe s. : abbesse de Laon, Anstrude se fit remarquer par l'efficacité avec laquelle elle dirigea son couvent. Elle y mourut en 700 • **S. Zod.** : Balance • **Dérivés** : *Anstrudie, Anstrudy*.

Anstrudie, Anstrudy
▼
Fête : 17 octobre.
cf. *Anstrude*

Antéia, Antia
▼
Fête : 18 avril. cf. *Anthia*

• **Myth.** : épouse du roi Proétos, Antéia, dépitée de voir ses avances éconduites par Bellérophon, accusa ce dernier de l'avoir violée. Proétos, sous peine de fouler aux pieds les lois de l'hospitalité, ne put se venger, mais envoya Bellérophon chez son beau-père Iobatès avec une lettre scellée demandant sa mise à mort. Iobatès omit plusieurs jours de lire la missive, si bien qu'au bout du compte, Bellérophon était devenu son hôte. Aussi ordonna-t-il au jeune homme d'accomplir, à l'image d'Hercule, toute une série de travaux, espérant qu'il succomberait. Mais Bellérophon triompha de toutes les épreuves, aidé de son fidèle coursier, le cheval Pégase • **S. Zod.** : Bélier.

Anthelme
▼
Fête : 26 juin

• **Étym.** : du germain *ans* (nom d'une divinité teutonne), *helm* (casque) • **Hist.** XIIe s. : en 1139, Anthelme devint le 7e prieur de la Grande Chartreuse. Il y fit reconstruire et moderniser les bâtiments. En 1163, il fut contraint par le pape Alexandre III d'accepter l'évêché du Belley, charge dont il démissionna à la fin de sa vie à la suite d'un différend avec le pontife. Il s'éteignit en juin 1168 à la Grande Chartreuse où il était retourné se reposer • **S. Zod.** : Cancer • **Dérivés** : *Thelma ou Telma*.

Anthère
▼
Fête : 3 janvier

• **Étym.** : du grec *aithêrios* (de nature céleste) • **Hist.** IIIe s. : élu pape en 235, Anthère mourut quarante-trois jours après son élection • **S. Zod.** : Capricorne.

Anthia
▼
Fête : 18 avril

• **Étym.** : du grec *anthias* (serran, poisson de mer) • **Hist.** IIe s. : veuve du consul Eugène, Anthia fut la mère de saint Eleuthère. Elle mourut décapitée sur l'ordre de l'empereur Adrien en 130 pour avoir refusé de sacrifier aux dieux • **S. Zod.** : Taureau • **Dérivés** : *Antéia, Antia, Antiopa, Panthéa*.

Anthime
▼
Fête : 27 avril

• **Étym.** : du latin *anthemis* (camomille) • **Hist.** IVe s. : évêque de Nicomédie, il fut martyrisé sous Dioclétien en 303 • **S. Zod.** : Taureau.

Anthony
▼
Fête : 13 juin. cf. *Antoine* ; *forme britannique du prénom*.

Antiopa, Antiope
▼
Fête : 18 avril. cf. *Anthia*

Antiopa était un prénom féminin porté à l'époque romaine.

Antoine
▼
Fête : 13 juin

• **Étym.** : du latin *antonius* (inestimable) • **Hist.** XIIe-XIIIe s. : Antoine de Padoue, né à Lisbonne en 1195, fit ses études chez les augustins. Il les quitta cependant pour les franciscains dont il appréciait les prédications itinérantes. Vers 1223, il enseigna la théologie à Bologne. En 1225, il se rendit dans le sud de la France afin d'y prêcher auprès des Albigeois. Son rayonnement fut tel qu'il fut nommé Provincial d'Italie. Il mourut à Padoue en 1231 après avoir continué son apostolat jusqu'à la fin de sa vie • **S. Zod.** : Gémeaux • **Dérivés** : *Anthony, Anton, Antonia, Antonio, Antony, Toine, Tony*.

Antoinette, Antonia
▼
Fête : 28 février

• **Étym.** : du latin *antonius* (inestimable) • **Hist.** xvᵉ s. : née à Florence et mariée à 15 ans, Antonia devint veuve très jeune avec un enfant. Après un second veuvage, elle entra chez les clarisses de Saint-Onuphre. Envoyée un peu plus tard au monastère de Saint-Anne de Foligno, elle le quitta pour devenir prieure de l'abbaye de Sainte-Elisabeth d'Aquila puis de celle de Corpus Christi d'Aquila. Elle y réforma les mœurs et veilla à une application stricte de la règle. Antonia mourut au couvent de Corpus Christi en 1472 • **S. Zod.** : Poissons • **Dérivés** : *Antonietta, Toinette, Toinon, Tonia, Tonie.*

Antonie
▼
Fête : 30 avril

• **Étym.** : du latin *antonius* (inestimable) • **Hist.** iiiᵉ s. : Antonie fut martyrisée à Carthage en 252 en compagnie de nombreux autres chrétiens et de son amie Tertullia • **S. Zod.** : Taureau.

Antonin
▼
Fête : 10 mai

• **Étym.** : du latin *antonius* (inestimable) • **Hist.** xivᵉ-xvᵉ s. : entré au prieuré de Giovanni Dominici en 1405, Antonin y fut rejoint par le peintre Fra Angelico en 1406. En 1417 il fut nommé prieur à Cortone et en 1430 prieur à la grande maison dominicaine de Rome. À la fin de l'année 1430, sous l'égide des Médicis, à Florence, il fut nommé prieur de Saint-Marc, qui allait devenir un des pôles de l'humanisme italien. Devenu archevêque de Florence en 1445, il mourut en 1459, à demi canonisé déjà aux yeux de ses contemporains. Il est invoqué contre les pestes et pour retrouver les objets perdus. Il est le patron des faïenciers et des fabricants de peignes • **S. Zod.** : Taureau • **Dérivés** : *Anton, Tonin.*

Antonina
▼
Fête : 12 juin. cf. *Antonine*

Antonine
▼
Fête : 12 juin

• **Étym.** : du latin *antonius* (inestimable) • **Hist.** iiiᵉ-ivᵉ s. : Antonine fut martyrisée sous Dioclétien à Nicomédie en 304 • **S. Zod.** : Gémeaux • **Dérivés** : *Antonina, Tonia, Tonine.*

Antony
▼
Fête : 13 juin. cf. *Antoine*

Anysia
▼
Fête : 30 décembre

• **Étym.** : obscure • **Hist.** ivᵉ s. : Anysia mourut en martyre durant les persécutions du gouverneur Dulcitius à Thessalonique en 304 • **S. Zod.** : Capricorne.

Aodren, Aodrena

Fête : 7 février. cf. *Audren* ; *prénom d'origine bretonne.*

Aphelandra

Fête : 5 octobre. cf. *Fleur*
L'aphelandra est une plante tropicale aux grandes feuilles vertes rayées de blanc, elle donne à l'âge adulte de magnifiques fleurs jaunes • **S. Zod.** : Balance.

Aphrodise, Aphrodite

Fête : 30 avril
• **Étym.** : du grec *aphros* (écume). Aphrodite était la déesse grecque de l'Amour et de la Beauté • **Hist.** : on ne connaît pas au juste la date de la mort d'Aphrodise. Tout ce que l'on sait d'elle est qu'elle mourut martyrisée à Alexandrie en compagnie de trente autres chrétiens • **S. Zod.** : Taureau.

Apollinaire

Fête : 5 janvier
• **Étym.** : du latin *apollinaris* (qui a trait à Apollon) • **Hist.** : on sait peu de chose concernant cette sainte sinon qu'elle aurait été fille d'un empereur et qu'elle se serait enfuie pour devenir ermite • **S. Zod.** : Capricorne.

Apollinaire

Fête : 5 octobre
• **Étym.** : du latin *apollinaris* (qui a trait à Apollon) • **Hist.** Vᵉ-VIᵉ s. : patron de Valence, Apollinaire fut évêque de cette ville après avoir terminé son éducation auprès de saint Mamert • **S. Zod.** : Balance.

Apolline

Fête : 9 février
• **Étym.** : du latin *apollinaris* (qui a trait à Apollon) • **Hist.** IIIᵉ s. : Apolline fut martyrisée bien qu'étant déjà d'un âge avancé, lors de la persécution de Dèce. Refusant de renier sa foi, on lui brisa les dents. Elle est invoquée pour cette raison contre les maux de dents • **S. Zod.** : Verseau • **Dérivés** : *Apollonia, Apollonie.*

Apollonia, Apollonie

Fête : 9 février. cf. *Apolline*

Apphien

Fête : 2 avril
• **Étym.** : du grec *aphas* (fleur d'épine) • **Hist.** IVᵉ s. : Apphien fut condamné, à l'âge de 19 ans, à être noyé parce qu'il avait critiqué un édit du gouverneur de Césarée • **S. Zod.** : Bélier.

April

Fête : 9 juillet. cf. *Everilde* ; *forme dérivée anglo-normande.*

Aquiline

Fête : 13 juin
- **Étym.** : du latin *aquilinus* (aquilin) • **Hist.** IIIᵉ s. : arrêtée à 12 ans, Aquiline refusa d'abjurer sa foi chrétienne et mourut décapitée • **S. Zod.** : Gémeaux.

Arabel, Arabella, Arabelle

Fête : 26 juillet. cf. *Annabelle (Anne)*

Aranka

Fête : 1ᵉʳ octobre. cf. *Eurielle*

Arcade, Arcadius

Fête : 13 novembre
- **Étym.** : du latin *arcadius* (arcadien-peuple) • **Hist.** Vᵉ s. : Arcade fut martyrisé sur l'ordre de Genséric, roi des Vandales, pour avoir refusé de renier sa foi • **S. Zod.** : Scorpion • **Dérivés** : *Arcadia, Arcadiane, Arcadie, Arcady*.

Arcadia, Arcadiane, Arcadie

Fête : 13 novembre. cf. *Arcade*

Arcady

Fête : 13 novembre. cf. *Arcade*

Archibald ou Archinime

Fête : 29 mars
- **Étym.** : du germain *ercan* (naturel), *bald* (audacieux) • **Hist.** Vᵉ s. : catholique africain, Archinime fut persécuté par le roi vandale Genséric, qui soutenait l'hérésie arienne • **S. Zod.** : Bélier • **Dérivés** : *Archie, Archer*.

Archie, Archer

Fête : 29 mars. cf. *Archibald ; formes saxonnes du prénom.*

Ardley

Fête suggérée : 30 novembre. cf. *André*
- **Étym.** : du germain *arn* (aigle) *land* (prairie) ; forme anglicisée.

Aretha

Fête suggérée : 18 septembre. cf. *Ariane*
- **Étym.** : du grec (la vertu).

Argan, Argane

Fête : 24 août. cf. *Barthélemy (voir aussi Arganthaël)*

Arganthaël

Fête : 24 août. cf. *Barthélemy*
- **Étym.** : prénom d'origine celtique. En breton, la traduction donne : *argant* (argent), *hael* (noble). C'est en principe un prénom féminin • **S. Zod.** : Vierge.

Ariadna, Ariana

Fête : 18 septembre.
cf. *Ariane*

Ariane, Ariadne

Fête : 18 septembre
• **Étym.** : du latin *Ariana* (Ariane, fille du roi Minos de Crète) • **Hist.** IIIe s. : Ariane, jeune esclave chrétienne, fut arrêtée et jugée. Elle fut sauvée grâce à l'intercession de la foule qui la prit en pitié. La légende s'empara ensuite de son histoire, racontant que, s'enfuyant de la ville, elle faillit être rejointe par ses poursuivants et ne dut son salut qu'au sol qui s'entrouvrit pour la dissimuler • **S. Zod.** : Vierge • **Dérivés** : *Ariana, Ariadna, Ariadné*.

Aricie

Fête : 31 août. cf. *Aristide*

Ariella, Arielle

Fête : 1er octobre. cf. *Eurielle*

Aristide

Fête : 31 août
• **Étym.** : du grec *aristos* (le meilleur) • **Hist.** IIe s. : philosophe athénien, Aristide se convertit au christianisme. Un écrit envoyé à l'empereur Antonin contribua à adoucir les persécutions dont lui-même fut cependant victime • **S. Zod.** : Vierge • **Dérivé** : *Aricie*.

Arizona

Fête suggérée : 24 mai.
cf. *Zoé*

État d'Amérique dans les Rocheuses, dont le nom a été adopté en prénom.

Arleen

Fête suggérée : 17 juillet.
cf. *Arlette (Charlotte)*
• **Étym.** : du germain *karl* (vigoureux) ; adaptation anglo-saxonne du prénom.

Arlette

Fête : 17 juillet. cf. *Charlotte*
• **Étym.** : du germain *karl* (vigoureux) ; Arlette est la déformation de Charlette, féminin ancien de Charles.

Armaël, Armaëlle

Fête : 16 août. cf. *Armel* ; *forme primitive du prénom*.

Armand

Fête : 2 septembre
• **Étym.** : du latin *amatus* (qui est aimé) • **Hist.** XVIIIe s. : on compte deux saint Armand morts guillotinés lors des massacres de septembre 1792. Le calendrier honore pour sa part, le 23 décembre, un saint Armand franciscain hollandais • **S. Zod.** : Vierge.

Armande, Armandine
▼
Fête : 9 juillet. cf. *Amandine*

Armel ou Armael
▼
Fête : 16 août
- **Étym.** : du vieux breton *arzh* (ours), *mael* (prince) • **Hist.** VIe s. : venant du pays de Galles, Armel s'installa à Ploërmel où il fonda deux monastères. Il est invoqué contre les maux de tête, la fièvre, la goutte et les rhumatismes • **S. Zod.** : Lion • **Dérivés** : *Armela, Armelin, Armeline, Armelle, Arzel, Arzhael, Arzhela, Arzhelig, Arzhellen.*

Armela
▼
Fête : 16 août. cf. *Armel*

Armelin, Armeline
▼
Fête : 16 août. cf. *Armel*

Armelle
▼
Fête : 16 août. cf. *Armel*

Arnaud
▼
Fête : 10 février
- **Étym.** : du germain *arn* (aigle), *bald* (hardi) • **Hist.** XIIe-XIIIe s. : fils d'une noble famille padouane, Arnaud reçut très jeune l'habit bénédictin. Nommé à 24 ans abbé du monastère de Sainte-Justine de Padoue, Arnaud eut maille à partir avec le seigneur du lieu, Eolin. Ce dernier le fit persécuter et emprisonner pendant 8 ans. Arnaud mourut au cachot en 1255 • **S. Zod.** : Verseau • **Dérivés** : *Arnaude, Aulnay.*

Arnaude
▼
Fête : 10 février. cf. *Arnaud*

Arnold
▼
Fête : 6 février
- **Étym.** : du germain *arn* (aigle), *hrod* (gloire) • **Hist.** XIIe s. : saint peu connu, Arnold fut religieux à Marmoutiers, puis abbé de Bonneval dans le diocèse de Chartres. Il fut un grand ami de saint Bernard. Il mourut à Bonneval en 1156 • **S. Zod.** : Verseau.

Arnoul
▼
Fête : 18 juillet
- **Étym.** : du germain *arn* (aigle), *wulf* (loup) • **Hist.** VIIe s. : arrière-grand-père de Charlemagne, Arnoul fut conseiller à la cour de Théodebert II d'Austrasie, et chargé d'administrer les domaines royaux. En 614, il fut nommé évêque de Metz, mais il renonça à cette charge en 627 et se retira dans les Vosges où il mourut en 640 • **S. Zod.** : Cancer.

Arnoult
▼
Fête : 18 juillet
- **Étym.** : du germain *arn* (aigle), *wulf* (loup) • **Hist.** VIe s. : époux de

la nièce de Clovis, Arnoult abandonna ses biens pour convertir les païens en Espagne. À son retour, il fut assassiné dans la forêt d'Yvelines • **S. Zod.** : Cancer.

Arsène
▼
Fête : 19 juillet
• **Étym.** : du latin *arsen* (le mâle) • **Hist.** IVe-Ve s. : d'origine romaine, Arsène abandonna tous ses biens pour vivre en anachorète dans le désert où il mourut en 450 • **S. Zod.** : Cancer.

Arslane
▼
Fête suggérée :
15 novembre. cf. *Arzhul*
• **Étym.** : de l'arabe (lion).

Artème
▼
Fête : 25 janvier
• **Étym.** : du latin *artemo* (le mât) • **Hist.** : Artème aurait été martyrisé à Pouzzoles (Italie) à une date inconnue • **S. Zod.** : Verseau.

Artémis, Artémise
▼
Fête : 25 janvier. cf. *Artème*
• **Étym.** : Artémis, déesse grecque, est l'équivalent de la Diane romaine. Ce prénom fut porté en Angleterre dès le XVIIIe siècle • **S. Zod.** : Verseau.

Arthaud
▼
Fête : 6 octobre
• **Étym.** : du germain *hart* (dur, fort), *ald* (vieux) • **Hist.** XIIe-XIIIe s. : issu de famille noble, Arthaud entra à la Chartreuse des Portes. En 1118, il fut nommé évêque de Belley (Ain), mais démissionna de cette charge deux ans plus tard. Il mourut âgé de 105 ans. • **S. Zod.** : Balance.

Arthellaïs
▼
Fête : 3 mars
• **Étym.** : déformation du nom grec Athéna, déesse de l'Intelligence et de la Guerre • **Hist.** VIe s. : fille du proconsul de Constantinople, Arthellaïs était d'une si grande beauté que l'empereur Justinien voulut l'emmener. Afin de lui échapper, elle s'enfuit dans un couvent à Bénévent, où elle mourut âgée de 16 ans, à la suite de jeûnes incessants • **S. Zod.** : Poissons.

Arthur
▼
Fête : 15 novembre
• **Étym.** : du vieux breton *arzh* (ours) • **Hist.** XVIe s. : Arthur mourut à la suite de persécutions déclenchées par Henri VIII en 1539, lors de la querelle soulevée à propos de la séparation de l'Église et de l'État • **S. Zod.** : Scorpion • **Dérivés** : *Arzhul, Arzhur, Artus, Arty, Arzhula, Azhellen.*

Artus, Arty

Fête : 15 novembre.
cf. *Arthur* ; *dérivations du prénom Arthur.*

Arvin

Fête suggérée : 3 octobre.
cf. *Ewald*
• **Étym.** : du germain *arn* (aigle), *wild* (sauvage) ; adaptation anglo-saxonne du prénom.

Arzhul

Fête : 15 novembre.
cf. *Arthur* ; *forme bretonne masculine d'Arthur.*

Arzhula, Arzhellen

Fête : 15 novembre.
cf. *Arthur* ; *forme bretonne féminine du prénom Arthur.*

Ascagne

Fête : 12 avril. cf. *Jules*
• **Myth.** : fils d'Énée, Ascagne prit plus tard le nom de Iule • **S. Zod.** : Bélier.

Ascelin, Asselin

Fête : 23 août. cf. *Asceline*

Asceline, Asseline

Fête : 23 août
• **Étym.** : du germain *azzelin* (forme dérivée d'*adal* (noble) • **Hist.** XIIe s. : née en 1121 à Ville-sous-Ferté en Champagne. On suppose qu'Asceline était la cousine de saint Bernard. Elle se retira très tôt chez les cisterciennes de Boulancourt où elle mourut en 1195 • **S. Zod.** : Vierge • **Dérivé** : *Ascelin*.

Ascott

Fête suggérée :
12 novembre. cf. *Astrik*
• **Étym.** : de l'anglo-saxon (propriétaire du cottage est).

Asella, Aselle

Fête : 6 décembre
• **Étym.** : du latin *asella* (petite ânesse) • **Hist.** Ve s. : Asella est connue grâce à saint Jérôme qui en parla. Elle passa sa vie recluse dans une cellule, absorbée par la prière et la contemplation. Elle mourut dans la deuxième moitié du IVe siècle • **S. Zod.** : Sagittaire • **Dérivé** : *Azelle*.

Aspasie

Fête : 14 août. cf. *Athanasie*
• **Étym.** : du grec *aspasie* (bienvenue).

Asta

Fête suggérée :
12 novembre. cf. *Astrid*
• **Étym.** : du grec *astron* (astre).

Aster

Fête : 5 octobre. cf. *Fleur*

L'aster est une plante dont la fleur ressemble à celle des marguerites. Les coloris sont très variés, mais en général le cœur est jaune d'or • **S. Zod.** : Balance • **Dérivés** : *Astéria, Astérina, Astérine*.

Astéria, Astérina, Astérine

Fête : 5 octobre.
cf. *Fleur* et *Aster*

Astrid

Fête : 12 novembre.
cf. *Astrik*

• **Étym.** : du germain *ans* (divinité païenne), *trud* (fidélité). Le prénom fut porté par la mère de saint Olaf.

Astrik

Fête : 12 novembre

• **Étym.** : du germain *ans* (divinité teutonne), *rik* (roi) • **Hist.** XIe s. : on connaît Astrik comme évangélisateur des Magyars, sous le règne d'Etienne Ier. Il mourut à la tâche en 1040 • **S. Zod.** : Scorpion • **Dérivé** : *Astrid*.

Atalante, Ataléa, Atalia

Fête suggérée : 10 mars.
cf. *Attale*

• **Étym.** : du grec (celui qui porte).

Athalie

Fête suggérée : 10 mars.
cf. *Attale*

• **Étym.** : du grec (celui qui porte) ; héroïne célèbre de Racine.

Athanase

Fête : 2 mai

• **Étym.** : du grec *athanatos* (immortel) • **Hist.** IIIe-IVe s. : né à Alexandrie d'une famille très aisée et diacre de l'évêque Alexandre, Athanase s'insurgea contre les théories d'Arius. En 320, il succéda à Alexandre. En 46 ans d'épiscopat, il en passera 20 en exil à la suite de nombreuses dissensions tant avec le pape qu'avec l'empereur. Cependant, en 366, Théodose entérina les décisions de Nicée, consacrant la lutte d'Athanase dont les écrits n'avaient cessé de dénoncer les écarts de l'arianisme. Il s'éteignit en 373 • **S. Zod.** : Taureau.

Athanasie

Fête : 14 août

• **Étym.** : du grec *athanatos* (immortel) • **Hist.** IXe s. : son second mari ayant décidé d'entrer dans les ordres, Athanasie transforma sa maison en couvent • **S. Zod.** : Lion • **Dérivé** : *Athénaïs*.

Athénaïs
▼
Fête : 14 août. cf. *Athanasie*
• **Étym. :** du grec *Athena*, déesse de la Guerre et de l'Intelligence.

Attale, Attala
▼
Fête : 10 mars
• **Étym. :** du grec (celui qui porte) • **Hist.** VIIe s. : saint Bourguignon, moine au monastère de Luxeuil. Il succéda à saint Colomban comme abbé du monastère de Bobbio en Lombardie. Attala est une héroïne qui donna son nom à un roman de Chateaubriand.

Aube
▼
Fête : 1er mars. cf. *Aubin*

Aubépine
▼
Fête : 5 octobre. cf. *Fleur*

Aubert
▼
Fête : 10 septembre
• **Étym. :** du germain *adal* (noble), *berht* (brillant) • **Hist.** VIIIe s. : Aubert fut le fondateur de l'abbaye du Mont-Saint-Michel en 709 mais l'essor de ce monastère sous l'égide des bénédictins ne date que du Xe siècle • **S. Zod. :** Vierge.

Aubin
▼
Fête : 1er mars
• **Étym. :** du latin *albus* (blanc) • **Hist.** VIe s. : issu d'une grande famille bretonne, Aubin naquit à Vannes. Abbé du couvent de Tincillac, il fut nommé en 529 évêque d'Angers. Aubin s'employa avant tout à faire cesser les nombreuses unions incestueuses qui avaient cours à son époque. Il mourut en 550 et il est le patron d'Angers • **S. Zod. :** Poissons • **Dérivés :** *Aube, Aubrée*.

Aubrée
▼
Fête : 1er mars. cf. *Aubin*

Aude
▼
Fête : 18 novembre
• **Étym. :** du germain *ald* (ancien) • **Hist.** VIe s. : Aude aurait été une des compagnes de sainte Geneviève à Paris. On ne connaît rien de sa vie propre, mais les châsses contenant leurs reliques se trouvaient dans la même abbaye • **S. Zod. :** Scorpion • **Dérivés :** *Alaude, Audie*.

Audie
▼
Fête : 18 novembre. cf. *Aude*

Audrain
▼
Fête : 7 février. cf. *Audren*

Audren, Aodren
▼
Fête : 7 février
• **Étym. :** du vieux breton *alt* (haut), *roen* (royal) • **Hist. :** Audren aurait

été un prince royal de Bretagne. On ne sait rien de plus à son propos • **S. Zod.** : Verseau • **Dérivés** : *Aodrena, Audrain, Audrena*.

Audrena

Fête : 7 février. cf. *Audren* ; *pendant féminin d'Audren*.

Audrey, Audalde

Fête : 5 juin (version française). 23 juin cf. *Etheldrede* (version anglaise)

• **Étym.** : version celtique, *alt* (haut), *roen* (royal) ; version germaine, *adal* (noble) • **Hist.** : on vénère à Cannes une sainte Audrey ou Audalde qui aurait été martyrisée dans cette ville avec quelques autres compagnes à une époque indéterminée • **S. Zod.** : Gémeaux.

Audry

Fête : 23 juin. cf. *Etheldrede* ou 5 juin. cf. *Audrey, Audalde*

Augusta

Fête : 27 mars

• **Étym.** : du latin *augustus* (majestueux) • **Hist.** Ve s. : Augusta était la fille du duc de Frioul (Italie). S'étant convertie au christianisme, elle refusa d'apostasier comme l'en sommait son père et fut décapitée sur l'ordre de ce dernier, furieux de ce refus • **S. Zod.** : Bélier.

Auguste

Fête : 25 septembre

• **Étym.** : du latin *augustus* (majestueux) • **Hist.** VIIe s. : abbé du monastère de Saint-Symphorien de Bourges, Auguste mourut dans les années 650. On ne connaît rien d'autre le concernant • **S. Zod.** : Balance.

Augustin

Fête : 28 août

• **Étym.** : du latin *augustus* (majestueux) • **Hist.** IVe-Ve s. : issu de parents numides, ayant obtenu la citoyenneté romaine, Augustin dut sa formation religieuse première à sa mère, la future sainte Monique. Gagné aux idées manichéistes, il les abandonna vers 386, illuminé par la grâce. Il vendit alors tous ses biens et, en 395, fut nommé évêque d'Hippone. Prédicateur et catéchiste, il écrivit une œuvre religieuse très dense où il combattit le pélagianisme et le manichéisme et où il développa sa théorie sur la grâce qui sera la base des réflexions postérieures des plus grands Pères de l'Église. Il mourut en 430 à Hippone • **S. Zod.** : Vierge • **Dérivés** : *Augustina, Augustine, Austin*.

Augustina, Augustine

Fête : 28 août. cf. *Augustin*

Aulnay
▼
Fête : 11 février. cf. *Arnaud*

Aulne
▼
Fête : 5 octobre. cf. *Fleur*
L'aulne est un arbre à feuilles caduques vert foncé et à forme un peu ovoïde.

Aunemond
▼
Fête : 28 septembre
• **Étym.** : du germain *adal* (noble), *mund* (protection) • **Hist.** VIIe s. : gouverneur du palais de Dagobert Ier puis de Clovis II, Aunemond fut nommé évêque de Lyon en 653. Mais la reine Mathilde, jalouse de son influence sur les Lyonnais, le fit assassiner en 657 • **S. Zod.** : Balance • **Dérivé** : *Aunemonde*.

Aunemonde
▼
Fête : 28 septembre. cf. *Aunemond*

Aura
▼
Fête : 4 octobre. cf. *Aure*

Aure
▼
Fête : 4 octobre
• **Étym.** : du latin *aurum* (or) • **Hist.** VIIe s. : saint Éloi la nomma en 660 abbesse du monastère colombaniste de Paris. Aure mourut victime de la peste en 666 • **S. Zod.** : Balance • **Dérivés** : *Aura, Aureguenn, Aureguine, Aurinia*.

Aureguenn
▼
Fête : 4 octobre. cf. *Aure* ; forme bretonne du prénom.

Aureguine
▼
Fête : 4 octobre. cf. *Aure*

Aurèle
▼
Fête : 20 juillet
• **Étym.** : du latin *aurum* (or) • **Hist.** Ve s. : ami de saint Augustin et évêque de Carthage, Aurèle passa sa vie à lutter contre les pélagianistes et les donatistes • **S. Zod.** : Cancer.

Aurélia, Auréliane
Fête : 25 septembre. cf. *Aurélie*

Aurélie
▼
Fête : 25 septembre
• **Étym.** : du latin *aurum* (or) • **Hist.** : Aurélie et Néomisie sont citées dans le martyrologe de Baronius, indiquant qu'elles auraient été suppliciées à Rome • **S. Zod.** : Balance • **Dérivés** : *Aurélia, Auréliane*.

Aurélien
▼
Fête : 16 juin
• **Étym.** : du latin *aurum* (or) • **Hist.**

vɪe s. : légat du pape auprès de Childebert Ier, ce dernier aida Aurélien à fonder deux monastères en Arles, qui furent placés sous la règle de saint Benoît, avec obligation pour les moines de savoir lire. Nommé évêque d'Arles en 546, Aurélien mourut dans son diocèse en 551 • **S. Zod.** : Gémeaux.

Auria
▼
Fête : 11 mars
• **Étym.** : du latin *aurum* (or) • **Hist.** xɪe s. : issue de milieu campagnard, très simple, Auria réussit cependant à se faire admettre au couvent sans dot. Elle y accomplit de nombreux miracles et y mourut à une date indéterminée • **S. Zod.** : Poissons • **Dérivés** : *Auriana, Auriane, Gloria, Oria, Orianna, Orianne.*

Auriana, Auriane
▼
Fête : 11 mars. cf. *Auria*
Auriana est un prénom féminin porté dès l'époque romaine.

Aurinia
▼
Fête : 4 octobre. cf. *Aure*
Aurinia était une déesse des peuples germains.

Aurore
▼
Fête : 20 octobre. cf. *Orora*

Austin
▼
Fête : 28 août. cf. *Augustin* ; *forme populaire du prénom.*

Austreberte
▼
Fête : 10 février
• **Étym.** : du germain *aust* (est), *berht* (brillant) • **Hist.** vɪɪe-vɪɪɪe s. : née vers 630, son père, le comte de Hesdin, voulut la marier. Mais, afin de ne pas trahir sa vocation religieuse, Austreberte se remit entre les mains de saint Omer qui la fit envoyer au couvent colombin de Pavilly, dont elle devint abbesse un peu plus tard, et où elle s'éteignit en 704 • **S. Zod.** : Verseau.

Authier
▼
Fête : 9 avril. cf. *Gauthier*

Auxane
▼
Fête : 3 septembre. cf. *Euxane*

Auxence
▼
Fête : 14 février
• **Étym.** : du latin *augere* (croître, augmenter) • **Hist.** ve s. : militaire, Auxence décida d'abandonner l'armée pour se retirer sur le mont Oxia et y vivre en ermite. Il y mourut en 473 • **S. Zod.** : Verseau.

Ava, Ave

Fête : 29 avril
- **Étym.** : du latin *avis* (oiseau)
- **Hist.** IXe s. : issue d'une famille belge fortunée, Ava (ou Ave) fut guérie de sa cécité, après une visite au tombeau de sainte Renfroi, abbesse de Denain. Elle consacra alors toute sa fortune à cette abbaye et y prit le voile
- **S. Zod.** : Taureau • **Dérivés** : *Avelaine, Avelina, Aveline, Aviva.*

Avel

Fête : 30 juillet
- **Étym.** : forme celtique d'Abel
- **S. Zod.** : Lion • **Dérivés** : *Avela, Avelia, Avelig.*

Avela

Fête : 30 juillet. cf. *Avel* ; forme féminine d'*Avel*.

Avelaine

Fête : 29 avril. cf. *Ava*

Avelia, Avelig

Fête : 30 juillet. cf. *Avel* ; formes féminines d'*Avel*.

Avelina, Aveline

Fête : 29 avril. cf. *Ava*

Avenant

Fête : 14 décembre.
cf. *Venance*

Aviva

Fête : 29 avril. cf. *Ava*

Awena

Fête : 14 décembre.
cf. *Venance*

Axel, Acestus

Fête : 2 juillet
- **Étym.** : du latin *axis* (axe) • **Hist.** Ier s. : officier converti après avoir assisté à la mort de saint Paul, Axel aurait été exécuté par la suite, n'ayant pas voulu renier sa foi. On n'est cependant pas très sûr de son existence • **S. Zod.** : Cancer • **Dérivés** : *Axeline, Axella, Axellane, Axelle.*

Axeline

Fête : 2 juillet. cf. *Axel*

Axella, Axellane, Axelle

Fête : 2 juillet. cf. *Axel*

Aya

Fête : 18 avril
- **Étym.** : du latin *aio* (j'acquiesce), ou du germain *agin* (lame) • **Hist.** VIIe-VIIIe s. : fille de Brunulphe, comte d'Ardennes, Aya épousa

Hydulphe. Tous deux, d'un commun accord, décidèrent d'entrer au couvent. Hydulphe à Lobbes, et Aya à Châteaulieu, dans l'abbaye de Mons, fondée par sa tante sainte Mathilde. Hydulphe et Aya s'éteignirent la même année en 707. Aya est invoquée contre les procès injustes • **S. Zod.** : Bélier.

Aybert
▼
Fête : 7 avril

• **Étym.** : du germain *haim* (maison), *berht* (brillant) • **Hist.** XIe-XIIe s. : né près de Tournai, Aybert se fit ermite. Son habitude de réciter cinquante *Ave Maria* par jour est peut-être à l'origine du rosaire • **S. Zod.** : Bélier.

Aymar
▼
Fête : 29 mai

• **Étym.** : du germain *haim* (maison), *mar* (illustre) • **Hist.** XIIIe s. : appartenant à un groupe d'inquisiteurs parcourant les lieux touchés par l'hérésie albigeoise, Aymar périt, ainsi que ses amis, sous les coups d'hérétiques embusqués, en 1242 • **S. Zod.** : Gémeaux.

Aymeric
▼
Fête : 4 novembre. cf. *Emeric* ; *forme occitane du prénom.*

Aymond, Aymone
▼
Fête : 7 janvier. cf. *Raymond* ; *forme méridionale du prénom.*

Azalée, Azaléa
▼
Fête suggérée : 6 décembre.
cf. *Asella*

• **Étym.** : du grec *azaleos* (desséché) ; fleur japonaise, maintenant très répandue, cultivée pour la beauté de ses fleurs et la délicatesse de ses coloris.

Azami
▼
Fête suggérée : 6 décembre.
cf. *Asella*

• **Étym.** : du japonais (fleur de chardon).

Azelice, Azelicia
▼
Fête : 24 décembre. cf. *Adèle*

Azelina, Azeline
▼
Fête : 24 décembre. cf. *Adèle*

Azelle
▼
Fête : 6 décembre. cf. *Asella*

Aziliz
▼
Fête : 22 novembre. cf. *Cécile* ; *forme bretonne du prénom.*

Aziz, Aziza
▼
Fête suggérée : 2 juillet.
cf. *Axel*

• **Étym.** : de l'arabe (l'aimé) ; Aziza est un prénom illustré par une célèbre chanson de Daniel Balavoine.

Azur
▼
Fête suggérée : 2 juillet.
cf. *Axel*
• **Étym. :** du persan *ladjourd* (lapis-lazuli).

Azza
▼
Fête suggérée : 6 décembre.
cf. *Asella*
• **Étym. :** de l'arabe *ghazala* (gazelle).

B

Badefrid

Fête : 11 juin. cf. *Barnarbé*
- **Étym.** : du germain *bald* (audacieux), *frido* (paix) • **Hist.** VIIe s. : on ne connaît pas de saint Badefrid. Un comte palatin illustra ce prénom en étant maire du palais du roi Dagobert Ier • **S. Zod.** : Gémeaux.

Bahia

Fête suggérée : 30 janvier.
cf. *Bathilde*
- **Étym.** : de l'arabe *shabba* (belle).

Bailey, Basle

Fête : 26 novembre
- **Étym.** : du vieux français *bailli* ; adaptation anglo-normande du prénom • **Hist.** VIIe s. : saint Basle, né à Limoges, fut soldat avant d'être moine puis ermite.

Balbine

Fête : 31 mars
- **Étym.** : du latin *balbus* (bègue)
- **Hist.** IIe s. : son père ayant été martyrisé pour la foi, Balbine fit vœu de chasteté et se consacra aux pauvres • **S. Zod.** : Bélier.

Baldric

Fête : 7 novembre. cf. *Baud*

Baldwin

Fête : 21 août. cf. *Baudouin* ;
forme primitive du prénom.

Baptista, Battista

Fête : 31 mai
- **Étym.** : du latin *baptisma* (baptême ou ablution) • **Hist.** XVe-XVIe s. : née dans une noble famille de Camerino (Italie) en 1458, Baptista était d'une grande beauté et aimait la vie mondaine. Touchée cependant par la grâce, elle entra au couvent des clarisses d'Urbino où elle eut des visions séraphiques. Devenue abbesse en 1499, elle mourut de la peste en 1527 • **S. Zod.** : Taureau • **Dérivé** : *Baptistine*.

Baptiste

Fête : 24 juin.
cf. *Jean-Baptiste*

Baptistin

Fête : 24 juin.
cf. *Jean-Baptiste*

Baptistine

Fête : 31 mai. cf. *Baptista*

Barbara, Barbe

Fête : 4 décembre

• **Étym. :** du latin *barbari* (barbares) • **Hist. :** Barbe fut une sainte très populaire au Moyen Âge. Son dérivé, Barbara, a beaucoup plus de succès aujourd'hui. Selon la tradition, Barbe aurait été une très belle jeune fille convertie à l'insu de son père. Ayant refusé le prétendant païen qu'il lui proposait, il la fit enfermer et assassiner. Barbe est invoquée contre les morts violentes • **S. Zod. :** Sagittaire • **Dérivé :** *Barberine*.

Barberine

Fête : 4 décembre.
cf. *Barbara*

Barclay

Fête suggérée : 11 juin.
cf. *Barnabé*

• **Étym. :** de l'anglo-saxon (celui qui habite près du bouleau).

Barnabé

Fête : 11 juin

• **Étym. :** de l'hébreu (fils de consolation) • **Hist.** 1ᵉʳ s. : Barnabé est surtout connu pour avoir introduit l'apôtre Paul dans la communauté chrétienne de Jérusalem. Il voyagea une année en compagnie de Paul à Chypre pour y convertir les païens, et mourut lapidé puis brûlé vers l'an 60 • **S. Zod. :** Gémeaux.

Barnard

Fête : 23 juin

• **Étym. :** du germain *bern* (ours), *hard* (dur) • **Hist.** VIIIᵉ-IXᵉ s. : noble vivant à la cour de Charlemagne, Barnard délaissa le monde pour la vie monacale, et en 812, fut nommé archevêque de Vienne. Il mourut en 842, à Romans, dans un monastère qu'il avait lui-même fondé • **S. Zod. :** Cancer.

Barney

Fête : 11 juin. cf. *Barnabé ; adaptation anglo-normande du prénom.*

Barry

Fête suggérée : 11 juin.
cf. *Barnabé*

- **Étym.** : du gaélique (lance) ; prénom illustré dans un film de Stanley Kubrick : *Barry Lindon*.

Barthélemy
▼
Fête : 24 août

- **Étym.** : de l'araméen *Bartholomeus* (fils de Tolmaï) • **Hist.** Ier s. : Barthélemy fut l'un des douze apôtres choisis par Jésus. Il aurait évangélisé le Pont, le Bosphore, la Phrygie et serait mort écorché vif en Arménie • **S. Zod.** : Vierge • **Dérivés** : *Bartholomé, Bartholo, Tholomée*.

Bartholo
▼
Fête : 24 août. cf. *Barthélemy*

Bartholoméa
▼
Fête : 26 juillet.
cf. *Bartholomée*

Bartholomée
▼
Fête : 26 juillet

- **Étym.** : de l'araméen *Bartholomeus* (fils de Tolmaï) • **Hist.** XIXe s. : née près de Brescia (Italie), Bartholomée fit vœu de chasteté et se consacra à l'enseignement. Elle fonda la congrégation des sœurs de la charité à Milan et mourut âgée de 26 ans, minée par la tuberculose • **S. Zod.** : Lion • **Dérivés** : *Bartholoméa, Tholoméa, Tholomée, Lema, Lemy*.

Basile
▼
Fête : 2 janvier

- **Étym.** : du grec *basileus* (roi)
- **Hist.** IVe s. : né à Césarée (de Cappadoce), Basile, après des études très poussées, fut nommé évêque de Césarée. Il s'opposa à l'empereur Valens, partisan de l'arianisme. Celui-ci multiplia les persécutions, les querelles, en vain. Basile resta ferme sur ses positions. Toute cette agitation cessa d'ailleurs à la mort de l'empereur, mais Basile ne le vit pas car il mourut peu avant, en 379 • **S. Zod.** : Capricorne.

Basilissa, Basilisse
▼
Fête : 15 avril. cf. *Vassilissa*

Basille
▼
Fête : 20 mai

- **Étym.** : du grec *basileus* (roi)
- **Hist.** IVe s. : issue de la famille impériale et s'étant convertie, Basille fit vœu de chasteté. L'empereur, furieux, lui donna alors le choix entre le mariage et la mort : elle choisit le trépas et mourut en 304 • **S. Zod.** : Taureau.

Bastian, Bastiane
▼
Fête : 20 janvier. cf. *Sébastien*

Bastien, Bastienne
▼
Fête : 20 janvier.
cf. *Sébastien ; formes occitanes dérivées du prénom.*

Bathilde, Bathylle
▼
Fête : 30 janvier
• **Étym.** : du germain *bald* (audacieux), *hild* (combat) • **Hist.** VIIe s. : née en Angleterre, Bathilde fut capturée et vendue comme esclave. Le roi Clovis II, successeur de Dagobert, la remarqua et l'épousa. Elle lui donna trois fils et à la mort de son époux, en 657, elle assuma la régence durant la jeunesse de son fils Clotaire III. Elle marqua son règne par la fondation des monastères de Corbie et de Chelles. Elle s'éteignit dans ce dernier en 680 • **S. Zod.** : Verseau • **Dérivés** : *Batia, Batiane.*

Batia
▼
Fête : 30 janvier. cf. *Bathilde*
• **Myth.** : fille de Teucer, premier roi de Troie, Batia est considérée comme l'ancêtre mythique de la race troyenne • **S. Zod.** : Verseau.

Batiane
▼
Fête : 30 janvier. cf. *Bathilde*

Baucis
▼
Fête : 7 novembre. cf. *Baud*

• **Myth.** : la légende de Philémon et de Baucis est célèbre. Baucis et son mari Philémon, déjà âgés, furent les seuls à ouvrir leur porte aux dieux Zeus et Hermès. Pour cela, ils furent épargnés lors du Déluge • **S. Zod.** : Scorpion.

Baud
▼
Fête : 7 novembre
• **Étym.** : du germain *bald* (audacieux) • **Hist.** VIe s. : référendaire du roi Clotaire, Baud devint évêque de Tours. Il eut la réputation d'être charitable envers les pauvres. Il mourut en 552. On l'invoque contre la sécheresse • **S. Zod.** : Scorpion • **Dérivé** : *Beau.*

Baudouin
▼
Fête : 21 août
• **Étym.** : du germain *bald* (audacieux), *win* (ami) • **Hist.** XIIe s. : on honore le 21 août Baudouin de Reti, abbé de San Pastore, en Italie. On ne sait rien d'autre quant à la vie de ce saint • **S. Zod.** : Lion.

Béatrice
▼
Fête : 18 février
• **Étym.** : du latin *beata* (bienheureuse) • **Hist.** XIIIe s. : fille du marquis de Ferrare, Béatrice préféra se retirer à la mort de son fiancé. Elle fonda alors un couvent de bénédictines à Fer-

rare, en 1254, et y mourut aux alentours de 1270. Par ailleurs, on honore le 13 février une sainte Béatrice d'Eymeu, religieuse chartreuse dans la Drôme • **S. Zod.** : Capricorne.

Béatrix
Fête : 29 juillet

• **Étym.** : du latin *beata* (bienheureuse) • **Hist.** : Béatrix et ses frères furent martyrisés pour avoir refusé de renier leur foi, à une époque qui reste mal déterminée • **S. Zod.** : Lion.

Beau
Fête : 7 novembre. cf. *Baud*

Becky
Fête : 17 décembre.
cf. *Rébecca ; dérivé anglo-saxon du prénom.*

Bee
Fête : 6 septembre

• **Étym.** : du latin *benedictus* (béni) • **Hist.** VIIe s. : née en Northumbrie, elle fut la première femme à se faire religieuse et à vivre dans la solitude • **S. Zod.** : Vierge • **Dérivés** : *Deborah, Debbie.*

Begge
Fête : 17 décembre

• **Étym.** : du néerlandais *beggen* (bavarder) • **Hist.** VIIe s. : fille de Pépin de Landen, Begge épousa Ansegise et eut pour fils Pépin de Héristal, le fondateur de la lignée carolingienne • **S. Zod.** : Sagittaire.

Belinda, Belinde
Fête : 8 septembre. cf. *Beline*

Beline
Fête : 8 septembre

• **Étym.** : du germain *Belinus* (dieu des habitants de la Norique) • **Hist.** VIIIe s. : selon la tradition, Beline se serait refusée à son seigneur qui, furieux, l'aurait fait décapiter • **S. Zod.** : Vierge.

Bella, Belle
Fête : 22 février. cf. *Isabelle*

Ben
Fête : 31 mars. cf. *Benjamin*

Bénédicte
Fête : 16 mars

• **Étym.** : du latin *benedictus* (béni) • **Hist.** XIIIe s. : née à Assise, vers 1214, Bénédicte prit l'habit des clarisses de Saint-Damien, monastère placé sous la tutelle de sainte Claire à qui elle succéda en 1253. Elle dirigea le couvent pendant 7 ans, donnant l'exemple de la pauvreté.

Elle s'éteignit en 1260 • **S. Zod.** : Poissons • **Dérivé** : *Benoîte*.

Bénilda
▼
Fête : 13 août. cf. *Bénilde*

Bénilde
▼
Fête : 13 août
• **Étym.** : du latin *benedictus* (béni) • **Hist.** XIXe s. : né en Auvergne, Bénilde se fit moine et se consacra à l'enseignement. Remarquable de patience et de dévouement, il mourut en 1862, âgé de 57 ans • **S. Zod.** : Lion • **Dérivé** : *Bénilda*.

Benjamin
▼
Fête : 31 mars
• **Étym.** : nom biblique • **Hist.** Ve s. : effectuant une mission d'évangélisation en Perse, Benjamin refusa d'adorer le soleil. Le roi Yezdedgred Ier le fit alors supplicier • **S. Zod.** : Bélier • **Dérivés** : *Benjamine, Yasmina, Yasmine*.

Benjamine
▼
Fête : 31 mars. cf. *Benjamin*

Bennett
▼
Fête : 11 juillet. cf. *Benoît*

Benoît
▼
Fête : 11 juillet

• **Étym.** : du latin *benedictus* (béni)
• **Hist.** VIe s. : né dans une noble famille romaine, les Anicii, Benoît arrêta ses études à quatorze ans, pour devenir ermite. En 529, il quitta sa retraite pour fonder avec quelques disciples un monastère, à Cassinum, qui deviendra le fameux monastère du mont Cassin. Saint Benoît y instaura une règle, dite « bénédictine », qui servira de base à la vie monastique pendant 800 ans. Il y développa l'idée que la prière ne suffit pas et que le travail est nécessaire aux religieux. Il mourut au mont Cassin en 547
• **S. Zod.** : Cancer • **Dérivés** : *Benoîte, Bennett*.

Benoîte ou Benoilte
▼
Fête : 11 juillet. cf. *Benoît*
ou 5 octobre. cf. *Fleur*
ou 16 mars. cf. *Bénédicte*

Benson
▼
Fête : 31 mars. cf. *Benjamin*
• **Étym.** : de l'anglo-saxon *Ben's son* (fils de Ben).

Bérard
▼
Fête : 16 janvier
• **Étym.** : du germain *bern* (ours), *hard* (dur) • **Hist.** XIIIe s. : Bérard, ainsi que quatre autres compagnons, fut envoyé par saint François d'Assise au Maroc, afin d'y prêcher. Mais ils furent décapités, peu de temps après leur

arrivée • **S. Zod.** : Capricorne • **Dérivés** : *Bérardine, Bérarde*.

Bérarde
▼
Fête : 16 janvier. cf. *Bérard*

Bérardine
▼
Fête : 16 janvier. cf. *Bérard*

Bérenger
▼
Fête : 26 mai

• **Étym.** : du germain *berht* (brillant), *gari* (lance) • **Hist.** XIᵉ s. : on ne sait que peu de chose à son propos sinon qu'il aurait été religieux dans l'abbaye bénédictine de Saint-Papoul, dans l'Aude, et qu'il y aurait accompli de nombreux miracles avant sa mort en 1093 • **S. Zod.** : Gémeaux • **Dérivé** : *Bérengère*.

Bérengère
▼
Fête : 26 mai. cf. *Bérenger*

Bérénice
▼
Fête : 4 octobre. cf. *Bernice*

Bergamote
▼
Fête : 5 octobre. cf. *Fleur*

Berkeley
▼
Fête : 11 juin. cf. *Barnabé*

Bernadette
▼
Fête : 16 avril

• **Étym.** : du germain *bern* (ours), *hard* (dur, fort) • **Hist.** XIXᵉ s. : née en 1844 dans une famille très pauvre, Bernadette fut élue par la Vierge pour être son intermédiaire avec les hommes et lui apparut dix-huit fois. Tout cela provoqua un grand remue-ménage dans la vie de la pauvre Bernadette qui, terrifiée par sa réputation de sainteté, s'enfuit et se réfugia dans un couvent de Nevers. De santé fragile, elle s'éteignit en 1879, à l'âge de 35 ans. Son corps est exposé dans un cercueil de verre en la chapelle du couvent de Nevers • **S. Zod.** : Bélier.

Bernard
▼
Fête : 20 août

• **Étym.** : du germain *bern* (ours), *hard* (fort, dur) • **Hist.** XIᵉ-XIIᵉ s. : né en 1090, et fils du seigneur de Fontaine-lès-Dijon, Bernard entra au couvent à Cîteaux, en 1112. En 1115, il fonda l'abbaye de Clairvaux avec quelques autres moines, et y établit une règle dure et austère. Il fustigea le luxe des couvents, et s'opposa à l'antipape Anaclet II. Il prêcha la deuxième croisade et mourut à Clairvaux, en 1153, épuisé par les privations et la fatigue de voyages incessants • **S. Zod.** : Lion.

Bernardin
▼
Fête : 20 mai

• **Étym.** : du germain *bern* (ours), *hard* (fort, dur) • **Hist.** xive-xve s. : né en 1380, Bernardin, appartenant à la noble et riche famille siennoise des Albizeschi, entra au couvent à l'âge de 17 ans. En 1400, lors d'une terrible épidémie de peste, il dirigea un hôpital, se dévouant au service des humbles. Puis, il prêcha dans toute l'Italie contre le simonisme, le luxe des prêtres, les divisions guelfes et gibelines qui déchiraient le peuple. Épuisé, il mourut à Aquila en 1444 • **S. Zod.** : Taureau • **Dérivé** : *Bernardine*.

Bernardine
▼
Fête : 20 mai. cf. *Bernardin*

Bernice, Bérénice
▼
Fête : 4 octobre

• **Étym.** : du latin *Berenice* (nom porté par plusieurs villes dans l'Antiquité). Ce nom fut également illustré par la fille d'Arsinoé et de Ptolémée dont la chevelure, selon la légende, fut placée comme constellation dans le ciel • **Hist.** ive s. : Bernice (ou Bérénice) fut martyrisée en 302 en compagnie de sa mère Domnice et de sa sœur Progdice, à Antioche • **S. Zod.** : Balance.

Bernward
▼
Fête : 20 novembre

• **Étym.** : du germain *bern* (ours), *warno* (qui défend) • **Hist.** xie s. : Bernward fut le chapelain et le précepteur d'Otton III, ainsi que l'évêque d'Hildesheim. Il avait de grandes connaissances en peinture, orfèvrerie et architecture. Il mourut en 1022 • **S. Zod.** : Scorpion.

Berthaire
▼
Fête : 29 mars. cf. *Berthold*

On ne connaît pas de saint Berthaire. Un roi de Thuringe illustra ce nom au vi{e} siècle.

Berthe, Bertha
▼
Fête : 4 juillet

• **Étym.** : du germain *berht* (brillant) • **Hist.** viiie s. : fille du comte Rigobert, Berthe, devenue veuve, fonda l'abbaye de Blangy et s'y retira avec ses filles. Elle y mourut en 725 • **S. Zod.** : Cancer.

Berthold
▼
Fête : 29 mars

• **Étym.** : du germain *berht* (brillant), *hrod* (gloire) • **Hist.** xiie s. : Berthold est connu pour avoir réorganisé une communauté d'ermites sur le mont Carmel. Il est ainsi à l'origine de l'ordre des Carmes • **S. Zod.** : Bélier • **Dérivés** : *Berthaire, Bertholf*.

Bertholf
▼
Fête : 29 mars. cf. *Berthold*

Bertilie, Bertile

Fête : 5 novembre

• **Étym.** : du germain *berht* (brillant), *lind* (doux) • **Hist.** VIIe s. : Bertilie passe pour avoir réorganisé l'abbaye de Chelles, sous l'égide de sainte Bathilde • **S. Zod.** : Scorpion.

Bertille

Fête : 3 janvier

• **Étym.** : du germain *berht* (brillant) • **Hist.** VIIIe s. : fille de noble famille, Bertille abandonna le monde à la mort de son époux, pour vivre en recluse à côté de l'église de Mareuil qu'elle avait fait ériger • **S. Zod.** : Capricorne.

Bertram

Fête : 16 octobre.
cf. *Bertrand*

Bertrand

Fête : 16 octobre

• **Étym.** : du germain *bern* (ours), *hramm* (corbeau) • **Hist.** XIe-XIIe s. : évêque de Comminges, en Haute-Garonne, Bertrand reprit en main son diocèse et le réorganisa totalement, ce qui ne fut pas sans provoquer quelques troubles. Il mourut en 1123, après cinquante ans d'apostolat • **S. Zod.** : Balance • **Dérivés** : *Bertram, Bertrande, Bertrane*.

Bertrande

Fête : 16 octobre.
cf. *Bertrand*

Bertrane

Fête : 16 octobre.
cf. *Bertrand* ; *forme gasconne féminine du prénom.*

Béryl

Fête : 29 juin. cf. *Pierre*

Le béryl est une pierre fine de couleur bleutée • **S. Zod.** : Cancer.

Besse, Bessie

Fête : 5 octobre. cf. *Fleur* ou 17 novembre. cf. *Elisabeth*

Nom occitan pour désigner le bouleau. Également forme dérivée d'Elisabeth.

Beth

Fête : 17 novembre.
cf. *Bethsabée (Elisabeth)*

Bethsabée

Fête : 17 novembre.
cf. *Elisabeth*

• **Étym.** : de l'hébreu *beth* (maison), *sha* (salut) • **Hist.** : Bethsabée était, dans la tradition biblique, la mère de Salomon et l'épouse de David qui fut roi d'Israël • **S. Zod.** : Scorpion • **Dérivé** : *Beth*.

Bettelin
▼
Fête : 9 septembre
• **Étym.** : du germain *bet* (lit), *lind* (doux) • **Hist.** VIIIe s. : Bettelin fut le compagnon de saint Guthlac avec qui il vécut dans le comté de Lincoln • **S. Zod.** : Vierge.

Bettelina, Betteline
▼
Fête : 9 septembre.
cf. *Bettelin*

Bettina
▼
Fête : 17 novembre.
cf. *Elisabeth*

Bettino
▼
Fête : 9 septembre.
cf. *Bettelin*

Betty
▼
Fête : 17 novembre.
cf. *Elisabeth*

Beuno
▼
Fête : 21 avril
• **Étym.** : du germain *brun* (cuirasse) • **Hist.** VIIe s. : c'est un des grands saints gallois autour duquel gravitent de nombreuses légendes miraculeuses. On peut dire, en fait, qu'il appartint à une mission d'évangélisation du nord-ouest du pays de Galles et qu'il fut à l'origine de nombreuses fondations d'églises et d'abbayes • **S. Zod.** : Taureau.

Beverley
▼
Fête suggérée : 16 mars.
cf. *Bénédicte*
• **Étym.** : de l'anglo-saxon *beaver* (castor).

Bianca
▼
Fête : 3 octobre. cf. *Candide*

Bibiane
▼
Fête : 2 décembre
• **Étym.** : du latin *vividus* (vivant)
• **Hist.** Ve s. : on ne sait que peu de chose sur cette jeune fille sinon qu'elle mourut martyrisée sous Julien l'Apostat • **S. Zod.** : Sagittaire • **Dérivé** : *Viviane*.

Billy
▼
Fête : 10 janvier.
cf. *Guillaume*

Birgitt, Birgitta
▼
Fête : 23 juillet. cf. *Brigitte* ; *formes nordiques du prénom.*

Blaise
▼
Fête : 3 février
• **Étym.** : du latin *blaesus* (bègue)
• **Hist.** IVe s. : Blaise aurait été évêque de Sébaste, en Cappa-

doce. Médecin, il guérissait les animaux sauvages. Le gouverneur Agricola, ne réussissant pas à lui faire renier sa foi, lui fit trancher la tête. Il est le patron des cardeurs et il est invoqué contre les morsures de vipères • **S. Zod.** : Verseau • **Dérivé** : *Blaisiane (forme bretonne du prénom).*

Blaisiane
▼
Fête : 3 février. cf. *Blaise*

Blanca
▼
Fête : 31 mai. cf. *Blanda* ou 3 octobre. cf. *Candide*

Blanche
▼
Fête : 3 octobre. cf. *Candide*

Blanda
▼
Fête : 31 mai

• **Étym.** : du latin *blandus* (caressant) • **Hist.** IIe-IIIe s. : Blanda fut martyrisée en 222, en compagnie de son mari, le prêtre Calepode • **S. Zod.** : Gémeaux.

Blandine
▼
Fête : 2 juin

• **Étym.** : du latin *blandus* (caressant) • **Hist.** IIe s. : Blandine appartient au nombre des martyrs exécutés en 177, à Lyon. Plusieurs fois torturée, elle refusa de renier sa foi. Elle fut alors livrée à un taureau qui la déchiqueta de ses cornes • **S. Zod.** : Gémeaux.

Bleiz
▼
Fête : 3 février. cf. *Blaise* ; forme bretonne du prénom.

Boèce
▼
Fête : 23 octobre

• **Étym.** : du latin *boetius* (natif de Béotie) • **Hist.** V^e-VIe s. : Boèce appartenait à une très importante famille romaine. On lui doit de nombreuses traductions de philosophes grecs en latin. Nommé consul par Théodoric, roi des Ostrogoths, qui gouvernait en ce temps l'Italie, il resta à cette fonction durant douze ans, jusqu'au jour où, soupçonné de complot, Théodoric le fit arrêter et mettre à mort en 524 • **S. Zod.** : Scorpion • **Dérivés** : *Boécia, Boéciane.*

Boécia, Boéciane
▼
Fête : 23 octobre. cf. *Boèce*

Boniface
▼
Fête : 5 juin

• **Étym.** : du latin *bonifacies* (qui a bonne mine) • **Hist.** VIIe-VIIIe s. : né en Angleterre, Boniface fut élevé par les Bénédictins, mais il les quitta en 716, appelé par l'esprit missionnaire. Il évangélisa la Frise et, en 722, fut sacré évêque. Il s'attaqua peu après à la conversion des païens en Thuringe et en Hesse, et à la formation d'un clergé indigène. Il mourut assassiné en 754 • **S. Zod.** : Gémeaux.

Bonizelda
▼
Fête : 6 mai
• **Étym.** : du latin *bonus* (bon) • **Hist.** XIIIe s. : Bonizelda fut une sainte célèbre pour sa charité. Elle mourut en 1300. C'est tout ce que l'on sait à son propos • **S. Zod.** : Taureau.

Bonne, Bonnie
▼
Fête : 29 mai
• **Étym.** : du latin *bonus* (bon) • **Hist.** XIIe s. : l'histoire de Bonne comporte de nombreux aspects légendaires. Née à Pise en 1156, elle eut très tôt des visions. Après avoir visité les Lieux Saints, elle vécut pendant un temps en recluse à Pise. Mais elle repartit très vite pour de nombreux pèlerinages émaillés de prodiges et de miracles. Elle mourut en 1207 • **S. Zod.** : Gémeaux.

Boris
▼
Fête : 24 juillet
• **Étym.** : en russe, ce nom signifie combat • **Hist.** XIe s. : fils de saint Vladimir de Kiev et prince de Rostov, Boris fut dépouillé de ses biens par son frère aîné, qui le fit ensuite assassiner en 1015 • **S. Zod.** : Lion • **Dérivés** : *Borroméa, Borromée*.

Borroméa, Borromée
▼
Fête : 24 juillet. cf. *Boris*

Brad
▼
Fête suggérée :
15 décembre. cf. *Bradley* ; *forme dérivée du prénom.*

Bradley
▼
Fête suggérée :
15 décembre. cf. *Briac*
• **Étym.** : de l'anglo-saxon (celui qui vit près de la grande prairie).

Bregait
▼
Fête : 23 juillet. cf. *Brigitte* ; *forme irlandaise du prénom.*

Brenda
▼
Fête : 13 novembre.
cf. *Brendan*

Brendan, Brendon
▼
Fête : 13 novembre
• **Étym.** : du celtique *bran* (corbeau) • **Hist.** V[e]-VIe s. : Brendan est un des saints irlandais les plus connus. Il fonda de nombreux monastères dont le plus rayonnant fut celui de Clonfert. La tradition rapporte qu'il partit

en mer avec quelques compagnons afin d'y découvrir l'île bienheureuse. Les récits de cette expédition sont compilés dans un ouvrage, *La Navigation de saint Brendan*, écrit, semble-t-il, au Xe siècle • **S. Zod.** : Scorpion • **Dérivé** : *Brenda*.

Brent

Fête suggérée : 13 novembre. cf. *Brendan*
• **Étym.** : du gaélique (noble lignage).

Brett

Fête : 15 décembre. cf. *Briac*

Briac, Briag

Fête : 15 décembre
• **Étym.** : du celtique *bri* (considération) • **Hist.** VIIe s. : Irlandais, Briac se rendit en Armorique et y fonda un monastère non loin de Guingamp, à Bourbriac • **S. Zod.** : Sagittaire • **Dérivés** : *Brett, Briaga, Briagenn, Brian, Brianne, Brivaelle, Brivaela*.

Briaga, Briagenn

Fête : 15 décembre. cf. *Briac*

Brian

Fête : 15 décembre. cf. *Briac*

Brianna, Brianne

Fête : 15 décembre. cf. *Briac*

Brice

Fête : 13 novembre
• **Étym.** : du celtique *bri* (considération) • **Hist.** Ve s. : la vie de moine ne lui convenant pas, Brice préféra celle de prêtre séculier, riche et honoré. Il s'opposa souvent à saint Martin, évêque de Tours, qu'il n'hésitait pas à railler sur ses « visions » et ses « divagations ». Nommé lui-même évêque de Tours, successeur de saint Martin en 397, il fut chassé de cette charge par ses diocésains, scandalisés par sa conduite licencieuse. Il revint cependant à Tours, soutenu par le pape et il mena, jusqu'à la fin de sa vie, une existence édifiante • **S. Zod.** : Scorpion.

Brieuc, Brieg

Fête : 1er mai
• **Étym.** : du celtique *bri* (considération) • **Hist.** Ve s. : né au pays de Galles, Brieuc est un des saints les plus populaires de Bretagne, où il se rendit, ses études terminées. Il fonda deux monastères dont un sur le lieu actuel de la ville de Saint-Brieuc, où il mourut après une existence consacrée à la prédication et à l'évangélisation des gens de la contrée • **S. Zod.** : Taureau.

Brigitte, Brigitta
▼
Fête : 23 juillet

• **Étym.** : du celtique *bri* (considération) • **Hist.** xive s. : née en Suède en 1303 ; son père était un chevalier important de la cour royale. Devenue veuve, Brigitte se retira au monastère d'Alvastra pour y mener une vie ascétique tournée vers la charité. En 1370, elle créa un monastère double, les religieuses catéchisant les païens, les moines s'occupant de l'instruction, ordre qui reçut le nom de Saint-Sauveur et qui fut appelé à un grand développement dans les pays nordiques. Elle mourut en 1373 • **S. Zod.** : Lion • **Dérivés** : *Birgitt, Birgitta, Britt, Britta*.

Britannia
▼
Fête suggérée : 1er mai.
cf. *Brieuc*

• **Étym.** : du celtique *bri* (la considération) ; prénom en vogue dans les pays anglo-saxons au xixe siècle.

Brithwald
▼
Fête : 9 janvier

• **Étym.** : du celtique *bri* (considération) • **Hist.** viiie s. : Brithwald fut archevêque de Cantorbéry pendant trente-sept ans et mourut en 731 • **S. Zod.** : Capricorne.

Brithwold
▼
Fête : 22 janvier

• **Étym.** : du celtique *bri* (considération) • **Hist.** xie s. : Brithwold fut religieux à Glastonbury. Nommé évêque de Ramsbury, il eut de nombreuses visions et avait un don prophétique. Il s'éteignit vers 1045, à Glastonbury • **S. Zod.** : Verseau.

Britt, Britta
▼
Fête : 23 juillet. cf. *Brigitte*

Brooke
▼
Fête suggérée : 6 octobre.
cf. *Brunehart*

• **Étym.** : de l'ancien anglais (ruisseau). Prénom porté par l'actrice américaine Brooke Shields.

Bruce
▼
Fête suggérée : 22 janvier.
cf. *Brithwold*

• **Étym.** : de l'anglo-saxon (le costaud) • **Hist.** xiiie-xive s. : le roi Robert d'Écosse (1274-1329) fut connu sous le nom de Robert the Bruce, surnom qui devint ensuite un prénom.

Brune
▼
Fête : 6 octobre. cf. *Bruno*

Brunehaut
▼
Fête : 6 octobre. cf. *Bruno*
- **Étym.** : du germain *brun* (bouclier), *waldo* (qui gouverne).

Brunehilde
▼
Fête : 6 octobre. cf. *Bruno*
- **Étym.** : du germain *brun* (bouclier), *hild* (combat).

Brunette
▼
Fête : 6 octobre. cf. *Bruno*

Bruno
▼
Fête : 6 octobre
- **Étym.** : du germain *brun* (bouclier) • **Hist.** XIe-XIIe s. : originaire de Cologne, Bruno naquit vers 1035 dans la grande famille des Hautenfaust. Après des études itinérantes et très complètes, il devint chanoine à Reims. Mais, à la suite d'ennuis avec l'archevêque Manassès, il quitta la ville et fonda, dans un site solitaire, la Grande Chartreuse (Isère). Bruno dut cependant abandonner ce havre de solitude, le pape Urbain II l'ayant appelé à ses côtés à Rome. La vie de cour ne lui convenant guère, il partit pour la Sicile sur l'instigation du comte Roger de Sicile et y fonda une deuxième chartreuse, calquée sur la première, à La Torre. Il y mourut en 1101, ne laissant aucune règle précise, mais un mode de vie fondé sur la prière, l'humilité et la solitude, qui est encore spécifique des chartreux actuels • **S. Zod.** : Balance • **Dérivés** : *Bruna, Brune, Brunehaut, Brunehilde, Brunette.*

Burt, Burton
▼
Fête suggérée : 6 octobre. cf. *Bruno*
- **Étym.** : de l'anglo-saxon (celui du village sur la colline).

Byron
▼
Fête suggérée : 1er mai. cf. *Brieuc*
- **Étym.** : de l'anglo-saxon (l'étable) ; prénom qui s'est répandu suite à la notoriété du poète anglais Lord Byron.

C

Cadfaël

Fête suggérée : 20 avril.
cf. *Caedwaller*
- **Étym.** : du celtique *kad* (combat), *wal* (valeur) ; prénom porté par le héros d'une série télévisée policière médiévale.

Cadroé

Fête : 6 mars
- **Étym.** : du celtique *kad* (combat) • **Hist.** Xe s. : originaire d'Écosse, Cadroé prit en charge l'éducation des prêtres. Passé en France, il fut successivement abbé de l'abbaye de Wanlsor, puis de celle de Saint-Clément de Metz, où il mourut en 976
- **S. Zod.** : Poissons.

Cadwallader

Fête : 12 novembre
- **Étym.** : du celtique *kad* (combat), *wal* (valeur) • **Hist.** VIIe s. : roi du pays de Galles, Cadwallader abandonna le trône pour se faire moine. Il fonda sept monastères et mourut lors d'une épidémie de peste en 664
- **S. Zod.** : Scorpion.

Caedmon

Fête : 11 février
- **Étym.** : du celtique *kad* (combat), *man* (sage) • **Hist.** VIIe s. : simple bouvier du monastère de Streoneshalch, Caedmon passe pour être le premier poète saxon. Ayant découvert ces dons, l'abbesse le fit entrer comme religieux dans sa communauté • **S. Zod.** : Verseau.

Caedwaller

Fête : 20 avril
- **Étym.** : du celtique *kad* (combat), *wal* (valeur) • **Hist.** VIIe s. : souverain du Wessex, Caedwaller mourut lors d'un pèlerinage à Rome • **S. Zod.** : Taureau.

Calais

Fête : 1er juillet
- **Étym.** : du latin *cala* (bûche) • **Hist.** VIe s. : ayant fait ses études près de Riom (Auvergne),

Calais constitua une communauté religieuse dans le Maine, après avoir mené pendant un certain temps une vie érémitique • **S. Zod. :** Cancer • **Dérivés :** *Callia ou Calia, Calvina*.

Calédonia, Calédonie

Fête suggérée : 1er juillet. cf. *Calais*

• **Étym. :** du latin *caledonia* (Écosse), ainsi appelée dans les temps reculés.

Callia, Calia

Fête : 1er juillet. cf. *Calais*
Prénom féminin romain.

Calliope

Fête : 7 avril

• **Étym. :** du grec *kalliope* (qui a une belle voix). Calliope, dans la mythologie grecque, était la muse de la poésie et de l'éloquence • **Hist.** IIIe-IVe s. : la famille de Calliope était d'origine sénatoriale romaine. Malgré cela, Calliope fut dénoncée comme chrétienne. Afin de la sauver, sa mère offrit une fortune en or. En vain, car Calliope refusa d'abjurer sa foi et fut torturée avant d'être exécutée sur l'ordre du préfet Maxime • **S. Zod. :** Bélier.

Callista

Fête : 14 octobre. cf. *Calliste*

Calliste, Caliste

Fête : 14 octobre

• **Étym. :** du grec *kallistos* (le plus beau) • **Hist.** IIIe s. : esclave à Rome, après de mauvaises affaires financières, Calliste fut condamné aux mines de Sardaigne. Lors de l'avènement de Commode, il fut gracié. En 217, il succéda à Zéphirin sur le trône pontifical et organisa le cimetière de la Via Appia. Il combattit l'adoptianisme et fut assassiné lors d'une révolte plébéienne • **S. Zod. :** Balance • **Dérivés :** *Callista, Callistine*.

Callistine

Fête : 14 octobre. cf. *Calliste*

Calvina

Fête : 1er juillet. cf. *Callia*
Nom féminin porté à l'époque romaine.

Calypso

Fête : 10 novembre.
cf. *Nymphe*

• **Étym. :** du grec *kalyx* (calice des fleurs) • **Myth. :** fille du Titan Atlas, cette nymphe vivait dans l'île imaginaire d'Ogygie. Elle recueillit Ulysse d'Ithaque dont le bateau avait sombré devant ses côtes, et le garda sept ans à ses côtés • **S. Zod. :** Balance.

Cameron
▼
Fête suggérée : 14 juillet.
cf. *Camille*

• **Étym.** : du gaélique (nez camus) ; nom d'un important clan écossais qui s'est par la suite décliné en prénom, illustré par l'actrice Cameron Diaz.

Camilla, Camilia
▼
Fête : 31 mars

• **Étym.** : du latin *camillus* (enfant noble qui aidait aux sacrifices) • **Hist.** xve-xvie s. : Italienne, Camilla fonda un couvent de clarisses en 1502, près de Modène. Elle devait y mourir deux ans plus tard • **S. Zod.** : Bélier.

Camille
▼
Fête : 14 juillet

• **Étym.** : du latin *camillus* (enfant noble qui aidait aux sacrifices) • **Hist.** xvie-xviie s. : né en 1550, Camille avait 17 ans lorsqu'il s'engagea dans l'armée. Il la quitta ruiné par le jeu. Vers 1575, il trouva enfin sa voie, se fit prêtre et décida de créer un ordre pour le soulagement et le soin des malades : les Camilliens. Il mourut en 1614. Il est le patron des infirmiers • **S. Zod.** : Cancer.

Campbell
▼
Fête suggérée : 31 mai.
cf. *Cant*

• **Étym.** : du gaélique (montagne tourmentée) ; nom d'un clan écossais qui s'est par la suite décliné en prénom.

Candice
▼
Fête : 3 octobre. cf. *Candide*

Candida
▼
Fête : 3 octobre. cf. *Candide*

Candide
▼
Fête : 3 octobre

• **Étym.** : du latin *candidus* (blanc, pur) • **Hist.** iiie s. : Candide et ses compagnons furent martyrisés en 287 parce qu'ils avaient refusé de sacrifier aux dieux • **S. Zod.** : Balance • **Dérivés** : *Candida, Candice, Candie, Candy*.

Candie, Candy
▼
Fête : 3 octobre. cf. *Candide*

Cannelle
▼
Fête : 5 octobre. cf. *Fleur*

La cannelle est une épice fort appréciée depuis les temps les plus anciens • **S. Zod.** : Balance.

Cant, Cantien, Cantianille
▼
Fête : 31 mai

• **Étym.** : du latin *cantus* (chant)

- **Hist.** IVᵉ s. : ces trois frères furent décapités lors de la persécution de Dioclétien • **S. Zod.** : Gémeaux • **Dérivés** : *Cantia, Cantiane*.

Cantia, Cantiane
▼
Fête : 31 mai. cf. *Cant, Cantien, Cantianille*

Canut, Knut
▼
Fête : 19 janvier
• **Étym.** : du celtique *kann* (blanc) • **Hist.** XIᵉ s. : roi du Danemark juste et efficace, Canut favorisa l'Église. Ayant décidé en 1085 d'envahir l'Angleterre, il fut assassiné alors qu'il était en prière, par des rebelles mécontents des lourdes taxes imposées par cette expédition • **S. Zod.** : Capricorne.

Capucine
▼
Fête : 5 octobre. cf. *Fleur*
Plante aux coloris variés allant du jaune au pourpre foncé et fleurissant de juin aux gelées • **S. Zod.** : Balance.

Cara, Carissa
▼
Fête : 17 juillet. cf. *Caroline* ; *forme dérivée du prénom.*

Caren, Careen
▼
Fête : 7 novembre. cf. *Carine*

Carine, Karine
▼
Fête : 7 novembre
• **Étym.** : du grec *katharos* (pur)
• **Hist.** IVᵉ s. : Carine fut martyrisée en Turquie pendant les persécutions de Julien l'Apostat • **S. Zod.** : Scorpion • **Dérivés** : *Caren, Careen, Carrie, Carry, Karen, Karrelle, Katell*.

Carl
▼
Fête : 2 mars. cf. *Charles*

Carla
▼
Fête : 17 juillet. cf. *Charlotte*

Carlo
▼
Fête : 2 mars. cf. *Charles*

Carloman
▼
Fête : 17 août
• **Étym.** : du germain *karl* (vigoureux), *mann* (homme) • **Hist.** VIIIᵉ s. : second fils de Charles Martel, Carloman reçut en héritage l'Austrasie, la Thuringe, la Leinanie. Mais, en 747, il renonça au pouvoir, se retira en Italie, et termina sa vie au monastère du mont Cassin • **S. Zod.** : Lion • **Dérivés** : *Loman, Lomana, Lomance, Lomane*.

Carlton
▼
Fête : 2 mars. cf. *Charles* ; *forme anglaise du prénom.*

Carlyne

Fête : 17 juillet. cf. *Charlotte*

Carmen

Fête : 15 août. cf. *Marie (Notre-Dame-du-Carmel)*

Carmenta

Fête : 15 août. cf. *Marie (Notre-Dame-du-Carmel)* ou 10 novembre. cf. *Nymphe*
• **Myth.** : nymphe originaire d'Arcadie, Carmenta persuada son fils Evandre de s'installer sur le mont Palatin à l'emplacement de la future Rome. Elle lui donna ensuite le moyen de transcrire l'alphabet grec en alphabet romain. Son nom est associé au nom latin *carmen* (chant) • **S. Zod.** : Lion.

Carminia

Fête : 15 août. cf. *Marie (Notre-Dame-du-Carmel)*

Caro, Carole

Fête : 17 juillet. cf. *Charlotte*

Caroline

Fête : 17 juillet. cf. *Charlotte*

Carrie, Carry

Fête : 17 juillet. cf. *Charlotte* ou 7 novembre. cf. *Carine*

Caryl

Fête : 17 juillet. cf. *Caroline*, forme anglaise dérivée du prénom.

Casilda

Fête : 9 avril
• **Étym.** : du latin *casella* (petite maison) • **Hist.** X^e-XIe s. : les *acta sanctorum* font état d'une sainte Casilda, vierge espagnole, morte en 1007 • **S. Zod.** : Bélier • **Dérivés** : *Cassia, Cassiane*.

Casimir

Fête : 4 mars
• **Étym.** : du polonais *kas* (assemblée) • **Hist.** XVe s. : fils de Casimir III de Pologne. Né en 1458 à Cracovie, Casimir, dédaignant les apparats, se montra très charitable envers tous. Tuberculeux, il se prépara à la mort avec beaucoup de courage et mourut âgé de 26 ans • **S. Zod.** : Poissons.

Cassandra, Cassandre, Cassie

Fête suggérée : 20 mars. cf. *Alexandra*
• **Myth.** : malheureuse héroïne de la guerre de Troie aux noires prédictions auxquelles personne ne croyait.

Cassia, Cassiane

Fête : 9 avril. cf. *Casilda*
• **Hist.** : Cassia était un nom féminin porté à l'époque romaine.

Cathel, Cathelle

Fête : 25 novembre.
cf. *Catherine* ; formes
alsaciennes et bretonnes
du prénom.

Cathelin, Catheline

Fête : 25 novembre.
cf. *Catherine* ; formes médiévales
du prénom.

Catherine, Catherina

Fête : 25 novembre
• **Étym.** : du grec *katharos* (pur)
• **Hist.** : il existe de nombreuses saintes Catherine, dont Catherine de Bologne, fêtée le 9 mars, Catherine de Sienne, fêtée le 29 avril, patronne de l'Italie, connue pour ses visions mystiques, et Catherine Labouré, fêtée le 25 novembre. Cette dernière, née en 1806 dans la Côte-d'Or, dans une famille nombreuse, entra au séminaire en 1830 et eut des visions dont seul son confesseur, pendant 40 ans, eut le secret. Elle accepta les travaux les plus durs et mourut en 1876, à l'hospice d'Enghien-Reuilly, sis faubourg Saint-Antoine à Paris • **S. Zod.** : Sagittaire • **Dérivés** : *Catharina, Cathel, Cathelle, Cathelin, Catheline, Cathy, Catia, Katarina, Kate, Katell, Katia, Katiane, Ketty, Kittie.*

Catia, Catie, Cathy

Fête : 25 novembre.
cf. *Catherine*

Cécile

Fête : 22 novembre
• **Étym.** : du latin *caecus* (aveugle) • **Hist.** IIIᵉ s. : toute une légende entoure sainte Cécile. Le jour de ses noces, elle se serait refusée à son mari, lui disant qu'un ange veillait sur sa pureté. Elle aurait alors converti son époux et beaucoup d'autres personnes à la foi chrétienne. En fait, il semble plus certain que Cécile fût une grande dame romaine de la famille des Cecilii, qui aurait donné à l'Église le terrain des Catacombes de la voie Appia. Ce terrain, aménagé par le pape Calliste, aurait servi au repos éternel des papes et à celui de Cécile. Ce n'est qu'au VIᵉ siècle que le caractère légendaire de son histoire s'attacha à son nom • **S. Zod.** : Sagittaire • **Dérivés** : *Cécilia, Céciliane, Cécilie, Céciline, Cécily.*

Cécilia, Céciliane

Fête : 22 novembre.
cf. *Cécile*

Cédric, Cedde
▼
Fête : 7 janvier

• **Étym.** : du celtique *kad* (combat), *rik* (roi) • **Hist.** VIIe s. : Cédric semble être la déformation de Ceadde ou Cedde, apôtre de l'Angleterre au VIIe siècle • **S. Zod.** : Capricorne.

Céleste
▼
Fête : 14 octobre

• **Étym.** : du latin *caelestis* (céleste) • **Hist.** IVe s. : Céleste fut évêque de Metz au IVe siècle. On ne sait rien d'autre à son sujet • **S. Zod.** : Balance.

Célestin
▼
Fête : 19 mai

• **Étym.** : du latin *caelestis* (céleste) • **Hist.** XIIIe s. : né dans le sud de l'Italie, en 1210, Célestin se fit moine et se retira dans un ermitage. La succession du pape Nicolas IV se révéla difficile mais on finit par attribuer le trône pontifical à Célestin qui devint Célestin V en 1294. Il était alors âgé de 84 ans. N'entendant rien aux affaires de Rome, manœuvré de toutes parts, mais lucide, il se dessaisit de sa dignité et se retira dans la solitude. Il mourut en 1296 • **S. Zod.** : Taureau • **Dérivés** : *Célestina, Célestine, Tina*.

Célestina, Célestine
▼
Fête : 19 mai. cf. *Célestin*

Célia, Célina
▼
Fête : 21 octobre. cf. *Céline*

Céline
▼
Fête : 21 octobre

• **Étym.** : du latin *celare* (tenir secret) • **Hist.** Ve s. : mère de saint Rémi, Céline mourut près de Laon en 458 • **S. Zod.** : Balance • **Dérivés** : *Célia, Célina*.

Célosie
▼
Fête : 5 octobre. cf. *Fleur*

Plante assez haute, la célosie forme des panaches duveteux aux coloris allant du pourpre au feu en passant par le jaune d'or • **S. Zod.** : Balance.

Céolfrid
▼
Fête : 25 septembre

• **Étym.** : du germain *hrod* (gloire), *frido* (paix) • **Hist.** VIIe-VIIIe s. : né en 642, Céolfrid, devenu moine, fut nommé prieur du couvent de Wearmouth dans le Northumberland puis de celui de Jarrow. Il mourut en 716 au cours d'un voyage vers Rome • **S. Zod.** : Balance.

Cerise
▼
Fête : 5 octobre. cf. *Fleur*

Césaire, César

Fête : 27 août

- **Étym.** : du latin *caeso* (né en coupant le ventre, césarienne)
- **Hist.** vᵉ-vɪᵉ s. : né à Chalon (Saône-et-Loire) en 470, César entra dans un monastère à Lérins, où il fut nommé économe. Malade, il fut envoyé en Arles et nommé évêque. L'époque était difficile car les invasions déferlaient. En 514, nommé primat des Gaules, il lutta contre l'hérésie arienne et s'attacha à mettre en place un clergé digne de ce nom. Sillonnant sans arrêt les chemins, il mourut d'épuisement en 543 • **S. Zod.** : Vierge.

Césarie

Fête : 12 janvier

- **Étym.** : du latin *caeso* (né en coupant le ventre, césarienne)
- **Hist.** vɪᵉ s. : sœur de saint Césaire, Césarie fut abbesse du couvent Saint-Jean-d'Aliscamps en Arles. Elle mourut en 529 • **S. Zod.** : Capricorne • **Dérivé** : *Césarine*.

Césarine

Fête : 12 janvier. cf. *Césarie*

Chad

Fête : 2 mars

- **Étym.** : du gallois (la bataille)
- **Hist.** vɪɪᵉ s. : saint Chad devint évêque de Fichfield.

Chadia

Fête suggérée : 2 mars.
cf. *Chad*

- **Étym.** : de l'arabe (celle qui chante bien).

Chandler

Fête suggérée : 2 mars.
cf. *Chad*

- **Étym.** : du vieux français *vendeur de chandelle*.

Chandra

Fête suggérée : 2 mars.
cf. *Chad*

- **Étym.** : du sanscrit (la lune).

Chantal

Fête : 12 décembre.
cf. *Jeanne-de-Chantal*

Charité, Charity

Fête : 1ᵉʳ août.
cf. *Foi, Espérance et Sophie*

Charlaine

Fête : 17 juillet. cf. *Charlotte*

Charlène

Fête : 17 juillet. cf. *Charlotte*

Charles

Fête : 2 mars

- **Étym.** : du germain *karl* (vigoureux) • **Hist.** XVIᵉ s. : issu de la haute noblesse italienne, né en 1538, Charles se destina très tôt à l'Église. Nommé cardinal en 1560, par son oncle, le pape Pie IV, il prit une part prépondérante au concile de Trente. Archevêque de Milan, Charles réorganisa la vie cléricale de son diocèse. Il fonda de nombreux séminaires et mit en place les principes de la contre-réforme contre le protestantisme qui gagnait du terrain. S'imposant une vie très dure, il mourut en 1584, à 46 ans • **S. Zod.** : Poissons • **Dérivés** : *Carlo, Charley, Charlez (forme bretonne du prénom), Charlie, Karl.*

Charlette
▼
Fête : 17 juillet. cf. *Charlotte*

Charley
▼
Fête : 2 mars. cf. *Charles*

Charlez
▼
Fête : 2 mars. cf. *Charles* ;
*forme celtique masculine
du prénom.*

Charleza
▼
Fête : 17 juillet. cf. *Charlotte* ;
*forme celtique féminine
du prénom.*

Charlie
▼
Fête : 2 mars. cf. *Charles*

Charlotte
▼
Fête : 17 juillet

• **Étym.** : du germain *karl* (vigoureux) • **Hist.** XVIIIᵉ s. : Charlotte était la plus âgée des carmélites de Compiègne. Elle et toutes les religieuses furent guillotinées à Paris en 1794. Elles étaient accusées d'avoir travaillé contre la révolution • **S. Zod.** : Cancer • **Dérivés** : *Carla, Charlaine, Charlène, Charlette, Charleza.*

Charlton
▼
Fête : 2 mars. cf. *Charles* ;
forme anglo-saxonne du prénom

Chelsea
▼
Fête suggérée :
22 novembre. cf. *Cécile*

• **Étym.** : du gaélique (enfant de la mer) ; prénom porté par la fille de l'ancien président des États-Unis Bill Clinton.

Cheryl
▼
Fête suggérée :
22 novembre. cf. *Cécile*

• **Étym.** : du latin *carus* (précieux) ; prénom récent du XXᵉ siècle.

Chester

Fête suggérée :
12 novembre. cf. *Christian*
- **Étym. :** du latin *castrum* (camp).

China, Chine

Fête : 3 avril.
cf. *Chiona* ou *Chioné*

Chiona

Fête : 3 avril
- **Étym. :** du grec *chioné* (blanc comme neige) • **Hist.** IVe s. : Chiona et ses sœurs Agapé et Irène furent mises à mort pour avoir refusé de sacrifier aux dieux en 304 • **S. Zod. :** Bélier.

Chioné

Fête : 3 avril. cf. *Chiona*
- **Étym. :** du grec *chioné* (blanc comme neige) • **Myth. :** Chioné était d'une très grande beauté. Apollon et Hermès en tombèrent tous deux amoureux. Devançant Apollon, Hermès la posséda le premier, à la suite de quoi Chioné eut des jumeaux mâles, Antolycos d'Hermès, et Philammon d'Apollon. Sa beauté l'ayant poussée à se comparer à Artémis, la déesse dut reconnaître la supériorité physique de cette mortelle et, de jalousie, la tua • **S. Zod. :** Bélier.

Chloé

Fête : 9 juillet.
cf. *Clélia* ou *Cloelia*

Chloé était un prénom féminin déjà porté à l'époque romaine.

Chloris

Fête : 9 juillet. cf. *Clélia* ou 10 novembre. cf. *Nymphe*
- **Étym. :** du grec (fleur) • **Myth. :** Chloris était la déesse grecque des Fleurs. Ce nom était souvent porté par les femmes grecques • **S. Zod. :** Cancer.

Chris

Fête : 24 juillet. cf. *Christine*

Christa

Fête : 24 juillet. cf. *Christine*

Christabel, Christabelle

Fête : 24 juillet. cf. *Christine*

Christal, Christel, Christelle

Fête : 24 juillet. cf. *Christine*

Christen

Fête : 12 novembre.
cf. *Christian*

Christian

Fête : 12 novembre

- **Étym.** : du grec *kristos* (oint)
- **Hist.** xie s. : Christian fut massacré, lui et quelques compagnons ermites, vers 1003, en Pologne • **S. Zod.** : Scorpion
- **Dérivés** : *Christen, Kristian, Kristen, forme bretonne du prénom.*

Christiana, Christiane
▼
Fête : 24 juillet. cf. *Christine*

Christie, Christilla, Christilline
▼
Fête : 24 juillet. cf. *Christine*

Christina
▼
Fête : 24 juillet. cf. *Christine*

Christine
▼
Fête : 24 juillet

- **Étym.** : du grec *kristos* (oint)
- **Hist.** : sainte Christine de Bolsena et sainte Christine de Tyr ont une histoire assez proche. Toutes deux auraient péri, selon la légende, de la main de leurs propres pères, pour avoir refusé de sacrifier aux idoles • **S. Zod.** : Lion • **Dérivés** : *Christa, Christabel, Christabelle, Christal, Christel, Christelle, Christie, Christilla, Christilline, Christiana, Christiane, Christina, Chrystal, Circé, Tiana, Tina.*

Christobal
▼
Fête : 25 juillet. cf. *Christophe*

Christophe
▼
Fête : 25 juillet

- **Étym.** : du grec *Kristos, phoros* (porteur de christ) • **Hist.** : selon la légende, Christophe, géant en quête de servir le grand roi de la terre, se convertit, au cours de ses pérégrinations. Ayant échoué dans ses recherches, il se fit passeur de fleuve. Un jour, un enfant se présenta pour traverser le gué. Au fur et à mesure du passage, cet enfant pesa de plus en plus lourd sur les épaules du géant. Étonné, celui-ci interrogea alors l'enfant, qui lui révéla être le Christ et avoir endossé tous les péchés du monde. Depuis le Moyen Âge, Christophe est le protecteur des voyageurs • **S. Zod.** : Lion • **Dérivés** : *Cristobal, Christopher.*

Christopher
▼
Fête : 25 juillet. cf. *Christophe*

Chuck
▼
Fête : 2 mars. cf. *Charles*

Cindie, Cinderella
▼
Fête suggérée : 1er février. cf. *Cinnie*

- **Étym.** : de l'anglais *cinder* (cendre) ; forme anglo-saxonne du prénom Cendrillon.

Cinnie, Kinnie

Fête : 1ᵉʳ février

• **Étym.** : du celtique *ken* (beauté) • **Hist.** Vᵉ s. : membre de la famille royale irlandaise, Cinnie se consacra à Dieu et reçut son voile des mains mêmes de saint Patrick. Elle mourut en 482 • **S. Zod.** : Verseau.

Circé

Fête : 24 juillet. cf. *Christine*

• **Étym.** : du grec *circé* (épervier) • **Myth.** : fille du dieu soleil, Circé était une magicienne vivant sur l'île d'Alaea. Elle avait coutume de métamorphoser en animaux tous ceux qui l'avaient outragée • **S. Zod.** : Lion.

Clair

Fête : 4 novembre

• **Étym.** : du latin *clarus* (clair) • **Hist.** IVᵉ s. : ce saint fut très populaire en France, bien qu'on ne sache pas exactement où situer son existence au IVᵉ siècle. Il aurait vécu à Tours où il serait mort martyrisé • **S. Zod.** : Scorpion.

Claire

Fête : 11 août

• **Étym.** : du latin *clarus* (clair) • **Hist.** XIIᵉ-XIIIᵉ s. : née en 1193, Claire appartenait à la famille aristocratique des Offreduccio d'Assise. Ayant entendu parler de saint François d'Assise, elle le rejoignit afin de l'imiter. À 20 ans, elle fonda en 1223 un ordre parallèle à celui de saint François que l'on nomma les Sœurs minoresses, ou Clarisses. La règle se signalait par sa grande dureté et son austérité, assortie d'un vœu de pauvreté absolue. Claire mourut en 1253 • **S. Zod.** : Lion • **Dérivés** : *Clara, Clarissa, Clarisse, Clarinda*.

Clara

Fête : 11 août. cf. *Claire*

Clarence

Fête : 26 avril. cf. *Clarent*

Clarent

Fête : 26 avril

• **Étym.** : du latin *clarus* (clair) • **Hist.** VIᵉ-VIIᵉ s. : Clarent fut évêque de Vienne (France) au temps du roi Dagobert. Il mourut vers 620 • **S. Zod.** : Taureau • **Dérivé** : *Clarence*.

Clarinda, Clarinde

Fête : 11 août. cf. *Claire*

Clarissa, Clarisse

Fête : 11 août. cf. *Claire*

Clark

Fête suggérée :

4 novembre. cf. *Clair*
• **Étym. :** du latin *clericus* (studieux).

Claude
▼
Fête : 6 juin
• **Étym. :** du latin *claudus* (boiteux) • **Hist.** VIIe s. : prêtre à Besançon, Claude devint évêque de cette ville en 685, mais au bout de 5 ans, il se démit de ses fonctions et fonda un monastère à partir duquel se développa la ville de Saint-Claude dans le Jura • **S. Zod. :** Gémeaux.

Claude, Claudette
▼
Fête : 7 août. cf. *Claudia*

Claudia
▼
Fête : 7 août
• **Étym. :** du latin *claudus* (boiteux) • **Hist.** Ier s. : née en Angleterre, Claudia était la femme de saint Pudens et la mère de saint Lin, successeur de saint Pierre • **S. Zod. :** Lion • **Dérivés :** *Claudette, Claudie, Claudine.*

Claudie
▼
Fête : 7 août. cf. *Claudia*

Claudine
▼
Fête : 7 août. cf. *Claudia*

Claus
▼
Fête : 6 décembre.
cf. *Nicolas* ; *forme alsacienne du prénom.*

Clayton
▼
Fête suggérée :
4 novembre. cf. *Clair*
• **Étym. :** de l'anglo-saxon *clay Town* (ville des potiers).

Cléa
▼
Fête : 9 juillet. cf. *Clélia*

Clélia, Clélie
▼
Fête : 9 juillet
• **Étym. :** du latin *lenire* (adoucir) • **Hist.** XIXe s. : sœur Maria-Chiara, née Clélia Nanetti, mourut martyrisée en 1900 par les Boxers • **S. Zod. :** Cancer • **Dérivés :** *Chloé, Cloris, Cléa, Cléo, Cloélia.*

Clémence
▼
Fête : 21 mars
• **Étym. :** du latin *clementia* (bonté) • **Hist.** XIIe s. : veuve du comte de Spanheim, Clémence se retira dans un couvent bénédictin près de Trèves, où elle mourut en 1176 • **S. Zod. :** Bélier • **Dérivés :** *Clémentia, Clémentine, Cléothéra.*

Clément
▼
Fête : 23 novembre
• **Étym.** : du latin *clemens* (doux)
• **Hist.** 1ᵉʳ s. : né à Rome, de religion juive, Clément se convertit et devint le quatrième pape. Champion de l'autorité primordiale de Rome sur les autres Églises, il lutta contre Corinthe qui s'était rebellée. Il mourut en martyr en 97 • **S. Zod.** : Sagittaire.

Clémentia
▼
Fête : 21 mars. cf. *Clémence*

Clémentine
▼
Fête : 21 mars. cf. *Clémence*

Cléo
▼
Fête : 9 juillet. cf. *Clélia, Clio*
• **Étym.** : du grec *kleo* (vanter, célébrer).

Cléome
▼
Fête : 5 octobre. cf. *Fleur*
Plante dont les étamines sont très développées, donnant un effet aérien à la fleur dans des tons de rose, rouge et blanc.

Cléopâtre
▼
Fête : 19 octobre
• **Hist.** IVᵉ s. : son histoire tient beaucoup de la légende. Elle aurait aidé puis enseveli un groupe de martyrs près du lac de Tibériade • **S. Zod.** : Balance.

Cléothéra
▼
Fête : 9 juillet. cf. *Clélia*
• **Myth.** : élevée par des déesses, Cléothéra devint une servante des Erinnyes, qui étaient les esprits femelles de la justice et de la vengeance en Grèce • **S. Zod.** : Balance.

Cliff, Clifford
▼
Fête suggérée : 25 juillet. cf. *Christophe*
• **Étym.** : de l'anglo-saxon (celui qui habite près de la falaise).

Clio
▼
Fête : 9 juillet. cf. *Clélia*
• **Étym.** : du grec *kleo* (vanter, célébrer) • **Myth.** : dans la mythologie grecque, Clio était la muse de l'histoire.

Clive
▼
Fête suggérée : 25 juillet. cf. *Christophe*

Clivia
▼
Fête : 5 octobre. cf. *Fleur*
Plante d'Afrique du Sud, très répandue, à longues feuilles vert foncé au centre desquelles se dressent des fleurs rouge orangé, en forme de lys • **S. Zod.** : Balance.

Clodomir

Fête : 25 août. cf. *Clovis (Louis)*

• **Étym.** : du germain *hrod* (gloire), *maro* (illustre) • **Hist.** : on ne connaît pas de saint Clodomir. Ce prénom a été illustré par le fils aîné de sainte Clotilde et de Clovis • **S. Zod.** : Vierge.

Cloélia

Fête : 9 juillet. cf. *Clélia*

• **Myth.** : Cloélia était un des otages échangés par les Romains contre la colline du Janicule que devaient rendre les Étrusques. Elle entraîna ses compagnes, leur fit traverser le Tibre, puis rejoindre leurs parents. Impressionnés par sa bravoure, les Étrusques auraient derechef décidé de nouer des relations amicales avec les Romains • **S. Zod.** : Cancer.

Clotaire

Fête : 7 avril

• **Étym.** : du germain *hrod* (gloire), *arn* (aigle) • **Hist.** : VIIIe-IXe s. : Clotaire fut abbé de la ville de Vitry, en Champagne, dans le Perthois, aux alentours des années 800 • **S. Zod.** : Bélier.

Clotilde

Fête : 4 juin

• **Étym.** : du germain *hrod* (gloire), *hild* (combat) • **Hist.** Ve s. : fille du roi des Burgondes, Clotilde épousa Clovis, qu'elle amena à se convertir, lui et son peuple, après la bataille de Tolbiac. Elle eut la douleur de voir assassiner ses petits-enfants par ses deux derniers enfants, Childebert et Clotaire. Seul, le futur saint Cloud en réchappa. Elle s'éteignit en 545, dans un couvent de Tours • **S. Zod.** : Gémeaux.

Clotsinde

Fête : 4 juin. cf. *Clotilde*

• **Étym.** : du germain *hrod* (gloire), *singen* (chanter) • **Hist.** : on ne connaît pas de sainte Clotsinde. Ce prénom a été illustré par la fille de saint Adalbert, petit-fils de sainte Gertrude • **S. Zod.** : Gémeaux.

Cloud

Fête : 7 septembre

• **Étym.** : du germain *hrod* (gloire), *ald* (ancien) • **Hist.** VIe s. : Clodoald ou Cloud était le troisième des enfants de Clodomir, fils de Clovis et de Clotilde. Il refusa la couronne et fonda un monastère près de la Seine, qui prit son nom et où il mourut en 560 • **S. Zod.** : Vierge.

Clovis

Fête : 21 juin. cf. *Louis*

Clyde

Fête suggérée : 6 juin.
cf. *Claude*

• **Étym.** : du nom d'une rivière écossaise, la Clyde.

Coemgen

Fête : 3 juin. cf. *Kevin*

Colas

Fête : 6 décembre. cf. *Nicolas*

Colette

Fête : 6 mars

• **Étym.** : du grec *niké* (victoire) • **Hist.** xive-xve s. : issue d'une humble famille picarde, Nicolette, ou Colette, passa sa vie sur les chemins de France et des Flandres, afin de créer ou de réformer les couvents des Clarisses. Elle s'éteignit à Gand en 1447 • **S. Zod.** : Poissons • **Dérivés** : *Nicoletta, Nicolette, Colinette, Cosette.*

Colin

Fête : 6 décembre.
cf. *Nicolas ; dérivé médiéval du prénom.*

Coline, Colleen

Fête : 6 mars. cf. *Colette ; formes dérivées du prénom.*

Colinette

Fête : 6 mars. cf. *Colette*

Colinot

Fête : 6 décembre.
cf. *Nicolas ; forme bourguignonne du prénom.*

Colman

Fête : 24 novembre

• **Étym.** : forme celtique du latin *columba* (colombe) • **Hist.** vi^e s. : Colman est un saint irlandais encore très populaire. Barde païen converti par saint Brendan, Colman serait devenu évêque de Cloyne en Irlande • **S. Zod.** : Sagittaire.

Colomba

Fête : 31 décembre

• **Étym.** : du latin *columba* (colombe) • **Hist.** ixe s. : habitant Cordoue, Colomba et sa sœur entrèrent au couvent. Mais, lors de la persécution musulmane de la deuxième moitié du ixe siècle, Colomba affirma sa foi et vanta le Christ. Emprisonnée, elle mourut décapitée en 853 • **S. Zod.** : Capricorne • **Dérivés** : *Colombe, Colombine.*

Colomban

Fête : 23 novembre

• **Étym.** : du latin *columba* (colombe) • **Hist.** vi^e-viie s. : né vers

543 en Irlande, Colomban s'embarqua avec d'autres missionnaires, afin de combattre le retour du paganisme chez les Francs. Il fonda un monastère à Annegray et un autre à Luxeuil. Mais les évêques virent d'un assez mauvais œil l'essor et l'influence de ces monastères et firent chasser les moines irlandais. Le bateau sur lequel il était s'étant échoué, Colomban y vit un signe céleste et décida d'évangéliser la région de Zurich, puis la Lombardie où il mourut en 615, à Bobbio. Il est le plus grand fondateur de monastères de l'époque mérovingienne • **S. Zod.** : Sagittaire.

Colombe
▼
Fête : 31 décembre.
cf. *Colomba*

Colombine
▼
Fête : 31 décembre.
cf. *Colomba*

Côme et Damien
▼
Fête : 26 septembre
• **Étym.** : du grec *kosmos* (monde), *Damia* (nom d'une déesse grecque) • **Hist.** IIIe s. : Côme et Damien étaient deux frères médecins et chrétiens qui vécurent en Syrie sous le règne de l'empereur Dioclétien. Charitables, ils ne prenaient pas d'honoraires à leurs malades pauvres. Arrêtés, ils furent martyrisés et tués en 287. Côme et Damien sont les patrons des chirurgiens et des médecins • **S. Zod.** : Balance • **Dérivés** : *Connie, Cosima*.

Conan, Cronan
▼
Fête : 28 avril
• **Étym.** : du celtique (fort, intelligent) • **Hist.** VIIe s. : né en Irlande, il fonda plus de cinquante monastères.

Connie
▼
Fête : 26 septembre.
cf. *Côme*

Conrad
▼
Fête : 19 février
• **Étym.** : du germain *con* (audacieux), *rad* (conseil) • **Hist.** XIVe s. : né à Plaisance, Conrad appartenait à l'aristocratie du lieu. Un jour où il chassait, il ordonna de faire un grand feu de broussailles, mais le feu ravagea tout le pays. Conrad vendit alors tous ses biens afin de rembourser les victimes. Il termina sa vie dans la solitude et la prière • **S. Zod.** : Poissons.

Constance
▼
Fête : 18 février
• **Étym.** : du latin *constantia* (constance) • **Hist.** IVe s. : Constance, fille de l'empereur Constantin, était encore païenne lors-

qu'elle fut affligée de la lèpre. S'étant rendue à Rome sur le tombeau de sainte Agnès, elle fut miraculeusement guérie. Elle fit aussitôt vœu de virginité comme action de grâce. Mais Constantin avait pris des engagements matrimoniaux pour sa fille, avec un de ses généraux, Gallice. Constance réussit alors à convertir son prétendant et la fille de celui-ci, Artémie. Tous trois embrassèrent la vie religieuse et Constantin fit bâtir une église en l'honneur de sainte Agnès. Constance mourut dans une cellule voisine de l'église en 334 • **S. Zod.** : Verseau • **Dérivés** : *Constancia, Consuela, Tina*.

Constant
▼
Fête : 23 septembre

• **Étym.** : du latin *constantia* (constance) • **Hist.** Vᵉ s. : on sait peu de chose au sujet de Constant, sinon qu'il appartint à la fabrique de l'église d'Ancône (Italie) • **S. Zod.** : Balance.

Constantia
▼
Fête : 18 février.
cf. *Constance*

Constantin
▼
Fête : 11 mars

• **Étym.** : du latin *constantia* (constance) • **Hist.** VIᵉ s. : roi de Cornouailles au VIᵉ siècle, Constantin entra au couvent de Saint-David, puis aida saint Colomban à évangéliser l'Écosse. Il mourut assassiné par des pirates • **S. Zod.** : Poissons.

Consuela, Consuelo
▼
Fête : 18 février.
cf. *Constance*

Noms dérivés de celui de la déesse romaine de la Végétation, Consus.

Cooper
▼
Fête suggérée : 25 octobre.
cf. *Crépin*

• **Étym.** : de l'anglo-saxon *cooper* (le tonnelier).

Cora
▼
Fête : 12 décembre.
cf. *Corentin*

Corail
▼
Fête suggérée :
12 décembre. cf. *Cora*

• **Étym.** : du grec *korallion* (le corail).

Coralie
▼
Fête : 12 décembre.
cf. *Corentin*

Coraline
▼
Fête : 12 décembre.
cf. *Corentin*

Coralise
▼
Fête : 12 décembre.
cf. *Corentin*

Cordélia
▼
Fête : 9 juin. cf. *Délia (Diane)*
• **Étym.** : du latin *cornelia* (sage avisée). Nom féminin porté souvent à l'époque romaine et remis à l'honneur par Shakespeare.

Corentin
▼
Fête : 12 décembre
• **Étym.** : du celtique *kar* (ami)
• **Hist.** vi[e] s. : né en Bretagne, d'une famille noble, Corentin aurait reçu du roi Gralon le domaine de Quimper, afin d'y fonder un monastère, et saint Martin l'aurait nommé évêque de Cornouaille. Il est l'un des grands saints populaires bretons bien que sa vie nous soit mal connue • **S. Zod.** : Sagittaire
• **Dérivés** : *Cora, Coralie, Coraline, Coralise, Corentina, Corentine, Corinna, Corinne*.

Corentina, Corentine
▼
Fête : 12 décembre.
cf. *Corentin*

Corinna, Corinne
▼
Fête : 12 décembre.
cf. *Corentin*
Nom féminin déjà porté à l'époque grecque. Corinna était une célèbre poétesse grecque.

Cornaline
▼
Fête : 29 juin. cf. *Pierre*
ou 16 septembre. cf. *Corneille*
La cornaline est une pierre fine très prisée.

Corneille, Cornilla
▼
Fête : 16 septembre
• **Étym.** : du latin *cornix* (corneille) • **Hist.** iiie s. : à la mort de saint Fabien, martyrisé pendant les persécutions de Dèce, en 250, Corneille fut élu pape. Mais, à la fin de l'année, les chrétiens furent rendus responsables d'une épidémie de peste. L'empereur Gallus décida de nouvelles persécutions et exila Corneille. Ce dernier mourut en exil en 253 • **S. Zod.** : Vierge
• **Dérivés** : *Cornaline, Cornélia, Cornélie*.

Cornélia, Cornélie
▼
Fête : 16 septembre.
cf. *Corneille*
Ce nom, qui est celui d'une célèbre famille romaine, fut porté par la mère des Gracques et l'épouse de César.

Cosette
▼
Fête : 6 mars. cf. *Colette*

Cosima
▼
Fête : 26 septembre.
cf. *Côme*

Craig
▼
Fête suggérée :
12 novembre. cf. *Christian*
• **Étym.** : du celtique (le rocher).

Crépin, Crépinien
▼
Fête : 25 octobre
• **Étym.** : du latin *crispus* (crépu)
• **Hist.** IIIe s. : nés à Rome, Crépin et Crépinien, devenus chrétiens, auraient décidé d'évangéliser la Gaule. S'installant à Soissons, ils s'étaient mis cordonniers afin de gagner leur vie. Mais ils furent dénoncés et Rictovar, gouverneur païen, les aurait fait emprisonner et supplicier. Ils sont tous deux patrons des cordonniers • **S. Zod.** : Scorpion.

Crescence
▼
Fête : 15 juin
• **Étym.** : du latin *crescere* (naître)
• **Hist.** IVe s. : Crescence subit le martyre en même temps que saint Guy et saint Modeste, sous l'empereur Valérien • **S. Zod.** : Gémeaux.

Crescentia
▼
Fête : 5 avril
• **Étym.** : du latin *crescere* (naître)
• **Hist.** XVIIe-XVIIIe s. : née à Kaufbeuren (Allemagne) en 1682, Crescentia était catholique parmi les luthériens. Entrée à 21 ans chez les franciscaines de sa ville natale, elle fut nommée rapidement supérieure de la communauté et fut auréolée d'une réputation de sainteté. Des miracles seraient advenus le jour de ses obsèques en 1744 • **S. Zod.** : Bélier.

Cunégonde
▼
Fête : 3 mars
• **Étym.** : du germain *gund* (guerre), *godo* (dieu) • **Hist.** XIe s. : fille du comte de Luxembourg, Cunégonde épousa le duc Henri de Bavière. Vivant tous deux dans la continence, leur charité fut proverbiale. À la mort d'Henri, Cunégonde se retira au monastère qu'elle avait fondé à Kaffungen • **S. Zod.** : Poissons.

Curtis
▼
Fête suggérée : 19 février.
cf. *Conrad*
• **Étym.** : du latin *curtis* (la cour) ; récupération anglo-saxonne.

Cuthbert
▼
Fête : 20 mars
• **Étym.** : du germain *gund* (guerre), *berht* (brillant) • **Hist.** VIIe s. : berger originaire d'Edim-

bourg, Cuthbert entra en religion vers 651. Dix ans plus tard, il fut nommé prieur de Lindisfarne. En 685, après une longue retraite contemplative, il fut nommé évêque d'Hescham et dut parcourir son diocèse afin d'y prêcher. Il mourut en 687, harassé prématurément par cette mission • **S. Zod.** : Poissons.

Cyd

Fête : 21 août. cf. *Sidonie* ; *dérivé anglo-saxon du prénom.*

Cydalise

Fête : 17 novembre ou 8 juillet. cf. *Lise (Elisabeth)*
Prénom forgé au XVIIIe siècle, époque où il fut très en vogue.

Cyndie

Fête : 2 ou 12 mai.
cf. *Adalsinde*
ou 1er février.
cf. *Cinnie* ou *Kinnie*

Cynthia, Cynthie

Fête : 8 octobre. cf. *Thaïs*
ou 1er février. cf. *Cinnie*
• **Étym.** : Diane était honorée sous ce vocable, sur le mont Cynthis, en Grèce. Ce prénom est très porté dans les pays anglo-saxons • **S. Zod.** : Balance.

Cypria, Cypriane

Fête : 16 septembre.
cf. *Cyprien*

Cyprien

Fête : 16 septembre
• **Étym.** : du latin *cyprius* (habitant de Chypre) • **Hist.** IIIe s. : né à Carthage, Cyprien, avocat cultivé, se convertit à la foi chrétienne. En 249, il fut nommé évêque de Carthage et aida le pape Cornille dans sa lutte contre le schisme de Novatien. En 248, il mourut décapité pour ne pas avoir voulu renier sa foi. Il laissait des écrits qui sont une mine de renseignements importants sur l'Église du IIIe siècle • **S. Zod.** : Vierge • **Dérivés** : *Cypria, Cypriane, Cyprienne, Sabrina.*

Cyprienne

Fête : 16 septembre.
cf. *Cyprien*

Cyr

Fête : 16 juin
• **Étym.** : du grec *kurios* (maître)
• **Hist.** IVe s. : fils de sainte Juliette, ils furent tous deux arrêtés à Tarse. Cyr était alors âgé de trois ans. Devant sa mère, le gouverneur prit l'enfant et le lança du haut d'un escalier où il se brisa le crâne. C'est l'un des plus célèbres enfants mar-

tyrs de l'Église. Il est le patron de la ville de Nevers • **S. Zod.** : Gémeaux.

Cyran
▼
Fête : 4 décembre
• **Étym.** : du grec *kurios* (maître)
• **Hist.** VIIe s. : fils du comte de Bourges, Cyran distribua son patrimoine et se fit moine itinérant. Après un pèlerinage à Rome, il fonda un monastère près de Châteauroux où il mourut • **S. Zod.** : Sagittaire • **Dérivés** : *Cyrane, Cyrianne*.

Cyrane, Cyriane
▼
Fête : 4 décembre. cf. *Cyran*

Cyriaque
▼
Fête : 27 octobre
• **Étym.** : du grec *kurios* (maître)
• **Hist.** VIIe s. : patriarche de Constantinople, Cyriaque s'arrogea en 506 le titre de patriarche œcuménique, face au pape Grégoire le Grand. Ce dernier le prit très mal et voulut lui interdire de porter ce titre. Mais il était trop tard et la cassure entre l'Église d'Orient et l'Église d'Occident fut effective et consommée • **S. Zod.** : Scorpion.

Cyril, Cyrille
▼
Fête : 18 mars
• **Étym.** : du grec *kurios* (maître)
• **Hist.** IVe s. : prêtre de l'église de Jérusalem, Cyril succéda sur le trône épiscopal à saint Maxime. Auréolé d'un grand renom pour ses catéchèses remarquables, on lui attribue l'élaboration du cérémonial de la messe. Il mourut en 387 • **S. Zod.** : Poissons.

Cythéréa
▼
Fête : 30 avril. cf. *Aphrodite* ; *Cythéréa était l'autre nom d'Aphrodite.*

D

Dagobert

Fête : 23 décembre
- **Étym.** : du germain *dag* (jour), *berht* (brillant) • **Hist.** VIIe s. : fils du roi Sigebert d'Austrasie, Dagobert fut écarté du pouvoir par Grimwald, le maire du palais, en 675. Le trône étant devenu vacant, le peuple le rappela, mais il fut assassiné en 679 dans la forêt de Woëvre • **S. Zod.** : Capricorne.

Dahlia

Fête : 5 octobre. cf. *Fleur*
Plante qui atteint une assez bonne hauteur et dont la fleur allie à une grande variété de coloris un choix tout aussi nombreux de formes • **S. Zod.** : Balance • **Dérivés** : *Dalia, Daliane*.

Daisy

Fête : 10 juin. cf. *Marguerite*

Dalia, Daliane

Fête : 5 octobre. cf. *Dalhia*

Dalila

Fête : 9 juin. cf. *Délia* ; *forme dérivée du prénom.*

Dallas

Fête suggérée : 9 juin.
cf. *Diane*
- **Étym.** : de l'anglo-saxon (le vallon). Nom d'une grande ville du Texas, décliné maintenant en prénom.

Damara

Fête suggérée :
26 septembre. cf. *Damien*
- **Étym.** : du grec (apprivoisé).

Damia, Damiane

Fête : 26 septembre.
cf. *Damien*
- **Myth.** : Damia était le surnom de la déesse romaine de la Fertilité, Cybèle.

Damien

Fête : 26 septembre.
cf. *Côme et son frère Damien*

Dana

Fête : 11 décembre.
cf. *Danaé*

Danaé

Fête : 11 décembre.
cf. *Daniel*

• **Myth.** : fille du roi d'Argos, Acrisios. On avait prédit à ce dernier que son petit-fils le tuerait. Acrisios fit alors enfermer Danaé. Mais Zeus descendit vers elle et lui fit un enfant, Persée. Acrisios les fit alors jeter tous deux à la mer. Cependant, ils furent sauvés et la prédiction se réalisa car Persée tua accidentellement son aïeul • **S. Zod.** : Sagittaire • **Dérivé** : *Dana*.

Daniel

Fête : 11 décembre

• **Étym.** : de l'hébreu *dan* (juge), *el* (Dieu) • **Hist.** ve s. : Daniel, dit le stylite (de *stulos*, colonne), fut appelé ainsi car il s'installa au sommet d'une colonne pour se rapprocher de Dieu. Il y passa les 33 dernières années de sa vie • **S. Zod.** : Sagittaire • **Dérivés** : *Daniela, Danièle, Danielle, Danitza, Danizia, Dany, Deniel, Deniéla, Denoël, Denoela*.

Daniela, Danièle, Danielle

Fête : 11 décembre.
cf. *Daniel*

Danitza

Fête : 11 décembre.
cf. *Daniel*

Danizia

Fête : 11 décembre.
cf. *Daniel*

Dante

Fête suggérée : 1er mars.
cf. *David*

• **Étym.** : du latin (résolu) ; prénom illustré par le grand poète italien Dante Alighieri (1265-1321) qui écrivit *La Divine Comédie*.

Dany

Fête : 11 décembre.
cf. *Daniel*

Daphné

Fête : 5 octobre. cf. *Fleur* ou 10 novembre. cf. *Nymphe*

• **Étym.** : du grec *daphné* (laurier)
• **Myth.** : Apollon tomba éperdument amoureux de la nymphe chasseresse Daphné car Eros, dieu de l'Amour, lui avait décoché une flèche afin de se venger d'une réflexion ironique. Parallèlement, le petit dieu perçait le cœur de Daphné d'un autre trait afin de la rendre insensible à l'amour d'Apollon. Ce dernier, fou de désir, voulut prendre la nymphe de force. Affolée,

elle implora le secours des dieux qui la transformèrent alors en laurier • **S. Zod.** : Balance.

Darcy
▼
Fête suggérée : 19 juillet. cf. *Arsène*

• **Étym.** : du vieux français *d'Arcy* ; nom de localité. Nom du compagnon de Guillaume le Conquérant, Norman d'Arcy, décliné par la suite en prénom.

Daria
▼
Fête : 25 octobre

• **Étym.** : du latin *dare* (donner)
• **Hist.** : pendant les persécutions, Daria et son mari Chrysante auraient été lapidés puis recouverts de pierres à proximité de la voie Sabria à Rome • **S. Zod.** : Scorpion • **Dérivé** : *Doria*.

Darlène
▼
Fête suggérée : 17 juillet. cf. *Charlène*

• **Étym.** : de l'anglo-saxon (petite chérie).

Daryl, Darryl
▼
Fête suggérée : 1er décembre. cf. *Airy*

• **Étym.** : du français *celui des airelles* ; nom de famille introduit par la suite en Angleterre lors de la conquête normande, et utilisé dès lors en prénom.

Dave
▼
Fête : 1er mars. cf. *David*

Davia, Daviane
▼
Fête : 1er mars. cf. *David*

David
▼
Fête : 1er mars

• **Étym.** : de l'hébreu *david* (tendre aimé) • **Hist.** v^e-vi^e s. : après avoir beaucoup voyagé, David fonda un monastère sur la côte du Pembrokeshire (pays de Galles). La règle y était stricte : jeûne, travail et contemplation. Calliste II le béatifia en 1220, accordant une indulgence à quiconque visiterait son tombeau • **S. Zod.** : Poissons • **Dérivés** : *Dave, Davia, Daviane, Davidane, Davina, Davy, Dewi*.

Davidane
▼
Fête : 1er mars. cf. *David*

Davinia, Davina
▼
Fête : 1er mars. cf. *David*

Davis
▼
Fête : 1er mars. cf. *David*

Davy

Fête : 1er mars. cf. *David* ; *forme populaire du prénom.*

Dawn

Fête suggérée : 20 octobre. cf. *Orora*

• **Étym.** : de l'anglais *dawn* (aurore).

Day

Fête suggérée : 10 juin. cf. *Daisy* ; *forme galloise dérivée du prénom David.*

Dayana

Fête : 9 juin. cf. *Diane*

Debbie

Fête : 6 septembre. cf. *Deborah (Bee)*

Deborah

Fête : 6 septembre. cf. *Bee*
• **Étym.** : Deborah est un prénom littéraire anglais créé au XVIIe siècle à partir du nom d'une prophétesse biblique • **S. Zod.** : Vierge • **Dérivé** : *Debbie*.

Deirdre

Fête suggérée : 25 octobre. cf. *Daria*

• **Étym.** : du gaélique (petite fille) ; nom porté par une légendaire princesse irlandaise, Deirdre of Sorrow.

Délia

Fête : 9 juin. cf. *Diane*
• **Étym.** : du grec *Delos* (île de Delos) • **Myth.** : Délia est une épithète couramment donnée à Artémis (Diane), déesse des chasseurs, parce qu'elle était née dans l'île de Delos • **S. Zod.** : Gémeaux • **Dérivés** : *Délie, Déliane*.

Déliane

Fête : 9 juin. cf. *Diane*

Délie

Fête : 9 juin. cf. *Diane*

Delphin

Fête : 24 décembre

• **Étym.** : du latin *delphinus* (dauphin) • **Hist.** Ve s. : Delphin fut le deuxième évêque de Bordeaux de 380 à 402. Il entretint une correspondance suivie avec saint Ambroise • **S. Zod.** : Capricorne.

Delphine

Fête : 26 novembre

• **Étym.** : du latin *delphinus* (dauphin) • **Hist.** XIVe s. : Delphine de Signe épousa Elzéar de Sabran. Tous deux étaient issus de très grandes familles languedociennes.

D'un commun accord, ils décidèrent d'entrer dans le tiers ordre franciscain. Elzéar mourut de la lèpre, suivi à plus longue échéance par Delphine en 1360 • **S. Zod.** : Sagittaire • **Dérivé** : *Finette*.

Démétria
▼
Fête : 8 octobre.
cf. *Démétrius*

Démétrius
▼
Fête : 8 octobre
• **Étym.** : du latin *demetrius* venant de *Demeter*, déesse romaine de la Terre • **Hist.** : diacre martyrisé à Sirmium ; une légende le transforma en saint guerrier invincible dont le culte se développa à Thessalonique • **S. Zod.** : Balance • **Dérivé** : *Démétria*.

Denis
▼
Fête : 9 octobre
• **Étym.** : du grec *Dionysos* (équivalent de Bacchus, dieu romain du Vin) • **Hist.** : IIe s. : évêque de Corinthe, Denis lutta, sa vie durant, contre l'hérésie. Bien qu'il ne fût pas mort en martyr, on le considéra comme tel par erreur. Le calendrier honore le 9 octobre saint Denis, premier évêque de Paris • **S. Zod.** : Bélier.

Denise
▼
Fête : 15 mai
• **Étym.** : du grec *Dionysos* (équivalent de Bacchus, dieu romain du Vin) • **Hist.** Ve s. : Denise et son fils Majoric furent martyrisés par le roi des Vandales en 484 pour ne pas avoir voulu renier leur foi. Une autre sainte Denise martyre est vénérée le 15 mai • **S. Zod.** : Sagittaire.

Denys
▼
Fête : 26 octobre
• **Étym.** : du grec *Dionysos* (équivalent de Bacchus, dieu romain du Vin) • **Hist.** : IIe s. : évêque de Rome puis pape, Denys tenta de réorganiser l'Église en profitant d'une accalmie des persécutions de l'empereur Gallus. On lui doit la restructuration d'un grand nombre de diocèses • **S. Zod.** : Capricorne.

Derek
▼
Fête : 11 novembre
Dérivé de Dirk (Théodoric).

Désiré
▼
Fête : 8 mai
• **Étym.** : du latin *desideratus* (très désiré) • **Hist.** VIe s. : originaire de Soissons, Désiré devint évêque de Bourges après avoir été successivement chancelier de Clotaire Ier et de Childebert Ier. Il mourut en 550 • **S. Zod.** : Taureau • **Dérivé** : *Désirée*.

Désirée
▼
Fête : 8 mai. cf. *Désiré*

Deutzia
▼
Fête : 5 octobre. cf. *Fleur*
Le deutzia est un petit arbuste à fleurs blanches, roses ou rouges, qui fleurit en mai et juin • **S. Zod.** : Balance.

Dewi
▼
Fête : 1er mars. cf. *David ; forme galloise du prénom.*

Dexter
▼
Fête suggérée : 28 septembre. cf. *Exupère*
• **Étym.** : du latin *directus* (droit).

Dia
▼
Fête : 9 juin. cf. *Diane*

Diamanta
▼
Fête : 2 mai. cf. *Adamante*
• **Étym.** : du grec *adamas* (diamant).

Diana
▼
Fête : 9 juin. cf. *Diane*

Diane
▼
Fête : 9 juin
• **Étym.** : du latin Diana, équivalent de la déesse grecque de la Chasse, Artémis • **Hist.** XIIIe s. : née à Bologne, au début du XIIIe siècle, dans la grande famille des Carbonesi. Après une jeunesse frivole, Diane, belle et intelligente, décida d'entrer, en 1221, chez les chanoinesses de Saint-Augustin, malgré l'opposition de sa famille. Étant arrivée cependant à les convaincre de sa vocation, elle obtint des fonds pour la construction d'un petit oratoire où elle se retira, avec quelques autres femmes pieuses. Elle y mourut en 1236 • **S. Zod.** : Gémeaux.

Dick
▼
Fête : 3 avril. cf. *Richard ; forme dérivée du prénom.*

Didia, Didiane
▼
Fête : 23 mai. cf. *Didier*
Didia était un nom féminin porté à l'époque romaine et la gens Didius était une famille célèbre de Rome.

Didier
▼
Fête : 23 mai
• **Étym.** : du latin *desiderius* (désir) • **Hist.** VIe s. : évêque de Vienne, Didier s'attira l'inimitié de la reine Brunehaut et du roi Thierry II en critiquant leurs mœurs. Ceux-ci, pour se venger, le firent arrêter, lapider et achever à coups de bâton

• **S. Zod.** : Gémeaux • **Dérivés** : *Didia, Didiane*.

Didrich
▼
Fête : 11 novembre.
cf. *Dietrich*

Dié
▼
Fête : 19 juin
• **Étym.** : du latin *dies* (jour)
• **Hist.** VIIe s. : évêque de Nevers en 655, Dié vécut en ermite dans les Vosges où il finit par fonder, sur la demande de ses disciples, le monastère de Jointures, le dotant de la règle de saint Colomban • **S. Zod.** : Gémeaux • **Dérivés** : *Dieudonné, Dieudonnée*.

Dietrich
▼
Fête : 11 novembre.
cf. *Théodore*

Thierry est la déformation francisée de Dietrich, lui-même venant du germain Théodoric.

Dieudonné, Dieudonnée
▼
Fête : 19 juin. cf. *Dié*

Dimitri
▼
Fête : 8 octobre.
cf. *Démétrius ; adaptation grecque du prénom.*

Dina, Dinah
▼
Fête : 6 juillet. cf. *Dominique*

Dioné
▼
Fête : 6 juillet. cf. *Dominique*
• **Myth.** : Dioné fut la déesse primitive, amante de Zeus. On la révérait dans la ville de Dodone, sous la forme d'un chêne. Elle est donnée dans la mythologie grecque comme la mère d'Aphrodite.

Dionna, Dionne
▼
Fête : 8 avril. cf. *Denis ; forme saxonne dérivée du prénom.*

Dirk
▼
Fête : 11 novembre.
cf. *Théodoric (Théodore)*

Djamil, Djamila
▼
Fête suggérée :
13 septembre. cf. *Amé*
• **Étym.** : de l'arabe (beau, belle).

Dogmaël
▼
Fête : 14 juin
• **Étym.** : du celtique *mael* (prince) • **Hist.** VIe s. : Dogmaël fut un moine du pays de Galles où l'on a retrouvé quelques églises qui lui auraient été consacrées. Il est également vénéré en Bretagne sous le nom de Dogmeel ou Toel • **S. Zod.** :

Gémeaux • **Dérivés** : *Dogmaela, Dogmeel, Toel.*

Dogmaela
▼
Fête : 14 juin. cf. *Dogmaël*

Dogmeel
▼
Fête : 14 juin. cf. *Dogmaël*

Dolla, Dolly
▼
Fête : 15 août. cf. *Dolorès*

Dolorès
▼
Fête : 15 août

• **Étym.** : du latin *dolor* (souffrance) • **Hist.** : les Dolorès sont fêtées le 15 août, fête de sainte Marie (Notre-Dame-des-Douleurs) • **S. Zod.** : Lion • **Dérivés** : *Dolla, Dolly, Lola, Lolita.*

Dominica
▼
Fête : 5 février

• **Étym.** : du latin *domina* (maîtresse) • **Hist.** VIIIe s. : Dominica et son frère Indract furent assassinés par les Saxons alors qu'ils se rendaient en pèlerinage à Rome • **S. Zod.** : Verseau.

Dominique
▼
Fête : 8 août

• **Étym.** : du latin *dominus* (maître) • **Hist.** XIIe-XIIIe s. : né en 1170 dans la noble famille des Guzman, originaire des alentours de Burgos, Dominique devint moine à l'âge de 24 ans. En 1206, le pape le délégua dans le sud de la France afin d'y lutter contre l'hérésie manichéenne albigeoise. Après quelques succès locaux, l'hérésie reprit du souffle. En 1208, commença une guerre civile entre catholiques et hérétiques. Pendant ce temps, Dominique parcourut à pied la région, essayant de convertir les Albigeois en donnant l'exemple de sa pauvreté. En 1218, la paix revenue, il proposa au pape la création d'un ordre de frères prédicateurs. Innocent III y consentit. Dominique dispersa donc ses frères dans toute l'Europe afin d'y prêcher. Il fit lui-même de longs voyages à pied et s'éteignit à Bologne, en 1221, laissant un ordre dominicain vigoureux, organisé et efficace • **S. Zod.** : Lion.

Dominique
▼
Fête : 6 juillet

• **Étym.** : du latin *domina* (maîtresse) • **Hist.** IVe s. : née en Campanie, Dominique mourut martyrisée sur les bords de l'Euphrate. On ne sait rien d'autre à son sujet • **S. Zod.** : Cancer • **Dérivés** : *Dina, Dinah, Dioné, Mina, Minnie.*

Domitia, Domitiane
▼
Fête : 9 août. cf. *Domitien*

Domitie
▼
Fête : 9 août. cf. *Domitien*

Domitien
▼
Fête : 9 août
• **Étym.** : du latin *dominus* (maître) • **Hist.** IVᵉ s. : Domitien fut le troisième évêque de Châlons-sur-Marne. On ne sait rien d'autre le concernant • **S. Zod.** : Lion • **Dérivés** : *Domitia, Domitiane, Domitie.*

Domitilla
▼
Fête : 7 mai. cf. *Domitille*
Nom féminin porté à l'époque romaine.

Domitille
▼
Fête : 7 mai
• **Étym.** : du latin *domus* (maison, demeure) • **Hist.** Iᵉʳ s. : appartenant à la famille impériale des Flavii, deux femmes portant le même nom furent toutes deux exilées pour avoir refusé de renier leur foi • **S. Zod.** : Taureau • **Dérivés** : *Domitilla, Tilla.*

Domna
▼
Fête : 28 décembre
• **Étym.** : altération du latin *domina* (maîtresse) • **Hist.** : élevée au palais impérial, Domna fut baptisée à quatorze ans tout en continuant son office à la cour, mais dénoncée et arrêtée, elle simula la folie et fut placée dans un monastère. Ayant cependant affirmé sa foi chrétienne, elle fut exécutée • **S. Zod.** : Capricorne • **Dérivé** : *Donna.*

Donald
▼
Fête : 15 juillet
• **Étym.** : du celtique *da* (bon), *noal* (noël) • **Hist.** VIIIᵉ s. : Donald vécut dans le sud de l'Écosse, en compagnie de sa femme et de ses neuf filles. Devenu veuf, il créa une communauté religieuse pour ses filles • **S. Zod.** : Cancer.

Donatia, Donatiane
▼
Fête : 24 mai. cf. *Donatien*

Donatien
▼
Fête : 24 mai
• **Étym.** : du latin *donatio* (donation) • **Hist.** IIIᵉ s. : né à Nantes, Donatien fut emprisonné et décapité en compagnie de son frère Rogatien, sur les ordres de l'empereur Maximilien • **S. Zod.** : Gémeaux • **Dérivés** : *Donatia, Donatiane.*

Donna
▼
Fête : 28 décembre.
cf. *Domna*

Donnan
▼
Fête : 17 avril
• **Étym.** : du celtique *da (bon), nin* (hauteur) • **Hist.** VIIe s. : originaire d'Écosse, Donnan parcourut ce pays pour y prêcher et y fonder des églises. Il mourut sous les coups des Vikings en 617, avec une cinquantaine de compagnons • **S. Zod.** : Bélier.

Donovan
▼
Fête : 17 avril. cf. *Donnan ; forme dérivée de ce prénom écossais*

Dora
▼
Fête : 28 avril. cf. *Théodora*

Doreen
▼
Fête : 6 février. cf. *Dorothée* ou 28 avril. cf. *Théodora*

Doria
▼
Fête : 25 octobre. cf. *Daria* ou 28 avril. cf. *Théodora*

Dorian
▼
Fête : 11 novembre. cf. *Théodore ; altération franc-comtoise du prénom.*

Dorine
▼
Fête : 28 avril. cf. *Théodora*

Doris
▼
Fête : 6 février. cf. *Dorothée*

Dorothéa
▼
Fête : 6 février. cf. *Dorothée*

Dorothée
▼
Fête : 6 février
• **Étym.** : du grec *doron* (cadeau), *theos* (Dieu) • **Hist.** IVe s. : ayant refusé de se marier et de renier sa foi chrétienne, Dorothée fut condamnée au supplice par le gouverneur de Cappadoce. Alors qu'elle se rendait au lieu d'exécution, un jeune homme, Théophile, ricana sur son passage, lui demandant qu'elle lui envoie des pommes et des roses. Aussitôt, d'après la légende, un ange les lui apporta. Théophile se convertit alors et la suivit pour partager son martyre • **S. Zod.** : Verseau • **Dérivés** : *Doreen, Doris, Dorothéa*.

Douce, Doulce
▼
Fête : 29 mai. cf. *Bonne*

Douglas
▼
Fête suggérée : 19 mai. cf. *Dunstan*
• **Étym.** : du celte (sombre ruisseau) ; nom d'un important clan écossais, qui a ensuite été utilisé comme prénom.

Drake

Fête suggérée :
11 novembre. cf. *Théodoric*
- **Étym.** : du latin *draco* (dragon).

Droctovée

Fête : 10 mars
- **Étym.** : du latin *octavus* (huitième) • **Hist.** vi{e} s. : né à Auxerre, Droctovée fut nommé évêque de Paris et abbé de l'abbaye de ce qui deviendra plus tard Saint-Germain-des-Prés • **S. Zod.** : Poissons.

Duncan

Fête : 19 mai. cf *Dunstan*

Dune

Fête suggérée :
11 décembre. cf. *Dana, Danae*
- **Étym.** : du gaulois *duno* (hauteur) ; prénom mis en vogue à la suite du roman du même nom de Frank Herbert.

Dunstan

Fête : 19 mai

- **Étym.** : du celtique *da* (bon), *tan* (ardent, tonnerre) • **Hist.** xe s. : né de parents nobles dans le Somerset, en Angleterre, Dunstan se fit moine et réorganisa le monastère de Glastonbury qu'il dota de la règle de saint Benoît. Nommé évêque de Worcester, il devint rapidement archevêque de Cantorbéry en 960 et conseiller du roi Edgar. Il guida le développement de nombreux monastères anglais et de l'Église anglaise en général. Il mourut en 988, vénéré immédiatement par toute l'Angleterre • **S. Zod.** : Taureau • **Dérivé** : *Duncan.*

Dustin

Fête : 19 mai. cf. *Dunstan* ; *forme dérivée du prénom.*

Dylan

Fête suggérée :
11 décembre. cf. *Daniel*
- **Étym.** : du gallois (la mer) ; prénom illustré par le célèbre poète anglais Dylan Thomas (1914-1953), et le chanteur Bob Dylan qui prit ce pseudonyme en l'honneur du poète.

E

Eadbert

Fête : 6 mai. cf. *Edgar*
- **Étym. :** du germain *od* (richesse), *berht*, (brillant) • **Hist.** VIIe s. : évêque de Lindisfarne, Eadbert jouissait d'un grand renom pour ses connaissances bibliques • **S. Zod. :** Taureau.

Eanfleda

Fête : 8 février. cf. *Elfleda*
- **Étym. :** du germain *ans* (divinité teutonne), *frido* (paix) • **Hist.** VIIe-VIIIe s. : on ne connaît pas de sainte Eanfleda répertoriée, aussi peut-on souhaiter leur fête le jour de la Sainte-Elfleda, bienheureuse dont la mère portait ce prénom • **S. Zod. :** Verseau.

Earine, Earina

Fête : 28 juin. cf. *Irène*
Nom féminin romain signifiant printemps, couleur verte.

Earl, Earlene

Fête suggérée : 18 mai. cf. *Eric*
- **Étym. :** du celte (le guerrier).

Eartha

Fête suggérée : 22 septembre. cf. *Gaïa*
- **Étym. :** de l'anglais *earth* (la terre) ; prénom porté par la chanteuse Eartha Kitt.

Easterwin

Fête : 7 mars
- **Étym. :** du germain *easter* (de l'est), *win* (ami) • **Hist. :** moine à Wearmouth, Easterwin devint abbé de ce monastère après le départ de saint Benoît Biscop, qui en était le fondateur • **S. Zod. :** Poissons.

Ebba

Fête : 2 avril
- **Étym. :** du germain *bald* (hardi), ou forme dérivée d'*eber* (sanglier) • **Hist.** XIe s. : abbesse du monastère de Coldhingam, Ebba et ses religieuses se mutilèrent la face afin de sauvegarder leur pureté lors d'une invasion danoise. Elles périrent toutes dans les flammes, les pirates ayant mis le feu à l'abbaye

• **S. Zod.** : Bélier : • **Dérivé** : *Ebbane*.

Ebbane
▼
Fête : 2 avril. cf. *Ebba*

Ed, Eddie, Eddy
▼
Fête : 5 janvier. cf. *Edouard*

Edard
▼
Fête : 5 janvier. cf. *Edouard* ; *forme occitane du prénom.*

Edelburge
▼
Fête : 7 juillet
• **Étym.** : du germain *adal* (noble), *burg* (forteresse) • **Hist.** VIIe s. : Edelburge était princesse d'Est-Anglie. Elle, sa nièce Ercongote et sa demi-sœur Sethride se retirèrent en France dans l'abbaye de Faremoutiers dont elles devinrent abbesses successivement • **S. Zod.** : Cancer.

Edelin, Edeline
▼
Fête : 20 octobre. cf. *Adeline*

Eden, Edéna
▼
Fête : 30 août. cf. *Edern*

Edern
▼
Fête : 30 août
• **Étym.** : du latin *aeternus* (éternel) • **Hist.** : Saint populaire en pays de Galles et en Bretagne mais dont on a oublié la vie et perdu les Actes • **S. Zod.** : Vierge • **Dérivés** : *Eden, Edéna, Ederna, Edna.*

Ederna
▼
Fête : 30 août. cf. *Edern*

Edfrid
▼
Fête : 8 décembre.
cf. *Elfried* ; *prénom masculin modelé sur Elfried.*

Edgar
▼
Fête : 8 juillet
• **Étym.** : du germain *od* (richesse), *gari* (lance). La racine *ed* d'origine anglaise correspond à la racine *od* germanique qui a le même sens • **Hist.** Xe s. : Edgar, roi d'Angleterre, publia, sous l'instigation de saint Dunstan, des lois afin d'interdire le paganisme et limiter la licence et la violence des mœurs • **S. Zod.** : Cancer.

Edigna
▼
Fête : 26 février
• **Étym.** : du germain *edel* déformation d'*adal* (noble) • **Hist.** XIe-XIIe s. : princesse de sang royal français, Edigna était la fille du roi Henri Ier. Elle quitta la cour pour vivre solitairement en Bavière à Furstenberg et y mourut

en 1109 • **S. Zod.** : Poissons • **Dérivé** : *Edina*.

Edina
▼
Fête : 26 février. cf. *Edigna*

Edith
▼
Fête : 16 septembre
• **Étym.** : du germain *od* (richesse). La racine *ed* d'origine anglaise correspond à la racine *od* germanique qui a le même sens • **Hist.** Xe s. : née vers 962 de saint Edgar et de sainte Wilfride, Edith entra au monastère de Wilts, Angleterre, dont sa mère était abbesse, et y mourut à l'âge de 22 ans • **S. Zod.** : Vierge • **Dérivés** : *Ailith, Alditha, Aldith, Alith.*

Edma
▼
Fête : 20 novembre.
cf. *Edmond*

Edmée
▼
Fête : 20 novembre.
cf. *Edmond*

Edmond
▼
Fête : 20 novembre
• **Étym.** : du germain *edel* (noble), *mundo* (protection) • **Hist.** IXe s. : roi du Norfolk et du Suffolk à 14 ans, Edmond défendit la foi chrétienne et son pays contre les Danois. Ayant refusé une offre de paix des envahisseurs, Edmond fut capturé et mis à mort en 870. Il fut très populaire en Angleterre où on lui attribua de nombreux miracles • **S. Zod.** : Scorpion • **Dérivés** : *Edma, Edmée.*

Edna
▼
Fête : 30 août. cf. *Edern*

Edouard
▼
Fête : 5 janvier
• **Étym.** : du germain *od* (richesse), *warden* (garder). La racine *ed* d'origine anglaise correspond à la racine *od* germanique qui a le même sens • **Hist.** XIe s. : élevé en Normandie, Edouard fut un roi d'Angleterre très médiocre qui prépara presque l'invasion normande de ses mains en invitant le duc Guillaume à se rendre en Angleterre. Par ailleurs, il se révéla un homme pieux et bon à qui l'on doit la restauration de l'abbaye de Westminster • **S. Zod.** : Capricorne • **Dérivé** : *Edouardine.*

Edwige, Hedwige
▼
Fête : 16 octobre
• **Étym.** : du germain *od* (richesse), *wig* (combat) • **Hist.** XIIe-XIIIe s. : fille du comte d'Andechs, née vers 1174, Edwige épousa Henri Ier, duc de Silésie, qui deviendra plus tard roi de Pologne. Ils fondèrent tous

deux de nombreux monastères dont l'abbaye cistercienne de Trebniz où Edwige se retira en compagnie de la seule survivante de ses sept enfants, sainte Gertrude. Ce monastère n'accueillait presque exclusivement que des jeunes filles sans dot. Edwige y mourut vers 1243 • **S. Zod.** : Balance.

Edwin
▼
Fête : 12 octobre

• **Étym.** : du germain *od* (richesse), *win* (ami) • **Hist.** VIIe s. : roi de Northumbrie, Edwin épousa une chrétienne, Ethelburge. Après avoir longtemps hésité, il se décida à se convertir en 627. Son règne établit la paix dans le royaume. Il mourut en le défendant lors d'une invasion galloise en 633 • **S. Zod.** : Balance • **Dérivé** : *Edwina*.

Edwina
▼
Fête : 12 octobre. cf. *Edwin*

Effie
Fête : 8 février. cf. *Elfleda*

Egan
▼
Fête suggérée : 8 juillet.
cf. *Edgar*
• **Étym.** : du gaélique (fier) ; prénom très répandu en Irlande.

Egeria, Egérie
▼
Fête : 10 novembre.
cf. *Nymphe*
• **Étym.** : du latin *egero* (exhaler)
• **Myth.** : Egeria était la nymphe que le roi Numa Pompilius feignait de consulter • **S. Zod.** : Scorpion.

Egine, Egina
▼
Fête : 10 novembre.
cf. *Nymphe*
• **Étym.** : du latin *Aegina*, en grec *Egine* (île située en face du Pirée)
• **Myth.** : fille du fleuve Asopos et de Melope (fille du fleuve Ladon), Zeus désira Egine et la transporta sur une île qui prit son nom • **S. Zod.** : Scorpion.

Eglantine
▼
Fête : 5 octobre. cf. *Fleur*
L'églantine est la fleur de l'églantier, de la famille des rosiers sauvages • **S. Zod.** : Balance.

Ehrard
▼
Fête : 8 janvier
• **Étym.** : du germain *ehre* (honneur), *hard* (dur) • **Hist.** VIIe s. : on ne sait que peu de chose concernant Ehrard, sinon qu'il fut évêque de Ratisbonne au VIIe siècle • **S. Zod.** : Capricorne.

Eileen

Fête : 18 août. cf. *Hélène*

Eirlys

Fête suggérée : 17 juillet.
cf. *Arleen*

• **Étym.** : du gallois (chute de neige).

Ela

Fête : 1er février. cf. *Ella*

Elaine

Fête : 18 août. cf. *Hélène*

Elara

Fête : 2 mai. cf. *Eléonore* ; *forme celtique du prénom.*

Eléanor

Fête : 2 mai. cf. *Eléonore* ; *forme dérivée du prénom.*

Eléazar

Fête : 1er août

• **Étym.** : de l'hébreu *el* (Dieu), *zecher* (mémoire) • **Hist.** IIe s. : Eléazar fut martyrisé à l'âge de 90 ans pour avoir refusé de consommer de la viande de porc prohibée par la loi juive • **S. Zod.** : Lion.

Electra, Electre

Fête : 10 novembre.
cf. *Nymphe*

• **Myth.** : Electra était la fille du géant Atlas qui supportait le monde.

Eléna

Fête : 18 août. cf. *Hélène*

Eléonore, Elénaire

Fête : 2 mai

• **Étym.** : du latin *lenire* (adoucir, calmer) • **Hist.** IIIe-IVe s. : on ne trouve pas de sainte Eléonore, bien que ce prénom soit attesté dès le Moyen Âge. Il dérive, sans doute, d'Elénaire, compagne de saint Macre. On trouva ses reliques en l'église de Saint-Riquier, dans le diocèse d'Amiens. Elle fut probablement martyrisée dans les premiers temps du christianisme • **S. Zod.** : Taureau • **Dérivés** : *Aanor, Adenora, Aenor, Aloara, Elara, Eléanor, Enora, Léonor, Léonora, Léonore, Lora, Lore, Lorette, Lorraine, Lorris, Nora, Nore.*

Eleuthère

Fête : 2 octobre

• **Étym.** : du grec *eleutheria* (liberté) • **Hist.** IIIe s. : soldat romain chrétien, Eleuthère fut martyrisé avec d'autres chrétiens accusés d'avoir mis le feu au palais de Dioclétien, à Nicomédie

• **S. Zod.** : Balance • **Dérivé** : *Théra*.

Elfie
▼
Fête : 8 février. cf. *Elfleda*

Elfleda
▼
Fête : 8 février
• **Étym.** : du germain *edel* (noble), *frido* (paix) • **Hist.** VIIIe s. : fille du roi de Northumbrie, Elfleda partagea avec sa mère Eanfleda la direction du couvent de Whitby et y mourut en 714 • **S. Zod.** : Verseau • **Dérivés** : *Elfie, Frida, Eanfleda, Effie*.

Elfried
▼
Fête : 8 décembre
• **Étym.** : du germain *edel* (noble), *frido* (paix) • **Hist.** IXe s. : selon la légende, Elfried et deux autres princesses anglaises, Sabine et Edith, auraient été assassinées sur les ordres de leurs fiancés évincés, alors qu'elles effectuaient un pèlerinage à Rome • **S. Zod.** : Sagittaire • **Dérivés** : *Elfrid, Egfrid*.

Elga
▼
Fête : 11 juillet. cf. *Olga*

Elia, Eliane
▼
Fête : 4 juillet. cf. *Elie*

Elie
▼
Fête : 4 juillet
• **Étym.** : de l'hébreu *el* (Dieu), *yah* (seigneur) • **Hist.** IIIe s. : Elie, avec quelques-uns de ses amis chrétiens, fut arrêté et mis à mort sous le règne de l'empereur Maximien en 309, pour avoir refusé d'abjurer sa foi • **S. Zod.** : Cancer • **Dérivés** : *Elia, Eliane, Eliette, Elina, Eline, Elyette, Lélia*.

Eliette
▼
Fête : 4 juillet. cf. *Elie*

Elina, Eline
▼
Fête : 4 juillet. cf. *Elie*

Elisa, Elise
▼
Fête : 17 novembre.
cf. *Elisabeth*

Elisabeth
▼
Fête : 17 novembre
• **Étym.** : de l'hébreu *el* (Dieu), *isha* (salut), *beth* (maison) • **Hist.** XIIIe s. : née en 1207, et fille du roi André VI de Hongrie, Elisabeth épousa le duc de Thuringe à 14 ans. Très pieuse, elle se mortifia à l'extrême et secourut les pauvres. À la mort de son mari en 1227, elle fut chassée du palais. Elle se réfugia alors chez son oncle, l'évêque de Bamberg, afin de mettre ses

trois enfants à l'abri. Rappelée au pouvoir, elle rétablit son fils sur le trône et se retira du monde. Elle mourut en 1231, vénérée de tous et considérée déjà comme une sainte • **S. Zod.** : Scorpion • **Dérivés** : *Babette, Beth, Bethsabée, Bette, Bettina, Betty, Elisa, Elise, Elissa, Elsa, Elsie, Elsilina, Elsiline, Elsy, Leslie, Lilian, Liliane, Lily, Lisbeth, Lisa, Lise, Lisette, Lison, Liza, Lizzie, Sissi.*

Eliséa, Elisée
▼
Fête : 4 juillet. cf. *Elie*

Elissa
▼
Fête : 17 novembre.
cf. *Elisabeth*

Ella
▼
Fête : 1er février

• **Étym.** : de l'hébreux *el* (Dieu), *yah* (seigneur) • **Hist.** XIIIe s. : fille de William Fitzpatrick, Ella épousa Guillaume Longue Épée et l'accompagna à la croisade de son frère Richard Ier. Elle convertit son mari, jusque-là dévoyé, à une vie plus pieuse, mais ce dernier mourut en 1226. Devenue veuve, Ella fonda le couvent de chartreux de Hinton et un monastère d'augustines à Laycock. Elle devint abbesse de ce dernier et y mourut en 1261 • **S. Zod.** : Verseau • **Dérivés** : *Ela, Elina, Ellina.*

Ellen
▼
Fête : 18 août. cf. *Hélène*

Ellenita
▼
Fête : 18 août. cf. *Hélène*

Ellina
▼
Fête : 1er février. cf. *Ella*

Elliot
▼
Fête : 4 juillet. cf. *Elie*
• **Étym.** : de l'hébreu (le Seigneur est Dieu) ; forme anglaise dérivée.

Ellis
▼
Fête : 4 juillet. cf. *Elie*

Elma
▼
Fête : 15 avril. cf. *Elme*

Elme
▼
Fête : 15 avril

• **Étym.** : de l'hébreu *el* (Dieu), *imm* (avec) • **Hist.** XIIIe s. : de noble famille espagnole, Elme abandonna ses biens pour devenir prêcheur dominicain sous le nom de Pierre Gonzalès • **S. Zod.** : Bélier • **Dérivés** : *Elma, Elmie.*

Elmie
▼
Fête : 15 avril. cf. *Elme*

Elmer

Fête : 28 août

• **Étym.** : du germain *edel* (noble), *maro* (illustre) • **Hist.** VIIe ou IXe s. : on ne sait à peu près rien de cet évêque de Reims mis à part le fait que son culte est attesté de très longue date • **S. Zod.** : Vierge.

Elodie

Fête : 22 octobre. cf. *Alodie*

Eloi

Fête : 1er décembre

• **Étym.** : du latin *eligius* (élu) • **Hist.** VIe-VIIe s. : artiste limousin réputé, Eloi devint, grâce à son intégrité, conseiller auprès du roi Clotaire II, puis de Dagobert Ier. Très pieux, il racheta des prisonniers aux barbares, créa des monastères et des hospices. Devenu religieux, il fut nommé évêque de Noyon en 641 et mourut à la tâche en 660. Il est le patron de Limoges et de Noyon ainsi que celui des orfèvres • **S. Zod.** : Sagittaire • **Dérivés** : *Loïc, Loïg, Loïs*.

Elphège

Fête : 19 avril

• **Étym.** : du latin *effulgere* (être lumineux) • **Hist.** XIe s. : en 984, Elphège devint évêque de Winchester et partit évangéliser les Danois. En 1005, il fut nommé archevêque de Cantorbéry. Plus tard, en 1012, ayant maille à partir avec les Vikings, il acheta la liberté de son pays contre une grosse somme d'argent. Malgré cela, les Vikings s'emparèrent de lui et exigèrent une seconde rançon. Elphège interdit de la verser. Furieux, les Vikings le décapitèrent à la hache • **S. Zod.** : Bélier.

Elric

Fête : 10 octobre. cf. *Aldric*

Elsa, Elsie

Fête : 17 novembre. cf. *Elisabeth*

Elsilina, Elsiline

Fête : 17 novembre. cf. *Elisabeth*

Elsy

Fête : 17 novembre. cf. *Elisabeth*

Elton

Fête suggérée : 4 juillet. cf. *Elie*

• **Étym.** : de l'anglo-saxon (celui de la vieille ferme). Prénom qui revient en force grâce au chanteur Elton John.

Elvira, Elvire
▼
Fête : 16 juillet
- **Étym.** : du latin *vir* (homme)
- **Hist.** XIIe-XIIIe s. : Elvire fut supérieure du couvent d'Ohren en Allemagne. On ne sait rien de plus à son propos • **S. Zod.** : Cancer.

Elvis, Avit
▼
Fête : 17 juin
- **Étym.** : du latin *vir* (homme) ; dérivé saxon du prénom Avit
- **Hist.** VIe s. : saint Avit fut abbé près d'Orléans.

Elyette
▼
Fête : 4 juillet. cf. *Elie*

Elzéar
▼
Fête : 27 septembre. cf. *Delphine*

Emeline, Emelina, Hemeline
▼
Fête : 27 octobre
- **Étym.** : du latin *emendatus* (pur, sans défauts) • **Hist.** XIIe s. : religieuse cistercienne de Boulencourt, Emeline vivait non loin de Troyes et mourut en 1178. Elle se condamna volontairement à passer sa vie sans voir âme qui vive et sans parler • **S. Zod.** : Scorpion.

Emeraude
▼
Fête : 29 juin. cf. *Pierre*
- **Étym.** : du latin *smaragdus* (émeraude). L'émeraude est une pierre précieuse d'un très beau vert plus ou moins profond.

Emerence
▼
Fête : 23 janvier. cf. *Emerentienne*

Emerentienne
▼
Fête : 23 janvier
- **Étym.** : du latin *emerere* (mériter) • **Hist.** IVe s. : sœur de lait de sainte Agnès, Emerentienne mourut lapidée alors qu'elle priait sur la tombe de cette dernière • **S. Zod.** : Verseau • **Dérivé** : *Emerence.*

Emeric
▼
Fête : 4 novembre
- **Étym.** : du germain *haim* (maison), *rik* (roi ou puissant) • **Hist.** XIe s. : Emeric (Imre en hongrois) était le fils de saint Etienne. Ce dernier avait lutté toute sa vie pour instaurer la religion catholique dans son royaume. Marié, Emeric, en accord avec son épouse, vécut dans la chasteté. Il mourut prématurément en 1031 et son culte commença très tôt en 1083, sous l'instigation du roi Ladislas • **S. Zod.** : Scorpion • **Dérivés** : *Aymeric, Emerika.*

Emerika
▼
Fête : 4 novembre. cf. *Emeric*

Emerita
▼
Fête : 22 septembre
- **Étym.** : du latin *emerere* (mériter)
- **Hist.** IIIe s. : on retrouva le corps d'Emerita dans une catacombe avec une inscription mentionnant qu'il fallait l'honorer. On ne sait rien d'autre à son sujet • **S. Zod.** : Vierge • **Dérivés** : *Emie, Emy*.

Emie, Emy
▼
Fête : 22 septembre. cf. *Emerita*

Emile
▼
Fête : 22 mai
- **Étym.** : du grec *aïmulos* (rusé)
- **Hist.** IIIe s. : en compagnie de saint Caste, ils abjurèrent tout d'abord leur foi sous la torture. Puis, ayant repris leurs aveux, ils furent martyrisés pendant la persécution de Dèce en 250 • **S. Zod.** : Gémeaux • **Dérivés** : *Emilian, Emilio, Emilion*.

Emilia
▼
Fête : 19 septembre. cf. *Emilie*

Emilian, Emiliane, Emilianne
▼
Fête : 19 septembre. cf. *Emilie* ou 22 mai. cf. *Emile* ; *formes occitanes du prénom*.

Emilie
▼
Fête : 19 septembre
- **Étym.** : du grec *aïmulos* (rusé)
- **Hist.** XVIIIe-XIXe s. (1787-1852) : après la Révolution, Emilie de Rodat décida de faire revivre les écoles gratuites des Ursulines. Malgré de nombreuses difficultés, elle parvint à son but, créant en 1819 la congrégation de la Sainte-Famille de Villefranche-de-Rouergue. Elle mourut en 1852 • **S. Zod.** : Vierge • **Dérivés** : *Emilia, Emiliane*.

Emilien
▼
Fête : 12 novembre
- **Étym.** : du grec *aïmulos* (rusé)
- **Hist.** VIe s. : pâtre de la région de Burgos, Emilien vécut en ermite pendant 50 ans et mourut aux alentours de 574 • **Dérivés** : *Emilienne, Emilio, Emilion* • **S. Zod.** : Sagittaire.

Emilienne
▼
Fête : 12 novembre. cf. *Emilien*

Emilio, Emilion
▼
Fête : 12 novembre. cf. *Emilien* ou 22 mai. cf. *Emile*

Emma

Fête : 29 juin

- **Étym.** : du grec *aïmulos* (rusé)
- **Hist.** XIe s. : apparentée à l'empereur saint Henri. À la mort de son époux et de ses deux enfants, Emma créa de nombreuses abbayes, dont celle de Curk en Autriche • **S. Zod.** : Cancer
- **Dérivé** : *Emmelie*.

Emmanuel, Emmanuelle

Fête : 25 décembre. cf. *Noël*

- **Étym.** : de l'hébreu (Dieu est avec nous).

Emmelie

Fête : 29 juin. cf. *Emma*

Emmeran

Fête : 22 septembre

- **Étym.** : du germain *ernim* (énorme), *hramm* (corbeau)
- **Hist.** VIIe s. : missionnaire, Emmeran parcourut la Bavière afin de l'évangéliser. Mais, pendant un voyage à Rome, il fut arrêté sur une fausse accusation et mis à mort • **S. Zod.** : Vierge • **Dérivés** : *Emmeranna, Emmeranne, Mérana, Mérane*.

Emmeranna, Emmeranne

Fête : 22 septembre.
cf. *Emmeran*

Ena

Fête : 26 juillet. cf. *Anne*

Endora

Fête : 19 août. cf. *Eudes*

Engelbert

Fête : 7 novembre

- **Étym.** : du germain *engil* (ange), *berht* (brillant) • **Hist.** XIIe-XIIIe s. : fils du riche comte de Berg, Engelberg était, dès 30 ans, archevêque de Cologne. Malgré sa naissance et sa fortune, il se montra efficace et intègre dans son apostolat. Il mourut en 1225 • **S. Zod.** : Scorpion.

Engelmond

Fête : 21 juin

- **Étym.** : Du germain *engil* (ange), *mundo* (protection)
- **Hist.** VIIIe s. : religieux missionnaire Engelmond aida saint Willebrord dans son œuvre évangélisatrice aux Pays-Bas • **S. Zod.** : Cancer.

Enguerran, Engueran

Fête : 25 octobre

- **Étym.** : du germain *engil* (ange), *hramm* (corbeau) • **Hist.** VIIIe s. : évêque de Metz en 768, Enguerran accompagna Charlemagne à titre diplomatique dans une expédition contre les

Avars, mais il mourut en Hongrie en 791 • **S. Zod.** : Scorpion • **Dérivé** : *Enguerrande*.

Enguerande, Enguerrande
▼
Fête : 25 octobre.
cf. *Enguerran*

Enimie
▼
Fête : 5 octobre
• **Étym.** : du grec *eunomia* (bonne législation) • **Hist.** VIIe s. : descendante de Dagobert, Enimie fut atteinte de la lèpre. S'étant réfugiée dans le Gévaudan, elle fut miraculeusement guérie par la source de Barla. Plus tard, elle fonda un monastère dans le Tarn où une ville porte son nom • **S. Zod.** : Balance.

Ennata
▼
Fête : 25 juillet. cf. *Thée*

Enora
▼
Fête : 2 mai. cf. *Eléonore* ; *forme dérivée du prénom.*

Enric, Enrique
▼
Fête : 13 juillet. cf. *Henri* ; *forme occitane du prénom.*

Eponine
▼
Fête : 1er janvier
• **Étym.** : ce prénom, attesté dès l'époque romaine, n'a pas de sainte patronne. Il fut porté par Epponina, épouse de l'empereur Sabinus. Il provient sans doute du mot grec « *eponyme* » caractérisant l'archonte qui avait à charge de fixer les grandes dates de l'année dans la cité grecque et qui donnait son propre nom à l'année qui commençait • **S. Zod.** : Capricorne.

Erasme
▼
Fête : 2 juin
• **Étym.** : du grec *erasmios* (gracieux, charmant, désiré) • **Hist.** IVe s. : évêque de Formia, Erasme mourut martyrisé en 303 sous Dioclétien. On lui attribue la protection des bateaux et des marins et on l'invoque en cas de douleurs abdominales • **S. Zod.** : Gémeaux.

Ercongote
▼
Fête : 7 juillet. cf. *Edelburge*

Erembert
▼
Fête : 14 mai
• **Étym.** : du germain *ehre* (honneur), *berht* (brillant) • **Hist.** VIIe s. : évêque de Toulouse dans la deuxième moitié du VIIe siècle ; miné par la maladie, Erembert se démit de ses fonctions et se retira dans un monastère • **S. Zod.** : Taureau.

Erentrude
▼
Fête : 30 juin
• **Étym.** : du germain *ehre* (honneur), *trud* (fidélité) • **Hist.** VIIIᵉ s. : Erentrude aida saint Rupert à fonder un couvent à Salzbourg, dont elle devint abbesse un peu plus tard • **S. Zod.** : Cancer.

Eric, Erich, Erik
▼
Fête : 18 mai
• **Étym.** : du germain *ehre* (honneur), *rik* (roi ou puissant) • **Hist.** XIIᵉ s. : élu roi de Suède en 1150, Eric assura la christianisation de son pays puis partit évangéliser la Finlande. Il dut cependant rentrer promptement, les Danois ayant envahi son royaume avec l'aide de rebelles indigènes. Ces derniers s'emparèrent de lui et le tuèrent en 1161. Il fut le grand patron de la Suède du XIIIᵉ au XVIᵉ siècle • **S. Zod.** : Taureau • **Dérivés** : *Erica, Erika, Genseric*.

Erica, Erika
▼
Fête : 18 mai. cf. *Eric*

Erinna
▼
Fête : 28 juin. cf. *Irène*
• **Hist.** : Erinna était une poétesse célèbre de Lesbos.

Eris
▼
Fête : 18 mai. cf. *Eric*
• **Myth.** : c'est un bien joli nom pour la déesse grecque de la discorde, fille de la déesse Nyx (la Nuit) • **S. Zod.** : Taureau.

Ermelinda
▼
Fête : 13 février
• **Étym.** : du germain *ehre* (honneur), *hild* (combat) • **Hist.** VIIIᵉ s. : fille de sainte Sexburge, Ermelinda épousa le roi de Mercie (Angleterre). À la mort de son époux, elle entra au monastère de Saint-Ely dont elle devint plus tard abbesse. • **S. Zod.** : Verseau.

Ermelinde
▼
Fête : 29 octobre
• **Étym.** : du germain *ehre* (honneur), *lind* (doux) • **Hist.** VIᵉ s. : d'après la légende, Ermelinde aurait appartenu à la famille des Pépin (Carolingiens) et, malgré la volonté de ses parents, serait entrée au couvent où elle se serait imposé moult mortifications • **S. Zod.** : Scorpion.

Ermengarde
▼
Fête : 28 août.
cf. *Herminie, Hermès*

Erminie
▼
Fête : 28 août.
cf. *Herminie, Hermès*

Erna
▼
Fête : 7 novembre. cf. *Ernest*

Ernest
▼
Fête : 7 novembre
• **Étym.** : du germain *ernst* (grave, sérieux) • **Hist.** XIIe s. : moine bénédictin, Ernest devint abbé du monastère de Zwiefalten en 1141. En 1146, répondant à l'appel de saint Bernard, il prit la croix pour la deuxième croisade qui fut, comme on le sait, un désastre. Il y trouva la mort à la bataille de Dorylée en 1147 • **S. Zod.** : Scorpion • **Dérivés** : *Erna, Ernestine, Erno, Ernst*.

Ernestine
▼
Fête : 7 novembre. cf. *Ernest*

Erno
▼
Fête : 7 novembre. cf. *Ernest*

Ernst
▼
Fête : 7 novembre.
cf. *Ernest* ; *forme alsacienne du prénom.*

Errol
▼
Fête : 18 mars. cf. *Eric* ; *forme anglaise dérivée du prénom.*
Illustré par l'acteur Errol Flynn.

Erwan, Erwanne
▼
Fête : 19 mai. cf. *Yves* ou 13 janvier. cf. *Yvette* ; *formes celtiques masculine et féminine du prénom.*

Esméralda
▼
Fête : 29 juin.
cf. *Emeraude (Pierre)*

Espérance
▼
Fête : 1er août
• **Étym.** : du latin *sperare* (espérer) • **Hist.** : suivant une légende allégorique, Foi, Espérance, Charité et leur mère Sophie auraient été martyrisées sous le règne d'Hadrien • **S. Zod.** : Lion.

Esselin, Esselina, Esseline
▼
Fête : 3 août. cf. *Axeline*

Esteban
▼
Fête : 26 décembre.
cf. *Etienne* ; *forme occitane du prénom.*

Estella, Estelle (Evelle)
▼
Fête : 11 mai
• **Étym.** : du latin *stella* (étoile) • **Hist.** 1er s. : témoin de la passion de saint Torpès, Evelle se convertit au christianisme. Dénoncé, il fut décapité • **S. Zod.** :

Taureau • **Dérivés :** *Stella, Estrella, Étoile, Ethelle*.

Estève, Esteva
▼
Fête : 26 décembre.
cf. *Etienne* ; *forme méridionale archaïque du prénom.*

Esther
▼
Fête : 1ᵉʳ juillet
• **Étym. :** du persan *edissa* (la myrthe) • **Hist.** vᵉ s. : Esther, juive persane, par sa grande beauté, conquit le roi Xerxès Iᵉʳ. Elle intercéda en faveur des Juifs demeurés en Perse afin qu'ils soient mieux traités • **S. Zod. :** Cancer • **Dérivés :** *Hettie, Hetty*.

Estrella
▼
Fête : 11 mai. cf. *Estella*

Ethan
▼
Fête suggérée :
26 décembre. cf. *Etienne*
• **Étym. :** de l'hébreu (fort)
• **Hist. :** l'Ancien Testament mentionne un Ethan renommé pour sa sagesse. Ce prénom est répandu en Angleterre et aux États-Unis. • **S. Zod. :** Capricorne.

Ethelbert
▼
Fête : 25 janvier
• **Étym. :** du germain *edel* (noble), *berht* (brillant) • **Hist.** vIIᵉ s. : païen, Ethelbert aida les missionnaires de saint Augustin à évangéliser l'Angleterre. S'étant converti, il prêcha le christianisme • **S. Zod. :** Poissons.

Ethelbruge
▼
Fête : 12 octobre
• **Étym. :** du germain *edel* (noble), *burg* (forteresse) • **Hist.** vIIᵉ s. : sœur de saint Erconwald, Ethelbruge devint abbesse de l'abbaye de Barking fondée par son frère • **S. Zod. :** Balance.

Etheldrède
▼
Fête : 23 juin
• **Étym. :** du germain *edel* (noble), *hrod* (gloire) • **Hist.** xIᵉ s. : après son veuvage, Etheldrède fonda un monastère double à Ely et s'y retira • **S. Zod. :** Cancer
• **Dérivé :** *Ethelinda*.

Ethelinda
▼
Fête : 23 juin. cf. *Etheldrède*
• **Étym. :** du germain *edel* (noble), *lind* (doux).

Ethelle
▼
Fête : 11 mai.
cf. *Estella (Evelle)*

Ethelwold
▼
Fête : 1ᵉʳ août
• **Étym. :** du germain *edel* (no-

ble), *waldo* (qui gouverne) • **Hist.** Xe s. : moine à Glastonbury, Ethelwold devint évêque de Winchester en 962. Il travailla à la réforme du clergé et des religieux et fit restaurer de nombreux monastères ruinés par les Danois • **S. Zod.** : Lion.

Etienne
▼
Fête : 26 décembre
• **Étym.** : du grec *stephanos* (couronné) • **Hist.** 1er s. : après de longues études à Alexandrie, Etienne fut ordonné diacre par les Apôtres. Il se consacra aussitôt à la prédication. Mais, dénoncé au Sanhédrin (conseil des prêtres de Jérusalem) comme déviationniste, il fut arrêté et lapidé • **S. Zod.** : Capricorne • **Dérivés** : *Esteban, Estève, Esteva, Etiennette, Stéphane, Stéphanie, Stephen, Steve, Vaïk.*

Etiennette
▼
Fête : 26 décembre.
cf. *Etienne*

Etoile
▼
Fête : 11 mai. cf. *Estella*

Etta
▼
Fête : 17 juillet. cf. *Henriette*

Eudelin, Eudeline
▼
Fête : 19 novembre. cf. *Eudes*

Eudes
▼
Fête : 19 novembre
• **Étym.** : du germain *euth* ou *eud* (étymologie obscure) • **Hist.** VIIIe s. : premier abbé du monastère de Monastier (dans le Puy-de-Dôme), Eudes aurait été l'oncle de saint Chaffres qui lui aurait succédé. Son culte est bien attesté, même si l'on manque de renseignements à son sujet. Le calendrier honore, le 19 août, un saint Jean Eudes, prêtre oratorien fondateur des pères eudistes • **S. Zod.** : Scorpion • **Dérivés** : *Endora, Eudelin, Eudeline, Eudia, Eudiane, Eudine, Eudora.*

Eudia
▼
Fête : 19 novembre. cf. *Eudes*
Eudia était un prénom féminin porté à l'époque romaine.

Eudiane, Eudine
▼
Fête : 19 novembre. cf. *Eudes*

Eudora
▼
Fête : 19 novembre. cf. *Eudes*
• **Myth.** : Eudora était une des cinq hyades, déesses filles d'Océan et de Téthys. C'étaient elles qui faisaient pleuvoir • **S. Zod.** : Scorpion.

Eugend
▼
Fête : 1er janvier
• **Étym.** : du grec *eugenios* (bien

né, de bonne race) • **Hist.** VIe s. : Eugend aida Romain et Lupicin à fonder l'abbaye de Condat en Haute-Vienne, dont il devint, plus tard, l'abbé • **S. Zod.** : Capricorne.

Eugène
▼
Fête : 2 juin

• **Étym.** : du grec *eugenios* (bien né, de bonne race) • **Hist.** VIIe s. : Eugène succéda à saint Martin Ier. Il refusa toujours une quelconque entente avec le patriarche de Byzance • **S. Zod.** : Gémeaux.

Eugénie
▼
Fête : 25 décembre

• **Étym.** : du grec *eugenios* (bien né, de bonne race) • **Hist.** IIIe s. : d'après la légende, Eugénie aurait été la fille du duc d'Alexandrie et aurait reçu une éducation soignée. Devenue chrétienne, elle se serait déguisée en homme afin de rentrer au couvent. Démasquée et dénoncée, elle aurait refusé d'abjurer sa foi et aurait été mise à mort par un gladiateur. Le calendrier honore une bienheureuse Eugénie le 7 février, fondatrice des sœurs auxiliatrices • **S. Zod.** : Capricorne.

Eulalie
▼
Fête : 10 décembre

• **Étym.** : du grec *eulalia* (à la belle parole) • **Hist.** IVe s. : à l'âge de 12 ans, Eulalie, ayant appris qu'on martyrisait les chrétiens à Mérida (Espagne), se rendit dans cette ville. Là, elle y insulta les dieux païens. Arrêtée, elle fut condamnée à être brûlée vive et exécutée • **S. Zod.** : Sagittaire.

Euphémie
▼
Fête : 16 septembre

• **Étym.** : du grec *eu* (bien, bon), *phainen* (briller) • **Hist.** IVe s. : Euphémie fut martyrisée en 303. Elle avait refusé d'abjurer sa foi, aussi la condamna-t-on aux bêtes. Elle fut très vénérée sur les bords de la Méditerranée et de l'Adriatique • **S. Zod.** : Vierge.

Euphrasie
▼
Fête : 13 mars

• **Étym.** : du grec *eu phrenos* (bel esprit) • **Hist.** VIe-Ve s. : parente de l'empereur Théodose, Euphrasie entra à l'âge de 7 ans dans un couvent égyptien dont elle refusa de sortir pour se marier. Elle passa sa vie à se dévouer aux pauvres, aux malades, et à s'imposer de multiples privations. Elle s'éteignit en 412 à l'âge de 31 ans • **S. Zod.** : Poissons.

Euphrosine
▼
Fête : 1er janvier

• **Étym.** : du grec *eu phrenos* (bel esprit) • **Hist.** Ve s. : belle et noble jeune fille d'Alexandrie, Euphrosine refusa l'époux proposé par son père. Afin de lui échapper, elle se déguisa en homme et entra dans un monastère de religieux. Elle y resta 38 ans sans que son subterfuge fût découvert. Elle mourut vers 470, âgée de 56 ans • **S. Zod.** : Capricorne. • **Dérivé** : *Euphrosyne*.

Euphrosyne
▼
Fête : 1er janvier.
cf. *Euphrosine*

• **Myth.** : Euphrosyne était une des Grâces, jeunes filles compagnes d'Aphrodite, déesse grecque de la Beauté et de l'Amour.

Euriella, Eurielle
▼
Fête : 1er octobre. cf. *Urielle* ; *forme française du prénom breton.*

Europe
▼
Fête : 1er octobre. cf. *Urielle* ou 25 janvier. cf. *Eurosie*

• **Étym.** : mal définie • **Myth.** : fille du roi Agénor de Phénicie, Europe plut tellement à Zeus qu'il l'enleva et la posséda sous la forme d'un beau taureau blanc • **S. Zod.** : Balance ou Verseau.

Eurosie
▼
Fête : 25 janvier

• **Étym.** : du grec *rhodos* (rose)
• **Hist.** VIIIe s. : Eurosie avait été massacrée par les Sarrasins pour avoir refusé d'épouser un de leurs chefs. Elle est souvent invoquée contre le mauvais temps • **S. Zod.** : Verseau.

Euryalé
▼
Fête : 1er octobre. cf. *Urielle*

• **Myth.** : fille de Minos, roi de Crète, Euryalé épousa Poséidon, dieu des Océans. Elle eut pour fils Orion, le chasseur géant qui donna son nom à une constellation bien connue • **S. Zod.** : Balance.

Eurydice
▼
Fête : 10 novembre.
cf. *Nymphe*

• **Myth.** : nymphe des arbres, elle fut aimée d'Orphée, qui alla jusqu'aux Enfers pour la racheter à la Mort • **S. Zod.** : Scorpion.

Eusèbe
▼
Fête : 17 août

• **Étym.** : du grec *eusebé* (pieux)
• **Hist.** IVe s. : Eusèbe fut le successeur du pape saint Marcel. Banni de Rome par l'empereur Maxence, il mourut exilé en Sicile en 310 • **S. Zod.** : Lion.

Eusébia, Eusébianne
▼
Fête : 16 mars. cf. *Eusébie*

Eusébie
▼
Fête : 16 mars

• **Étym.** : du grec *eusebé* (pieux)

- **Hist.** VIIe s. : arrière-petite-fille de sainte Gertrude, elle succéda à cette dernière à la tête de l'abbaye de Hamage • **S. Zod.** : Poissons • **Dérivés** : *Eusébia, Eusébianne*.

Eustache
▼
Fête : 20 septembre
- **Étym.** : du grec *eustachus* (bel épi) • **Hist.** IIe s. : suivant la légende, Eustache, général romain converti, aurait été enfermé, avec quelques compagnons, dans un taureau de bronze chauffé à blanc pour avoir refusé de renier le Christ. Il est le patron des chasseurs • **S. Zod.** : Vierge.

Euveline
▼
Fête : 6 septembre. cf. *Eve*

Euxane, Auxane
▼
Fête : 3 septembre
- **Étym.** : du grec *euxenos* (hospitalier) • **Hist.** VIe s. : Euxane fut évêque de Milan de 557 à 558. Il mourut en 559. On ne sait rien d'autre à son sujet. Ce prénom est également usité au féminin • **S. Zod.** : Vierge.

Eva
▼
Fête : 6 septembre. cf. *Eve*

Evadné
▼
Fête : 6 septembre. cf. *Eve*

- **Myth.** : fille de Poséidon, dieu de la Mer, et de Pitané, la nymphe de Laconie, Evadné s'éprit d'Apollon et lui donna un fils, Iamos. Celui-ci devait devenir l'ancêtre de la grande famille des devins d'Olympie, les Iamides • **S. Zod.** : Vierge.

Evan
▼
Fête : 27 décembre. cf. *Jean*

Evandre
▼
Fête : 26 octobre. cf. *Evariste*

Evangéline
▼
Fête : 27 décembre. cf. *Jean*

Evariste
▼
Fête : 26 octobre
- **Étym.** : du latin *evagor* (s'étendre, se propager) • **Hist.** IIe s. : successeur du pape saint Clément, Evariste régna pendant 8 ans et mourut en 107 • **S. Zod.** : Scorpion.

Eve
▼
Fête : 6 septembre
- **Étym.** : nom biblique • **Hist.** : Eve fut martyrisée à une époque inconnue. Jusqu'à la Révolution, une église perpétuait son souvenir. Elle est la patronne de Dreux • **S. Zod.** : Vierge • **Dérivés** : *Euveline, Eva, Evelaine, Evelyne, Evette, Evita*.

Evelaine

Fête : 6 septembre. cf. *Eve* ; *forme médiévale du prénom.*

Evelle

Fête : 11 mai. cf. *Estella*

Evelyne

Fête : 6 septembre. cf. *Eve*

Evence

Fête : 18 mars

• **Étym.** : du latin *evans* assimilé à *eutrans* (cri rituel pendant les fêtes de Bacchus) • **Hist.** IIe s. : mis à part son nom, on ne connaît rien d'autre au sujet de ce martyr • **S. Zod.** : Poissons.

Everilda, Everilde

Fête : 9 juillet

• **Étym.** : du germain *ehre* (honneur), *hild* (combat) • **Hist.** VIIe s. : protégée de saint Wilfrid, cette jeune fille de noble origine fonda un monastère au voisinage de York (Angleterre) • **S. Zod.** : Cancer.

Evette

Fête : 6 septembre. cf. *Eve* ; *forme diminutive du prénom.*

Evrard

Fête : 24 octobre

• **Étym.** : du germain *ehre* (honneur), *hard* (hardi) • **Hist.** XIIe s. : après des études poussées chez les Bénédictins à Paris, Evrard fut nommé évêque de Salzbourg en 1146. Il y accomplit une grande œuvre de réorganisation de l'Église et mourut en 1164 • **S. Zod.** : Scorpion.

Ewald

Fête : 3 octobre

• **Étym.** : du germain *waldo* (qui gouverne) • **Hist.** VIIe s. : ces deux frères nommés l'un Ewald le blond, l'autre Ewald le brun se mettaient en route pour évangéliser l'Angleterre lorsqu'ils furent mis à mort par des païens hostiles vers 685 • **S. Zod.** : Balance.

Exupérance

Fête : 28 septembre. cf. *Exupère*

Exupère

Fête : 28 septembre

• **Étym.** : du latin *exuperare* (surpasser) • **Hist.** Ve s. : Exupère fut évêque de Toulouse et fit achever les travaux de la cathédrale Saint-Sernin • **S. Zod.** : Balance • **Dérivés** : *Exupérance, Exupéry*.

Exupéry

Fête : 28 septembre. cf. *Exupère*

Eystein

Fête : 26 janvier

• **Étym.** : du celtique *stein* (pierre) • **Hist.** : archevêque de Nidaros, en Norvège, Eystein passa une grande partie de sa vie à protéger son église contre les abus de pouvoir des laïcs hostiles • **S. Zod.** : Verseau.

Fabia

▼

Fête : 20 janvier. cf. *Fabien*
La gens Fabia était une famille célèbre à Rome.

Fabian, Fabiane

▼

Fête : 20 janvier. cf. *Fabien* ; *forme méridionale du prénom.*

Fabien

▼

Fête : 20 janvier
- **Étym.** : du latin *faba* (fève)
- **Hist.** IIIe s. : la *gens* Fabia était une famille romaine célèbre. En 236, successeur du pape Anthère, bien que laïc, Fabien fonda plusieurs églises à Rome. Après quatorze ans de pontificat, il figura parmi les premiers martyrs de la persécution de Dèce en 250 • **S. Zod.** : Verseau
- **Dérivés** : *Fabian, Fabienne*.

Fabienne

▼

Fête : 20 janvier. cf. *Fabien*

Fabiola

▼

Fête : 27 décembre
- **Étym.** : du latin *faba* (fève)
- **Hist.** IVe s. : aristocrate romaine, Fabiola divorça de son premier mari qui menait une vie par trop dissolue. Veuve de son second époux, elle consacra sa fortune à aider les pauvres et créa le premier hôpital d'Europe. En 394, elle se rendit auprès de saint Jérôme, ermite à Bethléem, où elle s'initia aux Écritures saintes. Elle mourut en 400 à Rome • **S. Zod.** : Capricorne.

Fabrice

▼

Fête : 22 août
- **Étym.** : du latin *faber* (artisan).
- **Hist.** : Fabrice aurait été martyrisé à Tolède, à une date inconnue. On ne connaît rien d'autre à son sujet • **S. Zod.** : Lion •
Dérivés : *Fabrizia, Fabriziane*.

Fabricien

▼

Fête : 22 août. cf. *Fabrice*

Fabrizia, Fabriziane
▼
Fête : 22 août. cf. *Fabrice*

Fadel, Faudel
▼
Fête suggérée : 24 avril.
cf. *Fidèle*
- **Étym.** : de l'arabe (digne) ; prénom illustré par le chanteur Faudel.

Fadilla
▼
Fête : 22 décembre.
cf. *Françoise*

Fadilla était un nom féminin porté à l'époque romaine.

Falkner, Faulkner
▼
Fête suggérée : 22 mai.
cf. *Foulques*
- **Étym.** : de l'anglo-saxon (le fauconnier) ; forme anglo-saxonne du prénom.

Fanch
▼
Fête : 4 octobre, ou 24 janvier ; *forme bretonne de François.*

Fanchette
▼
Fête : 22 décembre.
cf. *Françoise ; forme diminutive bourbonnaise du prénom.*

Fanchon
▼
Fête : 22 décembre.

cf. *Françoise ; forme normande du prénom.*

Fannie, Fanny
▼
Fête : 2 janvier. cf. *Stéphanie ; formes dérivées du prénom.*

Fantin
▼
Fête : 30 août
- **Étym.** : du latin *infans* (enfant)
- **Hist.** Xe s. : abbé d'un monastère grec de Calabre, Fantin effectua de nombreux voyages, avant de mourir à Thessalonique • **S. Zod.** : Vierge • **Dérivé** : *Fantine*.

Fantine
▼
Fête : 30 août. cf. *Fantin*

Farah, Fare
▼
Fête : 3 avril
- **Étym.** : du latin *far* (froment)
- **Hist.** VIIe s. : fille du comte Chagneric et sœur de saint Faron, chancelier de Dagobert Ier, Fare entra au couvent malgré le désaccord de son père. Celui-ci, plus tard, revenu de ses préventions, lui fit construire un couvent. Elle est invoquée contre les maux d'yeux • **S. Zod.** : Bélier.

Farida
▼
Fête suggérée : 3 avril.
cf. *Farah*

- **Étym.** : de l'arabe *farah* (la joie).

Fassila
▼
Fête suggérée :
6 décembre. cf. *Asella*
- **Étym.** : de l'arabe (perle rare).

Fata
▼
Fête : 4 janvier. cf. *Fausta*
- **Myth.** : Fata était la déesse romaine de la Destinée.

Fatima
▼
Fête : 15 août. cf. *Marie* ou 4 janvier. cf. *Fausta*
- **Hist.** XXe s. : village du Portugal où trois bergers auraient eu la vision de la Vierge • **S. Zod.** : Vierge.

Faula
▼
Fête : 4 janvier. cf. *Fausta*
- **Myth.** : Nom féminin de l'époque romaine illustré dans la mythologie par l'épouse de Faustulus, le berger qui avait découvert dans la tanière de la louve et recueilli les jumeaux Rémus et Romulus, fondateurs de Rome.

Fausta, Fauste
▼
Fête : 4 janvier
- **Étym.** : du latin *faustus* (heureux) • **Hist.** IVe s. : on ne sait que peu de chose à son propos sinon qu'elle fut une vierge martyrisée et honorée en Gascogne • **S. Zod.** : Capricorne • **Dérivés** : *Fata, Faula*.

Faustin
▼
Fête : 15 février
- **Étym.** : du latin *faustus* (heureux) • **Hist.** IIe s. : d'après la légende, Faustin et son frère Jovilé, membres de l'aristocratie de Brescia, auraient été martyrisés, au IIe siècle, dans cette ville dont ils sont devenus les saints patrons • **S. Zod.** : Verseau • **Dérivés** : *Faustina, Faustine*.

Faustina, Faustine
▼
Fête : 15 février. cf. *Faustin* ou 4 janvier. cf. *Fausta*

Faye
▼
Fête : 5 octobre. cf. *Fleur*
Prénom originaire du Massif central dérivant de *Fagus*, le hêtre.

Fébronie
▼
Fête : 25 juin
- **Étym.** : du latin *febris* (fièvre) • **Hist.** IVe s. : la tradition raconte que Fébronie aurait été une religieuse d'une très grande beauté, martyrisée en Mésopotamie • **S. Zod.** : Cancer.

Fédor
▼
Fête : 18 juillet. cf. *Frédéric*

Félicia, Féliciane
▼
Fête : 7 mars. cf. *Félicité*

Felicidad
▼
Fête : 7 mars. cf. *Félicité*

Félicie
▼
Fête : 7 mars. cf. *Félicité*

Félicien
▼
Fête : 9 juin

- **Étym.** : du latin *felix* (heureux)
- **Hist.** IIIᵉ s. : Félicien et son frère Prime furent arrêtés en 286 à Rome. Ayant refusé d'abjurer leur foi, ils furent horriblement torturés avant de mourir la tête tranchée • **S. Zod.** : Gémeaux • **Dérivé** : *Félicienne*.

Félicienne
▼
Fête : 9 juin. cf. *Félicien*

Félicité
▼
Fête : 23 novembre

- **Étym.** : du latin *felicitas* (chance) • **Hist.** IIIᵉ s. : on rattache à son martyre celui de sept autres chrétiens qu'on lui attribue, selon la tradition, comme fils ou comme frères. Le lien de parenté n'est pas formellement établi mais leurs existences respectives sont prouvées • **S. Zod.** : Scorpion • **Dérivés** : *Félicia, Féliciane, Felicidad, Félicie*.

Félix
▼
Fête : 12 février

- **Étym.** : du latin *felix* (heureux)
- **Hist.** IIIᵉ s. : il existe de nombreux saints Félix, dont les papes Félix Iᵉʳ, Félix II, Félix III, Félix IV. Mais celui dont on a le plus connaissance est Félix de Nole. Fils d'un riche fermier, il devint prêtre, refusa sa nomination à l'évêché et choisit de vivre en ermite en abandonnant ses revenus aux pauvres • **S. Zod.** : Verseau.

Fenella
▼
Fête : 18 août.
cf. *Nelly (Hélène)*

Ferdinand
▼
Fête : 30 mai

- **Étym.** : du germain *frei* (libre), *mann* (homme) • **Hist.** XIIᵉ-XIIIᵉ s. : né en 1198, fils d'Alphonse IX, roi de Léon, et de Bérengère de Castille, Ferdinand devint roi de Castille et d'Aragon par le jeu des successions. Il s'acharna contre les Arabes et fit avancer la Reconquista jusqu'à Cordoue et Séville. Il fonda en outre de nombreux monastères et l'université de Salamanque qui devait connaître, plus tard, un grand rayonnement. Il mourut en 1252 • **S. Zod.** : Gémeaux • **Dérivés** : *Fernand, Fernande*.

Fern

Fête : 30 mai. cf. *Fernand* ; *diminutif du prénom* ou
- **Étym.** : de l'anglais *fern* (fougère) ; prénom très en vogue en Angleterre.

Fernand, Fernande

Fête : 30 mai. cf. *Ferdinand*

Ferréol

Fête : 18 septembre
- **Étym.** : du latin *ferreola* (sorte de vigne) • **Hist.** IIIe s. : tribun militaire, il refusa d'exécuter des chrétiens. Arrêté, il déclara être lui-même chrétien et fut alors décapité pour l'exemple • **S. Zod.** : Vierge.

Fescenia

Fête : 11 décembre.
cf. *Fuscien*

Nom de femme porté à l'époque romaine.

Fiacre

Fête : 1er septembre
- **Étym.** : obscure • **Hist.** VIIe s. : missionnaire irlandais, Fiacre se fixa en Brie où il vécut en ermite. Sa réputation de sainteté devint telle qu'un petit noyau de disciples vint le rejoindre, ce qui l'amena à défricher et cultiver les terrains alentour afin de les faire vivre. Ainsi naquit la petite bourgade de Saint-Fiacre-en-Brie. Fiacre est le patron des maraîchers et des bonnetiers. Il est invoqué de plus pour la guérison des hémorroïdes • **S. Zod.** : Vierge.

Fidèle

Fête : 24 avril
- **Étym.** : du latin *fidus* (fidèle)
- **Hist.** XVIe-XVIIe s. : né en 1577, en Souabe, Fidèle était avocat à Colmar lorsqu'il décida d'entrer chez les Capucins sous le nom de Fidèle. En 1622, il partit évangéliser la contrée des Grisons gagnée à l'hérésie zwinglienne mais il mourut assassiné par les hérétiques la même année • **S. Zod.** : Taureau • **Dérivés** : *Fidélia, Fidéline, Fidélio*.

Fidélia, Fidéline

Fête : 24 avril. cf. *Fidèle*

Fidélio

Fête : 24 avril. cf. *Fidèle*

Finch

Fête : 12 décembre.
cf. *Finnian* ; *forme dérivée du prénom*.

Prénom de l'un des héros de l'écrivain canadien Mazo de La Roche dans sa saga *Jalna*.

Fine, Fina

Fête : 12 mars

- **Étym.** : du latin *seraphin* (ange)
- **Hist.** XIIIᵉ s. : paralysée toute sa vie, Fine, jeune Toscane, fit preuve d'un courage et d'un renoncement qui stupéfièrent tout son entourage. Elle mourut en 1253 et l'on raconte que des fleurs blanches poussèrent sur sa couche
- **S. Zod.** : Poissons • **Dérivé** : *Finette*.

Finette
▼
Fête : 12 mars. cf. *Fine*

Finlay, Finley
▼
Fête : 12 décembre. cf. *Finnian*
- **Étym.** : du gaélique (fidèle guerrier) ; nom écossais devenu prénom.

Finnian
▼
Fête : 12 décembre
- **Étym.** : du celtique *nin* (élévation) • **Hist.** VIᵉ s. : évêque de Clonard, en Irlande, Finnian est connu pour avoir fondé de nombreuses églises, écoles et couvents dans ce pays • **S. Zod.** : Sagittaire.

Fiona
▼
Fête : 1ᵉʳ août. cf. *Foy*

Firmaine, Firmiane
▼
Fête : 11 octobre. cf. *Firmin*

Firmin
▼
Fête : 11 octobre
- **Étym.** : du latin *firmus* (solide)
- **Hist.** VIᵉ s. : troisième évêque d'Uzès, Firmin avait le don d'évangéliser les petites gens. Il mourut vers 553 • **S. Zod.** : Balance • **Dérivés** : *Firmaine, Firmiane, Firminie*.

Firminie
▼
Fête : 11 octobre. cf. *Firmin*

Fitzgerald
▼
Fête : 13 mars. cf. *Gérald*
- **Étym.** : de l'anglo-saxon (fils de Gérald) ; deuxième prénom du président des États-Unis John Fitzgerald Kennedy.

Flaminia
▼
Fête : 2 mai
- **Étym.** : du latin *flamen* (prêtre romain) • **Hist.** IVᵉ s. : Flaminia fut une vierge martyrisée sous Dioclétien. Ses reliques furent déposées près de Clermont. Elle est invoquée contre les maux d'yeux • **S. Zod.** : Taureau.

Flavia
▼
Fête : 18 février. cf. *Flavien*

Flavian, Flaviane
▼
Fête : 18 février. cf. *Flavien* ; *forme méridionale du prénom.*

Flavie
▼
Fête : 18 février. cf. *Flavien*

Flavien
▼
Fête : 18 février
• **Étym.** : du latin *flavus* (blond). Les Flavius étaient une *gens* (famille) importante à Rome • **Hist.** Ve s. : patriarche de Constantinople, Flavien s'opposa lors du concile d'Ephèse à ceux qui réfutaient la Vierge (monophysites). L'issue du concile tourna mal puisque Flavien fut roué de coups et qu'il en mourut peu après, en 449 • **S. Zod.** : Verseau • **Dérivés** : *Flavia, Flavian, Flaviane, Flavie, Flavière.*

Flavière
▼
Fête : 18 février. cf. *Flavien*

Fleur
▼
Fête : 5 octobre
• **Étym.** : du latin *flos* (fleur) • **Hist.** XIVe s. : née dans le Cantal, vers 1300, Fleur entra au couvent à l'âge de quatorze ans, à Beaulieu (Quercy) où elle soigna les malades. Elle fut en butte aux tentations du démon mais elle les surmonta grâce à des visions mystiques • **S. Zod.** : Balance • **Dérivés** : *tous les prénoms de fleurs ou de végétaux.*

Fleuret, Fleurette
▼
Fête : 4 novembre. cf. *Flour*

Floibert, Flobert
▼
Fête : 19 avril
• **Étym.** : du germain *falc* (faucon), *berht* (brillant) • **Hist.** VIIe s. : Floibert ou Flobert fut abbé de deux monastères simultanément, Saint-Pierre et Saint-Beuvon de Gand. Il parcourait en même temps la région afin d'évangéliser les Belges païens. Il mourut en 657 à l'abbaye de Saint-Pierre • **S. Zod.** : Bélier.

Flora, Flore
▼
Fête : 24 novembre
• **Étym.** : du latin *flos* (fleur) • **Hist.** IXe s. : Flora fut martyrisée en compagnie de son amie Auria Olaria à Cordoue lors des persécutions contre les chrétiens, ordonnées par le calife, Abder Ramman, en 850 • **S. Zod.** : Sagittaire • **Dérivé** : *Floraine.*

Floraine
▼
Fête : 24 novembre. cf. *Flora* ou 1er mai. cf. *Florine*

Florence
▼
Fête : 1er décembre
• **Étym.** : du latin *florens* (en fleur) • **Hist.** IVe s. : d'après Fortunat, évêque de Poitiers, saint Hilaire revint d'exil en Asie mineure, ac-

compagné d'une jeune fille florentine, qu'il aurait convertie et que l'on nomma Florentia. Elle vécut le restant de ses jours recluse à Combes (Celle-Levescault), dans la Vienne, et y serait morte en 360 • **S. Zod.** : Sagittaire.

Florent
▼
Fête : 4 juillet

• **Étym.** : du latin *florens* (en fleur, fleurissant) • **Hist.** IVe s. : premier évêque de Cahors, il exerça un apostolat efficace d'évangélisation et d'aide aux déshérités • **S. Zod.** : Cancer.

Florentia
▼
Fête : 1er décembre.
cf. *Florence*

Florentin
▼
Fête : 24 octobre

• **Étym.** : du latin *floretum* (jardin de fleurs) • **Hist.** V[e]-VIe s. : formé à la vie religieuse par saint Césaire, Florentin devint le premier abbé du monastère des Saints-Apôtres, fondé par Aurélien, à Arles. On le surnomma le bon abbé. Il mourut en 553 • **S. Zod.** : Scorpion • **Dérivés** : *Florentina, Florentine, Florestan.*

Florentina, Florentine
▼
Fête : 24 octobre.
cf. *Florentin*

Florestan
▼
Fête : 24 octobre.
cf. *Florentin*

Florette
▼
Fête : 24 novembre. cf. *Flora*

Florian
▼
Fête : 4 mai

• **Étym.** : du latin *florus* (fleuri) • **Hist.** IVe s. : officier de l'armée romaine, Florian fut jeté dans l'Enns, une pierre au cou, pour avoir refusé d'abjurer sa foi. Il est invoqué contre les catastrophes causées par l'eau et le feu • **S. Zod.** : Taureau • **Dérivés** : *Floriane, Floriana.*

Floriana, Floriane
▼
Fête : 4 mai. cf. *Florian*

Floribert
▼
Fête : 27 avril

• **Étym.** : du latin germanisé *flori* (fleur), *berth* (brillant) • **Hist.** VIIIe s. : fils de saint Hubert, Floribert succéda à son père sur le trône épiscopal de Liège. Il mourut en 746 • **S. Zod.** : Taureau.

Florida, Floride
▼
Fête : 24 novembre. cf. *Flora* ou 1er mai cf. *Florine*

Florine
▼
Fête : 1er mai
- **Étym.** : du latin *florus* (fleuri)
- **Hist.** IVe s. : afin d'échapper aux invasions alamanes, Florine s'enfuit de Gascogne et se réfugia dans une vallée du Puy-de-Dôme qui porta son nom par la suite • **S. Zod.** : Taureau • **Dérivé** : *Floraine*.

Flour
▼
Fête : 4 novembre
- **Étym.** : du latin *florus* (fleuri)
- **Hist.** 1er s. : la légende en fait un disciple du Christ qui aurait vécu au 1er siècle. Il est vénéré à Saint-Flour depuis le Xe siècle • **S. Zod.** : Scorpion.

Floréannan
▼
Fête : 30 avril
- **Étym.** : obscure • **Hist.** Xe s. : évêque irlandais, Floréannan partit avec quelques compagnons pour fonder un monastère à Maulsort (Meuse), dont il fut le premier abbé • **S. Zod.** : Taureau.

Forester, Forest, Forrest
▼
Fête suggérée : 30 avril.
cf. *Floréannan*
- **Étym.** : du germain *forester* (le forestier) ; prénom illustré par le héros du film *Forrest Gump*.

Fortunat
▼
Fête : 27 avril
- **Étym.** : du latin germanisé *flori* (fleur) • **Hist.** IIIe s. : aidé d'un diacre, Achille, et d'un prêtre, Félix, Fortunat partit sur les ordres de l'évêque de Lyon évangéliser la ville de Valence. Mais, en 212, ils moururent décapités tous trois lors des persécutions de l'empereur Caracalla • **S. Zod.** : Taureau • **Dérivés** : *Fortunata, Fortuné*.

Fortunata
▼
Fête : 23 avril. cf. *Fortunat*

Fortuné, Fortunée
▼
Fête : 23 avril. cf. *Fortunat*

Fougère
▼
Fête : 2 septembre
- **Étym.** : du latin *filix, filicis* (fougère) • **Hist.** XVIIIe s. : Philibert Fougère appartenait aux membres du clergé qui furent mis à mort lors des massacres de septembre en 1792. Ce prénom peut être usité au féminin • **S. Zod.** : Vierge.

Foulques
▼
Fête : 22 mai
- **Étym.** : du germain *folc* (peuple) ou *falc* (faucon). Ces deux étymologies sont à retenir, une confusion de ces racines ayant

été faite dès l'origine du nom • **Hist.** XIIe s. : né en Angleterre, Foulques se rendit en pèlerinage à Jérusalem puis se fixa en Apulie (Italie) où il demeura le restant de ses jours, se livrant à la prière et au soin des malades • **S. Zod.** : Gémeaux.

Foy
▼
Fête : 1er août. cf. *Sophie, Espérance, Charité*

Franca
▼
Fête : 26 avril
• **Étym.** : du latin *Franci* (les Francs) • **Hist.** XIIIe s. : née en 1172, d'une noble famille, Franca devint abbesse du couvent bénédictin de Saint-Cyr à Plaisance (Italie). On la renvoya, l'accusant d'avoir trop fait de réformes. Mais, plus tard, elle prit sa revanche en dirigeant de main de maître le couvent cistercien de Montelana • **S. Zod.** : Taureau.

France
▼
Fête : 22 décembre.
cf. *Françoise* ; *forme occitane du prénom.*

Francelin
▼
Fête : 4 octobre.
cf. *François d'Assise*
ou 24 janvier.
cf. *François de Sales*

Franceline
▼
Fête : 22 décembre.
cf. *Françoise*

Frances
▼
Fête : 22 décembre.
cf. *Françoise* ; *forme méridionale du prénom.*

Francette
▼
Fête : 22 décembre.
cf. *Françoise* ; *forme diminutive du prénom.*

Franciane
▼
Fête : 22 décembre.
cf. *Françoise*

Francine
▼
Fête : 22 décembre.
cf. *Françoise* ; *forme méridionale du prénom.*

Francis
▼
Fête : 4 octobre
ou 24 janvier. cf. *François* ; *forme méridionale du prénom.*

Francisca
▼
Fête : 22 décembre.
cf. *Françoise*

Francisque

Fête : 22 décembre.
cf. *Françoise*

François d'Assise

Fête : 4 octobre

• **Étym.** : du latin *Franci* (les Francs) • **Hist.** XIIᵉ-XIIIᵉ s. : prénommé ainsi en raison des voyages fréquents en France qu'effectuait son père, marchand drapier, François, né en 1182, abandonna sa vie facile à 25 ans et décida de servir Dieu dans la pauvreté. Prêcheur, il se refusa à former un ordre, mais il édicta une petite règle pour les compagnons qui le suivaient. Le nombre de ses disciples s'étant accru, l'ordre franciscain dut s'organiser mais garda toujours les consignes de pauvreté et de simplicité. En 1224, brisé par la maladie, François reçut une visitation du Christ qui lui laissa des stigmates jusqu'à sa mort en 1226. Simple et généreux, il donna à l'Église une nouvelle forme de vie religieuse plus simple et plus vraie • **S. Zod.** : Balance • **Dérivés** : *Francelin, Francis, Franck, Fanch, Franckie, Fransez, Frantz, Franz.*

François de Sales

Fête : 24 janvier

• **Étym.** : du latin *Franci* (les Francs) • **Hist.** XVIᵉ-XVIIᵉ s. : fils du marquis de Sales, François fit ses études d'abord à Annecy, puis à Paris. En 1592, il refusa le mariage préparé par son père et embrassa la carrière ecclésiastique. En 1594, il lutta contre les protestants du Valais suisse avec un succès mitigé. En 1609, il publia *L'Introduction à la vie dévote*, afin de montrer aux chrétiens le chemin de la vertu. Aidé par sainte Jeanne de Chantal, il fonda l'ordre de la Visitation. Il prêcha un peu partout et réforma les modes de prédication. Épuisé, il mourut après un prêche en Avignon en 1622. Il est le patron d'Annecy et de Chambéry, ainsi que celui des sourds-muets • **S. Zod.** : Verseau • **Dérivés** : *Francelin, Francis, Franck, Fanch, Franckie, Fransez, Franz.*

François-Xavier

Fête : 3 décembre

• **Étym.** : du latin *Franci* (les Francs) • **Hist.** XVIᵉ s. : né en 1506 en Espagne, il fut disciple d'Ignace de Loyola et membre de la compagnie de Jésus. Il effectua de nombreux voyages pour évangéliser les païens et vécut toute sa vie dans une pauvreté extrême.

Françoise

Fête : 22 décembre

• **Étym.** : du latin *Franci* (les Francs) • **Hist.** XIXᵉ-XXᵉ s. : née en 1850 d'une famille italienne très catholique, Françoise fut très tôt attirée par la vie religieuse. Elle brûlait notamment de rejoindre les missions en Chine. Le sort en décida autrement puisque, trop frêle, on la refusa. Elle fonda alors, avec quelques compagnes, les Sœurs missionnaires du Sacré-Cœur, une congrégation qui essaima un peu partout et qu'elle dirigea fermement. En 1887, sur l'instance de Scalabrina, préposé aux problèmes des immigrants italiens aux États-Unis, elle partit en Amérique et y fonda des écoles et des institutions charitables. Parallèlement, elle s'occupa des prisonniers de Sing-Sing. Épuisée, elle mourut en 1917. Elle est dorénavant une sainte américaine puisqu'elle fut naturalisée en 1909 • **S. Zod.** : Sagittaire • **Dérivés** : *France, Franceline, Francette, Franciane, Francine, Francisca, Francisque, Franseza (forme bretonne).*

Frank, Franck, Franckie
▼
Fête : 4 octobre ou 24 janvier. cf. *François*

Franklin
▼
Fête : 24 janvier. cf. *François*
Prénom usité à partir du XVIIIe siècle tiré du patronyme de Benjamin Franklin.

Franz, Frantz
▼
Fête : 24 janvier ou 4 octobre. cf. *François* ; *formes alsaciennes et lorraines du prénom.*

Fransez
▼
Fête : 4 octobre ou 24 janvier. cf. *François* ; *forme bretonne du prénom.*

Franseza
▼
Fête : 22 décembre.
cf. *Françoise* ; *forme bretonne du prénom.*

Fred, Freddy, Freddie
▼
Fête : 18 juillet. cf. *Frédéric*

Frédégonde
▼
Fête : 18 juillet. cf. *Frédéric*
• **Étym.** : du germain *frido* (paix), *gund* (guerre). Forme féminine dérivée de Frédéric.

Frédéric
▼
Fête : 18 juillet
• **Étym.** : du germain *frido* (paix), *rik* (roi ou puissant) • **Hist.** IXe s. : évêque d'Utrecht, Frédéric dénonça toute sa vie l'existence dissolue des grands seigneurs en général et de l'impératrice Judith, épouse de Louis le Pieux en particulier. Son assassinat en 838 fut, sans aucun doute, le fait de ceux qu'il avait sans cesse fustigés • **S. Zod.** : Cancer • **Dérivés** : *Fred, Freddie, Freddy, Frédégonde, Frédérika, Frédérique, Frédrich, Frida.*

Frédérika, Frédérique, Frédo

Fête : 18 juillet. cf. *Frédéric*

Frédrich

Fête : 18 juillet. cf. *Frédéric* ; *forme alsacienne du prénom.*

Frida

Fête : 8 février. cf. *Elfleda* ou 18 juillet. cf. *Frédéric*

Frideswide

Fête : 19 octobre

- **Étym.** : du germain *frido* (paix), *waldo* (qui gouverne) • **Hist.** VIIIe s. : selon la tradition, Frideswide, jeune fille d'une grande beauté, était poursuivie sans relâche par un roi qui voulait l'enlever. Elle implora sainte Catherine qui frappa le prétendant de cécité. Frideswide se retira alors dans un couvent des alentours d'Oxford où elle mourut vers 735 • **S. Zod.** : Balance.

Frudestan, Fridestan

Fête : 9 avril

- **Étym.** : du germain *frido* (paix), *Ans* (divinité teutonne) • **Hist.** IXe-Xe s. : évêque de Winchester en Angleterre, pendant 20 ans. Sa sainteté fut établie très rapidement par ses contemporains qui le vénéraient déjà comme un bienheureux. Il mourut en 933
- **S. Zod.** : Bélier.

Frumence

Fête : 27 octobre

- **Étym.** : du latin *frumentum* (blé) • **Hist.** IVe s. : évêque d'Axoum, Frumence fut un des premiers à évangéliser l'Éthiopie
- **S. Zod.** : Scorpion.

Fulbert

Fête : 10 avril

- **Étym.** : du germain *full* (abondance), *berht* (brillant) • **Hist.** Xe-XIe s. : chancelier de Chartres, Fulbert développa les écoles adjointes à la cathédrale. Ces écoles connurent une grande renommée pour l'enseignement diversifié qu'on y donnait. En 1007, il devint évêque de Chartres. En 1020, la cathédrale ayant brûlé, Fulbert établit des plans pour sa reconstruction et la consacra à Notre-Dame. Il mourut à Chartres en 1029
- **S. Zod.** : Bélier.

Fulcran

Fête : 13 février

- **Étym.** : du germain *full* (abondance), *Ans* (divinité teutonne) • **Hist.** Xe-XIe s. : né à Lodève et ordonné prêtre, Fulcran refusa d'être évêque. Il se cacha même, mais découvert, il fut sacré de force en 949. Il passa sa vie à parcourir son diocèse pour aider les pauvres et mourut en 1006 • **S. Zod.** : Verseau.

Fulgence

Fête : 1er janvier

• **Étym.** : du latin *fulgens* (étincelant) • **Hist.** Ve-VIe s. : receveur général des impôts de la Byzacène (Grèce), Fulgence abandonna ses biens pour devenir moine. Il combattit l'arianisme et écrivit une réfutation de cette hérésie. Évêque de Ruspe (Tunisie), il mourut en 533 dans son diocèse • **S. Zod.** : Capricorne.

Fulrad

Fête : 16 juillet

• **Étym.** : du germain *full* (abondance), *ragin* (conseil) • **Hist.** VIIIe s. : originaire d'Alsace, Fulrad devint abbé de Saint-Denis et assista au couronnement de Pépin le Bref en 752. Il fut plus tard son intermédiaire avec le pape • **S. Zod.** : Cancer.

Fursy

Fête : 16 janvier

• **Étym.** : du germain *Fürst* (prince) • **Hist.** VIe-VIIe s. : né à Munster, Fursy fut l'élève de saint Brendan et fonda de nombreux monastères. Il prêcha en Irlande, en Angleterre puis en France où il fonda l'abbaye de Lagny. Il s'éteignit à Pérouse en 649 • **S. Zod.** : Capricorne.

Fusciana, Fusciane

Fête : 11 décembre.
cf. *Fuscien*

Fuscien

Fête : 11 décembre

• **Étym.** : du latin *fuscus* (noir, sombre) • **Hist.** IVe s. : missionnaire romain, Fuscien aurait été martyrisé par Rictiovar au IVe siècle • **S. Zod.** : Sagittaire • **Dérivés** : *Fescenia, Fusciana, Fusciane, Fuscienne*.

Fuscienne

Fête : 11 décembre.
cf. *Fuscien*

Fulvia, Fulvie

Fête : 1er janvier. cf. *Fulgence*
• **Hist.** : Nom féminin de l'époque romaine porté par l'épouse de Marc Antoine.

G

Gabia, Gabiane
Fête : 19 février. cf. *Gabin*

Gabie
Fête : 19 février. cf. *Gabin*

Gabien
Fête : 19 février. cf. *Gabin*

Gabin
Fête : 19 février
• **Étym.** : du latin *Gabies*, ville du Latium (Italie). *Gabinia* était le nom d'une famille romaine originaire probablement de cette ville • **Hist.** IIIe s. : sénateur et père de sainte Suzanne, Gabin se fit religieux à la mort de sa femme. Arrêté et incarcéré avec sa fille, il se laissa mourir de faim après le martyre de Suzanne, en 296. • **S. Zod.** : Verseau • **Dérivés** : *Gabia, Gabiane, Gabie, Gabien, Gabinia, Gabinien, Gabinienne.*

Gabinia
Fête : 19 février. cf. *Gabin*

La *gens Gabinia* était une grande famille de Rome.

Gabinien, Gabinienne
Fête : 19 février. cf. *Gabin*

Gabriel
Fête : 27 février
• **Étym.** : de l'hébreu (force de Dieu) • **Hist.** XIXe s. : né en 1838 à Spolète, Gabriel entra chez les frères passionnistes à vingt ans. Il mourut quatre ans plus tard en 1862. Il est le patron des novices et des séminaires • **S. Zod.** : Poissons • **Dérivés** : *Gabriela, Gabriella, Gabrielle, Gaby.*

Gabriela, Gabriella, Gabrielle
Fête : 27 février. cf. *Gabriel*

Gaby
Fête : 27 février. cf. *Gabriel* ; *forme populaire du prénom.*

Gaël, Gaëla, Gaëlla, Gaëlle

Fête : 17 décembre.
cf. *Judicaël*

Le vocable Gaël est sans doute une forme hypocoristique de Judicaël.

Gaelig

Fête : 17 décembre.
cf. *Judicaël*

Gaétan

Fête : 7 août

• **Étym.** : natif de la ville de Gaëte (Italie) • **Hist.** XVe-XVIe s. : né en 1480, en Vénétie, fils du comte de Thienne, Gaétan, après de bonnes études, se fit prêtre en 1516. Il se consacra pendant un temps aux pauvres et aux malades incurables puis, en 1524, aidé de son ami Jean-Paul Caraffa, celui-là même qui deviendra Paul IV, pape de l'Inquisition, il créa l'ordre des Théatins, une congrégation remarquable par son observance de la stricte pauvreté et de l'aide aux pauvres. Le côté pastoral ne fut pas non plus négligé car Gaétan fut un prédicateur infatigable. Cet ordre contribua à restaurer le prestige de l'Église catholique italienne du XVIe siècle qui en avait bien besoin, tant elle était décriée. Gaétan mourut à Naples en 1547 après avoir dû s'exiler lors du sac de Rome en 1527 • **S. Zod.** : Lion
• **Dérivés** : *Gaétane, Gaétana*.

Gaétana, Gaétane

Fête : 7 août. cf. *Gaétan*

Gaïa

Fête : 22 septembre.
cf. *Gaïane*

• **Étym.** : du grec *Gaïa* (la Terre)
• **Myth.** : Gaïa fut la première créature à naître du chaos. Elle représentait la Terre mère. Inspiratrice des songes prémonitoires, elle veillait également à l'application des serments • **S. Zod.** : Vierge.

Gaïane

Fête : 22 septembre

• **Étym.** : du grec *Gaïa* (la Terre)
• **Hist.** IIIe-IVe s. : Gaïane appartenait à une communauté romaine de vierges consacrées à l'Église arménienne. Or, l'empereur Dioclétien s'énamoura de l'une d'entre elles : Ripsine. Afin de lui échapper, elles s'enfuirent toutes ensemble. Mais rattrapées, elles furent mises à mort sur l'ordre de l'empereur en 312 • **S. Zod.** : Vierge • **Dérivés** : *Gaïa, Gaïétana*.

Gaïétana

Fête : 7 août. cf. *Gaétan* ou 22 septembre. cf. *Gaïane*

Gail

Fête : 17 décembre.
cf. *Judicaël* ; *dérivation normande du prénom.*

Gaillarde

Fête : 5 octobre. cf. *Fleur*
Plante qui forme de larges touffes dans des coloris de jaune et d'orangé. Ce prénom était porté au Moyen Âge • **S. Zod. :** Balance.

Gala

Fête : 5 octobre. cf. *Galla*
Prénom illustré par la veuve de Salvador Dali.

Galactoire

Fête : 27 juillet
• **Étym. :** du latin *galactites* (pierre précieuse) • **Hist. :** évêque de Lescar (Béarn), il fut tué par les Wisigoths au moment où il conduisait ses diocésains au secours des Francs • **S. Zod. :** Lion.

Galane

Fête : 5 octobre.
cf. *Fleur* et *Galla*
Plante vivace pouvant atteindre un mètre de haut. Elle fleurit en longues grappes roses, rouges ou blanches, de juin à septembre • **S. Zod. :** Balance.

Galatée

Fête : 5 octobre. cf. *Galla*
• **Étym. :** du grec *gala* (lait)
• **Myth. :** fille de Nérée (divinité marine) et de Doris (fille de l'Océan), son nom évoque la blancheur du lait. Aimée du cyclope Polyphème, elle lui préférait toutefois le bel Acis. Fou de jalousie, Polyphème écrasa Acis sous un rocher. Galatée en fit alors jaillir une source, faisant ainsi d'Acis le dieu des cours d'eau • **S. Zod. :** Balance
• **Dérivé :** *Galéata*.

Galéata

Fête : 5 octobre.
cf. *Galla* et *Galatée*

Galeran

Fête : 27 février. cf. *Galmier*
Prénom médiéval formé des racines germaniques *wald* (qui gouverne), *hramm* (corbeau).

Galia, Gallia

Fête : 5 octobre. cf. *Galla*
Prénom féminin porté à l'époque romaine.

Gall

Fête : 16 octobre
• **Étym. :** du celtique *gal* (bravoure) • **Hist.** VIIe s. : né en Irlande, Gall fut un des disciples de saint Colomban. Il le suivit

dans ses pérégrinations dans l'est de la France et l'aida à fonder de nombreux monastères. Il alla ensuite évangéliser la Suisse et y créa une abbaye à partir de laquelle se développa la ville de Saint-Gall. Ce monastère eut une très grande influence culturelle au Moyen Âge. Gall y mourut vers 646 • **S. Zod.** : Balance.

Galla

Fête : 5 octobre

• **Étym.** : du latin *Galli* (les Gaulois) • **Hist.** VIe s. : on avait prédit à Galla, riche veuve patricienne de Rome, que, si elle refusait de se remarier, une longue barbe lui pousserait au visage. Bravant cet interdit, elle persévéra dans sa vocation religieuse, entra au couvent et mourut dans les années 550 • **S. Zod.** : Balance • **Dérivés** : *Gala, Galatée, Galéata, Galia, Gallia, Galliane, Gallien, Gallienne, Gellia, Gelliane.*

Galliane

Fête : 5 octobre. cf. *Galla*

Gallien, Gallienne

Fête : 5 octobre. cf. *Galla*

Un empereur romain porta le nom de Gallien.

Galmier

Fête : 27 février

• **Étym.** : déformation successive du germain *waltari* : *wald* (qui gouverne), *heri* (armée), Walther ; Galmier ; Gauthier • **Hist.** VIIe s. : on ne sait si son existence est authentique ; la tradition rapporte que, serrurier à Lyon, il aurait tout abandonné pour entrer en religion au monastère de Saint-Just. Il n'y aurait accepté que des fonctions subalternes et y serait mort en 650. On le tient pour le patron des serruriers • **S. Zod.** : Poissons • **Dérivés** : *Galmiéra, Galmière.*

Galmiéra, Galmière

Fête : 27 février. cf. *Galmier*

Ganet

Fête : 30 octobre. cf. *Gérard* ; *forme saxonne du prénom.*

Gareth, Garth, Gary, Garry

Fête : 11 août. cf. *Gery* ; *formes dérivées anglo-saxonnes du prénom.*

Gaspar, Gaspard

Fête : 2 janvier

• **Étym.** : du germain *gast* (hôte), *hard* (hardi) • **Hist.** XVIIIe-XIXe s. : né à Rome en 1786, Gaspard devint prêtre en 1808. Tenu à l'écart un certain temps pour avoir refusé de prêter serment à Napoléon, il fonda, à la chute de ce dernier, la « congrégation du précieux sang », s'occupant avant tout de l'évangélisation des milieux populaires. Il mourut à Alabano en 1836 • **S. Zod.** : Capricorne • **Dérivés** : *Gasparde, Gaspardine, Gasper, Kasper*.

Gasparde, Gaspardine
▼
Fête : 2 janvier. cf. *Gaspard*

Gaston, Waast
▼
Fête : 6 février
• **Étym.** : du germain *gast* (hôte) • **Hist.** VIᵉ s. : né en Périgord, Gaston mena une vie retirée en Lorraine avant d'être prêtre à Toul. Il aida Clovis à faire son instruction religieuse et fut rattaché à l'église de Reims puis sacré évêque d'Arras par saint Remi. Il lutta contre le paganisme encore vivace dans son diocèse, et mourut en 540 • **S. Zod.** : Verseau.

Gatiane
▼
Fête : 18 décembre.
cf. *Gatien*

Gatien
▼
Fête : 18 décembre
• **Étym.** : du latin *gates* (nom d'une peuplade de l'Aquitaine) • **Hist.** IIIᵉ s. : envoyé de Rome pour évangéliser la Touraine, Gatien aurait été le premier évêque de Tours et aurait lutté contre le druidisme et le paganisme romain. On ne sait rien d'autre à son propos • **S. Zod.** : Sagittaire • **Dérivés** : *Gatiane, Gatienne*.

Gatienne
▼
Fête : 18 décembre.
cf. *Gatien*

Gaubert
▼
Fête : 2 mai
• **Étym.** : du germain *waldo* (qui gouverne), *berht* (brillant). Déformation de Waldobert ; Walbert ; Gaubert • **Hist.** VIIᵉ s. : troisième abbé du monastère de Luxeuil fondé par saint Colomban, Gaubert adopta la règle de saint Benoît, délaissant celle du fondateur • **S. Zod.** : Taureau.

Gaucher
▼
Fête : 9 avril
• **Étym.** : du germain *waldo* (qui gouverne), *heri* (armée) • **Hist.** XIIᵉ s. : né à Meulan, il mena tout d'abord une vie érémitique avant de fonder une petite abbaye à Chavagnac dans le Limousin. Il y mourut d'une chute de cheval en 1140 • **S. Zod.** : Bélier.

Gaud
▼
Fête : 16 octobre.
cf. *Gauderic*

Gaudence

Fête : 25 octobre

• **Étym.** : du latin *gaudere* (se réjouir) • **Hist.** Ve s. : évêque de Brescia vers 387, Gaudence fut dépêché par le pape à Constantinople pour défendre saint Jean Chrysostome. Ce dernier s'était, en effet, attiré de graves ennuis en dénonçant les abus des grands et de la cour. Gaudence mourut vers 410 • **S. Zod.** : Scorpion • **Dérivés** : *Gaudens, Gaudencia, Gaudentia*.

Gaudencia

Fête : 25 octobre.
cf. *Gaudence*

Gaudens

Fête : 25 octobre.
cf. *Gaudence*

Gaudentia

Fête : 25 octobre.
cf. *Gaudence* ; *forme méridionale du prénom.*

Gauderic

Fête : 16 octobre

• **Étym.** : du germain *waldo* (qui gouverne), *rik* (roi ou puissant) • **Hist.** Xe s. : agriculteur du Mirepoix, Gauderic mena une vie droite et austère et mourut vers 900. Son village prit son nom quelques décennies plus tard. On l'invoque dans le Roussillon pour obtenir la pluie ou le beau temps • **S. Zod.** : Balance • **Dérivés** : *Gauderice, Gauderika, Gaudry*.

Gauderice

Fête : 16 octobre.
cf. *Gauderic*

Gauderika

Fête : 16 octobre.
cf. *Gauderic*

Gaudry

Fête : 16 octobre.
cf. *Gauderic*

On ne connaît pas de saint Gaudry, mais un évêque de Lyon au VIIe siècle porta ce prénom • **S. Zod.** : Balance.

Gauthier

Fête : 9 avril

• **Étym.** : du germain *waldo* (qui gouverne), *heri* (armée) • **Hist.** XIe s. : né en Picardie, Gauthier fit de longues études avant d'entrer à l'abbaye de Rebais près de Meaux. Devenu abbé du monastère de Saint-Martin à Pontoise, il s'en échappa plusieurs fois, aspirant à une vie plus solitaire. Mais il fut rattrapé à chaque tentative. Il mourut à l'abbaye en 1099. Son tombeau est censé être à la source de multiples miracles et guérisons • **S. Zod.** : Bélier • **Dérivés :** *Walther, Walter*.

Gautier
▼
Fête : 9 avril. cf. *Gauthier*

Gauvain
▼
Fête : 9 avril. cf. *Gauthier*
Un des Chevaliers de la Table ronde illustra ce prénom.

Gaylor
▼
Fête : 16 octobre. cf. *Gall*
• **Étym. :** du français *gaillard*.

Gaynor
▼
Fête : 3 janvier. cf. *Geneviève* ; *forme médiévale anglo-saxonne du prénom dans son acception ancienne Guenièvre*

Geilana
▼
Fête : 5 octobre. cf. *Fleur* ; *dérivé de Nigelle*.

Gellia, Gelliane
▼
Fête : 5 octobre. cf. *Galla*
Gellia fut un nom féminin porté à l'époque romaine.

Gemma
▼
Fête : 11 avril
• **Étym. :** du latin *gemma* (pierre précieuse) • **Hist.** XIXᵉ s. : née en Toscane, en 1878, Gemma souffrait de tuberculose des os ; aussi ne put-elle jamais, malgré sa vocation, entrer au couvent. Elle présenta cependant, dès 1899, des stigmates qui apparaissaient sur son corps du jeudi soir au vendredi à quinze heures pour s'effacer totalement après. Ces signes furent étudiés le plus sérieusement possible par des professeurs, des biologistes, des théologiens qui ne purent les nier. Gemma mourut en 1903, minée par la maladie, à l'âge de 25 ans • **S. Zod.** : Bélier • **Dérivé :** *Gemmie*.

Gemmie
▼
Fête : 11 avril. cf. *Gemma*

Gence
▼
Fête : 11 décembre.
cf. *Gentien* ; *forme populaire auvergnate du prénom*.

Gene
▼
Fête : 2 juin. cf. *Eugène* ; *diminutif du prénom*.

Genès
▼
Fête : 25 août
• **Étym. :** du latin *genus* (origine, extraction) • **Hist.** IVᵉ s. : clerc du tribunal qui jugeait les chrétiens, Genès refusa d'aller plus loin dans cette tâche. Il fut aussitôt arrêté et martyrisé en 303 • **S. Zod.** : Vierge.

Geneva

Fête : 3 janvier. cf. *Geneviève*

Geneviève

Fête : 3 janvier

• **Étym.** : du germain *geno* (race), *wefa* (femme) • **Hist.** Vᵉ-VIᵉ s. : née à Nanterre vers 420, Geneviève se consacra à Dieu dès l'âge de 15 ans. Lors de l'invasion des Huns, elle exhorta les Parisiens à ne pas quitter la ville, leur répétant qu'elle serait épargnée. Raillée et traitée de folle, on dut cependant reconnaître sa prédiction dans la mesure où Attila évita Paris et choisit de passer par Orléans où il fut d'ailleurs mis totalement en déroute. Plus tard encore, Geneviève sauva Paris de la famine. En effet, les armées franques ayant coupé les routes, les vivres furent acheminées par la Seine. En 481, après la conversion de Clovis, la sainte entretint les meilleures relations avec le roi qui tenait fidèlement compte de ses avis. Geneviève mourut à l'âge respectable de 81 ans, vénérée déjà par l'ensemble des Parisiens, dont elle devint la patronne. Ses reliques furent sorties à chaque fois que Paris fut menacé. Mais les révolutionnaires s'emparèrent de sa châsse, la firent fondre et firent disperser ses ossements. Quelques-uns cependant furent recueillis et déposés à l'église Sainte-Etienne-du-Mont, où ils se trouvent encore actuellement. Patronne de Paris, Geneviève est également celle des bonnetiers, des tailleurs et des drapiers • **S. Zod.** : Capricorne • **Dérivés** : *Geneva, Génevote, Ginévra, Guenièvre.*

Génevote

Fête : 3 janvier. cf. *Geneviève* ; *forme médiévale du prénom.*

Genséric

Fête : 18 mai. cf. *Eric*

• **Étym.** : association du latin *gens* (la race) et du germain *rik* (le roi). On ne connaît pas de saint Genséric, mais ce prénom fut porté par un roi des Vandales au Vᵉ siècle • **S. Zod.** : Taureau.

Gentiane

Fête : 5 octobre. cf. *Fleur* ou 11 décembre. cf. *Gentien*

La gentiane est une plante vivace de petite hauteur qui fleurit de mai à juillet dans des coloris de bleu intense • **S. Zod.** : Balance ou Sagittaire.

Gentien

Fête : 11 décembre

• **Étym.** : du latin *gens* (famille) • **Hist.** IVᵉ s. : compagnon de Victoric et d'Euxien, ils partirent tous trois évangéliser la Gaule mais ils furent pris et mis à mort par les barbares sur l'ordre de Rictiovar • **S. Zod.** : Sagittaire • **Dérivés** : *Gentiane, Gentienne*.

Gentienne
▼
Fête : 11 décembre.
cf. *Gentien*

Geoffrey
▼
Fête : 8 novembre.
cf. *Geoffroy ; forme méridionale du prénom.*

Geoffroy
▼
Fête : 8 novembre
• **Étym.** : du germain *godo* (Dieu), *frido* (paix) • **Hist.** XIe-XIIe s. : né aux environs de Soissons, Geoffroy fut ordonné prêtre en 1090 à l'âge de 25 ans. En 1104, il devint évêque d'Amiens. Lors de la rébellion des bourgeois d'Amiens contre leurs seigneurs, Geoffroy se rangea du côté des premiers. Vaincu, il se réfugia chez les Chartreux. Il en fut toutefois rappelé vers 1115 pour reprendre son diocèse où il s'éteignit le 8 novembre 1115 • **S. Zod.** : Scorpion • **Dérivé** : *Geoffrey*.

Geordie
▼
Fête : 23 avril. cf. *Georges*

Georges
▼
Fête : 23 avril
• **Étym.** : du grec *gê* (terre), *ergon* (travailler) • **Hist.** IVe s. : rayé récemment du calendrier des saints, ce prénom n'en reste cependant pas moins porté, prisé et connu. Georges fut, dit la tradition, martyrisé à Lydda (Palestine). À partir de ce fait de base, commence la légende : il aurait terrassé le dragon du mal, sauvé une princesse, etc. Il fut cependant très vénéré pendant le Moyen Âge. Il est le patron de l'Angleterre. Il est, en outre, celui des armuriers, des bonnetiers, des potiers, des cavaliers et des scouts • **S. Zod.** : Taureau • **Dérivés** : *Geordie, Georgio, Jordan, Jordane, Youri, Jordi, Jore*.

Georgette
▼
Fête : 15 février. cf. *Georgia*

Georgia, Georgie
▼
Fête : 15 février
• **Étym.** : du grec *gê* (terre), *ergon* (travailler) • **Hist.** VIe s. : sainte femme de Clermont-Ferrand, la légende veut qu'à l'heure de sa mort un envol de colombes ait survolé son cercueil • **S. Zod.** : Verseau • **Dérivés** : *Georgette, Georgiane, Georgina, Georgine*.

Georgiane

Fête : 15 février. cf. *Georgia*

Georgina, Georgine

Fête : 15 février. cf. *Georgia*

Georgio

Fête : 23 avril. cf. *Georges*

Gérald

Fête : 13 mars

• **Étym.** : du germain *gari* (lance), *ald* (vieux) • **Hist.** VIIIe s. : abbé du monastère de Mayo, en Irlande, Gérald avait la charge des moines anglais tandis que son compagnon Colman avait celle des Irlandais • **S. Zod.** : Poissons • **Dérivé** : *Géraldine*.

Géraldine

Fête : 13 mars. cf. *Gérald*

Géraldy

Fête : 13 mars. cf. *Gérald* ; forme méridionale du prénom.

Gérard

Fête : 3 octobre

• **Étym.** : du germain *gari* (lance), *hard* (dur) • **Hist.** Xe s. : Gérard aspirait à mener une vie érémitique lorsque le comte de Flandres lui confia la réforme de tous les monastères de Belgique. S'attelant à cette tâche, Gérard fonda lui-même une abbaye modèle en 914 à partir de laquelle devait se développer la ville actuelle de Saint-Gérard. Gérard mourut au monastère vers 959 • **S. Zod.** : Balance • **Dérivés** : *Ganet, Gérardine, Guérard, Guérarht*.

Gérardine

Fête : 3 octobre. cf. *Gérard*

Géraud

Fête : 13 octobre

• **Étym.** : du germain *gari* (lance), *waldan* (gouverner) • **Hist.** Xe s. : issu d'une grande famille auvergnate, Géraud administra au mieux son patrimoine d'Aurillac. Son titre de comte et les responsabilités qui lui incombaient l'empêchèrent de céder à sa vocation religieuse. Il effectua cependant sept pèlerinages à Rome. En 890, il fonda l'abbaye d'Aurillac. Il mourut après avoir libéré plus de cent serfs en 909. De nombreux miracles auraient eu lieu sur sa tombe • **S. Zod.** : Balance • **Dérivés** : *Géraude, Guérande*.

Géraude

Fête : 13 octobre. cf. *Géraud*

Gerbert

Fête : 15 mai. cf. *Gerebern*

Gerebern
▼
Fête : 15 mai

• **Étym.** : du germain *gari* (lance), *bern* (ours) • **Hist.** : dans la légende de sainte Dympre, Gerebern aurait été le prêtre qui aurait aidé la jeune fille à s'enfuir. Son père, en effet, voulait la forcer à un mariage qu'elle ne désirait pas. Rejoints, tous deux auraient été tués par le père furieux et outragé • **S. Zod.** : Poissons.

Gerland
▼
Fête : 25 février

• **Étym.** : du germain *gari* (lance), *land* (terre) • **Hist.** XIIe s. : originaire de Besançon, Gerland fut appelé par Robert Guiscard en Sicile, laquelle venait d'être conquise par les Normands. Le comte Robert attendait de lui qu'il réévangélise la région, soumise pendant longtemps à la domination arabe. Le pape le nomma évêque d'Agrigente. Gerland mourut en plein apostolat dans les années 1100 • **S. Zod.** : Poissons • **Dérivés** : *Guerlande, Guerland*.

Germain
▼
Fête : 31 juillet

• **Étym.** : du germain *gari* (lance), *mundo* (protection) • **Hist.** IVe-Ve s. : originaire d'Auxerre, Germain fit des études de rhétorique à Rome. Avocat et marié, il fut nommé gouverneur de la province d'Auxerre. Le peuple l'ayant élu évêque, Germain se réforma et vécut dans l'austérité et la pauvreté. Il quitta son diocèse pour aller lutter contre l'hérésie pélagienne en Angleterre et aida les Anglais à repousser les Saxons. Il mourut en Italie où il était allé pour implorer la grâce de rebelles armoricains auprès de l'empereur Valentinien en 448 • **S. Zod.** : Lion • **Dérivé** : *German*.

Germaine
▼
Fête : 15 juin

• **Étym.** : du germain *gari* (lance), *mundo* (protection) • **Hist.** XVIe-XVIIe s. : née en 1579, très disgraciée physiquement, Germaine fut une enfant mal aimée. Elle passa sa vie dans la solitude, en aidant cependant tous ceux qui en avaient besoin. Elle mourut âgée de 20 ans, abandonnée de tous, à Pibrac, près de Toulouse, en 1601 • **S. Zod.** : Gémeaux • **Dérivés** : *Germane, Germina, Germinia, Germinie*.

German
▼
Fête : 31 juillet. cf. *Germain* ou 15 juin. cf. *Germaine*

Germana, Germane
▼
Fête : 15 juin. cf. *Germaine*

Germer

Fête : 24 septembre

• **Étym. :** du germain *gari* (lance), *maro* (illustre) • **Hist.** VIᵉ s. : Germer abandonna la cour de Clovis II afin d'entrer au monastère de Pentale (Eure) dont il devint abbé. Sa stricte application de la règle le rendit très impopulaire, aussi finit-il sa vie dans la solitude en 658 • **S. Zod. :** Balance • **Dérivé :** *Germond*.

Germier

Fête : 16 mai

• **Étym. :** du germain *gari* (lance), *maro* (illustre) • **Hist.** VIᵉ s. : nommé évêque de Toulouse par Clovis, il y serait resté 50 ans en fonction • **S. Zod. :** Taureau • **Dérivé :** *Germière*.

Germière

Fête : 16 mai. cf. *Germier*

Germina, Germinia, Germinie

Fête : 15 juin. cf. *Germaine*

Germond

Fête : 31 juillet. cf. *Germain* ; forme alsacienne du prénom.

• **Étym. :** du germain *gari* (lance), *mundo* (protection).

Gerold

Fête : 19 avril

• **Étym. :** du germain *gari* (lance), *ald* (vieux) • **Hist.** Xᵉ s. : Gerold se fit ermite très tard et finit sa vie dans la solitude. Il mourut vers 978 • **S. Zod. :** Taureau.

Géronima

Fête : 30 septembre. cf. *Jérôme*

Gerry

Fête : 13 mars. cf. *Géraldine* ; diminutif du prénom.

Gertrude

Fête : 16 novembre

• **Étym. :** du germain *gari* (lance), *trud* (fidélité) • **Hist.** VIIᵉ s. : fille de Pépin de Landen et de la bienheureuse Itta, Gertrude étudia beaucoup. Elle délaissa cependant ses études pour se consacrer à Dieu, au monastère de Nivelle, fondé par sa mère. Elle en devint d'ailleurs un peu plus tard la supérieure. Elle mourut en 659, très jeune encore mais minée par les privations qu'elle s'imposait. Elle est la patronne des voyageurs et est invoquée contre les souris et les rats • **S. Zod. :** Scorpion • **Dérivés :** *Trudie, Trudy*.

Gervais

Fête : 19 juin

• **Étym.** : du latin *gervasius* (étymologie obscure) • **Hist.** IIIe s. : Gervais et son frère Protais furent martyrisés à une date indéterminée. Saint Ambroise découvrit leurs sépultures à Milan et mit en vogue leur culte, surtout en Gaule. De nombreux villages et villes portent le nom de Saint-Gervais • **S. Zod.** : Gémeaux • **Dérivé** : *Gervaise*.

Gervaise

Fête : 19 juin. cf. *Gervais*

Gerwin

Fête : 3 mars

• **Étym.** : du germain *gari* (lance), *win* (ami) • **Hist.** XIe s. : originaire de Reims, Gerwin devint abbé de l'abbaye de Saint-Riquier (Somme). Il mourut en 1075, atteint par la lèpre • **S. Zod.** : Poissons • **Dérivés** : *Gerwina, Gerwinia, Gerwine*.

Gerwina

Fête : 3 mars. cf. *Gerwin*

Gerwine

Fête : 3 mars. cf. *Gerwin*

Gerwinia

Fête : 3 mars. cf. *Gerwin*

Géry

Fête : 11 août

• **Étym.** : du germain *gari* (lance) • **Hist.** VIe-VIIe s. : né dans les Ardennes, le peuple de Cambrai le nomma évêque de cette ville en 585. Il le resta jusqu'à sa mort en 625. Il fonda l'abbaye de Saint-Hédard à partir de laquelle, dit-on, se développa la ville de Bruxelles • **S. Zod.** : Lion.

Geslain

Fête : 9 octobre. cf. *Ghislain*

Ghaïs

Fête suggérée :
22 septembre. cf. *Gaïane*
• **Étym.** : de l'arabe (la pluie).

Ghislain

Fête : 9 octobre

• **Étym.** : du germain *ghil* (otage), *lind* (doux) • **Hist.** VIIe s. : après avoir mené assez longtemps une vie érémitique, Ghislain, appelé en Belgique, y fonda le monastère de Mons où il mourut en 680 • **S. Zod.** : Balance • **Dérivés** : *Geslain, Ghislie, Ghisline, Guilain, Guilaine, Guillain, Guillaine*.

Ghislaine

Fête : 9 octobre. cf. *Ghislain*
• **Dérivés** : *Ghislie, Ghisline*.

Ghislie, Ghisline
▼
Fête : 9 octobre. cf. *Ghislain*

Gian, Gianni
▼
Fête : 27 décembre
ou 24 juin. cf. *Jean*

Gibrien
▼
Fête : 8 mai
• **Étym.** : du latin *gibbus* (bossu). La légende raconte qu'aîné de sept frères et trois sœurs, Gibrien aurait quitté l'Irlande avec ceux-ci pour s'installer en Bretagne, où ils se seraient séparés. Gibrien aurait vécu en ermite jusqu'à sa mort • **S. Zod.** : Taureau.

Gil
▼
Fête : 16 février. cf. *Gilbert*
ou 29 janvier. cf. *Gildas*

L'utilisation tant féminine que masculine de ce prénom est valable.

Gilbert
▼
Fête : 16 février
• **Étym.** : du germain *ghil* (otage), *berht* (brillant) • **Hist.** XIIe s. : Gilbert de Sempringham était le fils d'un chevalier normand et d'une Anglaise. De constitution faible, il fut écarté du métier des armes. Après des études à Paris, il revint sur ses terres où il ouvrit une école pour les pauvres. Plus tard, il réalisa son rêve de créer un monastère double, appuyé en cela par saint Bernard de Clairvaux et le pape Eugène III. À sa mort, en 1189, on comptait treize maisons gilbertines en Angleterre • **S. Zod.** : Verseau • **Dérivés** : *Gil*.

Gilberte
▼
Fête : 11 août
• **Étym.** : du germain *ghil* (otage), *berht* (brillant) • **Hist.** VIIe s. : Gilberte fut la deuxième abbesse du monastère de Jouarre en Seine-et-Marne • **S. Zod.** : Lion.

Gilda
▼
Fête : 29 janvier. cf. *Gildas*

Gildas
▼
Fête : 29 janvier
• **Étym.** : du germain *ghil* (otage)
• **Hist.** VIe s. : né en Écosse, Gildas alla prêcher en Irlande puis vécut dans l'île de Houat (Morbihan), en ermite. Il fonda ensuite, non loin de là, un monastère dans la presqu'île de Rhuys, à partir duquel la ville de Saint-Gildas-de-Rhuys se développa. Gildas y écrivit le *De exidio britaniae* pour lequel il est connu. L'ouvrage contait l'histoire de l'Angleterre, de la conquête romaine à son époque. Il mourut en 570 • **S. Zod.** : Verseau • **Dérivés** : *Gil, Gilda*.

G

Gilia

Fête : 5 octobre. **cf.** *Fleur*

Plante formant des touffes ramifiées aux fleurs d'un beau mauve, qui s'épanouissent de mai à août • **S. Zod. :** Balance • **Dérivés :** *Giliane, Gillian, Gillie.*

Gilian, Giliane

Fête : 5 octobre. **cf.** *Gilia* ou 1er septembre. **cf.** *Gilles*

Gilles

Fête : 1er septembre

• **Étym. :** du germain *ghil* (otage)
• **Hist.** VIe ou VIIIe s. : Gilles vécut en ermite, on ne sait pas bien à quelle époque (entre le VIe et le VIIIe siècle, présage-t-on), en un lieu qui porte son nom et qui fut un lieu de pèlerinage au Moyen Âge, sur la route de Compostelle. Il est le patron des infirmes, des mendiants et des forgerons • **S. Zod. :** Vierge.

Gillian Gilliane

Fête : 5 octobre. **cf.** *Fleur (Gilia)* ou 1er septembre. **cf.** *Gilles*

Gillie

Fête : 5 octobre. **cf.** *Fleur (Gilia)* ou 1er septembre **cf.** *Gilles*

Gina, Ginette

Fête : 7 septembre. **cf.** *Reine (Regina)*

Ginévra

Fête : 3 janvier. **cf.** *Geneviève*

Ginger

Fête suggérée : 10 octobre. **cf.** *Virginie*

• **Étym. :** du gaélique (roux) ; prénom illustré par la danseuse Ginger Rogers.

Ginnie

Fête : 10 octobre. **cf.** *Virginie*

Gino

Fête : 21 juin. **cf.** *Louis de Gonzague*

Gisèle

Fête : 7 mai

• **Étym. :** du germain *ghil* (otage)
• **Hist.** XIe s. : Gisèle était l'épouse de saint Etienne, roi de Hongrie, et la mère de saint Emeric. À la mort de ces deux êtres chers, Gisèle se retira du monde et entra au couvent où elle mourut vers 1060 • **S. Zod. :** Taureau.

Gladez

Fête : 29 mars. **cf.** *Gladys* ; *équivalent breton du prénom.*

Gladys
▼
Fête : 29 mars

• **Étym.** : du celtique *glad* (richesse) • **Hist.** : enlevée par son mari Gondlée, elle mena avec lui une vie dévote et pieuse sous la férule de leur fils saint Cadoc ou Kadey • **S. Zod.** : Bélier • **Dérivé** : *Gladez*.

Glen
▼
Fête : 1er septembre.
cf. *Gilles*

• **Étym.** : du gaélique (petite vallée) ; prénom fréquent en Écosse.

Glenda
▼
Fête : 29 janvier. cf. *Gilda*

• **Étym.** : du gallois (pure, bonne) ; l'actrice Glenda Jackson a illustré ce prénom.

Gloria
▼
Fête : 11 mars. cf. *Auria*

Glwadys
▼
Fête : 29 mars. cf. *Gladys*

Goar
▼
Fête : 6 juillet

• **Étym.** : du germain *warno* (qui défend), ou du celtique *gwarck* (arc, courbe) • **Hist.** VIe s. : vivant en ermite sur les bords du Rhin, sa réputation de sainteté suscita la jalousie de l'évêque de Trèves. Ce dernier convoqua donc Goar avec de fausses accusations contre lui. La colère et les protestations du peuple furent telles que le roi Sigebert Ier déposa l'évêque et proposa cette fonction à Goar, lequel n'eut cependant pas le temps de l'accepter, la mort l'en empêchant en 575 • **S. Zod.** : Cancer.

Godard, Gothard
▼
Fête : 4 mai

• **Étym.** : du germain *godo* (Dieu), *hard* (dur) • **Hist.** XIe s. : abbé du monastère de Nieder-Altaich (Bavière), Godard devint évêque d'Hildesheim, en 1022. Le col du Saint-Gothard tire son appellation de la chapelle édifiée à son sommet en l'honneur de ce saint • **S. Zod.** : Taureau.

Godeberte
▼
Fête : 11 avril

• **Étym.** : du germain *godo* (Dieu), *berht* (brillant) • **Hist.** VIIIe s. : à la suite d'une rencontre avec saint Éloi, Godeberte décida d'entrer au couvent. Le roi Clotaire III lui fit alors don de son palais de Noyon afin d'en faire une abbaye • **S. Zod.** : Bélier.

Godefroy
▼
Fête : 15 janvier

• **Étym.** : du germain *godo*

(Dieu), *frido* (paix) • **Hist.** XIIe s. : originaire des Flandres, Godefroy entra en religion après avoir écouté un sermon de saint Bernard. Devenu prieur de Cîteaux en 1140, il mourut dans cette même abbaye en 1147 • **S. Zod.** : Capricorne.

Godelaine, Godeleine
▼
Fête : 6 juillet. cf. *Godeliève*

Godeliève
▼
Fête : 6 juillet
• **Étym.** : du germain *godo* (Dieu), *liut* (peuple) • **Hist.** XIe s. : épouse de Bertholf de Ghistelle, aristocrate de Flandres, Godeliève était sans cesse en butte aux brimades de sa belle-mère qui la haïssait. S'étant enfuie une fois, elle revint cependant auprès de son mari. Elle fut alors assassinée peu de temps après par des serviteurs de sa belle-mère, en 1070 • **S. Zod.** : Cancer • **Dérivés** : *Godelaine* ou *Godeleine, Godeline, Godiva, Godivia.*

Godeline
▼
Fête : 6 juillet. cf. *Godeliève*

Godiva, Godivia
▼
Fête : 6 juillet. cf. *Godeliève*
Prénom usité dans l'Angleterre classique.

Goéric
▼
Fête : 19 septembre
• **Étym.** : du germain *godo* (Dieu), *rik* (roi ou puissant) • **Hist.** VIIe s. : Goéric succéda à saint Arnoul sur le trône épiscopal de Metz et mourut vers 647 • **S. Zod.** : Vierge.

Gohard
▼
Fête : 25 juin
• **Étym.** : du germain *godo* (Dieu), *hard* (dur) • **Hist.** IXe s. : évêque de Nantes, Gohard fut assassiné par des pirates danois alors qu'il disait sa messe • **S. Zod.** : Cancer.

Gontran
▼
Fête : 28 mars
• **Étym.** : du germain *gund* (guerre), *Ans* (divinité teutonne) • **Hist.** VIe s. : quatrième fils de Clotaire Ier, né en 525, il essaya toujours de brider son amour de la vie pour le faire coïncider avec son goût de la perfection religieuse. Il passa l'essentiel de son règne à essayer de faire durer la paix entre les seigneurs belliqueux de son royaume de Bourgogne. On le surnomma le bon roi Gontran • **S. Zod.** : Bélier.

Gonzague
▼
Fête : 21 juin.
cf. *Louis de Gonzague*

Gonzalès

Fête : 5 février

• **Étym.** : du nom féminin germanique de personne Gunza dérivé de *gund* (combat) • **Hist.** XVIe s. : quarante-cinq ans après l'évangélisation du Japon par saint François-Xavier, Hidegoshi, fonctionnaire japonais, ordonna l'exécution de Gonzalès et de ses 25 compagnons missionnaires • **S. Zod.** : Verseau.

Göran

Fête : 23 avril. cf. *Georges* ; *forme dérivée du prénom.*

Gordon

Fête : 23 avril. cf. *Georges*

• **Étym.** : de l'anglo-saxon (celui qui est près de la colline dans le tournant) ; prénom en vogue en Angleterre à la fin du XIXe siècle après la mort du général Gordon à Khartoum en 1887.

Gosminde, Gosminda

Fête : 31 mars.
cf. *Yasmine (Benjamin)*

• **Étym.** : du germain *gund* (combat), *mundo* (protection). On ne connaît pas de sainte Gosminde mais une reine des Wisigoths d'Espagne porta ce prénom au VIIe siècle • **S. Zod.** : Bélier.

Gothard

Fête : 4 mai. cf. *Godard*

Goulwen, Goulven, Golven

Fête : 1er juillet

• **Étym.** : du celtique *gwenn* (blanc ou heureux) • **Hist.** VIe s. : évêque du Léon au VIe siècle, Goulwen est un saint breton né à Plounéour-Trez, dans le Finistère • **S. Zod.** : Cancer.

Grâce, Zaïde

Fête : 21 août

• **Étym.** : du latin *gratia* (grâce)
• **Hist.** XIIe s. : Alzire, maure cistercien, convertit ses deux sœurs Zoraïda et Zaïde à la foi chrétienne ; elles prirent respectivement les noms de Marie et de Grâce. Arrêtés tous trois, ils furent jugés et condamnés à mort en 1180 • **S. Zod.** : Lion
• **Dérivés** : *Gracia, Graciane, Gracieuse, Grazilla, Graziella, Griselda.*

Gracia, Graciane

Fête : 21 août. cf. *Grâce*
ou 16 novembre. cf. *Grazia*

Gracieuse

Fête : 21 août. cf. *Grâce*
ou 16 novembre. cf. *Grazia*

Grady
▼
Fête : 17 novembre.
cf. *Grégoire*

• **Étym.** : du gaélique (noble) ; prénom usuel en Irlande.

Graham
▼
Fête suggérée : 11 août.
cf. *Gery*

Nom de la ville de Grantham dans le Lincolnshire, devenu un prénom dès le Moyen Âge. Le pilote automobile américain Graham Hill a illustré ce prénom.

Grant
▼
Fête : 13 octobre. cf. *Gérard*

• **Étym.** : du français grand ; forme dérivée anglo-saxonne, venue en Angleterre lors de la conquête normande et adoptée en prénom.

Grazia
▼
Fête : 16 novembre

• **Étym.** : du latin *gratia* (grâce)
• **Hist.** XVe-XVIe s. : pêcheur dalmate, Grazia se convertit à l'âge de 30 ans. Entré chez les Augustins de Padoue, il s'occupa jusqu'à la fin de ses jours du jardin du couvent. Il mourut en 1509
• **S. Zod.** : Scorpion • **Dérivés** : *Graziella, Grazilla*.

Graziella
▼
Fête : 16 novembre.
cf. *Grazia*

Grazilla
▼
Fête : 16 novembre.
cf. *Grazia*

Grégoire
▼
Fête : 17 novembre

• **Étym.** : du grec *egregorein* (veiller) • **Hist.** VIe s. : né à Clermont, en 538, d'un père sénateur de la province, Grégoire, après des études soignées, devint évêque de Tours en 573. À cette époque, Tours était la ville sainte de la Gaule, liée au pèlerinage de saint Martin. Grégoire, à une époque où les mœurs étaient relâchées, s'attacha à faire régner le pouvoir de la justice et de l'Église face à la violence des seigneurs et des rois. Il écrivit en outre une *Historia francorum*, où il relatait l'histoire des Francs, ouvrage qui constitue une des premières chroniques de notre histoire • **S. Zod.** : Scorpion.

Grégor
▼
Fête : 17 novembre.
cf. *Grégoire*

Grégoria, Grégoriane
▼
Fête : 21 octobre

• **Étym.** : du grec *egregorein* (veiller) • **Hist.** vᵉ s. : Grégoria aurait appartenu à la cohorte des 11 000 vierges martyrisées, selon la légende, par les Huns au vᵉ siècle (cf. *Ursule*) • **S. Zod.** : Balance.

Grégorie
▼
Fête : 21 octobre.
cf. *Grégoria*

Grégory
▼
Fête : 17 novembre.
cf. *Grégoire*

Gresham
▼
Fête suggérée : 31 juillet.
cf. *Germain*
Nom d'une localité anglaise dont dérive ce prénom.

Gréta
▼
Fête : 10 juin. cf. *Margaret* (*Marguerite*)

Gretel, Greten
▼
Fête : 10 juin. cf. *Margaret*

Grimaud
▼
Fête : 8 juillet
• **Étym.** : du germain *grinn* (casque), *wald* (qui gouverne) • **Hist.** xᵉ s. : né à Saint-Omer, Grimaud alla s'établir en Angleterre où il devint le supérieur des chanoines de Winchester. Il mourut en 903 dans cette ville • **S. Zod.** : Cancer.

Gringoire
▼
Fête : 11 novembre.
cf. *Grégoire* ; *forme médiévale du prénom.*

Griselda
▼
Fête : 21 août. cf. *Grâce*

Gudule
▼
Fête : 8 janvier
• **Étym.** : du germain *gund* (guerre), *lind* (doux) • **Hist.** viiᵉ s. : filleule de sainte Gertrude qui s'occupa d'elle, Gudule mena une vie très pieuse et austère. Elle mourut en 712. Elle est la patronne de Bruxelles • **S. Zod.** : Capricorne • **Dérivé** : *Gunilla.*

Gudwal, Gudwald, Gurwal
▼
Fête : 6 juin
• **Étym.** : du germain *gund* (guerre), *waldan* (qui gouverne) • **Hist.** viᵉ s. : Gudwal fut un des premiers évangélisateurs de la Bretagne où il fonda le monastère du Plécit à l'est de Lorient • **S. Zod.** : Gémeaux.

Guenièvre
▼
Fête : 3 janvier. cf. *Geneviève* ; *forme médiévale du prénom.*

Guennolé, Gwennolé

Fête : 3 mars

• **Étym.** : du celtique *gwenn* (blanc, heureux) • **Hist.** V^e-VIe s. : c'est un des saints les plus célèbres de Bretagne. Ses parents étaient anglais et avaient fui leur pays pour échapper aux Saxons. Aussi, Gwennolé naquit-il près de Saint-Brieuc vers 460. Jusqu'à sa vingt et unième année, il demeura dans un monastère de l'île de Bréhat. En 482, il fonda avec quelques compagnons l'abbaye de Landevenec qui est le plus ancien monastère de Bretagne et qui devint un grand centre religieux breton. Gwennolé y mourut vers 524 • **S. Zod.** : Poissons.

Guérande

Fête : 13 octobre. cf. *Géraud*

Guérard, Guérarht

Fête : 3 octobre. cf. *Gérard* ; formes alsaciennes du prénom.

Guerlande

Fête : 25 février. cf. *Guerland*

Guerlaud

Fête : 25 février. cf. *Guerland*

Guerric

Fête : 19 août

• **Étym.** : du germain *waran* (mettre à l'abri), *rik* (roi ou puissant) • **Hist.** XIe-XIIe s. : né à Tournai en 1070, Guerric devint chanoine de cette même ville. Il quitta cependant cette fonction pour mener pendant un certain temps une vie de prière contemplative non loin de la cathédrale. Ayant rencontré saint Bernard, il partit pour Clairvaux. Nommé abbé d'Igny, il s'éteignit dans cet endroit entre 1151 et 1155 • **S. Zod.** : Lion.

Guibert, Wibert

Fête : 23 mai

• **Étym.** : du germain *wig* (combat), *berht* (brillant) • **Hist.** Xe s. : noble de Lotharingie, Guibert fonda l'abbaye bénédictine de Gembloux qu'il dut âprement défendre contre les incursions malveillantes de l'empereur Otton Ier • **S. Zod.** : Gémeaux.

Guier

Fête : 4 avril

• **Étym.** : du germain *wid* (bois) • **Hist.** IXe s. : prêtre et ermite de Cornouailles, on ne le connaît que parce qu'il aurait guéri miraculeusement le roi Alfred • **S. Zod.** : Bélier.

Guilain, Guillain, Guilaine, Guillaine

Fête : 9 octobre. cf. *Ghislain*

Guilhem

Fête : 28 mai. cf. *Guillaume*

Guillaume

Fête : 28 mai

• **Étym.** : déformation gallo-romaine de Willhelm. Guilhem, *will* (volonté), *helm* (casque) • **Hist.** IXe s. : fils du comte Thierry de Gellone et d'Aude, fille de Charles Martel, Charlemagne son cousin le fit comte de Toulouse et duc d'Aquitaine. Mais, en 804, Guillaume abandonna tout pour la vie religieuse. Il fonda le monastère de Saint-Guilhem-du-Désert, près de Lodève. Il y mourut en 812 • **S. Zod.** : Gémeaux • **Dérivés** : *Guilhem, Guillemette, Gwilherm, William, Wilhem, Willy.*

Guillemette

Fête : 28 mai. cf. *Guillaume*

Gunilda

Fête : 8 janvier. cf. *Gudule*
Prénom usité en Angleterre.

Gunilla

Fête : 8 janvier. cf. *Gudule*

Gustave

Fête : 7 octobre

• **Étym.** : du germain *gustaf* (qui prospère) ; cette étymologie est peu sûre • **Hist.** VIe s. : ayant prié saint Martin, Gustave fut guéri d'une paralysie des pieds et des mains. En action de grâce, il fonda un monastère près de Bourges où il mourut vers 560 • **S. Zod.** : Balance.

Guthlac

Fête : 11 avril

• **Étym.** : du celtique *gur* (encore plus), *uualt* (valeureux) • **Hist.** VIIe-VIIIe s. : parent du roi de Mercie, né en 673, Guthlac, après une jeunesse belliqueuse, se retira à 24 ans du monde et mena une vie érémitique austère dans la région marécageuse de l'est de l'Angleterre. Il était l'ami des bêtes sauvages qui s'apprivoisaient à son approche. Il mourut dans sa retraite en 714 • **S. Zod.** : Bélier.

Guy

Fête : 15 juin

• **Étym.** : du germain *wid* (bois, forêt), tiré du latin *vicum* (plant sacré) • **Hist.** IVe s. : Guy était le descendant d'une noble famille sicilienne. Devenu chrétien, le gouverneur romain voulut le faire abjurer, en vain. Guy fut alors flagellé : il avait 12 ans. Ayant réussi à s'enfuir en compagnie de ses amis, Modeste et Crescence, ils allèrent évangéliser la Lucanie mais, arrêtés, ils furent mis à mort. Le culte de saint Guy fut très populaire en France où il est invoqué contre l'épilepsie (danse de Saint-Guy). Il est également le patron des danseurs et des comédiens • **S. Zod.** : Gémeaux • **Dérivés** : *Guyenne, Guyette, Guyonne.*

Guyenne
▼
Fête : 15 juin. cf. *Guy*

Guyette
▼
Fête : 15 juin. cf. *Guy*

Guyonne
▼
Fête : 15 juin. cf. *Guy*

Gwen
▼
Fête : 18 octobre

• **Étym.** : du celtique *gwenn* (blanc, heureux) • **Hist.** Ve s. : on ne sait que peu de choses à son propos sinon qu'elle fut la mère de saint Guennolé, à qui elle donna le jour en débarquant en Bretagne, après avoir fui l'Angleterre envahie par les Saxons • **S. Zod.** : Balance • **Dérivés** : *Gwenna, Gwennaïg, Gwennen, Gwennez.*

Gwenaël
▼
Fête : 3 novembre

• **Étym.** : du celtique *gwenn* (blanc, heureux), *mael* (prince) • **Hist.** VIe s. : né dans le Finistère, Gwenaël fut élevé par saint Guennolé, à l'abbaye de Landevenec, dont il devint lui-même abbé. Il mourut vers 580 • **S. Zod.** : Scorpion • **Dérivés** : *Gwennaela(e), Gwenaella(e), Gwennaella(e).*

Gwenaela, Gwenaele, Gwenaella, Gwenaelle
▼
Fête : 14 octobre.
cf. *Gwendoline*
ou 3 novembre. cf. *Gwenaël*

Gwendoline
▼
Fête : 14 octobre

• **Étym.** : du celtique *gwenn* (heureux, béni), *laouen* (gai) • **Hist.** VIe-VIIe s. : elle fut abbesse du couvent de Llanwyddelan (pays de Galles) • **S. Zod.** : Balance • **Dérivés** : *Gwenda, Gwennoline.*

Gwenfrevi (Gwenfrevine)
▼
Fête : 3 novembre.
cf. *Wenefrid*

Gwenn
▼
Fête : 18 octobre. cf. *Gwen*

Gwenna
▼
Fête : 18 octobre. cf. *Gwen*

Gwennaïg
▼
Fête : 18 octobre. cf. *Gwen*

Gwennaelle(a)
▼
Fête : 18 octobre. cf. *Gwen*

Gwennola
▼
Fête : 18 octobre. cf. *Gwen*

Gwennoline
▼
Fête : 14 octobre.
cf. *Gwendoline*

Gwilhem
▼
Fête : 28 mai. cf. *Guillaume*

Gwilherm
▼
Fête : 28 mai. cf. *Guillaume*

Gwyneth
▼
Fête : 18 octobre. cf. *Gwen*
• **Étym. :** du gallois (la joie). Prénom très populaire au pays de Galles, porté par l'actrice Gwyneth Paltrow.

H

Haberilla

Fête : 30 janvier
- **Étym.** : du germain *had* (combat), cette première étymologie est peu sûre ; *berht* (brillant) • **Hist.** VIIe s. : née en Souabe, au VIIe siècle, on ne sait à peu près rien d'elle à part son nom • **S. Zod.** : Verseau.

Hadia

Fête suggérée :
4 décembre. cf. *Ada*
- **Étym.** : de l'arabe (offrande).

Hadriana

Fête : 8 septembre. cf. *Adrien*

Hadrien

Fête : 8 septembre. cf. *Adrien*

Hafiz

Fête suggérée : 24 janvier.
cf. *François*
- **Étym.** : de l'arabe *hfad* (qui protège).

Haïla

Fête suggérée : 18 août.
cf. *Hélène*
- **Étym.** : de l'arabe (lumière).

Halward, Harwald

Fête : 15 mai
- **Étym.** : du germain *hal* (mystérieux), *hart* (dur), *waldo* (qui gouverne) • **Hist.** XIe s. : selon la légende, Halward, cousin du roi Olaf de Suède, aurait été assassiné en 1043 pour avoir voulu protéger une femme accusée de vol • **S. Zod.** : Taureau • **Dérivé** : *Harald*.

Hamilton

Fête suggérée :
13 septembre. cf. *Amé*
- **Étym.** : de l'anglo-saxon (celui qui vient du village de la montagne).

Hania

Fête suggérée : 26 juillet.
cf. *Anne*
- **Étym.** : de l'arabe (sérénité).

Hank

Fête : 13 juillet. cf. *Henri* ;
*forme anglo-normande
diminutive du prénom.*

Hannibal

Fête : 24 juin. cf. *Jean*
• **Étym.** : du phénicien *Baal* (Dieu, seigneur, maître). • **Hist.** : on ne connaît pas de saint Hannibal. Ce prénom eut cependant une certaine vogue dans la seconde moitié du XIXe siècle. Il avait été illustré par le général carthaginois, fils d'Hamilcar, qui combattit les Romains lors de la seconde guerre Punique • **S. Zod.** : Cancer.

Hans

Fête : 24 juin. cf. *Jean* ; *forme
alsacienne et nordique
du prénom.*

Hansie, Hansy

Fête : 30 mai ou 21 août.
cf. *Jeanne* ; *formes alsaciennes
et nordiques du prénom.*

Harald

Fête : 15 mai. cf. *Halward*
ou 1er novembre. cf. *Harold*

Harley

Fête suggérée : 2 mars.
cf. *Charles* ; *forme anglo-normande, dérivé de Charley.*

Harmonia, Harmonie

Fête : 6 février. cf. *Mel*
• **Myth.** : épouse de Cadmos, roi et fondateur de Thèbes, elle était la fille d'Arès (Mars) et d'Aphrodite (Vénus) • **S. Zod.** : Verseau • **Dérivés** : *Harmonien, Monia, Monie, Monnie, Monny.*

Harmonien

Fête : 6 février. cf. *Mel*

Harold

Fête : 1er novembre
• **Étym.** : du germain *hard* (dur), *hrod* (gloire) • **Hist.** Xe s. : converti en 948, Harold, roi du Danemark, tenta de faire évangéliser son royaume. Ce fut en vain cependant puisqu'il fut assassiné par une bande de païens rebelles en 980 • **S. Zod.** : Scorpion.

Harriet

Fête : 17 juillet. cf. *Henriette* ;
forme anglaise du prénom.

Harris

Fête : 13 juillet. cf. *Henri* ;
*forme anglaise dérivée
du prénom.*

Harrison

Fête : 13 juillet. cf. *Henri*
• **Étym.** : de l'anglo-normand *Harris'son* (fils de Harris).

Harry

Fête : 13 juillet. cf. *Henri*

Harvey

Fête : 17 juin. cf. *Hervé*

Hasna

Fête suggérée : 26 juillet. cf. *Anne*
• **Étym.** : de l'arabe (la belle).

Hassan

Fête suggérée : 1er décembre. cf. *Ansan*
• **Étym.** : de l'arabe (le beau).

Haude

Fête : 18 novembre. cf. *Aude* ; *Haude est la forme franque du prénom.*

Hawk

Fête : 22 mai. cf. *Foulques*
• **Étym.** : du germain *falc* (faucon) ; forme nordique du prénom.

Hazeka

Fête : 26 janvier
• **Étym.** : l'étymologie de ce nom est peu claire ; elle peut être mise en rapport avec le mot alsacien *haze* (lièvre) • **Hist.** XIIIe s. : née en Westphalie, Hazeka demeura 36 ans dans une cellule à côté de l'église de Shermbeck. Elle y mourut en 1261 et l'on raconte que de nombreux miracles eurent lieu le jour de ses obsèques • **S. Zod.** : Verseau.

Hazel, Hazela, Hazeline

Fête : 6 décembre. cf. *Asella*
• **Étym.** : de l'anglais (noisetier) ; prénom féminin très en vogue en Angleterre au XIXe siècle.

Hebé

Fête : 10 novembre. cf. *Nymphe*
• **Étym.** : du grec *hebe* (la jeunesse) • **Myth.** : fille des souverains de l'Olympe, Zeus et Héra, Hebé épousa Hercule. Elle avait pour fonction particulière de servir le nectar, breuvage affectionné des divinités • **S. Zod.** : Scorpion.

Hébert

Fête : 20 mars. cf. *Herbert*

Hector

Fête : 21 juillet. cf. *Victor*

- **Étym.** : du grec *ekhein* (qui tient fort, avoir) • **Myth.** : fils des souverains troyens Priam et Hécube ; sa vie est longuement racontée, ainsi que ses exploits guerriers lors de la guerre de Troie, dans l'ouvrage d'Homère : l'*Iliade*. Bon fils et bon citoyen, Hector donna sa vie pour sauver sa cité, en vain toutefois, puisqu'elle sombra aux mains des ennemis et qu'il fut lui-même tué par le divin Achille • **S. Zod.** : Cancer.

Hedwige
▼
Fête : 16 octobre. cf. *Edwige*

Hegesippe
▼
Fête : 7 avril
- **Étym.** : du grec *egeomai hippos* (conduire un cheval) • **Hist.** IIe s. : né en Judée, Hegesippe passa la plus grande partie de sa vie à Rome après s'être converti. Il est connu pour avoir écrit un livre sur les événements survenus au sein de l'Église chrétienne depuis la mort du Christ. Il mourut à Rome vers 180 • **S. Zod.** : Bélier.

Heidi
▼
Fête : 16 décembre.
cf. *Adélaïde* ; *adaptation diminutive du prénom.*

Heimrad
▼
Fête : 28 juin
- **Étym.** : du germain *haim* (maison), *ragin* (conseil) • **Hist.** XIe s. : fils d'un serf, Heimrad fut nommé chapelain d'une châtelaine de Souabe. Mais, plus attiré par la prédication que par les mondanités, il préféra mener la vie itinérante des prédicateurs prosélytes jusqu'à sa mort vers 1019 • **S. Zod.** : Cancer.

Heldrad, Helrad
▼
Fête : 13 mars
- **Étym.** : du germain *hail* (salut), *ragin* (conseil) • **Hist.** IXe s. : né non loin d'Aix-en-Provence, Heldrad embrassa la carrière religieuse après avoir distribué ses biens aux pauvres. Il entra au monastère de Novalèse dans le Piémont et en devint abbé en 844. Ce couvent avait la particularité de s'occuper des voyageurs traversant le col du Mont-Cenis. Sur la même idée, Heldrad fonda une autre abbaye au col du Lautaret, où il mourut vers 875 • **S. Zod.** : Poissons.

Héléna
▼
Fête : 18 août. cf. *Hélène*

Hélène
▼
Fête : 18 août
- **Étym.** : du grec *hêlê* (éclat du soleil) • **Hist.** IIIe s. : on ne sait pas exactement où elle est née. Toujours est-il que, l'ayant remarquée pour sa grande beauté,

le tribun Constantin Chlore l'épousa. Mais ayant accédé à la dignité impériale, il la répudia à cause de ses origines modestes. Elle prit sa revanche lorsque son fils Constantin, devenu empereur chrétien, la rappela à la cour avec le titre d'Augusta. Ayant beaucoup d'ascendant sur son fils, son rôle fut prépondérant à cette époque du point de vue politique. Mais l'Église a retenu son nom parce qu'au cours d'un pèlerinage à Jérusalem, elle aurait découvert la vraie croix. On ne sait au juste actuellement si cette croix était bien l'authentique croix du calvaire. Quoi qu'il en soit, elle fut toujours vénérée comme telle • **S. Zod.** : Lion • **Dérivés** : *Aileen, Aléna, Arzhelenn, Héléna, Hélia, Héliane, Hélice, Hélicia, Héliciane, Hélicie, Hellé, Léna, Lenaig, Marlène, Milène, Nella, Nelle, Nelly.*

Helga
▼
Fête : 11 juillet. cf. *Olga*

Hélia
▼
Fête : 18 août. cf. *Hélène* ou 20 avril. cf. *Hélièna*

Ce nom féminin était porté à l'époque grecque et était calqué sur le mot *hélios* (le soleil).

Héliane
▼
Fête : 18 août. cf. *Hélène* ou 20 avril cf. *Hélièna*

Hélicé
▼
Fête : 18 août. cf. *Hélène*
• **Myth.** : Hélicé était la fille de Selinos, roi d'Aegialée. Elle épousa Ion, fils d'Apollon
• **S. Zod.** : Lion • **Dérivé** : *Hélicie.*

Hélicia, Héliciane, Hélicie
▼
Fête : 18 août.
cf. *Hélène* ou *Hélicé*

Hélièna, Héliène
▼
Fête : 20 avril
• **Étym.** : du grec *hêlê* (éclat du soleil), ou de la racine hébraïque *Eli* (Dieu) • **Hist.** VIIIe-IXe s. : née de parents pauvres à Lauriano en Italie, Hélièna abandonna le monde et partit vivre le restant de ses jours dans une caverne où elle ne se nourrissait que d'herbes et de racines • **S. Zod.** : Taureau • **Dérivés** : *Hélia, Héliane, Héline, Hélinie.*

Héline, Hélinie
▼
Fête : 20 avril. cf. *Hélièna*

Héliodora
▼
Fête : 3 juillet. cf. *Héliodore*

Héliodore
▼
Fête : 3 juillet

- **Étym.** : du grec *hêlé* (éclat du soleil) • **Hist.** Ve s. : ancien militaire, Héliodore abandonna tout, famille et biens, afin de suivre saint Jérôme et prêcher en Terre sainte • **S. Zod.** : Cancer. • **Dérivé** : *Héliodora*.

Hellé
▼
Fête : 18 août. cf. *Hélène*
- **Étym.** : du grec *hêlé* (éclat du soleil) • **Myth.** : fille d'Athamos (fils d'Eole roi de Thessalie) et de Néphéla, Hellé et son frère prirent la fuite, sur le dos d'un bélier, pour échapper à leur marâtre. Déséquilibrée, Hellé tomba dans la mer qui prit son nom, Hellespont • **S. Zod.** : Lion.

Héloïse
▼
Fête : 20 juillet. cf. *Élie*

Hélyette
▼
Fête : 20 juillet. cf. *Élie*

Hendrick
▼
Fête : 13 juillet. cf. *Henri* ; *forme alsacienne du prénom.*

Henri
▼
Fête : 13 juillet
- **Étym.** : du germain *haim* (maison), *rik* (roi ou puissant) • **Hist.** X[e]-XIe s. : duc de Bavière, Henri naquit en 972 et succéda à l'empereur Otton III, en 1002, sur le trône du Saint-Empire romain germanique. Il utilisa fréquemment le pouvoir religieux afin de renforcer son pouvoir temporel. Cependant, il soutint le mouvement clunisien et lui donna de nombreux subsides. Il mourut en 1024 et fut enseveli à Bamberg, évêché qu'il avait créé • **S. Zod.** : Cancer • **Dérivés** : *Enric, Enrique, Harry, Hendrick, Henry.*

Henriella, Henrielle
▼
Fête : 17 juillet. cf. *Henrietta*

Henrietta, Henriette
▼
Fête : 17 juillet
- **Étym.** : du germain *haim* (maison), *rik* (roi ou puissant) • **Hist.** XVIIIe s. : Henriette appartenait au groupe de carmélites de Compiègne guillotinées en 1794 • **S. Zod.** : Cancer • **Dérivés** : *Etta, Henriella, Henrielle.*

Héodez
▼
Fête : 18 novembre.
cf. *Aude* ; *forme celtique d'Aude.*

Héra
▼
Fête : 20 mars. cf. *Herbert*
- **Étym.** : obscure. Le sens du nom serait proche du féminin de héros (dans le sens du demi-dieu grec ou plus simplement de maîtresse) • **Myth.** : Héra

était la femme de Zeus et par conséquent la souveraine des dieux de l'Olympe. Elle est connue sous le nom de Junon dans la mythologie romaine • **S. Zod.**: Poissons.

Herbert
▼
Fête : 20 mars

• **Étym.** : du germain *heri* (armée), *berht* (brillant) • **Hist.** VIIe s. : anachorète vivant près du lac de Derventwater, en Angleterre. On dit que toute sa vie il implora le Seigneur afin de mourir en même temps que son meilleur ami, saint Cuthbert, et que son souhait fut exaucé en 687 • **S. Zod.** : Poissons.

Hercule
▼
Fête : 20 mars. cf. *Herbert*

• **Étym.** : du grec *Héraclès* (gloire d'Héra) • **Myth.** : fils de Zeus, Hercule fut poursuivi par la colère d'Héra, sa belle-mère, furieuse de l'infidélité de son époux. Elle le traqua et exigea de lui les Douze Travaux qui établirent sa notoriété et lui gagnèrent l'immortalité • **S. Zod.** : Poissons.

Hereswitha
▼
Fête : 20 mars. cf. *Herbert*

• **Étym.** : du germain *heri* (armée), *wild* (sauvage). On ne connaît pas de sainte illustrant ce prénom. Cependant, une reine d'Est-Anglie le porta au VIe ou au VIIe siècle • **S. Zod.** : Poissons.

Heribald
▼
Fête : 25 avril

• **Étym.** : du germain *heri* (armée), *bald* (hardi) • **Hist.** IXe s. : Heribald fut d'abord abbé puis évêque d'Auxerre. On ne connaît rien d'autre à son propos • **S. Zod.** : Taureau.

Herlinda, Herlinde
▼
Fête : 22 mars

• **Étym.** : du germain *heri* (armée), *lind* (doux) • **Hist.** VIIIe s. : fille du comte Adalard, Herlinde, accompagnée de sa sœur Relinde, se fit religieuse au monastère de Naaseyk (Belgique), édifié par leur père. Herlinde y mourut en 745 • **S. Zod.** : Poissons.

Herma
▼
Fête : 28 août. cf. *Hermès*

Nom de femme à l'époque grecque.

Hermance
▼
Fête : 7 avril. cf. *Hermann*

Hermann
▼
Fête : 7 avril

• **Étym.** : du germain *heri* (armée), *mann* (homme) • **Hist.**

XIIIe s. : né à Cologne vers 1152 dans une famille pauvre, Hermann reçut une solide éducation religieuse. À 12 ans, il entra au couvent de Saint-Einfeldt appartenant à l'ordre des Prémontrés. De nombreuses faveurs du ciel lui auraient été accordées, notamment le don de guérison. Il mourut en 1241. Le calendrier honore le 25 septembre Herman le Contract, religieux humaniste de Reichenau • **S. Zod.** : Bélier.

Hermeland
▼
Fête : 25 mars

• **Étym.** : du germain *heri* (armée), *mein* (mon, ma, moi), *land* (terre) • **Hist.** VIIIe s. : né à Noyon, religieux pendant un temps à l'abbaye de Fontenelle, Hermeland alla évangéliser Nantes et ses environs, rayonnant depuis un monastère qu'il avait construit avec ses compagnons • **S. Zod.** : Bélier • **Dérivé** : *Hermelinde*.

Hermelinde
▼
Fête : 25 mars. cf. *Hermeland*

Herménégilda
▼
Fête : 13 avril.
cf. *Herménégilde*

Herménégilde
▼
Fête : 13 avril

• **Étym.** : du germain *heri* (armée), *mein* (mon, ma, moi), *ghil* (otage) • **Hist.** VIe s. : fils du roi d'Espagne, Herménégilde fut élevé dans l'hérésie arienne. Sa femme l'ayant converti, son père ne lui pardonna pas sa trahison et le fit mettre à mort • **S. Zod.** : Bélier • **Dérivés** : *Herménégilda, Hermengarde*.

Hermengarde
▼
Fête : 13 avril.
cf. *Herménégilde*

• **Étym.** : du germain *heri* (armée), *mein* (mon, ma, moi), *gard* (demeure).

Hermès
▼
Fête : 28 août

• **Étym.** : étymologie obscure. Hermès correspond au dieu Mercure romain, dieu des voyageurs et des voleurs • **Hist.** IIe s. : on sait peu de chose à son propos, sinon que son culte fut très vif à Rome. Il aurait été enterré dans le cimetière de Basilla après avoir été martyrisé à Rome au IIe siècle • **S. Zod.** : Vierge • **Dérivés** : *Herma, Hermine, Herminie, Hermione, Hersé, Hersilia*.

Hermine, Herminie
▼
Fête : 28 août. cf. *Hermès*

Hermione
▼
Fête : 28 août. cf. *Hermès*
• **Étym.** : étymologie obscure, à rapprocher de celle d'Hermès, dieu grec des messagers et des voleurs, ou de celle d'Héra, la femme de Zeus • **Myth.** : Hermione était la fille du roi Ménélas de Sparte et d'Hélène qui fut la cause de la guerre de Troie • **S. Zod.** : Vierge.

Hersé
▼
Fête : 28 août. cf. *Hermès*
• **Étym.** : du grec *hersé* (rosée) • **Myth.** : fille de Cecrops (l'homme serpent) et d'Aglauros, Hersé donna un fils à Hermès (dieu des messagers et des voleurs) : Céphale • **S. Zod.** : Vierge.

Hersilia
▼
Fête : 28 août. cf. *Hermès*
• **Étym.** : du grec *hersé* (rosée) • **Myth.** : Hersilia était l'épouse de Romulus (fondateur de Rome), qui la captura lors de l'enlèvement des Sabines • **S. Zod.** : Vierge.

Hervé
▼
Fête : 17 juin
• **Étym.** : du celtique *haer* (fort), *ber* (ardent) • **Hist.** VIe s. : né aveugle, Hervé aurait fait très tôt des quantités de prodiges. Abbé du monastère de Plouvien, il transféra ce couvent à Lanhouarneau, dans le Finistère. C'est un des saints les plus populaires de Bretagne • **S. Zod.** : Gémeaux • **Dérivés** : *Hervéa, Harvey, Herveig*.

Hervéa
▼
Fête : 17 juin. cf. *Hervé*

Herveig
▼
Fête : 17 juin. cf. *Hervé*

Hidulphe
▼
Fête : 11 juillet
• **Étym.** : du germain *hild* (combat), *wulf* (loup) • **Hist.** VIIIe s. : évêque auxiliaire de Trèves, Hidulphe abandonna ses fonctions afin de devenir clerc régulier. Pour cela, il fonda l'abbaye de Moyenmoutiers dans les Vosges • **S. Zod.** : Cancer.

Hilaire
▼
Fête : 3 janvier
• **Étym.** : du latin *hilarare* (rendre gai) • **Hist.** IVe s. : né à Poitiers dans une famille païenne, Hilaire se convertit au christianisme à l'âge adulte. Il devint évêque de Poitiers en 350 et lutta contre les arianistes. Il mourut en 368, dans son évêché • **S. Zod.** : Capricorne • **Dérivé** : *Hilaria*.

Hilaria

Fête : 13 janvier. cf. *Hilaire*

On ne connaît pas de sainte Hilaria mais la femme de saint Claude portait ce prénom au VIIᵉ siècle.

Hilary

Fête : 13 janvier. cf. *Hilaire* ;
*forme anglo-normande
du prénom.*

Hilbert

Fête : 3 novembre. cf. *Hubert*
• **Étym.** : *hild* (combat), *berht* (brillant).

Hilda

Fête : 17 novembre
• **Étym.** : du germain *hild* (combat) • **Hist.** VIIᵉ s. : parente du roi de Northumbrie, Hilda fonda le monastère double de Witby (Angleterre) où l'on formait les prêtres et les évêques • **S. Zod.** : Scorpion • **Dérivés** : *Hildebrand, Hildebrande*.

Hildebert

Fête : 27 mai. cf. *Hildevert*

Hildebrand, Hildebrande

Fête : 17 novembre. cf. *Hilda*
• **Étym.** : du germain *hild* (combat), *brun* (cuirasse).

Hildegarde

Fête : 17 septembre
• **Étym.** : du germain *hild* (combat), *gard* (maison) • **Hist.** XIᵉ-XIIᵉ s. : née d'une noble famille rhénane, en 1098, Hildegarde prit le voile à l'âge de 15 ans. En 1136, elle devint la supérieure du monastère de Didibodenbury. Mystique, elle eut des visions qu'elle rapporta dans un ouvrage, *Scivias* (connais les voies). Lettrée et savante, l'empereur n'hésitait pas à la consulter. Elle mourut au monastère en 1179 • **S. Zod.** : Vierge.

Hildegonde

Fête : 6 février
• **Étym.** : du germain *hild* (combat), *gund* (guerre) • **Hist.** XIIᵉ s. : fille du comte de Lidtberg, Hildegonde entra au couvent à la mort de son mari. Ce couvent était, en fait, son propre château transformé en abbaye à laquelle elle donna un grand renom de piété. Elle y mourut en 1183 • **S. Zod.** : Verseau.

Hildelitte

Fête : 3 septembre
• **Étym.** : du germain *hild* (combat), étymologie obscure pour le second élément qui dérive peut-être de *idh* (travail) • **Hist.** VIIIᵉ s. : princesse anglaise, Hildelitte se fit religieuse en France. Elle revint dans son pays avec sainte

Ethelburge pour fonder le monastère de Barking • **S. Zod.** : Vierge.

Hildeman
▼
Fête : 8 décembre
• **Étym.** : du germain *hild* (combat), *mann* (homme) • **Hist.** IXe s. : évêque de Beauvais, dans le premier tiers du IXe siècle. On ne sait rien d'autre à son propos • **S. Zod.** : Sagittaire.

Hildevert
▼
Fête : 27 mai
• **Étym.** : du germain *hild* (combat), *berht* (brillant) • **Hist.** VIIe s. : né près d'Amiens, Hildevert devint évêque de Meaux. Il travailla toute sa vie sur les Saintes Écritures et mourut aux alentours des années 680 • **S. Zod.** : Gémeaux.

Hiltrude
▼
Fête : 27 septembre
• **Étym.** : du germain *hild* (combat), *trud* (fidèle) • **Hist.** VIIIe s. : fille du comte de Poitiers, Hiltrude déclencha les foudres de son père en refusant le prétendant qu'il lui proposait. S'étant enfuie, elle se mit sous la protection de l'évêque de Cambrai et vécut toute sa vie dans un monastère qu'elle avait fondé sur une de ses terres. Elle y mourut vers l'an 800 • **S. Zod.** : Balance.

Himalaya
▼
Fête suggérée : 10 mars. cf. *Himeline*

Prénom récent de la fin du XXe siècle, qui commence sa carrière.

Himelin
▼
Fête : 10 mars
• **Étym.** : du germain *himm* (ciel), *lind* (doux) • **Hist.** VIIIe s. : selon la légende, Himelin aurait été un prêtre d'Irlande qui, en voyage pour Rome, aurait changé de l'eau en vin avant de mourir • **S. Zod.** : Poissons • **Dérivés** : *Himelinda, Himeline.*

Himelinda
▼
Fête : 10 mars. cf. *Himelin*

Himeline
▼
Fête : 10 mars. cf. *Himelin*

Hippolyte
▼
Fête : 13 août
• **Étym.** : du grec *hippolutos* (qui délie les chevaux) • **Hist.** IIIe s. : prêtre à Rome, Hippolyte fut un grand théologien. Il effectua de longues études et fut l'auteur d'un grand nombre de sermons où il attaquait les hérésies contemporaines. Il s'érigea cependant en antipape contre Caliste dont il critiquait l'indulgence. Il finit sa vie exilé dans les mines

de Sardaigne, sur l'ordre de l'empereur Maximien, en compagnie du pontife de l'époque, Pontien, qui y mourut également • **S. Zod.** : Lion.

Hiram

Fête suggérée : 13 juillet. cf. *Henri*

• **Étym.** : de l'hébreu (l'inspiré, le grand frère). • **Hist.** : nom du roi de Tyr dans l'Ancien Testament. Prénom populaire aux États-Unis.

Hoel, Hoela

Fête : 13 juillet. cf. *Joël*

D'origine celtique, on ne connaît pas le saint patron de ce prénom encore très vivace en Bretagne, accompagné de ses féminins Hoela, Hoelenn. L'étymologie même de ce prénom est obscure. On le rattache arbitrairement à Joël, dont la consonance est proche • **S. Zod.** : Cancer.

Holly

Fête : 5 mars. cf. *Olivia*

• **Étym.** : de l'anglais (le houx). Prénom très en vogue au XIXe siècle.

Hombeline

Fête : 21 août. cf. *Ombeline*

Honey

Fête : 5 octobre. cf. *Fleur*

Prénom féminin usité aux États-Unis et en Angleterre.

Honorata

Fête : 11 janvier

• **Étym.** : du latin *honorata* (honorée) • **Hist.** Ve s. : sœur de l'évêque de Pavie, Honorata entra au couvent de Saint-Vincent de Pavie avec sa sœur Luminosa. En 476, lors d'une invasion barbare, elles furent emmenées en captivité et leur frère dut les racheter. Elles ne survécurent pas longtemps, très éprouvées en effet par leur pénible emprisonnement • **S. Zod.** : Capricorne • **Dérivés** : *Honoria, Honoriane.*

Honoré

Fête : 16 mai

• **Étym.** : du latin *honoratus* (honoré) • **Hist.** VIe s. : né près d'Abbeville, Honoré fut évêque d'Amiens. On ne sait pratiquement rien d'autre à son sujet. Il est le patron des boulangers et des confiseurs • **S. Zod.** : Taureau.

Honoria, Honoriane

Fête : 11 janvier. cf. *Honorata*

Honorine
Fête : 27 février
• **Étym.** : du latin *honorata* (honorée) • **Hist.** IVe s. : martyrisée par des païens au IVe siècle, son corps fut jeté à la Seine à Tancarville et repêché par des chrétiens qui l'ensevelirent à Honfleur. Elle repose actuellement à Conflans-Sainte-Honorine, qui a pris son nom en souvenir d'elle. Elle est la patronne des bateliers • **S. Zod.** : Poissons.

Horace
Fête : 16 mai. cf. *Honoré*
• **Étym.** : de l'égyptien *Horus*, dieu à tête de faucon. On ne connaît pas de saint Horace, mais ce prénom fut très en vogue au XIXe siècle. Ce prénom masculin romain fut illustré lors de la lutte des trois Horaces contre les trois Curiaces • **S. Zod.** : Taureau.

Horatia, Horatiane
Fête : 11 janvier. cf. *Honorata*
Féminin d'Horace, ce nom fut illustré par la sœur des trois Horaces, qui le portait.

Horatien, Horatienne
Fête : 16 mai.
cf. *Honoré (Horace)*

Hortense
Fête : 5 octobre. cf. *Fleur*

Plante arbustive, pouvant atteindre deux mètres de haut, l'hortensia produit de mai à la fin de l'été de grosses fleurs roses ou blanches, bleues parfois si le terrain dans lequel elle est plantée est schisteux • **S. Zod.** : Balance.

Hostilia, Hostilina
Fête : 10 novembre.
cf. *Nymphe*
• **Myth.** : cette divinité était chargée de rendre les épis de blé égaux.

Howard
Fête suggérée : 9 août.
cf. *Oswald*
• **Étym.** : obscure, d'origine anglo-saxonne • **Hist.** : nom porté par la famille des ducs de Norfolk.

Hubert
Fête : 3 novembre
• **Étym.** : du germain *hugo* (esprit), *berht* (brillant) • **Hist.** VIIIe s. : Hubert fut nommé évêque de Tongres-Maestricht-Liège en 705. Son principal souci fut l'évangélisation de la Belgique. Il mourut en exerçant son apostolat en 727. La légende s'empara alors de lui, racontant qu'Hubert se serait converti sur le tard à la suite d'une partie de chasse où le cerf qu'il poursuivait lui aurait indiqué la voie du Christ. Il est le

patron des chasseurs • **S. Zod.** : Scorpion.

Hugh

Fête : 17 novembre.
cf. *Hughes* ; *forme gaélique du prénom, fréquent en Irlande et en Écosse*

Hugues

Fête : 17 novembre

• **Étym.** : du germain *hugo* (esprit) • **Hist.** XIIe-XIIIe s. : né à Avallon en 1140, Hugues entra à la Grande Chartreuse (Savoie) à l'âge de 15 ans. On lui confia l'administration matérielle du monastère. Appelé à la cour d'Angleterre, il fut chargé par le roi de la réorganisation de la Chartreuse de Wilhan. Nommé plus tard évêque de Lincoln, il accomplit dans son diocèse un remarquable travail d'évangélisation. Il mourut en 1200, à Londres, vénéré de tous et, en particulier, des pauvres qu'il avait protégés toute sa vie. Le calendrier vénère saint Hugues de Grenoble, le 1er avril • **S. Zod.** : Scorpion • **Dérivés** : *Hughette, Hugo, Huguette.*

Hughette

Fête : 17 novembre.
cf. *Hugues*
ou 8 août. cf. *Hugoline*

Hugo

Fête : 17 novembre.
cf. *Hugues*

Hugoline

Fête : 8 août

• **Étym.** : du germain *hugo* (esprit) • **Hist.** XIIIe s. : se faisant passer pour un homme, Hugoline demeura 47 ans dans une cellule non loin de Verceil, dans le Piémont. Elle mourut en 1300 • **S. Zod.** : Lion.

Humbert

Fête : 4 mars

• **Étym.** : du germain *hut* (garde), *berht* (brillant). Le premier élément de cette étymologie n'est pas sûr, il peut dériver également de la racine nordique *humm* (ours) • **Hist.** XIIe s. : Humbert III, fils d'Amédée II, comte de Savoie, naquit en 1136. Dirigé très jeune par l'évêque Amédée de Lausanne, Humbert se retira à l'abbaye de Haute-Combe à son second veuvage. Il dut cependant en sortir sur les instances de ses barons qui voulaient son remariage afin d'avoir un héritier dynastique. Humbert mourut à Chambéry en 1189 • **S. Zod.** : Poissons.

Humfroy

Fête : 8 mars

• **Étym.** : du germain *hut* (garde), *frido* (paix). Le premier élément de cette étymologie n'est pas sûr, il peut dériver également de la racine nordique *humm* (ours) • **Hist.** IXᵉ s. : évêque de Thérouanne, Humfroy aida ses diocésains à réparer la ville après le passage des barbares normands en 866. Il mourut dans son évêché en 871 • **S. Zod.** : Poissons • **Dérivés** : *Humphrey, Huntfrid*.

Humphrey
▼
Fête : 8 mars. cf. *Humfroy*

Hune, Huna
▼
Fête : 15 avril

• **Étym.** : du germain *hut* (garde). Cette étymologie n'est pas sûre, elle peut dériver de la racine nordique *humm* (ours) • **Hist.** VIIᵉ s. : bien que parente du roi de Bourgogne et épouse d'un noble Franc, Hune fit les travaux les plus humbles pour soulager les pauvres • **S. Zod.** : Bélier.

Hunéric
▼
Fête : 15 avril. cf. *Huna*

• **Étym.** : du germain *hut* (garde), *rik* (roi ou puissant). Le premier élément de cette étymologie n'est pas sûr, il peut dériver également de la racine nordique *humm* (ours). On ne connaît pas de saint Hunéric, mais ce prénom fut porté par un roi vandale du Vᵉ siècle • **S. Zod.** : Bélier.

Hunérica, Hunérika
▼
Fête : 15 avril. cf. *Huna*

Huntfrid
▼
Fête : 8 mars. cf. *Humfroy*

Hya
▼
Fête : 4 août. cf. *Ia*

Hya était un nom féminin porté aux époques grecque et romaine.

Hyacinthe
▼
Fête : 17 août

• **Étym.** : du latin *hyacinthaeus* (hyacinthe, pierre précieuse) • **Hist.** XIIᵉ-XIIIᵉ s. : né en Pologne en 1185. Après des études très poussées, Hyacinthe fit un séjour à Rome où il rencontra saint Dominique. Rentré dans son pays, il fonda de nombreuses maisons dominicaines. Il mourut en 1257, dans son évêché de Cracovie, et passe pour avoir fait de nombreux miracles • **S. Zod.** : Lion • **Dérivés** : *Jacynthe, Hiacinthia*.

Hiacynthia
▼
Fête : 17 août. cf. *Hyacinthe*

Hyana, Hyane, Hyanie
▼
Fête : 4 août. cf. *Hya* et *Ia*

I

Ia

Fête : 4 août
- **Étym.** : du grec *ia* (cri, bruit, voix) • **Hist.** IVe s. : on suppose Ia d'origine grecque. Elle fut martyrisée vers 360, en Perse, en compagnie de nombreux autres chrétiens • **S. Zod.** : Lion • **Dérivés** : *Hya, Hyana, Hyane, Hyanie, Ialména, Ilione, Ilona, Io, Iolé, Iona.*

Iaéra

Fête : 10 novembre. cf. *Nymphe*
- **Myth.** : Iaéra était la nymphe protectrice du mont Ida où Jupiter fut élevé • **S. Zod.** : Scorpion.

Ialména, Ialmène

Fête : 4 août. cf. *Ia*
- **Myth.** : Ialmène était le fils de Lycus, prétendant d'Hélène • **S. Zod.** : Lion.

Iana, Iane, Ianie

Fête : 4 août. cf. *Ia*
30 mai ou 21 août. cf. *Jeanne*

Ianis, Yannis

Fête : 27 décembre. cf. *Jean ; forme grecque du prénom.*

Ianthé

Fête : 3 janvier. cf. *Xavier*
- **Myth.** : jeune crétoise, Ianthé épousa Athis, membre des Argonautes. Ianthé était un prénom féminin grec porté à l'époque classique • **S. Zod.** : Capricorne.

Iba

Fête : 4 septembre. cf. *Ida*
Nom féminin médiéval.

Ida

Fête : 4 septembre
- **Étym.** : du grec *ida* (mont célèbre de Phrygie), influencé plus tard par le germain *hild* (combat) • **Hist.** IXe s. : élevée à la cour de Charlemagne, qui la maria au comte Egbert. Devenue veuve, Ida prit le voile et s'occupa des déshérités • **S. Zod.** : Vierge

- **Dérivés** : *Iba, Idaéa, Idaïa, Idalie, Idyie, Ilda, Ilia, Iliona, Ilioné, Ilona, Io, Iolé, Iona.*

Idaéa
▼
Fête : 4 septembre. cf. *Ida*
- **Myth.** : fille de Dardanos, roi de Scythie et épouse du roi de Salmydessos, Idaéa fit montre d'une incroyable cruauté envers ses beaux-enfants qu'elle ne pouvait souffrir • **S. Zod.** : Vierge.

Idaïa
▼
Fête : 4 septembre.
cf. *Ida (voir Idaéa)*

Idalie
▼
Fête : 4 septembre. cf. *Ida*
- **Myth.** : Idalie était le surnom de Vénus, déesse de la Beauté et de l'Amour.

Idesbald
▼
Fête : 18 avril
- **Étym.** : du germain *idh (travail), bald* (hardi) • **Hist.** XIIe s. : d'abord moine, puis abbé du monastère Notre-Dame-des-Dunes, sis non loin de Dunkerque, Idesbald y mourut après l'avoir réorganisé en 1167 • **S. Zod.** : Bélier.

Idora
▼
Fête : 17 avril. cf. *Isadora ; forme contractée du prénom.*

Idrina
▼
Fête : 4 septembre. cf. *Ida ; forme dérivée du prénom.*

Idriss
▼
Fête suggérée : 18 avril.
cf. *Idesbald*
- **Étym.** : de l'arabe (le studieux), voire parallèlement galloise (fier seigneur). Ce prénom fut très populaire au Moyen Âge et à la fin du XIXe siècle en Angleterre.

Idyie
▼
Fête : 4 septembre. cf. *Ida*
- **Myth.** : Océanide, elle était l'épouse d'Aetes et la mère de Médée • **S. Zod.** : Vierge.

Iérémie
▼
Fête : 1er mai
- **Étym.** : de l'hébreu (Dieu est haut). Prénom masculin porté à l'époque romaine provenant de la déformation du nom biblique Jérémie • **S. Zod.** : Taureau.

Ignace
▼
Fête : 31 juillet
- **Étym.** : du latin *ignis* (feu) • **Hist.** XVe-XVIe s. : né en Guipuzcoa (Espagne) en 1491, d'une famille noble, Ignace se lança dans la carrière des armes. Mais, un boulet l'ayant blessé aux jambes, il fut contraint d'abandonner l'armée.

Sa longue convalescence lui ayant donné le loisir de méditer, Ignace se tourna alors vers Dieu ; et reprenant ses études, il cumula les diplômes à Alcala, à Salamanque, à la Sorbonne. En 1534, avec un noyau d'amis, il fonda la Compagnie de Jésus qui se voua au Christ. Les membres de cette congrégation se donnèrent le nom de Jésuites. La structure de l'ordre était très hiérarchisée et l'essentiel du pouvoir était aux mains du grand maître. Elle a joué un très grand rôle dans l'histoire tant événementielle que politique. C'est pourquoi elle fut dissoute à plusieurs reprises mais toujours rétablie par la suite. Ignace, miné par une grave maladie d'estomac, s'éteignit en 1556 • **S. Zod.** : Lion.

Igor

Fête : 5 juin

• **Étym.** : racine slave (entouré de remparts, fortifié) • **Hist.** XIIe s. : évincé du trône de Kiev par son peuple, Igor entra en religion, ce qui ne l'empêcha pas d'être assassiné dans un monastère en 1147 • **S. Zod.** : Gémeaux.

Ike

Fête : 17 décembre.
cf. *Judicaël*
Prénom féminin nordique.

Ila, Ile, Ilean, Iléana, Iléane

Fête : 4 août. cf. *Ilioné*

Ilda

Fête : 23 janvier. cf. *Ildefonse* ou 4 septembre. cf. *Ida*

Ildefonse

Fête : 23 janvier

• **Étym.** : du germain *hild* (combat), *funs* (rapide) • **Hist.** VIIe s. : évêque de Tolède très vénéré en Espagne, il est associé à la dévotion envers la Vierge, qu'il encouragea par un livre où il exaltait la virginité de la mère de Dieu • **S. Zod.** : Verseau.

Ilia

Fête : 4 août. cf. *Ia*

• **Étym.** : du latin *ilia* (les flancs) • **Myth.** : on l'appelle également Rhéa Silvia. Ilia était la mère des jumeaux Romulus et Rémus qui fondèrent Rome • **S. Zod.** : Lion.

Ilian

Fête : 4 août. cf. *Ilia* ; *forme masculine du prénom en Irlande.*

Iliona

Fête : 4 août. cf. *Ilioné*

Ilioné

Fête : 4 août. cf. *Ia*

• **Étym.** : du grec *ilia*, sous-entendu *guné* (une Troyenne)
• **Myth.** : Ilioné était l'aînée des cinquante filles du roi Priam de Troie. Elle épousa le roi de Thrace, Polymestor • **S. Zod.** : Lion.

Ilona

Fête : 4 août. cf. *Ia*

Ilsa, Ilse

Fête : 17 novembre.
cf. *Elisabeth* ; *forme dérivée scandinave du prénom.*

Imaya

Fête suggérée : 29 juin.
cf. *Emma*

• **Étym.** : de l'arabe (providence).

Imelda

Fête : 12 mai

• **Étym.** : du celte *mael* (maître)
• **Hist.** XIVe s. : née à Bologne en 1320, Imelda entra très jeune au monastère de Val di Petra. Elle mourut à l'âge de 13 ans avant d'avoir pu prononcer ses vœux • **S. Zod.** : Taureau • **Dérivés** : *Ismelda, Ismène, Ismerie.*

Imma, Immina

Fête : 24 novembre

• **Étym.** : du latin *imminere* (s'élever au-dessus) • **Hist.** VIIIe s. : fille du duc de Franconie, Hélan II, Imma se retira sur une montagne avec un groupe de vierges, puis elle quitta cet endroit pour se rendre à Karlbourg-sur-le-Main (Allemagne), dans une abbaye dont elle devint la supérieure • **S. Zod.** : Sagittaire.

India, Indiana

Fête : 9 juin. cf. *Diane*

Inès

Fête : 21 janvier

• **Étym.** : altération d'Isabelle
• **Hist.** XVIIe s. : Inès de Benigarim naquit à Valence en 1625. Fille de parents nobles et pauvres, elle s'occupa d'eux jusqu'à leur mort, puis entra chez les Augustines déchaussées de Benigarim. D'une grande dévotion, Inès s'infligea de nombreuses mortifications. Elle mourut en 1696, âgée de 71 ans • **S. Zod.** : Verseau.

Ingeborg

Fête : 2 septembre. cf. *Ingrid*

Ingonde

Fête : 2 septembre. cf. *Ingrid*
• **Hist.** : On ne connaît pas de

sainte Ingonde, mais ce prénom fut porté par la fille du roi Sigebert Ier • **S. Zod.** : Vierge.

Ingrid

Fête : 2 septembre

• **Étym.** : du danois *Ingwi* (nom d'un héros), *rida* (qui délivre) • **Hist.** XIIIe s. : aidée de quelques pères dominicains installés en Suède, Ingrid fonda une abbaye à Skanninge, dont elle devint la prieure et où elle mourut en 1282 • **S. Zod.** : Vierge • **Dérivés** : *Ingebord, Ingonde, Sigrid*.

Innocent

Fête : 28 juillet

• **Étym.** : du latin *innocens* (inoffensif) • **Hist.** Ve s. : successeur d'Anastase Ier sur le trône pontifical en 401, Innocent Ier exerça son pontificat durant 16 années, au cours desquelles il ne cessa de lutter pour affirmer la suprématie de la papauté. Il mourut en 417 • **S. Zod.** : Lion.

Io

Fête : 4 août. cf. *Ia*

• **Myth.** : fille d'Inachos roi d'Argos et de Mélia, Io s'attira la colère d'Héra, jalouse de l'amour que portait son époux Zeus à la jeune fille • **S. Zod.** : Vierge.

Iolé

Fête : 4 août. cf. *Ia*

• **Myth.** : fille d'Eurytos roi d'Oechalie, Iolé était si belle qu'Hercule en tomba amoureux. Vainqueur d'un concours organisé pour gagner sa main, Hercule réclama Iolé à son père mais en vain. Eurytos la donna au fils d'Hercule, Hyllos • **S. Zod.** : Vierge.

Iona

Fête : 4 août. cf. *Ia*

Iphigénie

Fête : 9 juillet

• **Étym.** : du grec *iphi* (avec force, avec courage), *genos* (race) • **Myth.** : fille aînée d'Agamemnon et de Clytemnestre, Iphigénie fut destinée par son père à être offerte en sacrifice à Artémis, afin de calmer la colère de la déesse contre les Grecs • **Hist.** XVIIIe s. : Iphigénie fut religieuse au couvent de Bollène pendant la Révolution. Elle et les autres religieuses refusèrent de prêter serment de liberté-égalité. Elles furent alors arrêtées et transférées à Orange où trente-deux d'entre elles, dont Iphigénie, furent guillotinées • **S. Zod.** : Cancer.

Ira

Fête : 5 septembre. cf. *Iraïs*

Iraïs

Fête : 5 septembre

- **Étym.** : du grec *Héraïs* (qui vient d'Héra), ou *eirênê* (paix)
- **Hist.** IVe s. : vierge d'Alexandrie, Iraïs se joignit au groupe de chrétiens condamnés à mort sur l'ordre du gouverneur Culcien et subit leur sort
- **S. Zod.** : Vierge
- **Dérivé** : *Raïssa*.

Iréna

Fête : 5 avril. cf. *Irène*

Irène

Fête : 5 avril

- **Étym.** : du grec *eirênê* (paix)
- **Hist.** IVe s. : Irène, en compagnie de ses sœurs Chiona et Agapé, fut mise à mort en 304 à Thessalonique pour avoir refusé de consommer de la viande sacrifiée aux dieux
- **S. Zod.** : Bélier
- **Dérivé** : *Iréna, Irina*.

Irénée

Fête : 28 juin

- **Étym.** : du grec *eirênê* (paix)
- **Hist.** IIe s. : né en Asie mineure, Irénée devint évêque de Lyon. En 199, il prit part à la grande querelle qui agita l'Église d'Orient et d'Occident à propos de la date de Pâques. Théologien averti, il publia un traité où il rejeta les théories gnostiques. Il mourut martyrisé en 202
- **S. Zod.** : Cancer.

Irina

Fête : 5 avril. cf. *Irène* ; *forme slave du prénom.*

Iris

Fête : 4 septembre

- **Étym.** : du grec *iris* (arc-en-ciel)
- **Myth.** : dans la mythologie grecque, Iris était la messagère des dieux
- **Hist.** : fille de l'apôtre saint Philippe, Iris mourut en Asie mineure ; on ne sait guère plus de choses à son propos.
- **S. Zod.** : Vierge.

Irma

Fête : 4 septembre. cf. *Irmengarde* ou 24 décembre. cf. *Irmine*

Irmengarde

Fête : 4 septembre

- **Étym.** : du germain *heri* (armée), *mein* (mon, ma, à moi), *gard* (demeure)
- **Hist.** XIe s. : apparentée aux comtes de Luxembourg, Irmengarde se retira du monde et mena une vie érémitique à Suchteln (Allemagne). Après une visite au pape Léon IX, elle mourut en 1089 à Cologne
- **S. Zod.** : Vierge.

Irmentrude

Fête : 4 septembre

- **Étym.** : du germain *heri* (armée), *mein* (mon, ma, à moi), trud (fidélité). Ce prénom a été confondu avec celui d'Irmengarde, que l'on appelle indifféremment par ces deux vocables • **S. Zod.** : Vierge.

Irmina
▼
Fête : 24 décembre.
cf. *Irmine*

Irmine
▼
Fête : 24 décembre
• **Étym.** : du germain *ermin* (énorme) • **Hist.** VIIIe s. : moniale, Irmine aida de toutes ses forces saint Willibrord dans son travail d'évangélisation en Allemagne du Nord • **S. Zod.** : Capricorne • **Dérivés** : *Irma, Irmina, Irminie.*

Irminie
▼
Fête : 24 décembre.
cf. *Irmine*

Irving
▼
Fête : 13 juillet. cf. *Henri* ; *forme dérivée anglo-normande du prénom.*

Isaac
▼
Fête : 21 avril
• **Étym.** : de l'hébreu (Dieu sourit) • **Hist.** VIe s. : originaire de Syrie, Isaac s'établit à Spolète (Italie). Vivant en ermite, il fit de nombreux miracles. Il mourut aux alentours de 550 • **S. Zod.** : Taureau.

Isabeau
Fête : 22 février. cf. *Isabelle*

Isabel
Fête : 22 février. cf. *Isabelle*

Isabelle
▼
Fête : 22 février
• **Étym.** : altération d'Elisabeth : *eli* (Dieu), *isha* (salut), *beth* (maison) • **Hist.** XIIIe s. : fille du roi Louis VIII et de Blanche de Castille, Isabelle naquit en 1225. Très tôt prédisposée à la vie religieuse, elle reproduisit au palais même la vie du cloître. Au retour de saint Louis de la Croisade, elle fonda à Longchamps le couvent de l'Humilité-de-Notre-Dame. Il abritait des religieuses qu'on appelait sœurs mineures. Isabelle ne prit pas l'habit mais vécut au couvent jusqu'à sa mort en 1270 • **S. Zod.** : Poissons • **Dérivés** : *Belle, Bella, Isabeau, Isabel, Isaure, Iseult, Iselin, Iseline, Isold, Isolda, Isolde, Isoline, Ysabel.*

Isadora, Isidora
▼
Fête : 17 avril
• **Étym.** : du grec *isidoros* (don d'Isis) • **Hist.** IIIe s. : Isadora et sa sœur Néophyta furent toutes deux martyrisées en 236 lors

des persécutions de Maximin de Thrace • **S. Zod.** : Bélier.

Isaïas, Isaïe
▼
Fête : 15 mai

• **Étym.** : de l'hébreu *eli* (Dieu), *isha* (salut) • **Hist.** xie s. : moine à Kiev, ses compétences le firent nommer évêque de Rostov en 1077 • **S. Zod.** : Taureau.

Isarn
▼
Fête : 24 septembre

• **Étym.** : du germain *is* (glace), *arn* (aigle) • **Hist.** xie s. : né à Toulouse, Isarn entra au couvent Saint-Victor de Marseille, dont il devint abbé plus tard en 1024. Il y mourut en 1043 • **S. Zod.** : Balance.

Isaure
▼
Fête : 22 février. cf. *Isabelle* ou 4 octobre. cf. *Aure*

Prénom féminin porté au Moyen Âge, provenant sans doute de la contraction des deux prénoms Isabelle-Aure • **S. Zod.** : Poissons.

Isaut
▼
Fête : 22 février. cf. *Isabelle*

Iscia
▼
Fête : 5 octobre. cf. *Fleur*

Plantes qui fleurissent au printemps en épis et qui se parent de coloris allant du blanc au jaune en passant par le violet • **S. Zod.** : Balance • **Dérivé** : *Isciane*.

Isciane
▼
Fête : 5 octobre.
cf. *Fleur* et *Iscia*

Iselin, Iseline
▼
Fête : 22 février. cf. *Isabelle*

Iseult
▼
Fête : 22 février. cf. *Isabelle* ou 16 mars. cf. *Ysoie*

Isice
▼
Fête : 28 mars

• **Étym.** : Isis était la déesse égyptienne de la vie et de l'intelligence (la mère) • **Hist.** ve s. : moine du désert de Syrie, Isice avait été auparavant prêtre à Jérusalem dont il était originaire. Il fut exégète, mais il ne reste rien de ses écrits. Il mourut vers 435 • **S. Zod.** : Bélier • **Dérivés** : *Isinda, Isis*.

Isidore
▼
Fête : 4 avril

• **Étym.** : du grec *isidoros* (don d'Isis) • **Hist.** viie s. : d'une grande érudition, Isidore succéda à son frère Léandre sur le siège archiépiscopal de Séville. Savant et lettré, il écrivit des traités d'astronomie et de géographie, ainsi que des biographies. Il créa également de nombreuses écoles. La seule ombre à ce tableau fut qu'il cautionna la politique antijuive de la cour. Il mourut en 636 et fut nommé par Benoît XIV, docteur de l'Église • **S. Zod.** : Bélier.

Isinda
▼
Fête : 28 mars. cf. *Isice*
Nom féminin porté à l'époque romaine.

Isione
▼
Fête : 5 octobre. cf. *Fleur*
• **Étym.** : du latin *isione*, fleur du liseron.

Isis
▼
Fête : 28 mars. cf. *Isice*
• **Étym.** : de l'égyptien ancien *isis* (la mère) • **Myth.** : déesse de la mythologie égyptienne, mère des dieux, femme d'Osiris, elle symbolisait la vie, la fertilité et le renouveau • **S. Zod.** : Bélier.

Isleen
▼
Fête : 18 août. cf. *Hélène* ;
forme dérivée scandinave du prénom.

Ismaël
▼
Fête : 13 mai. cf. *Maël*
Nom d'origine biblique • **Hist.** : Ismaël était le fils d'Abraham et d'Agar.

Ismelda
▼
Fête : 12 mai. cf. *Imelda*

Ismène
▼
Fête : 12 mai. cf. *Imelda*

Ismérie
▼
Fête : 12 mai. cf. *Imelda*
Ce prénom a été illustré par la sœur de sainte Anne qui le portait.

Isold, Isolda, Isolde
▼
Fête : 22 février.
cf. *Iseult (Isabelle)*
ou 16 mars. cf. *Ysoie*

Isoline
▼
Fête : 22 février. cf. *Isabelle*
ou le 16 mars. cf. *Ysoie*

Issa, Issé
▼
Fête : 10 novembre.
cf. *Nymphe*
• **Étym.** : nom formé probablement à partir de la ville d'Issos en Cilicie (Turquie) • **Myth.** : Issé fut une nymphe de charmante apparence aimée d'Apollon • **S. Zod.** : Scorpion.

Itta ou Ita
Fête : 15 janvier
• **Étym.** : du flamand *witt* (blanc), ou du germain *idh* (travail) • **Hist.** V^e-VIe s. : chrétienne irlandaise, Itta fonda un couvent à Killeedy et y demeura sa vie durant. Ce couvent était spécialisé dans la formation du clergé. Il s'enorgueillit notamment d'avoir eu saint Brendan comme élève. Itta y mourut vers 570 • **S. Zod.** : Capricorne.

Ivain, Ivaine
Fête : 23 mai. cf. *Yves*

Ivan
Fête : 23 mai. cf. *Yves*

Ivanna, Ivanne
Fête : 23 mai. cf. *Yves*

Ivar, Ivor
Fête : 23 mai. cf. *Yves* ; *formes nordiques du prénom.*

Ive, Ivelin, Iveline
Fête : 23 mai. cf. *Yves*

Iver
Fête : 23 mai. cf. *Yves*

Ivette
Fête : 13 janvier
• **Étym.** : de la racine celte et germaine *id* (if) • **Hist.** XIIe s. : née à Huy, près de Liège, en 1158, Ivette fut mariée très jeune contre son gré. Veuve à 18 ans, elle éleva ses trois enfants tout en faisant de bonnes œuvres et notamment en soignant les lépreux. Elle mena ensuite une vie de recluse dans une cellule près de l'église de Huy, où elle mourut en 1228 • **S. Zod.** : Capricorne.

Ivon
Fête : 23 mai. cf. *Yvon*

Ivona ou Ivone
Fête : 23 mai. cf. *Yvon*

Ivy
Fête : 23 mai. cf. *Yves* ; *dérivé écossais du prénom.*

Jacinthe

Fête : 5 octobre. cf. *Fleur* ou 30 janvier

La jacinthe est une plante bulbeuse dont les fleurs s'élancent largement au-dessus de la tige en groupe dense. Elle fleurit précocement au printemps dans des gammes variées de rouge, rose, blanc, bleu, violet et jaune. Il existe également une sainte Jacinthe ou Hyacinthe, de nationalité italienne, fêtée le 30 janvier • **S. Zod. :** Balance.

Jack

Fête : 25 juillet. cf. *Jacques* ; *forme alsacienne du prénom.*

Jackie

Fête : 8 février. cf. *Jacqueline*

Jacky

Fête : 25 juillet. cf. *Jacques*

Jacob

Fête : 23 juin

• **Étym. :** de l'hébreu (qui supplante) • **Hist.** VIIIe s. : abbé du monastère de Hornbach, Jacob devint évêque de Toul et contribua à la restauration de l'abbaye de Saint-Dié • **S. Zod. :** Cancer.

Jacotte

Fête : 8 février. cf. *Jacqueline*

Jacqueline

Fête : 8 février

• **Étym. :** de l'hébreu (qui supplante) • **Hist.** XIIIe s. : Jacqueline de Septisoles, dame romaine de très noble origine, était réputée pour sa piété. Bienfaitrice des frères mineurs, elle obtint pour eux la cession de l'hôpital Saint-Blaise, à Ripa, appartenant aux bénédictins, et le fit transformer en couvent des mineurs de San Francesco. Disciple de saint François d'Assise pour qui elle avait une vénération immense, elle s'installa à Assise à la mort du saint et vécut non loin de son tombeau dans la prière et la solitude • **S. Zod. :** Verseau • **Dérivés :** *Jackie, Jacquemine, Jacotte, Jacquine, Jakeza, Javotte.*

Jacquemine
Fête : 8 février. cf. *Jacqueline*

Jacques
Fête : 25 juillet
• **Étym.** : de l'hébreu (qui supplante) • **Hist.** 1ᵉʳ s. : apôtre du Christ ainsi que son frère Jean, Jacques était né à Betsaïda et y exerçait le métier de pêcheur. En raison de son caractère emporté, Jésus l'avait surnommé « fils du tonnerre ». Il fut le premier apôtre à être exécuté sur l'ordre d'Hérode Agrippa en 42. La tradition voudrait qu'il soit allé prêcher en Espagne, mais les dates ne correspondent pas. Il est toutefois possible que l'on ait porté ses reliques plus tard dans ce pays. Saint-Jacques-de-Compostelle fut en effet un des hauts lieux de pèlerinage pendant le Moyen Âge, et de nombreux miracles auraient eu lieu sur sa tombe. Jacques est le patron de l'Espagne ainsi que des meuniers • **S. Zod.** : Lion • **Dérivés** : *Jack, Jacky, Jakez, James, Jim, Jimmy*.

Jacquine
Fête : 8 février. cf. *Jacqueline*

Jade
Fête suggérée : 29 juin. cf. *Judith*
• **Étym.** : de l'hébreu *jada* (la prudence). Sacralisé en Chine, le jade, précieuse pierre verte translucide aux vertus bienfaisantes, s'est érigé en prénom à succès ces dernières années.

Jafar
Fête suggérée : 3 avril. cf. *Fare*
• **Étym.** : de l'arabe (ruisseau).

Jaimie
Fête : 8 février. cf. *Jacqueline* ; *dérivé féminin de James (Jacques)*.

Jakez
Fête : 25 juillet ; *forme bretonne de Jacques.*

Jakeza
Fête : 8 février. cf. *Jacqueline* ; *forme bretonne du prénom.*

Jamal, Jamel, Jamela, Jamila
Fête suggérée : 22 décembre. cf. *Jean* ou 21 août. cf. *Jeanne*
• **Étym.** : de l'arabe (la beauté).

James
Fête : 25 juillet. cf. *Jacques* ; *forme béarnaise du prénom.*

Jana

Fête : 9 juin. cf. *Diane*
• **Myth.** : Jana était le qualificatif de Diane, déesse de la lune et des passages.

Jane

Fête : 30 mai ou 21 août.
cf. *Jeanne*

Janet

Fête : 30 mai ou 21 août.
cf. *Jeanne*

Janie

Fête : 30 mai ou 21 août.
cf. *Jeanne*

Janique

Fête : 30 mai ou 21 août.
cf. *Jeanne*

Janis

Fête : 30 mai ou 21 août.
cf. *Jeanne* ; forme anglo-normande du prénom.

Jans

Fête : 9 juillet. cf. *Janssen*

Janssen

Fête : 9 juillet
• **Étym.** : venant de Johan, Jean. En hébreu *Iohanan* (gracieux) • **Hist.** XVIe s. : Janssen était religieux dans le couvent franciscain de Gorain, en Hollande. La ville ayant été investie par les calvinistes, ces derniers essayèrent de faire apostasier les moines, en vain. Furieux, ils en pendirent douze, dont Janssen en 1572 • **S. Zod.** : Cancer.

Janvier, Jennaro

Fête : 19 septembre
• **Étym.** : du latin *jenuarius* (mois de janvier) • **Hist.** IVe s. : ce saint doit moins son renom au martyre qu'il subit sous Dioclétien qu'au phénomène étrange qui se produit sous son égide, à dates reconduites, dans la cathédrale de Naples. En effet, son sang recueilli dans une ampoule se met à bouillir et à augmenter de volume, passant de la coagulation à la liquéfaction, à certaines occasions. De nombreuses études scientifiques ont été faites sans pouvoir apporter la clef de l'énigme. Janvier est le patron de Naples • **S. Zod.** : Vierge • **Dérivés** : *Janviéra, Janvière, Javier, Javièra, Javière.*

Janvièra ou Janvière

Fête : 19 septembre.
cf. *Janvier*

Jaoven, Joevin

Fête : 2 mars
• **Étym.** : du latin *Jovis* (de Jupi-

ter) • **Hist.** : on ne sait pas exactement quelle fut l'existence de ce saint populaire en Bretagne, ni à quelle époque il vécut • **S. Zod.** : Poissons • **Dérivés** : *Joeva, Jova, Jovianne, Jovien, Jovienne.*

Jarvis

Fête : 19 juin. cf. *Gervais ; forme anglo-normande du prénom.*

Jasmin, Jasmine, Jasmina

Fête : 15 octobre. cf. *Fleur* ou 31 mars. cf. *Benjamine*
• **Étym.** : de l'arabe *yasemin* (fleur de jasmin). Le jasmin est un arbuste grimpant aux fleurs odorantes blanches ou rose pâle qui fleurit en juin-juillet.

Jason

Fête : 12 juillet
• **Étym.** : du grec *iason*, provenant sans doute de la ville d'Iasus, la ville des Argiens • **Hist.** 1er s. : Jason aurait hébergé saint Paul à Salonique. On le vénère comme évangéliste et martyr • **S. Zod.** : Cancer.

Jasper

Fête : 2 janvier. cf. *Gaspard ; forme alsacienne du prénom.*

Javier, Javièra, Javière

Fête : 19 septembre. cf. *Janvier*

Javotte

Fête : 8 février. cf. *Jacqueline*

Jay

Fête : 25 juillet. cf. *James ; forme dérivée diminutive anglo-saxonne du prénom.*

Jayne

Fête : 30 mai ou 21 août. cf. *Jeanne ; forme anglo-normande du prénom.*

Jean

Fête : 27 décembre
• **Étym.** : de l'hébreu (Dieu accorde) • **Hist.** 1er s. : frère de saint Jacques, Jean abandonna tout pour suivre Jésus et devenir son disciple. La tradition dit qu'il fut le préféré du Christ. À la différence de son frère, qui mourut en martyr très jeune, Jean vécut très vieux et s'éteignit à Ephèse à la fin du 1er siècle. Il laissait derrière lui un évangile rédigé au long de sa vie et qui prônait avant tout l'amour de Dieu et l'amour des hommes pour leurs prochains • **S. Zod.** : Capricorne
• **Dérivés** : *Hans, Jehan, Johan, Johannes, John, Johnny, Yann, Yannick.*

Jean-Baptiste

Fête : 24 juin

• **Étym.** : de l'hébreu (Dieu accorde) • **Hist.** Ier s. : fils de Zacharie et d'Elisabeth, oncle et tante de Jésus, Jean-Baptiste partit pour le désert à 15 ans et annonça la venue prochaine du Messie. En l'attendant, il baptisa les foules dans le Jourdain. Un jour, Jésus vint se faire baptiser ; Jean le reconnut immédiatement et s'en déclara indigne. Mais le Christ le persuada de le faire. J.-Baptiste mourut victime d'Hérodiade, l'épouse d'Hérode, gouverneur de Judée. Il avait en effet critiqué ce dernier d'avoir épousé la femme de son frère. Il est le patron des bergers, coutelliers, charpentiers. Il est invoqué contre l'épilepsie et les peurs des enfants • **S. Zod.** : Cancer • **Dérivés** : *Baptiste, Baptistin, Baptistine, Hans, Ivan, Jehan, Johan, Johannes, John, Johnny, Yann, Yannick.*

Jeanne d'Arc

Fête : 30 mai

• **Étym.** : de l'hébreu (Dieu accorde) • **Hist.** XVe s. : née en 1412 à Domrémy (Lorraine), d'une modeste famille de fermiers, Jeanne fut appelée par des voix lui ordonnant de partir aider le roi de France. Après avoir réuni une armée, elle obtint certains succès militaires dont le plus probant fut la reprise d'Orléans aux Anglais, le 23 mai 1430. Elle tomba aux mains de ces derniers qui lui firent immédiatement un procès d'hérésie. Après un jugement inique, elle fut brûlée vive à Rouen le 30 mai 1431 • **S. Zod.** : Gémeaux • **Dérivés** : *Jane, Janie, Janique, Jeannice, Jeannine, Jehanne, Jennie, Jennifer, Jenny, Joan, Joanna, Johanna, Juanita.*

Jeanne de Chantal

Fête : 21 août

• **Étym.** : de l'hébreu (Dieu accorde) • **Hist.** XVIe-XVIIe s. : fille du président du parlement de Bourgogne, Jeanne naquit non loin de Dijon, en 1572. Âgée de 20 ans, elle épousa le baron de Chantal. Devenue veuve après 8 ans de mariage, elle rencontra alors saint François de Sales qui lui fit prendre conscience de sa vocation religieuse. En 1615 fut fondé l'ordre de la Visitation, où les moniales partageaient leur temps entre la prière et le secours aux malades. En 1619, on y ajouta l'éducation des jeunes filles. Abbesse de ce couvent à Annecy, sainte Jeanne y mourut en 1641, âgée de 69 ans • **S. Zod.** : Lion • **Dérivés** : *Chantal, Jane, Janie, Janique, Jeannice, Jeannine, Jehanne, Jemmie, Jennifer, Jenny, Joan, Joanna, Johanna, Juanita.*

Jeannice

Fête : 30 mai ou 21 août.
cf. *Jeanne*

Jeannine

Fête : 30 mai ou 21 août.
cf. *Jeanne*

Jeff, Jefferson

Fête : 8 novembre.
cf. *Geoffrey* ; *formes dérivées du prénom.*

Jeffrey

Fête : 8 novembre.
cf. *Geoffrey*

Jehan

Fête : 27 décembre. cf. *Jean* ; *forme médiévale du prénom.*

Jehanne

Fête : 30 mai ou 21 août.
cf. *Jeanne* ; *forme médiévale du prénom.*

Jemmie

Fête : 30 mai ou 21 août.
cf. *Jeanne*

Jenna

Fête : 30 mai ou 21 août.
cf. *Jeanne* ; *forme dérivée de Jennifer.*

Jennifer

Fête : 30 mai ou 21 août.
cf. *Jeanne*

Jenny

Fête : 30 mai ou 21 août.
cf. *Jeanne*

Jérémie, Jérémy

Fête : 1er mai

• **Étym. :** de l'hébreu (Dieu est haut) • **Hist.** VIIe s. av. J.-C. : né près de Jérusalem, Jérémie eut beaucoup d'ennuis pour avoir proclamé ses prophéties, notamment quant à la destruction de Jérusalem annoncée dans ses lamentations. Il serait mort lapidé en Égypte vers -590 • **S. Zod. :** Taureau.

Jérôme

Fête : 30 septembre

• **Étym. :** du grec *hieros onoma* (nom sacré) • **Hist.** IVe-Ve s. : né en Vénétie dans une riche famille, Jérôme fit des études très poussées et étudia les livres sacrés. Désirant se faire moine, il partit dans le désert de Chalas, où il apprit l'hébreu. En 381, le pape Damase l'appela afin de réviser la traduction des Évangiles. En 384, Jérôme retourna en Orient et créa un monastère où il se retira pour travailler durant 30 ans à la traduction de la Bible en latin : la Vulgate. Il mourut âgé de 90 ans, vers 420 • **S. Zod. :** Balance • **Dérivé :** *Géronima*.

Jerry

Fête : 3 octobre. cf. *Gérard*

Jessé

Fête : 4 novembre
- **Étym.** : de l'hébreu (Dieu est)
- **Hist.** : la tradition raconte que l'Église géorgienne se constitua grâce à un groupe de treize moines qui annonça la bonne parole. Jessé aurait appartenu à cette collectivité et aurait même reçu la dignité d'évêque du diocèse de Dtzilkani • **S. Zod.** : Scorpion • **Dérivés** : *Jessica, Jessie, Jessy.*

Jessica

Fête : 4 novembre. cf. *Jessé*

Jessie, Jessy

Fête : 4 novembre. cf. *Jessé*

Jezabel, Jezebel

Fête : 17 décembre.
cf. *Judicaël*

Jezekel, Jezekela

Fête : 17 décembre.
cf. *Judicaël*

Jil

Fête : 5 octobre.
cf. *Gilia (Fleur)*

Jildaza

Fête : 29 janvier
Féminin de Gildas.

Jim, Jimmy

Fête : 25 juillet. cf. *Jacques*

Joachim, Joaquim

Fête : 16 août
- **Étym.** : de l'hébreu (Dieu s'est levé) • **Hist.** Ier s. : Joachim fut l'époux de sainte Anne, et par conséquent le père de la Vierge Marie • **S. Zod.** : Lion • **Dérivé** : *Joas.*

Joanne

Fête : 30 mai ou 21 août.
cf. *Jeanne ; forme médiévale dauphinoise du prénom.*

Joannice

Fête : 4 novembre
- **Étym.** : de l'hébreu (Dieu accorde) • **Hist.** IXe s. : après avoir mené la vie militaire pendant un certain temps, Joannice quitta les armes pour une retraite solitaire sur le mont Olympe. Il s'opposa fermement à l'iconoclasme et forma quelques moines à ses opinions. Il mourut vers 846 • **S. Zod.** : Scorpion.

Joaquina, Joaquine

Fête : 28 août

• **Étym.** : de l'hébreu (Dieu s'est levé) • **Hist.** XVIIIe s. : née en 1783 à Barcelone ; à son veuvage, Joaquina s'occupa seule de ses six enfants. Ceux-ci élevés, elle fonda en 1826 l'ordre des Carmélites de la Charité destiné à enseigner et à soigner les déshérités. Cette congrégation essaima un peu partout dans les territoires de langue espagnole. Joaquina mourut en 1854 âgée de 71 ans • **S. Zod.** : Vierge.

Joas
Fête : 16 août. cf. *Joachim*
• **Myth.** : Joas était le neveu d'Athalie.

Jocelyn
Fête : 13 décembre. cf. *Josse*

Jocelyna, Jocelyne
Fête : 13 décembre. cf. *Josse*

Jodelle
Fête : 13 juillet. cf. *Joël*

Jodie
Fête : 13 juillet. cf. *Joël*

Joe
Fête : 13 juillet. cf. *Joël*

Joël
Fête : 13 juillet
• **Étym.** : de l'hébreu *yah* (seigneur), *el* (Dieu) • **Hist.** : prophète biblique, Joël aurait annoncé l'effusion de l'Esprit Saint sur tous les hommes. Il était le fils aîné de Samuel • **S. Zod.** : Cancer • **Dérivés** : *Hoël, Hoëla, Jodelle, Jodie, Joe, Joella, Joelle, Joelliane, Joelline.*

Joella, Joelle, Joelliane, Joelline
Fête : 13 juillet. cf. *Joël*

Joeva
Fête : 2 mars. cf. *Jaoven*

Joevin
Fête : 2 mars. cf. *Jaoven*

Johan
Fête : 27 décembre. cf. *Jean*

Johanna
Fête : 30 mai ou 21 août. cf. *Jeanne*

Johanne, Johannes
Fête : 27 décembre. cf. *Jean*

John, Johnny
Fête : 27 décembre. cf. *Jean*

Jonathan

Fête : 27 décembre. cf. *Jean*
• **Étym. :** de l'hébreu (Dieu donne).

Jordana

Fête : 15 février. cf. *Georgia*

Jordane, Jordan

Fête : 23 avril. cf. *Georges*
Prénom composé au retour des croisades par les chevaliers qui s'en revenaient du Jourdain.

Jordi

Fête : 23 avril. cf. *Georges ; forme médiévale du prénom.*

Jore

Fête : 23 avril. cf. *Georges ; forme normande du prénom.*

Joris

Fête : 23 avril. cf. *Georges ; forme dérivée anglo-normande du prénom.*

Josapha

Fête : 7 décembre. cf. *Josèphe*

José

Fête : 19 mars. cf. *Joseph*

Josée

Fête : 7 décembre. cf. *Josèphe*

Joséfa, Josépha

Fête : 7 décembre. cf. *Josèphe*

Joseph

Fête : 19 mars
• **Étym. :** de l'hébreu (qui croît, qui multiplie) • **Hist.** Ier s. : la famille de Joseph était originaire de Bethléem en Judée, mais il était venu travailler à Nazareth. Il épousa Marie à 20 ans et protégea l'enfant divin. Il semble qu'il mourut avant que Jésus ne commence sa vie publique. Joseph est le patron des travailleurs et incarne toutes les vertus paternelles • **S. Zod. :** Poissons • **Dérivé :** *José.*

Josèphe

Fête : 7 décembre
• **Étym. :** de l'hébreu (qui croît, qui multiplie) • **Hist.** XIXe s. : née en Ligurie (Italie) en 1811, Josèphe fonda la congrégation des Filles de la miséricorde, ayant pour but d'instruire les jeunes filles pauvres. Elle mourut en 1880 laissant derrière elle des communautés solides et bien établies un peu partout • **S. Zod. :** Sagittaire • **Dérivés :** *Josapha, Josée, Josépha, Joséphine, Josette, Josiane, Josie.*

Joséphine

Fête : 7 décembre. cf. *Josèphe*

Josette

Fête : 7 décembre. cf. *Josèphe*

Josh, Joss

Fête : 13 décembre.
cf. *Josse* ; *forme anglo-normande du prénom.*

Josiane

Fête : 7 décembre. cf. *Josèphe*

Josie

Fête : 7 décembre. cf. *Josèphe*

Josse, Judoc

Fête : 13 décembre
• **Étym.** : étymologie obscure, à rattacher peut-être à la signification hébraïque de *Jesse* (Dieu est) • **Hist.** VIIe s. : fils du roi Juthaël de Bretagne, on connaît peu de choses à son propos, sinon qu'il fut ermite au VIIe siècle et que son ancienne retraite devint plus tard le monastère renommé de Saint-Josse-sur-Mer • **S. Zod.** : Sagittaire • **Dérivés** : *Jocelyn, Jocelyne, Josselin, Josseline, Jossie, Joy, Joyce.*

Josselin, Josseline

Fête : 13 décembre. cf. *Josse*

Jossie

Fête : 13 décembre. cf. *Josse*

Jova

Fête : 2 mars. cf. *Joevin, Jaoven*

Prénom féminin porté à l'époque romaine, signifiant fille de Jupiter (*Jovis*).

Jovianne

Fête : 2 mars. cf. *Joevin, Jova*

Jovien, Jovienne

Fête : 2 mars. cf. *Joevin, Jaoven*

Nom porté par un empereur romain, Jovien, successeur de l'empereur Julien. Prénom dérivé de *Jovis* (Jupiter).

Joy

Fête : 13 décembre. cf. *Josse*

Joyce

Fête : 13 décembre. cf. *Josse*

Juan, Juanita

Fête : 30 mai ou 21 août.
cf. *Jeanne*
ou 27 décembre, 24 juin.
cf. *Jean* ; *formes basques du prénom.*

Jude

Fête : 28 octobre

- **Étym.** : de l'hébreu (qui glorifie) • **Hist.** Iᵉʳ s. : Jude fut un apôtre du Christ longtemps méconnu, et que les Écritures donnent pour le frère ou le fils de saint Jacques. En fait, on ignore à peu près tout de lui • **S. Zod.** : Scorpion • **Dérivés** : *Judie, Judy, July, June.*

Judicaël

Fête : 17 décembre

- **Étym.** : du celtique *lud* (seigneur), *haël* (généreux) • **Hist.** VIIᵉ s. : roi de Bretagne, devenu moine, Judicaël est connu pour s'être soumis aux rois mérovingiens • **S. Zod.** : Sagittaire • **Dérivés** : *Gaël, Gaëla, Gaëlig, Gaëlle, Ike, Jezabel, Jezebel, Jezekela, Juthaël, Kaelig, Laïg.*

Judie

Fête : 28 octobre. cf. *Jude* ou 29 juin. cf. *Judith*

Judith

Fête : 29 juin

- **Étym.** : de l'hébreu (juive) • **Hist.** IXᵉ s. : Judith était une parente de sainte Salomé. Toutes les deux vécurent en recluses dans des cellules voisines du monastère d'Ober-Altaïch, en Bavière • **S. Zod.** : Cancer • **Dérivé** : *Judie.*

Judy

Fête : 28 octobre. cf. *Jude* 29 juin cf. *Judith*

Jules

Fête : 12 avril

- **Étym.** : du latin *iuli* (chatons du coudrier) • **Hist.** IVᵉ s. : la *gens* Julius était une célèbre famille romaine qui se voulait descendante d'Énée. Jules César appartenait à cette famille. Citoyen romain, Jules fut élu pape en 337 succédant à saint Marc. Pendant ses quinze années de pontificat, il lutta contre l'arianisme. Il soutint dans ce sens saint Athanase, patriarche d'Alexandrie, contre les Eusébiens. Jules mourut en 352 et fut enterré près de la via Aurelia • **S. Zod.** : Bélier.

Julia, Julie

Fête : 22 mai

- **Étym.** : du latin *iuli* (chatons du coudrier). • **Hist.** VIᵉ s. : La *gens* Julius était une célèbre famille romaine que se voulait descendante d'Enée. Jules César appartenait à cette famille. Carthaginoise, Julia fut capturée et emmenée comme esclave. Abandonnée par la suite en Corse, alors envahie de Sarrasins, elle fut à nouveau prise et martyrisée. Julie est la patronne de la Corse • **S. Zod.** : Gémeaux.

Julian
▼
Fête : 28 août. cf. *Julien* ; *forme occitane du prénom.*

Julianne
▼
Fête : 19 juin. cf. *Julienne* ; *forme occitane du prénom.*

Julien
▼
Fête : 28 août

• **Étym. :** du latin *iuli* (chatons du coudrier). La *gens* Julius était une célèbre famille romaine qui se voulait descendante d'Énée. Jules César appartenait à cette famille • **Hist.** IIIe s. : Julien fut l'un des martyrs les plus vénérés en Gaule. Soldat dans le Dauphiné, il se réfugia à Brioude pour échapper aux persécutions. Mais, afin de ne pas compromettre la veuve qui l'hébergeait, il se rendit de lui-même à ses bourreaux et eut la tête tranchée. Il existe de nombreux saints Julien, dont Julien Eymard, fêté le 2 août par le calendrier actuel • **S. Zod. :** Vierge • **Dérivé :** *Julian.*

Julienne
▼
Fête : 19 juin

• **Étym. :** du latin *iuli* (chatons du coudrier). La *gens* Julius était une célèbre famille romaine qui se voulait descendante d'Énée. Jules César appartenait à cette famille • **Hist.** XIIIe-XIVe s. : née en 1270, fille d'une noble famille de Florence, Julienne entra à 14 ans chez les Servites. Elle fonda une branche féminine de cet ordre, les Mantellates, qui vivaient dans leur famille tout en aidant les pauvres et les malades. Sur son lit de mort, en 1391, comme elle ne pouvait rien avaler, on déposa une hostie sur sa poitrine, qui disparut miraculeusement. C'est pourquoi les Mantellates portèrent une hostie brodée à gauche de leur scapulaire. Il existe une autre sainte Julienne, martyrisée au IVe siècle et fêtée le 16 février • **S. Zod. :** Gémeaux • **Dérivé :** *Julianne.*

Julietta
▼
Fête : 30 juillet. cf. *Juliette*

Juliette
▼
Fête : 30 juillet

• **Étym. :** du latin *iuli* (chatons du coudrier) La *gens* Julius était une célèbre famille romaine qui se voulait descendante d'Énée. Jules César appartenait à cette famille. • **Hist. :** Riche veuve de Césarée (Turquie), elle fut dénoncée comme chrétienne, dépouillée de tous ses biens et brûlée vive • **S. Zod. :** Lion • **Dérivé :** *Julietta.*

Julitte
▼
Fête : 30 juillet. cf. *Juliette*

June

Fête : 28 octobre. cf. *Jude*
• **Étym.** : du latin *junius* (mois de juin). Prénom usité en Angleterre.

Junie

Fête : 28 octobre. cf. *Jude*
• **Étym.** : du latin *junius* (mois de juin). Ce prénom féminin était très porté à l'époque romaine.

Jurgen

Fête : 23 avril. cf. *Georges* ; forme germanique du prénom.

Just

Fête : 14 octobre
• **Étym.** : du latin *justus* (juste)
• **Hist.** IVe s. : évêque de Lyon aimé et respecté de ses diocésains, Just se reprocha toute sa vie d'avoir livré aux autorités un dément assassin réfugié dans une église. Just était cependant convaincu qu'on ne lui ferait aucun mal, mais la foule s'empara de l'homme et le lyncha. Afin d'expier ce crime dont il se sentait responsable, Just partit en Égypte et finit sa vie reclus dans un monastère • **S. Zod.** : Balance.

Juste

Fête : 10 novembre
• **Étym.** : du latin *justus* (juste)
• **Hist.** VIIe s. : chargé d'évangéliser le Kent (Angleterre), Juste fut chassé lors d'une réaction païenne. Rappelé quelque temps plus tard par le roi de Kent revenu à de meilleurs sentiments, Juste reprit son apostolat et devint, en 624, archevêque de Cantorbéry • **S. Zod.** : Scorpion.

Justin

Fête : 1er juin
• **Étym.** : du latin *justus* • **Hist.** IIe s. : né en Palestine, Justin se rendit à Rome après des études de philosophie. Il y expliqua le Christ et le christianisme et rédigea les *Apologies du christianisme* afin de faire mieux comprendre à l'empereur ce qu'étaient les chrétiens. Il fut toutefois arrêté et martyrisé sous le règne de Marc Aurèle vers 165 • **S. Zod.** : Gémeaux
• **Dérivé** : *Justinien*.

Justine

Fête : 7 octobre
• **Étym.** : du latin *justus* (juste)
• **Hist.** Ier s. : née de parents padouans convertis par un disciple de saint Pierre, Justine encouragea les chrétiens à accepter le martyre pendant les persécutions de Néron. Arrêtée, elle fut elle-même martyrisée vers 68. Il existe une autre sainte Justine, dite « d'Arezzo », fêtée le 12 mars • **S. Zod.** : Balance.

Justinien

Fête : 1er juin. cf. *Justin*

Juthaël

Fête : 17 décembre.
cf. *Judicaël*

Jutta

Fête : 5 mai
- **Étym. :** du latin *jutus* (aidé)
- **Hist.** XIIIe s. : originaire de Thuringe (Allemagne), Jutta, devenue veuve, se retira et mena une vie érémitique jusqu'à sa mort vers 1266 • **S. Zod. :** Taureau.

Juvence

Fête : 25 janvier. cf. *Juventin*

Juventin

Fête : 25 janvier
- **Étym. :** du latin *juventus* (jeunesse)
- **Hist.** IVe s. : militaire, il fut condamné, ainsi que son ami Maximin, à être décapité vers 363 pour avoir critiqué les persécutions contre les chrétiens • **S. Zod. :** Verseau.

Juventine

Fête : 25 janvier. cf. *Juventin*

K

Kaëlig

Fête : 17 décembre.
cf. *Judicaël* ; *forme féminine de Judicaël*.

Kaïe

Fête : 25 novembre.
cf. *Catherine*
ou 7 octobre. cf. *Ké*

Karel, Karell, Karelle

Fête : 7 novembre. cf. *Carine*

Karen

Fête : 7 novembre. cf. *Carine*

Karim

Fête suggérée : 2 mars.
cf. *Charles*
- **Étym.** : de l'arabe (généreux).

Karine

Fête : 7 novembre. cf. *Carine*

Karl

Fête : 2 mars. cf. *Charles* ; *forme alsacienne du prénom.*

Kasper

Fête : 2 janvier. cf. *Gaspard*

Katarina, Katharina, Katharin, Katharine

Fête : 25 novembre.
cf. *Catherine*

Kate

Fête : 25 novembre.
cf. *Catherine*

Katel, Katell, Katelle

Fête : 25 novembre.
cf. *Catherine* ; *formes alsaciennes du prénom.*

Katia, Katiane

Fête : 25 novembre.
cf. *Catherine*

Katy
▼
Fête : 25 novembre.
cf. *Catherine*

Kay
▼
Fête : 25 novembre.
cf. *Catherine*
ou 7 octobre cf. *Ké* ; *prénom anglais récent.*

Ké
▼
Fête : 7 octobre
• **Étym.** : du celtique *kad* (combat) • **Hist.** VIe s. : né en Cornouailles, Ké se rendit en Armorique afin d'évangéliser les païens. Il se retira ensuite dans un ermitage où il finit sa vie • **S. Zod.** : Balance • **Dérivés** : *Kaïe, Kay, Kelly, Kyle.*

Kean
▼
Fête : 8 octobre. cf. *Keyne* ; *dérivé du prénom.*

Keanu
▼
Fête suggérée : 8 octobre.
cf. *Keyne*
Prénom d'origine hawaïenne, illustré par l'acteur Keanu Reeves.

Keelan
▼
Fête suggérée :
1er décembre. cf. *Eloi*
• **Étym.** : du celte (le bien découplé).

Keïko
▼
Fête suggérée :
22 novembre. cf. *Cécile*
• **Étym.** : du japonais (la gracieuse).

Keith
▼
Fête : 8 octobre. cf. *Keyne*
• **Étym.** : de l'écossais ancien, ce prénom était un nom de famille toponymique à l'origine.

Kelly
▼
Fête : 7 octobre. cf. *Ké*

Ken
▼
Fête : 17 juillet. cf. *Kenelm* ; *prénom celtique.*

Kenelm
▼
Fête : 17 juillet
• **Étym.** : du celtique *ken* (beauté), *el* (bétail, richesse) • **Hist.** IXe s. : on ne sait que peu de choses à son sujet, sinon qu'il fut prince de Murcie (Angleterre) • **S. Zod.** : Cancer • **Dérivés** : *Ken, Kenneth.*

Kenna
▼
Fête : 17 juillet. cf. *Kenelm*
Pendant féminin du prénom, très fréquent en Écosse.

Kenneth
▼
Fête : 17 juillet. cf. *Kenelm*

Kennocha

▼

Fête : 13 mars

• **Étym.** : du celtique *ken* (beauté) • **Hist.** xie s. : Kennocha naquit en Écosse dans une famille de noble origine. S'étant vouée à Dieu, elle se retira au monastère de Fife. Elle est encore très vénérée dans la région de Glasgow • **S. Zod.** : Poissons.

Kent

▼

Fête : 17 juillet. cf. *Kenelm* ; forme dérivée du prénom.

Kentigern

▼

Fête : 14 janvier

• **Étym.** : du celtique *ken* (beauté), *tiern* (chef) • **Hist.** vi[e]-viie s. : prince de sang royal, Kentigern édifia un monastère à Glasgow (Écosse). Nommé évêque, il abandonna cet apostolat pour fonder le monastère de Saint-Asaph dans les premières années du viie siècle. Il est encore très populaire dans cette ville • **S. Zod.** : Capricorne.

Kenza

▼

Fête suggérée : 8 octobre. cf. *Keyne*

• **Étym.** : de l'arabe (trésor).

Ketty

▼

Fête : 25 novembre. cf. *Catherine*

Kevin

▼

Fête : 3 juin

• **Étym.** : du celtique *coemgen* (le bien planté) • **Hist.** vi[e]-viie s. : prince royal d'Irlande, Kevin fonda le monastère de Glendalough. Cette abbaye eut un grand renom au Moyen Âge et eut même son propre pèlerinage. Kevin y mourut vers 620 • **S. Zod.** : Gémeaux.

Keyne

▼

Fête : 8 octobre

• **Étym.** : du celtique *ken* (beauté) • **Hist.** vi[e] s. : on ne sait pas exactement qui il était. On suppose que Keyne descendait de souche royale. Toute une légende s'est emparée de son personnage, en faisant un prince aussi beau que pieux et auteur de nombreux miracles • **S. Zod.** : Balance.

Khalissa

▼

Fête suggérée : 9 janvier. cf. *Alice*

• **Étym.** : de l'arabe (pure).

Kiéran

▼

Fête : 5 mars

• **Étym.** : du celtique *ki* (chien guerrier), *wan* (assaut) • **Hist.** vi[e] s. : Kiéran aida saint Patrick à évangéliser l'Irlande. Nommé évêque d'Ossory, il fonda le monastère de Saighir • **S. Zod.** : Poissons.

Killien, Killian

Fête : 13 novembre
- **Étym.** : du celtique *ki* (chien guerrier), *wan* (assaut) • **Hist.** VIIe s. : on sait peu de chose à son propos, sinon qu'il aurait été envoyé d'Irlande afin d'évangéliser l'Artois au VIIe siècle • **S. Zod.** : Scorpion.

Kim, Kimberley

Fête suggérée : 8 octobre.
cf. *Keyne*

Du nom d'une petite ville minière de diamant d'Afrique du Sud, mise en vedette pendant la guerre des Boers ; prénom très usité aux États-Unis au XXe siècle.

Kineburge et Kineswide

Fête : 6 mars
- **Étym.** : du germain *kind* (enfant), *burg* (forteresse), *kind* (enfant), *wid* (forêt) • **Hist.** VIIe s. : filles du roi de Mercie (Angleterre), Kineburge, Kineswide et Tibba, une fois devenues veuves, se retirèrent au couvent de Castor, fondé par Kineburge • **S. Zod.** : Poissons.

Kineswide

Fête : 6 mars. cf. *Kineburge*

Kira

Fête suggérée : 5 mars.
cf. *Kiéran*
- **Étym.** : du persan (soleil).

Kirill

Fête : 18 mars. cf. *Cyril* ; forme bretonne du prénom.

Kora

Fête : 7 novembre. cf. *Koré*

Koré

Fête : 7 novembre. cf. *Karell*
- **Étym.** : du grec *koré* (la jeune fille) • **Myth.** : Koré-Perséphone était la fille de Zeus et de Déméter, déesse de la Terre. Elle épousa Hadès, dieu des Enfers et des Ténèbres. Mais sa mère conçut un tel chagrin de cette séparation que Zeus obtint d'Hadès de laisser remonter au jour son épouse six mois par an. Ainsi, à l'instar de sa mère, Koré symbolise la fertilité du sol après l'hivernage, les récoltes et le renouveau de la végétation • **S. Zod.** : Scorpion • **Dérivé** : *Kora*.

Koulma

Fête : 31 décembre.
cf. *Colomba*

Kristian, Kristen

Fête : 12 novembre.
cf. *Christian*

Kristina

Fête : 24 juillet. cf. *Christine*

Kritell

Fête : 24 juillet. cf. *Christine* ; *forme alsacienne du prénom.*

• **Étym. :** du gaélique (celle qui s'avance) ; forme dérivée du prénom.

Kyla

Fête : 7 octobre. cf. *Ké*

Kyle

Fête : 7 octobre. cf. *Ké*

L

Labéria

Fête : 17 septembre.
cf. *Lambert*

Nom féminin porté à l'époque romaine • **Dérivé :** *Labériane.*

Labériane

Fête : 17 septembre.
cf. *Labéria, Lambert*

Lacinia

Fête : 13 décembre. cf. *Lucie*
• **Étym. :** du latin (extrémité)
• **Myth. :** Lacinia était un des surnoms de l'épouse de Jupiter, Junon.

Lacmé

Fête : 17 décembre.
cf. *Lambert, Lamia*
ou 20 février. cf. *Acmé*

Ladislas

Fête : 27 juin
• **Étym. :** du latin *laudare* (louer, vanter) allié à la racine slave *slav* (gloire) • **Hist.** XIe s. : Ladislas était roi de Hongrie, les Hongrois lui ayant offert la couronne en 1078. En 1087, il annexa la Croatie et la Dalmatie au royaume. Il pratiqua une politique tolérante à l'égard des juifs et des musulmans. Cela n'empêcha pas les Français et les Anglais de lui proposer la direction de la première croisade prêchée par Pierre l'Ermite. Mais il mourut en 1095 avant même qu'elle ne soit commencée • **S. Zod. :** Cancer.

Laélia

Fête : 9 juillet.
cf. *Lélia (Clélia)*

Prénom féminin porté à l'époque romaine.

Laelien

Fête : 6 septembre. cf. *Laetus*

Nom d'homme porté à l'époque romaine.

Laetitia

Fête : 6 septembre. cf. *Laetus*

Laetoria
▼
Fête : 6 septembre. cf. *Laetus*
Nom féminin porté à l'époque romaine.

Laetus
▼
Fête : 6 septembre
• **Étym.** : du latin *laetitia* (allégresse, joie) • **Hist.** Vᵉ s. : Laetus, évêque africain, mourut en martyr brûlé vif sur les ordres du roi arien Huneric vers 484 • **S. Zod.** : Vierge • **Dérivés** : *Laelien, Laetitia, Laetoria, Lalou.*

Laïg
▼
Fête : 17 décembre.
cf. *Judicaël ; prénom d'origine bretonne.*

Laïs
▼
Fête : 18 avril. cf. *Lasérian*
Laïs était une grande courtisane de Corinthe, contemporaine de Démosthène. On ne connaît pas de sainte Laïs.

Laïsren
▼
Fête : 18 avril. cf. *Lasérian*

Lalita
▼
Fête suggérée : 8 octobre.
cf. *Laothéa*
• **Étym.** : du sanskrit (candide).

Lalou
▼
Fête : 6 septembre.
cf. *Laelien*

Lambert
▼
Fête : 17 septembre
• **Étym.** : du germain *land* (pays), *berht* (brillant) • **Hist.** VIIᵉ-VIIIᵉ s. : nommé évêque de Tongres-Maestricht en 670, Lambert fut exilé par Ebroïn, le maire du palais de Neustrie. Rappelé en 682 après l'assassinat de ce dernier, Lambert s'employa à réorganiser son diocèse, mais il mourut assassiné vers 705, peut-être sur les ordres du maire du palais, Pépin d'Héristal. Il est le patron de la ville de Liège, en Belgique • **S. Zod.** : Vierge • **Dérivés** : *Labéria, Labériane, Lacmé, Lamé, Lamée, Lamia, Lamie.*

Lamé, Lamée, Lamie
▼
Fête : 17 septembre.
cf. *Lambert, Lamia*

Lamia
▼
Fête : 17 septembre.
cf. *Lambert*
• **Myth.** : fille de Belos (forme hellénisée du dieu Baal) qui, dans un mythe grec, est un roi d'Égypte et de Libye (nymphe qui a donné ce nom à l'actuel pays), Lamia fut aimée de Zeus. Mais Héra la rendit féroce au point de dévorer son propre en-

fant, fruit de ses amours adultérines avec Zeus • **S. Zod.** : Vierge • **Dérivés** : *Lacmé, Lamé, Lamée, Lamie.*

Lana
▼
Fête : 18 août. cf. *Hélène*
Prénom prisé aux États-Unis.

Lanassa
▼
Fête : 18 août. cf. *Hélène*
• **Myth.** : petite-fille d'Hercule, Lanassa fut enlevée par le fils d'Achille, Pyrrhus.

Lancelot, Lancelote
▼
Fête : 21 avril. cf. *Anselme*
Prénoms médiévaux popularisés par le roman chevaleresque *Lancelot du Lac* • **S. Zod.** : Taureau.

Landelin
▼
Fête : 15 juin
• **Étym.** : du germain *land* (terre), *lind* (doux) • **Hist.** VIIe s. : après une vie dissipée, Landelin fonda deux grandes abbayes, l'une à Hobbes, dans le Hainaut (Allemagne) et l'autre à Crespin où il mourut • **S. Zod.** : Gémeaux • **Dérivés** : *Landelina, Landeline, Lasselin, Lasseline, Lassie.*

Landelina, Landeline
▼
Fête : 15 juin. cf. *Landelin*

Landoald
▼
Fête : 19 mars
• **Étym.** : du germain *land* (terre), *ald* (vieille) • **Hist.** VIIe s. : Landoald partit avec quelques compagnons évangéliser la Hollande et la Belgique sous la férule de saint Amand. On ne sait pratiquement rien d'autre sur eux • **S. Zod.** : Poissons.

Landry
▼
Fête : 10 juin
• **Étym.** : du germain *land* (pays), *rik* (roi, puissant) • **Hist.** VIIe s. : évêque de Paris, en 650, Landry se tailla une réputation de charité et de bonté envers les pauvres. On lui attribue la paternité de la construction de l'Hôtel-Dieu de Paris • **S. Zod.** : Gémeaux.

Lani
▼
Fête : 18 août. cf. *Hélène*
• **Étym.** : de l'hawaïen (le ciel).

Lanz
▼
Fête : 10 juin. cf. *Landry* ; *forme hypocoristique du prénom.*

Laodamie
▼
Fête : 14 décembre. cf. *Odile*
• **Myth.** : Laodamie était la fille d'Acaste, roi d'Iolcos et la femme de Protésilas, roi de Thessalie. Elle eut un tel cha-

grin après la mort de son époux qu'elle obtint des dieux le droit d'aller avec lui aux enfers • **S. Zod.** : Sagittaire.

Laodicée

Fête : 14 décembre. cf. *Odile*
• **Myth.** : Laodicée était la plus belle des cinquante filles du roi Priam de Troie et l'épouse d'Hélicaon. Lorsque Acamos vint à Troie réclamer le retour d'Hélène à Sparte, Laodicée tomba amoureuse de lui et lui donna un enfant. Elle périt engloutie quand la terre s'ouvrit lors de la chute de Troie • **S. Zod.** : Sagittaire.

Laothéa

Fête : 8 octobre. cf. *Thaïs*
• **Myth.** : Laothéa fut la maîtresse de Priam, roi de Troie. Elle lui donna un fils, Lycaon • **S. Zod.** : Balance • **Dérivés** : *Lattie, Latty.*

Lara

Fête : 10 novembre.
cf. *Nymphe*
• **Étym.** : du grec *lara* (mouette)
• **Myth.** : Lara était une nymphe, fille du Tibre (fleuve d'Italie). Elle serait à l'origine des dieux lares (protecteurs des maisons romaines) qu'elle aurait eus des œuvres de Mercure • **S. Zod.** : Scorpion • **Dérivés** : *Larie, Larrie.*

Larentia

Fête : 19 octobre. cf. *Laure* ou 10 novembre cf. *Lara*
• **Myth.** : Larentia était, dans la mythologie romaine, la nourrice de Romulus, fondateur de Rome.

Larie, Larrie

Fête : 10 novembre. cf. *Lara* ou 26 mars. cf. *Larissa*

Larissa

Fête : 26 mars
• **Étym.** : du grec *lara* (mouette)
• **Hist.** IVe s. : Larissa appartenait à un groupe de martyrs brûlés vifs dans une église par un roi barbare, en Grèce. Ce nom est aussi celui d'une ville antique de Thessalie • **S. Zod.** : Bélier • **Dérivés** : *Larie, Larrie.*

Lary, Larry

Fête : 17 décembre.
cf. *Lazare ; forme méridionale du prénom.*

Lasérian

Fête : 18 avril
• **Étym.** : forme hypocoristique de Lazare • **Hist.** VIIe s. : missionnaire en Irlande, Lasérian fut nommé évêque de Leighlin, puis légat du pape. Il réussit à résoudre le problème épineux de la fixation de la date de Pâ-

ques qui agitait le clergé irlandais. Il mourut vers 639 • **S. Zod.** : Bélier • **Dérivé** : *Laisren*.

Latonia

Fête : 8 octobre. cf. *Laothéa*
• **Étym.** : déesse antique, mère de Diane.

Latoya

Fête : 8 octobre. cf. *Laothéa* ; dérivé de *Latonia*

Prénom illustré par Latoya Jackson.

Lattie, Latty

Fête : 8 octobre. cf. *Laothéa*

Laude

Fête : 18 novembre. cf. *Aude*

Laumara

Fête : 19 janvier. cf. *Laumer*

Laumer

Fête : 19 janvier
• **Étym.** : du germain *hrod* (gloire), *maro* (illustre). Le premier élément d'étymologie n'est pas sûr, il peut aussi se rapprocher de *helm* (casque) • **Hist.** VIe s. : né d'un milieu pauvre à Neuville-la-Mare, non loin de Chartres, Laumer n'était qu'un jeune pâtre. L'abbé de son village, ayant remarqué son intelligence, lui donna des cours. Laumer devint prêtre et économe du chapitre de Chartres. Tenté cependant par la vie solitaire, il renonça à sa fonction et mena un temps une vie érémitique. Sa notoriété devint telle qu'elle lui amena quelques disciples. Laumer dut donc créer un couvent de Fontevristes. Très bon prédicateur, on rapporte qu'il fit, en outre, de nombreux miracles. Il mourut très âgé en 593 • **S. Zod.** : Capricorne • **Dérivé** : *Laumara*.

Laur

Fête : 10 août. cf. *Laurent*
Saint ancien oublié, vénéré autrefois en Auvergne.

Laura

Fête : 19 octobre. cf. *Laure*

Laurana

Fête : 19 octobre. cf. *Laure*

Laure

Fête : 19 octobre
• **Étym.** : du latin *laurus* (laurier)
• **Hist.** IXe s. : née à Cordoue, Laure mourut en 854 avec d'autres chrétiens lors d'une persécution décidée par le calife de la ville • **S. Zod.** : Balance • **Dérivés** : *Laura, Laurana, Laurence,*

Laurenzia, Laurelle, Laurette, Lauriane, Laurie.

Laurelle
▼
Fête : 19 octobre. cf. *Laure*

Laurence
▼
Fête : 19 octobre. cf. *Laure*

Laurent
▼
Fête : 10 août

• **Étym.** : du latin *laurus* (laurier) • **Hist.** IIIᵉ s. : Laurent a été le plus populaire des martyrs romains, bien que le récit de son martyre soit tout à fait imaginaire. On raconte qu'archidiacre du pape Sixte II, alors arrêté, l'empereur le somma de lui livrer le trésor de l'Église. Laurent amena des pauvres devant Valérien. Ce dernier, furieux, le fit condamner à mourir brûlé sur un gril. Il semble, en fait, que Laurent serait tout simplement mort décapité au moment de son arrestation, avec le pape et quelques autres diacres • **S. Zod.** : Lion • **Dérivés** : *Lorenz, Laurenzo ou Lorenzo, Lorans.*

Laurentia
▼
Fête : 3 juin. cf. *Laurentin*
Voir Larentia à qui on donnait également ce nom.

Laurentin
▼
Fête : 3 juin

• **Étym.** : du latin *laureatus* (orné de laurier) • **Hist.** IIIᵉ s. : Laurentin et Pergentin étaient étudiants pendant la persécution de Dèce. Ils auraient été arrêtés et décapités pendant cette persécution, vers 251 • **S. Zod.** : Gémeaux • **Dérivés** : *Laurentia, Laurentina, Laurentine.*

Laurentine
▼
Fête : 3 juin. cf. *Laurentin*

Laurenzia
▼
Fête : 19 octobre. cf. *Laure*

Laurenzo
▼
Fête : 10 août. cf. *Laurent*

Laurette
▼
Fête : 19 octobre. cf. *Laure*

Lauriane
▼
Fête : 19 octobre. cf. *Laure*

Laurie
▼
Fête : 19 octobre. cf. *Laure*

Lavéna
▼
Fête : 3 novembre

• **Étym.** : du celtique *levenez* (joie). Lavéna était la mère de saint Gwenaël • **S. Zod.** : Scorpion.

Lavinia
▼
Fête : 3 novembre. cf. *Lavéna* • **Étym.** : du latin *lavere* (nettoyer) • **Myth.** : Lavinia était la fille de Latinus (fils d'Ulysse et de Circé). Elle épousa Enée, ancêtre du peuple romain • **S. Zod.** : Balance.

Lawrence
▼
Fête : 19 octobre. cf. *Laure* ; *forme anglaise du prénom.*

Lazare
▼
Fête : 17 décembre
• **Étym.** : forme grecque de l'hébreu qui veut dire : celui que Dieu aide • **Hist.** : très honoré dans les premiers temps de l'Église, Lazare était l'ami que Jésus avait ressuscité. Il symbolise la résurrection humaine après la mort • **S. Zod.** : Sagittaire.

Léa
▼
Fête : 22 mars
• **Étym.** : du latin *lea* (lionne) • **Hist.** IVe s. : grande dame romaine du IVe siècle, Léa délaissa la vie mondaine sur les instances de saint Jérôme et finit ses jours dans une retraite solitaire • **S. Zod.** : Bélier • **Dérivés** : *Lia, Liane, Lie.*

Léandre
▼
Fête : 27 février
• **Étym.** : du grec *leandros* (homme-lion) • **Hist.** VIe s. : de noble extraction, Léandre fut nommé évêque de Séville. Ami de saint Grégoire le Grand, il réorganisa la liturgie de l'Église d'Espagne. Il mourut vers 596 • **S. Zod.** : Poissons.

Léantier
▼
Fête : 27 février. cf. *Léandre*
• **Étym.** : du germain *liut* (peuple), *heri* (armée).

Leccia
▼
Fête : 13 décembre.
cf. *Lucie* ; *forme primitive romaine du prénom.*

Léda
▼
Fête : 18 août. cf. *Hélène*
• **Étym.** : obscure • **Myth.** : fille du roi d'Étolie Thestios et épouse de Tyndare, roi de Sparte, Léda était la mère des jumeaux Castor et Pollux et d'Hélène de Troie. Hélène aurait été par ailleurs la fille de Zeus, avec qui Léda se serait unie sous la forme d'un cygne • **S. Zod.** : Lion.

Lee
▼
Fête suggérée : 25 mai.
cf. *Lye*

• **Étym.** : de l'anglo-saxon (clairière) ; prénom en vogue aux États-Unis après la guerre civile en l'honneur du général Robert E. Lee.

Léger

Fête : 2 octobre

• **Étym.** : du germain *liut* (peuple), *gari* (lance) • **Hist.** VIIe s. : évêque d'Autun en 663, Léger réorganisa son diocèse mais, pris dans les luttes entre la Burgondie et la Neustrie, il soutint la première. Ce fut un mauvais choix car Ebroïn, maire du palais de Neustrie, pour se venger, lui fit crever les yeux et couper la langue avant de le faire exécuter • **S. Zod.** : Balance • **Dérivé** : *Ligella*.

Leïla

Fête : 9 juillet. cf. *Clélia*
Du persan (la nuit).

Leith

Fête suggérée : 25 mai. cf. *Lye* ; variante du prénom Lee.

Lélia

Fête : 9 juillet. cf. *Clélia*

Léliane

Fête : 9 juillet. cf. *Lélia* (*Clélia*)

Léna

Fête : 18 août. cf. *Hélène*

Lenaïc, Lenaïg

Fête : 18 août. cf. *Hélène* ; formes bretonnes du prénom.

Lennie, Leny

Fête : 18 août. cf. *Hélène*

Lennon

Fête suggérée : 23 septembre. cf. *Lin*
Prénom récemment à la mode en l'honneur du chanteur John Lennon.

Léo

Fête : 10 novembre. cf. *Léon*

Léocadie

Fête : 9 décembre

• **Étym.** : ce nom attesté dès l'époque romaine provient peut-être de l'île de Leucade. On connaît en outre un monument d'Athènes, le léocorion, élevé à la mémoire des filles de Zeus qui s'offrirent en sacrifice aux dieux afin d'éloigner une famine • **Hist.** IVe s. : née à Tolède, Léocadie fut arrêtée lors des persécutions de Dioclétien en 304. Ayant refusé d'abjurer sa foi, elle fut torturée et mourut dans sa cellule. Léocadie est la patronne de Tolède • **S. Zod.** : Sagittaire.

Léocritie, Lucrèce

Fête : 15 mars

• **Étym.** : du latin *lucrator* (celui qui gagne) • **Hist.** IXᵉ s. : convertie au christianisme, Lucrèce fut exécutée pendant une persécution des Musulmans en 859, à Cordoue • **S. Zod.** : Poissons.

Léon

Fête : 10 novembre

• **Étym.** : du latin *leo* (lion) • **Hist.** Vᵉ s. : né sans doute à Rome, Léon devint pape en 440, sous le nom de Léon Iᵉʳ. Il s'occupa de quantité de choses pendant son pontificat, s'acharnant à lutter contre les hérésies, dialoguant avec Attila afin d'éviter le pillage de Rome, s'inquiétant de toutes les régions chrétiennes avec lesquelles il était régulièrement en correspondance. Il mourut épuisé en 461 • **S. Zod.** : Scorpion • **Dérivés** : *Léone, Léonella, Léontine, Léozane, Lionel.*

Léonard

Fête : 6 novembre

• **Étym.** : du latin *leo* (lion) • **Hist.** VIᵉ s. : Léonard fonda le monastère de Noblat à l'est de Limoges. Sa légende raconte qu'il aurait prédit une délivrance heureuse à la reine Clotilde, femme de Clovis. Pour cela, il est considéré comme le patron des femmes enceintes • **S. Zod.** : Scorpion.

Léonce

Fête : 18 juin

• **Étym.** : du latin *leo* (lion) • **Hist.** IIIᵉ-IVᵉ s. : officier chrétien, Léonce fut martyrisé à Tripoli sous Dioclétien • **S. Zod.** : Gémeaux • **Dérivé** : *Léontia.*

Léone

Fête : 10 novembre. cf. *Léon*

Léonella

Fête : 10 novembre. cf. *Léon*

Léonide, Léonilde

Fête : 22 avril

• **Étym.** : du latin *leo* (lion) • **Hist.** IIIᵉ s. : philosophe chrétien, Léonide fut martyrisé à Alexandrie pendant la persécution de Sévère • **S. Zod.** : Taureau • **Dérivés** : *Léonina, Léonine.*

Léonie

Fête : 10 novembre. cf. *Léon*

Léonina, Léonine

Fête : 22 avril. cf. *Léonide* ou 10 novembre. cf. *Léone*

Léonor, Léonora, Léonore

Fête : 2 mai. cf. *Eléonore*

Léontia

Fête : 18 juin. cf. *Léonce*

Léontia était un prénom déjà porté à l'époque romaine.

Léontine

Fête : 10 novembre. cf. *Léon*

Léopold

Fête : 15 novembre

• **Étym. :** du germain *liut* (peuple), *bald* (audacieux) • **Hist.** XIe-XIIe s. : né en 1073, Léopold, margrave d'Autriche, épousa la veuve de Frédéric de Hohenstaufen et refusa la couronne impériale qu'on lui proposait. Il administra ses États de la meilleure façon et fonda de nombreuses abbayes telles Mariazell et Klosterneuburg. Il mourut en 1136 • **S. Zod. :** Scorpion • **Dérivé :** *Léopoldine*.

Léopoldine

Fête : 15 novembre. cf. *Léopold*

Léozane

Fête : 10 novembre. cf. *Léon*

Lesley, Leslie

Fête : 17 novembre ou 8 juillet. cf. *Elisabeth*

Leu

Fête : 29 juillet. cf. *Loup*

Leufroy

Fête : 21 juin

• **Étym. :** du germain *liut* (peuple), *frido* (paix) • **Hist.** VIIIe s. : né à proximité d'Evreux, Leufroy créa le monastère qui porte son nom • **S. Zod. :** Cancer.

Lévana

Fête : 3 novembre. cf. *Lavéna*

• **Myth. :** Lévana était la déesse qui protégeait l'enfant nouveau-né.

Lewis

Fête : 27 août

• **Étym. :** forme saxonne de *Louis* • **Hist.** XVIIe s. : né en 1616 au pays de Galles, Lewis était le fils d'un protestant et d'une catholique. Après des études juridiques, Lewis voyagea comme précepteur. Converti un peu plus tard au catholicisme, il délaissa le monde pour entrer dans l'abbaye bénédictine d'Abergavenny. Il abandonna cependant le monastère pour devenir jésuite prédicateur dans les confins du pays de Galles. L'époque était à l'anticatholicisme. Il fut arrêté et exécuté en 1679 • **S. Zod.** : Vierge.

Lexane
▼
Fête : 17 février. cf. *Alexis*

Lia
▼
Fête : 25 mai. cf. *Lye* ou 22 mars. cf. *Léa*

Liane
▼
Fête : 25 mai. cf. *Lye* ou 22 mars. cf. *Léa*

Libera, Liberata
▼
Fête : 20 juillet
• **Étym.** : du latin *liberata* (libérée). Liberata est connue aussi sous le vocable Wilgeforte (Vierge forte) • **Hist.** : son histoire est légendaire. On raconte que, fille de la reine du Portugal, elle fit vœu de chasteté, demandant à la Vierge de la rendre barbue, afin de décourager les atteintes à sa virginité. Son père la découvrant le visage poilu l'aurait alors fait crucifier • **S. Zod.** : Cancer.

Libert
▼
Fête : 23 juin
• **Étym.** : du latin *liber* (libre) • **Hist.** XIe s. : évêque de Cambrai en 1051, Libert fut le fondateur du monastère du Saint-Sépulcre dans cette ville, où il mourut vers 1076 • **S. Zod.** : Cancer.

Libye, Libby
▼
Fête : 17 novembre.
cf. *Elisabeth* ; *dérivé anglais diminutif du prénom.*

Lidivine, Ludivine
▼
Fête : 14 avril
• **Étym.** : du latin *ludivagus* (qui se joue) • **Hist.** XIVe-XVe s. : née en 1380 d'une famille pauvre en Hollande, Ludivine fut obligée de rester alitée à la suite d'un petit accident survenu à l'âge de quinze ans. Peu à peu, son corps se putréfia et elle ne put s'alimenter en aucune façon ; souffrant la male mort, elle supporta vaillamment toutes ses souffrances jusqu'à sa délivrance en 1433 • **S. Zod.** : Bélier.

Lidy
▼
Fête : 13 août. cf. *Lydie* ; *forme alsacienne du prénom.*

Lie
▼
Fête : 22 mars. cf. *Léa* ou 25 mai. cf. *Lye*

Liébaut
▼
Fête : 8 août
• **Étym.** : du germain *liut* (peuple), *bald* (audacieux) • **Hist.** VIIe s. : abbé de Saint-Aignan

d'Orléans, Liébaut délaissa ce monastère pour en fonder un autre à Fleury-sur-Loire, qu'il dota de la règle de Saint-Benoît • **S. Zod.** : Lion.

Liébert

Fête : 8 août. cf. *Liébaut*
• **Étym.** : *liut* (peuple), *berht* (brillant).

Ligea

Fête : 10 novembre.
cf. *Nymphe*
• **Myth.** : Ligea était le nom d'une nymphe dont on ignore la fonction.

Ligella

Fête : 2 octobre. cf. *Léger*
Nom féminin porté à l'époque romaine.

Lilas, Lila

Fête : 5 octobre. cf. *Fleur*

Lilian, Liliana, Liliane

Fête : 17 novembre ou
8 juillet. cf. *Elisabeth*

Lilith

Fête : 6 septembre. cf. *Eve*
Lilith aurait été la première épouse d'Adam.

Lima

Fête : 10 novembre.
cf. *Nymphe*
• **Myth.** : Lima était la déesse qui veillait sur le seuil des portes.

Lin

Fête : 23 septembre
• **Étym.** : du latin *linum* (lin)
• **Hist.** Ier s. : saint Lin fut le successeur de saint Pierre sur le trône pontifical • **S. Zod.** : Balance.

Lina, Line

Fête : 20 octobre. cf. *Adeline*

Linda

Fête : 28 août. cf. *Adelinda*

Lindsay

Fête : 20 octobre. cf. *Adeline*
• **Étym.** : de l'anglo-saxon *Lelli's island* (l'île de Lelli) ; nom aristocratique, maintenant utilisé en prénom.

Lioba

Fête : 28 septembre
• **Étym.** : du germain *leuba* (amour) • **Hist.** VIIIe s. : fille de noble origine anglo-saxonne, Lioba devint religieuse dans l'abbaye de Winborne où elle avait été élevée. Elle partit par la

suite en Germanie afin d'aider saint Boniface. Elle dirigea un monastère auquel elle donna la règle bénédictine alliant le travail manuel à la prière. Elle mourut vers 780, à Fulda • **S. Zod.** : Balance • **Dérivés** : *Liocha, Lona, Loona*.

Liocha

Fête : 28 septembre. cf. *Lioba*

Lionel, Lionelle

Fête : 10 novembre. cf. *Léon*

Liriopé

Fête : 10 novembre. cf. *Nymphe*

• **Étym.** : du grec *liriopé* (voix qui a la douceur du lys) • **Myth.** : Liriopé était la nymphe mère de Narcisse • **S. Zod.** : Scorpion.

Lis

Fête : 5 octobre. cf. *Fleur*

Lisa, Lise, Lisette

Fête : 17 novembre ou 8 juillet. cf. *Elisabeth*

Lisbeth

Fête : 17 novembre ou 8 juillet. cf. *Elisabeth*

Lison

Fête : 17 novembre ou 8 juillet. cf. *Elisabeth*

Livia, Livie

Fête : 5 mars. cf. *Olivia*

• **Étym.** : du latin *lividus* (livide). Livia était un prénom usité dans l'empire romain. De nombreuses impératrices le portèrent ainsi qu'une gens célèbre : les Livius • **S. Zod.** : Poissons • **Dérivé** : *Liviane*.

Liviane

Fête : 5 mars. cf. *Livia, Olivia*

Liz

Fête : 17 novembre ou 8 juillet. cf. *Elisabeth*

Liza, Lizzie

Fête : 17 novembre ou 8 juillet. cf. *Elisabeth*

Lô

Fête : 22 septembre

• **Étym.** : étymologie mal définie • **Hist.** VIe s. : on ne sait guère de choses le concernant sinon qu'il fut évêque de Coutances dans la deuxième moitié du VIe siècle et qu'il mourut vers 568 • **S. Zod.** : Vierge.

Lœiz, Lœiza

Fête : 25 août, 21 juin, 15 mars ; *formes bretonnes de Louis, Louise.*

Loelia

Fête : 9 juillet. cf. *Clélia*

Logan

Fête : 17 février. cf. *Loman*
- **Étym.** : du celte (trou) ; nom de famille écossais devenu prénom.

Loïc, Loïg, Loïk, Loïs

Fête : 25 août. cf. *Louis* 21 juin. cf. *Louis* ; *formes bretonnes dérivées de Louis.*

Lola, Lolita

Fête : 15 mars. cf. *Louise*

Loma

Fête : 29 juin. cf. *Salomé*

Loman

Fête : 17 février
- **Étym.** : du celtique *man* (pensée, sage) • **Hist.** ve s. : Loman aurait été le neveu de saint Patrick et aurait converti la région de l'embouchure de la Boyne en Irlande • **S. Zod.** : Verseau
- **Dérivé** : *Lomance*.

Lomance

Fête : 17 février. cf. *Loman*

Lomée

Fête : 29 juin. cf. *Salomé*

Loménie

Fête : 17 février. cf. *Loman*

Lona, Loona

Fête : 28 septembre. cf. *Lioba*

Lora, Lore, Lorée

Fête : 2 mai. cf. *Eléonore*

Loraine, Lorraine

Fête : 2 mai. cf. *Eléonore*

Lorans

Fête : 10 août. cf. *Laurent*

Lorenz

Fête : 10 août. cf. *Laurent* ; *forme alsacienne du prénom.*

Lorenzo

Fête : 10 août. cf. *Laurent*

Lorna

Fête : 10 août. cf. *Laurent*
Prénom récent datant du xixe siè-

cle. Il a été fabriqué à partir du patronyme de la marquise de Lornes.

Lorris, Lory, Lorry
▼
Fête : 10 août. cf. *Laurent*

Lossa
▼
Fête : 15 mars. cf. *Louise*

Lothaire
▼
Fête : 25 août. cf. *Louis* ou 21 juin. cf. *Louis* ; *forme primitive du prénom.*

Lothar
▼
Fête : 25 août. cf. *Lothaire* ; *forme germanique du prénom.*

Lottie
▼
Fête : 17 juillet. cf. *Charlotte*

Lotus
▼
Fête : 5 octobre. cf. *Fleur*

Louella
▼
Fête : 15 mars. cf. *Louise*

Louis
▼
Fête : 25 août

• **Étym.** : du germain *Hlod-wig* (illustre combat) • **Hist.** XIIIe s. : né le 25 avril 1214 à Poissy, fils de Louis VIII et de Blanche de Castille, Louis IX monta sur le trône à l'âge de 12 ans. Il dut tout de suite faire face à l'indiscipline des nobles et composer avec le caractère acariâtre et dominateur de sa mère. Il s'appliqua à éviter toute guerre avec l'Angleterre et à maintenir la paix et la justice en France. En 1244, il prépara et partit pour une croisade qui tourna au désastre à la Mansourah. Dix ans plus tard, malgré la mauvaise volonté de l'armée, il s'embarqua pour une nouvelle croisade qui s'acheva avant d'avoir commencé puisqu'il mourut du typhus devant les murs de Tunis. Ce sont moins ses miracles que sa vie simple et juste qui lui valurent la canonisation • **S. Zod.** : Vierge • **Dérivés** : *Loïc, Loïg, Loïk, Loïs, Louisiane, Ludovic, Ludwig.*

Louis de Gonzague
▼
Fête : 21 juin

• **Étym.** : du germain *Hlod-wig* (illustre combat) • **Hist.** XVIe s. : fils aîné de Ferrante de Gonzague, marquis de Castiglione, Louis naquit en 1568. En 1585, il délaissa la vie mondaine et facile pour entrer chez les Jésuites. En 1591, la peste ayant éclaté dans Rome, Louis secourut les malades et fut atteint à son tour. Il succomba le 21 juin 1591 âgé d'à peine 23 ans. Il est le patron des jeunes hommes • **S. Zod.** : Cancer • **Dérivés** : *Gonzague, Gino, Loïc, Loïg, Loïk, Loïs, Louisiane, Ludovic, Ludwig.*

Louise de Marillac

Fête : 15 mars

• **Étym.** : du germain *Hlod-wig* (illustre combat) • **Hist.** XVIᵉ-XVIIᵉ s. : née à Paris en 1591, Louise se maria en 1613 et devint veuve en 1625. Elle réunit alors autour d'elle un groupe de femmes pour la plupart paysannes illettrées, qui devinrent, sous la houlette de saint Vincent de Paul, les Filles de la Charité. Elles s'employèrent avant tout à secourir indigents et malades. Leur renom fut tel qu'un grand nombre de maisons calquèrent leur discipline de vie sur la leur et créèrent de nombreuses autres congrégations du même genre, qui essaimèrent un peu partout • **S. Zod.** : Poissons • **Dérivés** : *Lola, Lolita, Lossa, Louella, Louisiane, Ludovica, Luisa.*

Louisiane

Fête : 15 mars. cf. *Louise*
ou 26 juillet. cf. *Anne*
ou 25 août. cf. *Louis*

Loup

Fête : 29 juillet

• **Étym.** : du latin *lupus* (loup).
• **Hist.** : Loup et son épouse, sœur de saint Hilaire d'Arles, décidèrent d'un commun accord d'abandonner leurs biens aux indigents et d'entrer en religion. Après être resté quelques années au monastère de Lérins, Loup fut nommé évêque de Troyes vers 426. En 451, lors de l'invasion des hordes d'Attila, il impressionna ce dernier en se livrant lui-même en otage pour obtenir le respect de la ville. Troyes ne fut pas touchée et Loup fut épargné. Il mourut à Troyes, vers 479 • **S. Zod.** : Lion
• **Dérivés** : *Ellula, Louve, Lua.*

Louve

Fête : 29 juillet. cf. *Loup*

Lua

Fête : 29 juillet. cf. *Loup*

Luc

Fête : 18 octobre

• **Étym.** : du latin *lux* (lumière), dérivé du grec *leukos* (pur, clair)
• **Hist.** Iᵉʳ s. : Grec de naissance, né à Antioche, Luc était médecin et, semble-t-il, fort instruit. Il rencontra saint Paul et très tôt il se mit à prendre des notes de ce dont il était témoin. Après avoir résidé en Grèce un certain temps, il s'attacha vers 57 définitivement à saint Paul et composa son évangile entre 60 et 70. Après la persécution où saint Paul trouva la mort en 66, saint Luc se retira en Grèce pour y terminer sa vie. C'est un saint qui fut toujours très populaire. Il est le patron des médecins • **S. Zod.** : Bélier • **Dérivés** : *Lucas, Lucky.*

Lucain

Fête : 25 juin. cf. *Lucin*

Lucain fut un poète latin célèbre du temps de Néron.

Lucas

Fête : 18 octobre. cf. *Luc*

Lucceia

Fête : 13 décembre. cf. *Lucie*

Lucceia était un prénom déjà porté à l'époque romaine, d'où dérivèrent Lucia et Lucie.

Luce

Fête : 13 décembre. cf. *Lucie*

Lucette

Fête : 13 décembre. cf. *Lucie*

Lucia, Lucie

Fête : 13 décembre
- **Étym.** : du latin *lux* (lumière), dérivé du grec *leukos* (pur, clair)
- **Hist.** IVe s. : l'histoire de son existence semble assez légendaire. Noble jeune fille sicilienne, Lucie se serait convertie et aurait fait vœu de chasteté. Mais, dénoncée, elle aurait été mise à mort. Son nom signifie lumière. C'est pourquoi on l'invoque contre les maux d'yeux
- **S. Zod.** : Scorpion • **Dérivés** : *Lacinia, Luce, Lucette, Lucia, Lucinda, Luciola, Luz.*

Luciana, Lucienne

Fête : 8 janvier. cf. *Lucien*

Lucien

Fête : 8 janvier
- **Étym.** : du latin *lux* (lumière), dérivé du grec *leukos* (pur, clair)
- **Hist.** IVe s. : illustre théologien de Syrie, Lucien mourut martyrisé sous Dioclétien vers 312
- **S. Zod.** : Capricorne • **Dérivés** : *Luciana, Lucienne.*

Luciliane, Lucilla

Fête : 16 février. cf. *Lucille*

Lucille

Fête : 16 février
- **Étym.** : du latin *lux* (lumière), dérivé du grec *leukos* (pur, clair)
- **Hist.** IIIe s. : Lucille, Macrobe, Cécilienne et Mundinarius furent martyrisés à Carthage sous Dioclétien. On ne sait rien d'autre au sujet de sainte Lucille
- **S. Zod.** : Verseau • **Dérivés** : *Lucilla, Lucilia, Luciliane.*

Lucillia

Fête : 16 février. cf. *Lucille*

Lucillianna, Lucillianne

Fête : 3 juin. cf. *Lucillien*

Lucillien
Fête : 3 juin
- **Étym. :** du latin *lux* (lumière), dérivé du grec *leukos* (pur, clair)
- **Hist.** IIIe s. : païen converti, Lucillien aurait été arrêté et enfermé dans un four chauffé à blanc dont, selon la légende peu vraisemblable, il serait sorti indemne afin d'exhorter ses compagnons au courage
- **S. Zod. :** Gémeaux
- **Dérivés :** *Lucillianna, Lucillianne, Lucillienne.*

Lucillienne
Fête : 3 juin. cf. *Lucillien*

Lucin
Fête : 25 juin
- **Étym. :** du latin *lucinus* (qui concerne la naissance)
- **Hist.** VIe s. : originaire d'Écosse, Lucin alla faire ses études en Irlande. Il retourna ensuite dans son pays afin de participer à son évangélisation
- **S. Zod. :** Cancer
- **Dérivé :** *Lucinne.*

Lucinda
Fête : 13 décembre. cf. *Lucie*

Lucinne
Fête : 25 juin. cf. *Lucin*

Luciola
Fête : 13 décembre. cf. *Lucie*

Prénom féminin porté à l'époque romaine.

Lucky
Fête : 18 octobre. cf. *Luc*

Lucrèce, Lucrétia
Fête : 15 mars. cf. *Léocritie* ; *forme médiévale du prénom.*

Lucy
Fête : 13 décembre. cf. *Lucie*

Ludmilla, Ludmila
Fête : 16 septembre
- **Étym. :** du germain *liut* (peuple), *mundo* (protection)
- **Hist.** IXe-Xe s. : épouse du duc Borivoj de Bohême, Ludmila éleva ses six enfants puis son petit-fils, le futur saint Wenceslas, assumant pratiquement la totalité du gouvernement du pays pendant ce temps. Elle mourut assassinée en 921 par des nobles jaloux de son influence sur les affaires du royaume
- **S. Zod. :** Vierge.

Ludolphe
Fête : 27 mars
- **Étym. :** du germain *liut* (peuple), *wulf* (loup)
- **Hist.** XIIIe s. : évêque de Ratzebourg en Saxe, Ludolphe s'opposa au duc de Saxe qui le fit rouer de coups et

bannir. Il mourut de ses blessures en 1250 • **S. Zod.** : Bélier.

Ludovic
▼
Fête : 21 juin. cf. *Louis*

Ludovica
▼
Fête : 15 mars. cf. *Louise*

Ludwig
▼
Fête : 21 juin. cf. *Louis* ; *forme primitive du prénom.*

Lufthilde
▼
Fête : 23 janvier
• **Étym.** : du germain *liut* (peuple), *hild* (combat). On ne connaît à peu près rien de son existence sinon qu'elle fut vénérée à Cologne • **S. Zod.** : Verseau.

Luisa
▼
Fête : 15 mars. cf. *Louise*

Lukas
▼
Fête : 18 octobre. cf. *Luc*

Luna, Lune
▼
Fête : 10 novembre. cf. *Nymphe*
• **Myth.** : Luna était le qualificatif de la déesse de la Lune.

Lutgarde
▼
Fête : 16 juin
• **Étym.** : du germain *liut* (peuple), *gard* (maison) • **Hist.** XIIIe s. : mise au couvent très jeune, Lutgarde priait, dit-on, avec une telle intensité qu'une rosée de sang perlait sur son visage. Elle mourut en 1246 dans un couvent du Brabant • **S. Zod.** : Gémeaux.

Luz
▼
Fête : 13 décembre. cf. *Lucie*

Lya
▼
Fête : 25 mai. cf. *Lye*

Lyce
▼
Fête : 25 mai. cf. *Lye*
• **Hist.** : Nom féminin porté à l'époque romaine.

Lydia, Lydiane
▼
Fête : 3 août. cf. *Lydie*

Lydie
▼
Fête : 3 août
• **Étym.** : du latin *lydia* (Lydie, province d'Asie Mineure dans l'Antiquité) • **Hist.** Ier s. : on sait peu de chose à son propos, sinon que Lydie se serait convertie lors d'une prédication de saint Paul • **S. Zod.** : Lion • **Dérivés** : *Lidy, Lydia, Lydiane.*

Lyé, Lye

Fête : 25 mai

- **Étym. :** du latin *lyare* (rendre liquide). Lyaeus était un des noms de Bacchus, dieu du Vin
- **Hist.** VIe s. : religieux dans un monastère près de Troyes, Lyé en devint abbé. On ne sait pas plus de choses à son sujet
- **S. Zod. :** Gémeaux • **Dérivés :** *Lya, Lia, Liane, Lyce.*

Lyla

Fête : 5 octobre. cf. *Fleur*

Lynn

Fête : 20 octobre.
cf. *Adeline* ; *forme saxonne de Line.*

Lys

Fête : 5 octobre. cf. *Fleur*

Lysandre

Fête : 25 mai. cf. *Lye*

- **Hist. :** Lysandre fut un célèbre général lacédémonien.

M

Mabel, Mabelle

Fête : 18 octobre.
cf. *Amable* ; *dérivation limousine du prénom*.

Macaire

Fête : 2 janvier
• **Étym. :** du grec *makarios* (bienheureux) • **Hist.** Vᵉ s. : marchand de primeurs et de fruits à Alexandrie, Macaire abandonna tous ses biens pour vivre en ermite dans le désert • **S. Zod. :** Capricorne.

Macella

Fête : 31 janvier. cf. *Marcelle*
Prénom féminin porté à l'époque romaine d'où dériva l'actuel prénom Marcelle • **S. Zod. :** Verseau.

Macha

Fête : 15 août. cf. *Marie* ; *forme russe du prénom*.

Macrine

Fête : 19 juillet
• **Étym. :** du grec *makarios* (bienheureux) • **Hist.** IVᵉ s. : fille de saint Basile et de sainte Emmelie, Macrine se consacra aux pauvres et leur fit distribuer ses biens à sa mort • **S. Zod. :** Cancer.

Maddy

Fête : 22 juillet. cf. *Madeleine*

Madeleine

Fête : 22 juillet
• **Étym. :** de l'hébreu, originaire de Magdala = Magdalena • **Hist.** Iᵉʳ s. : pécheresse pardonnée par Jésus, Madeleine fit partie des femmes qui le servaient et l'accompagnaient dans ses déplacements. Elle s'aperçut la première de la sortie du tombeau et ce fut elle qui en avertit les Apôtres. Elle mourut et fut ensevelie à Ephèse (Turquie). En France, on vénérait au Moyen Âge sainte Madeleine à Vézelay • **S. Zod. :** Lion • **Dérivés :** *Maddy,*

Madeline, Madelon, Madleen, Mado, Magda, Magdala, Magdalena, Magdeleine, Malaine.

Madeline, Madelon
▼
Fête : 22 juillet. cf. *Madeleine*

Madison
▼
Fête suggérée : 22 juillet. cf. *Madeleine*

• **Étym.** : de l'anglo-normand médiéval *son of Maud* (fils de Maud). Prénom donné aux enfants au XIXe siècle en l'honneur de James Madison (1751-1836), cinquième président des États-Unis.

Madleen
▼
Fête : 22 juillet.
cf. *Madeleine ; forme anglaise du prénom.*

Mado
▼
Fête : 22 juillet. cf. *Madeleine*

Madona, Madonna
▼
Fête : 22 juillet. cf. *Madeleine*
• **Étym.** : de l'italien *madonna* (madone). Donné en prénom aux enfants assez récemment et illustré par la chanteuse américaine Madonna.

Madruyna
▼
Fête : 5 septembre

• **Étym.** : du latin *matrona* (femme mariée) • **Hist.** Xe s. : abbesse de San Pedro de Caspuelas, non loin de Barcelone, Madruyna fut capturée par les Maures en 986 et envoyée en esclavage à Majorque. Elle réussit à s'enfuir en se cachant dans un sac, mais le maître soupçonneux transperça celui-ci à coups d'épée. Ne voulant pas trahir celui qui l'avait aidée à s'évader, Madruyna ne se plaignit pas mais mourut de ses blessures en arrivant au port • **S. Zod.** : Vierge.

Mae
▼
Fête : 13 mai. cf. *Maël*
ou 11 mai. cf. *Mayeul*

Maël
▼
Fête : 13 mai

• **Étym.** : du celtique *maël* (chef). Vénéré dans le pays de Galles, on ignore pratiquement tout de ses faits et gestes. Il est l'éponyme de nombreuses localités bretonnes • **S. Zod.** : Taureau
• **Dérivés** : *Amaëla, Amaëlle, Maëla, Maëlle.*

Maëla, Maëlle
▼
Fête : 13 mai. cf. *Maël*

Maena
▼
Fête : 15 août. cf. *Marie*
ou 13 mai. cf. *Maël*

Nom féminin porté par une prêtresse romaine de Cybèle, déesse de la fécondité.

Maera
▼
Fête : 15 août. cf. *Marie* ou 13 mai. cf. *Maël*
• **Myth.** : Nom féminin porté par une prêtresse de Vénus, déesse de l'Amour.

Maeva
▼
Fête : 6 septembre. cf. *Eve* ; *prénom d'origine polynésienne.*

Maevia
▼
Fête : 6 septembre. cf. *Eve* ou 13 mai. cf. *Maël*
Nom féminin porté à l'époque romaine.

Mafalda
▼
Fête : 2 mai
• **Étym.** : du latin *fallere* (tromper). • **Hist.** : fille du roi du Portugal, Sanche Ier, Mafalda, après un mariage annulé pour consanguinité, se retira au couvent bénédictin d'Arouca où elle mourut • **S. Zod.** : Taureau.

Magali
▼
Fête : 10 juin. cf. *Marguerite* ; *forme provençale du prénom.*

Magda, Magdala
▼
Fête : 22 juillet.
cf. *Madeleine* ; *formes archaïques du prénom.*

Magdalena, Magdeleine
▼
Fête : 22 juillet.
cf. *Madeleine* ; *dérivés archaïcisants du prénom.*

Mage, Magge
▼
Fête : 10 juin. cf. *Marguerite* ; *forme occitane du prénom.*

Magia, Magiane
▼
Fête : 10 juin. cf. *Marguerite*
Nom féminin porté à l'époque romaine.

Maggie, Maggy
▼
Fête : 10 juin. cf. *Marguerite*

Magloire
▼
Fête : 24 octobre
• **Étym.** : du latin *gloria mea* (ma gloire). • **Hist.** : Magloire fonda un monastère entre Guernesey et la France dans l'île de Sercy, où il se retira. On ne sait rien de plus conséquent à son propos • **S. Zod.** : Scorpion.

Magneric
▼
Fête : 25 juillet
• **Étym.** : du germain *magin*

(force), *rik* (roi ou puissant) • **Hist.** VIᵉ s. : élève de saint Nizier, Magneric fut nommé évêque de Trèves vers 568. Il mourut aux alentours de 596 dans son diocèse • **S. Zod.** : Lion.

Maharisha

Fête : 15 août. cf. *Marie* ; *forme hindoue du prénom.*

Mahaut, Mahault

Fête : 15 mars. cf. *Mathilde*
• **Étym.** : du germain *maht* (force), *bald* (audacieux). Prénom médiéval dérivé de Mathilde.

Maïa

Fête : 15 août. cf. *Marie*
• **Myth.** : Maïa était la fille du Titan Atlas et de Pléioné. Elle était d'autre part la mère de Mercure.

Maïsie

Fête : 10 juin. cf. *Marguerite* ; *forme anglo-saxonne du prénom, dérivé de Margaret.*

Maïssan

Fête suggérée : 15 août.
cf. *Marie*
• **Étym.** : de l'arabe (beauté).

Maïssara

Fête suggérée : 13 juillet.
cf. *Sarah*
• **Étym.** : de l'arabe (richesse).

Maïté

Fête : 15 août
ou 1ᵉʳ octobre.
cf. *Marie* ou *Thérèse* ; *forme hypocoristique de Marie-Thérèse qui émane du Sud-Ouest.*

Maixent

Fête : 26 juin
• **Étym.** : du latin *maximus* (le plus grand) • **Hist.** VIᵉ s. : né dans le Languedoc, Maixent partit dans le Poitou et entra dans une communauté religieuse dont il devint abbé et où il mourut vers 515. C'est autour de ce monastère que se développera la ville actuelle de Saint-Maixent • **S. Zod.** : Cancer.

Majda

Fête suggérée : 15 août.
cf. *Marie* ; *étymologie arabe*

Majoric

Fête : 6 décembre
• **Étym.** : du germain *magin* (force), *rik* (roi, puissant). • **Hist.** Vᵉ s. : Majoric fut martyrisé en 484 en compagnie de Denise, sa mère, et d'autres chrétiens sur

l'ordre d'un roi vandale, en Afrique • **S. Zod.** : Sagittaire.

Malaine

Fête : 22 juillet. cf. *Madeleine*

Malcolm

Fête : 15 novembre. cf. *Malo*
• **Étym.** : du celtique *mach* (gage), *lou* (lumière).

Maleaume

Fête : 15 novembre. cf. *Malo*
• **Étym.** : du germain *maht* (force), *helm* (casque). Prénom médiéval du centre.

Malika

Fête : 15 août. cf. *Marie*

Mallia

Fête : 15 novembre. cf. *Malo* ou 5 janvier. cf. *Amélie*
Nom féminin porté à l'époque romaine.

Mallien

Fête : 15 novembre. cf. *Malo*
Nom masculin porté à l'époque romaine.

Malo

Fête : 15 novembre
• **Étym.** : du celtique *mach* (gage), *lou* (lumière) • **Hist.** VIIe s. : moine gallois, Malo fonda un monastère en Bretagne au VIIe siècle, autour duquel se développa la ville actuelle de Saint-Malo • **S. Zod.** : Scorpion
• **Dérivés** : *Maleaume, Malcolm*.

Malva

Fête : 5 octobre. cf. *Mauve*

Malvane

Fête : 5 octobre. cf. *Mauve*

Malvina, Malvy

Fête : 5 octobre. cf. *Mauve* ; prénoms d'origine occitane.

Mana, Manna

Fête : 15 août. cf. *Marie* ou 26 juillet. cf. *Anne*

Mandy

Fête : 9 juillet. cf. *Amandine*

Manfred

Fête : 18 juillet. cf. *Frédéric*
• **Étym.** : du germain *mann* (homme), *frid* (paix). Dérivation méridionale du prénom.

Manoël

Fête : 25 décembre. cf. *Noël*

Manon

Fête : 17 février.
cf. *Marianne ; altération
du prénom.*

Mansour

Fête suggérée : 16 janvier.
cf. *Marcel*

• **Étym.** : de l'arabe (victorieux).

Manuel

Fête : 25 décembre. cf. *Noël*

Mara

Fête : 16 février. cf. *Mareria*

Maralla

Fête : 15 août. cf. *Marie*
ou 16 février. cf. *Mareria*
Prénom usité en Angleterre.

Marc

Fête : 25 avril

• **Étym.** : du latin *marcus* (marteau) • **Hist.** Ier s. : compagnon des Apôtres, ami de saint Paul et cousin de Barnabé, Marc commença à rédiger son évangile à partir des récits de saint Pierre et de saint Paul. Après la mort de saint Pierre, il prêcha à Alexandrie (Égypte) mais on lui attribua sans doute à tort d'avoir fondé la première église chrétienne. Il mourut martyrisé pendant une persécution de l'empereur Trajan à Alexandrie. Ses restes sont actuellement à Venise dans la basilique St-Marc • **S. Zod.** : Taureau • **Dérivés** : *Marceau, Marcia, Marciane, Marcie, Marcion.*

Marceau

Fête : 25 avril. cf. *Marc*

Marcel

Fête : 16 janvier

• **Étym.** : du latin *marcus* (marteau) • **Hist.** IVe s. : Marcel devint pape en 308, succédant ainsi à saint Marcellin. Il n'exerça cependant cette fonction que peu de temps car il en fut démis par l'empereur Maxence, qui lui reprochait son intransigeance envers les hérétiques • **S. Zod.** : Capricorne.

Marcella

Fête : 31 janvier. cf. *Marcelle*

Marcelle

Fête : 31 janvier

• **Étym.** : du latin *marcus* (marteau) • **Hist.** IVe-Ve s. : devenue veuve, cette grande dame romaine, sous l'égide de saint Jérôme, se consacra aux pauvres et fonda plusieurs maisons pour d'autres dames désireuses de suivre son exemple • **S. Zod.** : Verseau • **Dérivés** : *Marcella, Marcelline.*

Marcellin

Fête : 6 avril

• **Étym.** : du latin *marcellus* (petit marteau) • **Hist.** IVe-Ve s. : envoyé en mission à Carthage par l'empereur Honorius afin de trancher le différend entre chrétiens et donatistes, Marcellin, ami de saint Augustin, fut favorable aux catholiques. Les donatistes l'assassinèrent alors pour se venger de cette sentence qui leur était contraire • **S. Zod.** : Bélier • **Dérivé** : *Marcello*.

Marcelline

Fête : 31 janvier. cf. *Marcelle*

Marcia, Marciane, Marcie

Fête : 25 avril. cf. *Marc*

Marcion

Fête : 25 avril. cf. *Marc*

Prénom masculin porté à l'époque gréco-romaine et illustré par un écrivain de Smyrne.

Mareria

Fête : 16 février

• **Étym.** : de l'hébreu *mar* (mer) • **Hist.** XIIIe s. : de famille noble et riche du diocèse de Retti (Italie), Mareria était très intelligente. Après des études poussées, elle fut l'élève de saint François d'Assise, qui logeait chez ses parents. Sur son conseil, Mareria se retira dans la montagne avec quelques saintes femmes et créa un couvent qu'elle plaça sous la règle clarisse et dont elle fut elle-même abbesse. Elle mourut en 1236 • **S. Zod.** : Verseau • **Dérivés** : *Mara, Marcella*.

Margaine

Fête : 10 juin. cf. *Marguerite* ; *forme champenoise du prénom.*

Margalide

Fête : 10 juin ; *forme occitane de Marguerite.*

Marganne

Fête : 10 juin. cf. *Marguerite* ; *forme champenoise du prénom.*

Margaret

Fête : 10 juin. cf. *Marguerite*

Margarita

Fête : 10 juin. cf. *Marguerite* ; *forme primitive du prénom.*

Margaux

Fête : 10 juin. cf. *Marguerite* ; *forme girondine du prénom.*

Margerie

Fête : 10 juin. cf. *Marguerite* ; *forme normande du prénom.*

Margie

Fête : 10 juin. cf. *Marguerite*

Margot

Fête : 10 juin. cf. *Marguerite*

Marguerite

Fête : 10 juin

• **Étym.** : du latin *margarita* (perle) • **Hist.** XIe s. : née en 1045 et élevée à la cour de Hongrie où son père, prince anglais, était en exil, Marguerite épousa en 1070 le roi d'Écosse Malcolm III dont elle eut huit enfants. Très pieuse et charitable, elle secourait les indigents et les malades. Elle ramena l'Église d'Écosse à une plus grande orthodoxie avec Rome et son règne correspond avec une période faste pour le pays. Elle mourut à Edimbourg en 1093 • **S. Zod.** : Gémeaux • **Dérivés :** *Magali, Mage, Magge, Maggie, Maggy, Maisie, Margaine, Margalide, Marganne, Margaret, Margaux, Margerie, Margot, Margie, Marjorie, Meg, Meigge, Meiggie, Metge.*

Mari, Maria

Fête : 15 août. cf. *Marie*

Mariam, Marian

Fête : 15 août. cf. *Marie* ou 17 février. cf. *Marianne*

Marianne

Fête : 17 février

• **Étym.** : de l'hébreu *myriam* (princesse de la mer) • **Hist.** Ier s. : sainte inconnue dans les Fastes latins, Marianne est commémorée dans les Menées grecques. Après l'ascension du Christ, elle aurait accompagné Philippe et Barthélemy à Hiérapolis puis se serait retirée en Lycaonie lors du martyre de Philippe • **S. Zod.** : Verseau.

Mariannick

Fête : 15 août. cf. *Marie* ou 26 juillet. cf. *Anne*

Marie

Fête : 15 août

• **Étym.** : de l'hébreu *myriam* (princesse de la mer) • **Hist.** Ier s. : de nombreuses fêtes célèbrent Marie, mais la plus populaire se place le 15 août, date de son Assomption. Choisie pour être la mère de Jésus, elle fut le témoin direct de la vie du Christ et assista à sa Passion. Après l'ascension du Christ, elle aida les Apôtres à constituer l'Église chrétienne. Elle mourut à Éphèse où l'on peut encore de nos jours visiter sa maison

• **S. Zod.** : Lion • **Dérivés** : *Macha, Mara, Mari, Mariam, Marian, Marianne, Mariannick, Marielle, Marietta, Mariette, Marika, Marilyn(e), Marilyse, Marion, Marpessa, Mary, Maryse, Miranda, Mireille, Myriam, et tous les noms composés avec Marie.*

Marielle
▼
Fête : 15 août. cf. *Marie*

Marietta, Mariette
▼
Fête : 15 août. cf. *Marie*

Marika
▼
Fête : 10 novembre.
cf. *Nymphe*
• **Myth.** : Marika était la nymphe du Latium et l'épouse du dieu Faunus.

Marilyn, Marilyne
▼
Fête : 15 août. cf. *Marie*
ou 20 octobre. cf. *Adeline*

Marilyse
▼
Fête : 15 août. cf. *Marie*
ou 17 novembre.
cf. *Lise (Elisabeth)*

Marina
▼
Fête : 20 juillet
• **Étym.** : de l'hébreu *myriam* (princesse de la mer) • **Hist.** IIIe s. : selon la légende, Marina était une très jolie jeune fille qui, convertie au christianisme, fut chassée par son père. Courtisée par le gouverneur d'Antioche, Olybrius, elle refusa de l'épouser. Celui-ci, furieux, la fit torturer puis décapiter. Elle est la patronne des femmes en couches • **S. Zod.** : Cancer • **Dérivés** : *Marine, Marinette, Marisca.*

Marine, Marinette
▼
Fête : 20 juillet. cf. *Marina*

Marion
▼
Fête : 15 août. cf. *Marie*

Marisca
▼
Fête : 20 juillet. cf. *Marina*

Marius
▼
Fête : 19 janvier
• **Étym.** : du latin *mare* (la mer).
• **Hist.** : La *gens* Marius était une famille célèbre à Rome. Marius fut martyrisé sous Dioclétien en 290 • **S. Zod.** : Capricorne.

Marjolaine
▼
Fête : 5 octobre. cf. *Fleur*
La marjolaine est une plante officinale dont on se sert pour faire des bains ou des fumigations • **S. Zod.** : Balance.

Marjorie

Fête : 10 juin. cf. *Marguerite*

Marlaine, Marlène

Fête : 15 août. cf. *Marie*
ou 18 août. cf. *Hélène*

Marlyse

Fête : 15 août. cf. *Marie*
ou 17 novembre.
cf. *Lise (Elisabeth)*

Maroussia

Fête : 13 avril. cf. *Mars*
ou 15 août. cf. *Marie*

Marpessa

Fête : 15 août. cf. *Marie*
ou 13 avril. cf. *Mars*

• **Étym.** : du latin *Marpessus*, nom d'un mont de l'île de Paros.

Mars

Fête : 13 avril

• **Étym.** : du latin *Mars*, nom du dieu de la Guerre, père de Romulus, fondateur de Rome • **Hist.** Ve s. : né en Auvergne, Mars vécut en ermite non loin de l'actuel Clermont-Ferrand • **S. Zod.** : Bélier • **Dérivés** : *Maroussia, Marpessa, Marsia, Marsiane, Marsie*.

Marshall

Fête suggérée : 16 janvier.
cf. *Marcel*

• **Étym.** : du français *maréchal* ; dérivé anglo-normand du mot, prénom dans les pays anglo-saxons.

Marsia, Marsiane, Marsie

Fête : 13 avril. cf. *Mars*

Martha, Marthe

Fête : 29 juillet

• **Étym.** : du latin *martia* (belliqueuse). Marthe est aussi un nom biblique • **Hist.** Ier s. : sœur de Lazare, Marthe fit des reproches à Jésus au sujet du décès de son frère. Le Christ lui demanda alors de croire à son pouvoir sur la mort et ressuscita Lazare • **S. Zod.** : Lion • **Dérivé** : *Marta*.

Martial

Fête : 30 juin

• **Étym.** : du latin *martius* (guerrier) • **Hist.** IIIe s. : on sait peu de chose le concernant, sinon qu'il serait venu en Limousin dans les années 250 afin de l'évangéliser • **S. Zod.** : Cancer.

Martianne

Fête : 13 avril. cf. *Mars* ;
prénom féminin médiéval occitan.

Martin

Fête : 11 novembre

• **Étym.** : du latin *martius* (guerrier) • **Hist.** IVe s. : originaire de Hongrie, fils d'un tribun militaire, Martin se convertit et quitta l'armée. Après quelque temps d'une vie érémitique, il fonda le monastère de Ligugé près de Poitiers, qui fut une communauté d'ermites. En 371, nommé évêque de Tours, il n'abandonna pas la vie monastique pour autant et ne voulut pas porter l'habit d'évêque. Il fit un gros travail d'évangélisation des campagnes encore païennes et mourut en 397. Son tombeau fut le lieu de culte le plus vénéré de la Gaule • **S. Zod.** : Scorpion.

Martine

Fête : 30 janvier

• **Étym.** : du latin *martius* (guerrier) • **Hist.** IIIe s. : on ne connaît pas exactement la réalité de son martyre. Martine aurait été suppliciée sous Alexandre et, d'après la tradition, du lait se serait écoulé de son corps à la place de sang • **S. Zod.** : Verseau.

Martory

Fête : 29 mai

• **Étym.** : du latin *martius* (guerrier) • **Hist.** IVe s. : né en Cappadoce (Turquie), Martory et ses compagnons Sisinnius et Alexandre s'établirent à Milan où saint Ambroise les envoya évangéliser les Alpes tyroliennes. Ils moururent en 397 assassinés par des païens • **S. Zod.** : Gémeaux.

Marvin, Mervyn

Fête : 29 août. cf. *Merry* ; *forme anglo-normande du prénom.*

Mary

Fête : 15 août. cf. *Marie* ou 19 janvier. cf. *Marius* ; *forme anglaise du prénom Marie, ou forme provençale du prénom Marius.*

Maryse

Fête : 15 août. cf. *Marie*

Maryvonne

Fête : 15 août. cf. *Marie* ou 23 mai. cf. *Yvonne*

Masha, Masheva

Fête : 15 août. cf. *Marie* ou 21 septembre. cf. *Matthieu*

Mathé, Mathéna

Fête : 1er octobre. cf. *Maïté (Thérèse)* ou 7 mai. cf. *Mathie* ou 21 septembre. cf. *Matthieu*

Mathelin, Matheline

Fête : 7 mai. cf. *Mathie*
ou 21 septembre. cf. *Matthieu*

Mathie

Fête : 7 mai
• **Étym.** : de l'hébreu (don de Dieu). • **Hist.** : Sainte Mathie est vénérée à Troyes. On ne sait rien d'autre sur elle car les actes sont perdus • **S. Zod.** : Taureau • **Dérivés** : *Mathelin, Matheline*

Mathilda, Mathilde

Fête : 15 mars
• **Étym.** : du germain *maht* (force), *hild* (combat) • **Hist.** IXe-Xe s. : épouse du roi d'Allemagne Henri l'Oiseleur, Mathilde se comporta en grande reine, simple et charitable. Elle supporta cependant difficilement les rivalités de ses fils quant à la succession du trône. Après avoir fondé quatre maisons religieuses, Mathilde s'éteignit dans l'une d'entre elles en 968 • **S. Zod.** : Poissons • **Dérivé** : *Mahaut*.

Mathurin

Fête : 1er novembre
• **Étym.** : du latin *maturus* (mûr) • **Hist.** IVe s. : né dans le Gâtinais et ordonné prêtre, Mathurin se spécialisa dans l'exorcisme. La légende s'est emparée de lui très tôt, en en faisant l'auteur de miracles et de faits prodigieux. Il est invoqué dans les cas de folies • **S. Zod.** : Scorpion • **Dérivé** : *Mathurine*.

Mathurine

Fête : 1er novembre.
cf. *Mathurin*

Matthias

Fête : 14 mai
• **Étym.** : de l'hébreu (don de Dieu). • **Hist.** 1er s. : Matthias appartint au groupe des Apôtres après la disparition de Judas. Il aurait ensuite prêché en Cappadoce (Turquie), et serait mort martyrisé • **S. Zod.** : Taureau.

Matthieu

Fête : 21 septembre
• **Étym.** : de l'hébreu (don de Dieu). • **Hist.** 1er s. : Portitor à Capharnaüm, c'est-à-dire percepteur, Matthieu abandonna sa lucrative profession pour entrer dans le groupe des Apôtres. Entre les années 40 et 50, il écrivit parallèlement son Évangile où, méthodiquement, il consigna les prophéties et oracles du Christ. On ne sait au juste ce que fut le reste de sa vie ni comment il mourut • **S. Zod.** : Vierge • **Dérivés** : *Masha, Mashe, Masheva, Mathé, Mathena, Mathelin, Matheline, Matthis, Maze, Mazelle*.

Matthis

Fête : 21 septembre.
cf. *Matthieu*

Matuta

Fête : 21 septembre.
cf. *Matthieu*
ou 7 mai. cf. *Mathie*
• **Myth.** : Matuta était la déesse romaine du matin.

Maud

Fête : 18 novembre.
cf. *Maudez*

Maudez

Fête : 18 novembre
• **Étym.** : du celtique *mao* (jeune homme), ou *mad* (bon) • **Hist.** VIe s. : ce religieux venu de Cornouailles en Bretagne fonda un monastère à Lavret. On ne sait rien d'autre à son propos • **S. Zod.** : Scorpion • **Dérivés** : *Maud, Maulde.*

Maughold

Fête : 27 avril
• **Étym.** : du germain *amal* (sens obscur), *hrod* (gloire) • **Hist.** Ve s. : converti par saint Patrick, Maughold vécut en ermite sur l'île de Man (Irlande), dont il devint évêque • **S. Zod.** : Taureau.

Maulde

Fête : 18 novembre.
cf. *Maudez*

Maur

Fête : 15 janvier
• **Étym.** : du latin *maurus* (qui a le teint basané) • **Hist.** VIe s. : Maur fut le successeur de saint Benoît comme abbé du monastère de Subiaco (Italie) • **S. Zod.** : Capricorne • **Dérivés** : *Morgan, Mort, Mortimer.*

Maura

Fête : 13 novembre
• **Étym.** : du latin *maurus* (qui a le teint basané). Les Grecs honorent une sainte Maura qui aurait accompagné saint Timothée dans son martyre • **S. Zod.** : Scorpion.

Maure

Fête : 13 juillet
• **Étym.** : du latin *maurus* (qui a le teint basané) • **Hist.** Ve s. : la tradition raconte que Maure et Britta, princesses nordiques, furent assassinées à Balagny (Oise) alors qu'elles s'en retournaient d'un pèlerinage • **S. Zod.** : Cancer • **Dérivés** : *Maureen, Maurette, Maurine, Moïra, Mora, Morane, More, Moré, Morée, Morgane.*

Maureen
▼
Fête : 13 juillet. cf. *Maure* ou 13 novembre. cf. *Maura*

Maurette
▼
Fête : 13 juillet. cf. *Maure*

Maurice
▼
Fête : 22 septembre
• **Étym. :** du latin *maurus* (qui a le teint basané) • **Hist.** IIIe s. : appartenant à une légion romaine chrétienne, Maurice et ses compagnons refusèrent de sacrifier aux dieux avant l'attaque. Or, pour les païens, ne pas sacrifier aux divinités était courir au désastre militaire. Ils cernèrent et massacrèrent alors la légion qui ne se défendit pas • **S. Zod. :** Vierge.

Mauricette
▼
Fête : 22 septembre. cf. *Maurice*

Maurine
▼
Fête : 13 juillet. cf. *Maure* ou 13 novembre. cf. *Maura*

Mauve
▼
Fête : 5 octobre. cf. *Fleur*
La mauve est une plante méditerranéenne de un mètre à peu près de haut. Elle donne, de juillet à septembre, des fleurs rosées, rayées de pourpre • **S. Zod. :** Balance • **Dérivés :** *Malva, Malvane, Malvina, Malvy.*

Mavel, Mavelle
▼
Fête : 18 octobre.
cf. *Amable* ; *forme auvergnate du prénom.*

Maveline
▼
Fête : 29 avril. cf. *Ava*

Mavis
▼
Fête : 18 octobre. cf. *Amable*

Max
▼
Fête : 12 mars. cf. *Maximilien*

Maxellende
▼
Fête : 13 novembre
• **Étym. :** du latin *maximus* (le plus grand) • **Hist.** VIIe s. : ayant prononcé un vœu de virginité, Maxellende fut cependant contrainte d'épouser le noble franc Hardouin. Mais, elle lui résista tant, que, furieux, il la tua d'un coup d'épée • **S. Zod. :** Scorpion.

Maxence
▼
Fête : 20 novembre
• **Étym. :** du latin *maximus* (le plus grand). • **Hist. :** selon la tradition, Maxence, princesse irlandaise, quitta son pays pour la Gaule afin d'échapper à son

prétendant païen, qui réussit cependant à la rejoindre et la tua non loin de Senlis. Ce prénom est également porté au masculin • **S. Zod.** : Scorpion.

Maxima
▼
Fête : 16 octobre

• **Étym.** : du latin *maximus* (le plus grand) • **Hist.** Ve s. : esclave d'un Vandale, Maxima convertit les autres serviteurs. Libérée, elle termina sa vie comme supérieure d'une abbaye • **S. Zod.** : Balance.

Maxime
▼
Fête : 14 avril

• **Étym.** : du latin *maximus* (le plus grand). • **Hist.** IIIe s. : sainte Cécile, noble romaine, épousa Valérien, qu'elle convertit ainsi que son beau-frère, Tiburce. Ils furent tous trois arrêtés et elle convertit à son tour le préfet Maxime qui fut martyrisé avec eux • **S. Zod.** : Bélier.

Maximiliane
▼
Fête : 12 mars. cf. *Maximilien*

Maximilien
▼
Fête : 12 mars

• **Étym.** : du latin *maximus* (le plus grand) • **Hist.** IIIe s. : fils de soldat, la loi obligeait Maximilien à reprendre la profession de son père, mais il refusa de s'enrôler parce qu'il était chrétien. Il fut alors décapité pour servir d'exemple, à Carthage, en 295 • **S. Zod.** : Poissons • **Dérivés** : *Maximiliane, Maximilienne*.

Maximilienne
▼
Fête : 12 mars. cf. *Maximilien*

Maximina
▼
Fête : 16 octobre. cf. *Maxima*
Maximina était un nom féminin porté à l'époque romaine.

May
▼
Fête : 11 mai. cf. *Mayeul* ou 15 août. cf. *Marie*

Maybel, Maybelle
▼
Fête : 11 mai. cf. *Mayeul* ou 5 août. cf. *Abel*

Mayeul
▼
Fête : 11 mai

• **Étym.** : du latin *maius* (mai) • **Hist.** Xe s. : Mayeul refusa tout d'abord sa nomination au poste de quatrième abbé de Cluny puis l'accepta. Il conseilla des empereurs et des rois. Il mourut dans le Bourbonnais, à Souvigny, alors qu'appelé par Hugues Capet, il allait réformer l'abbaye de Saint-Denis • **S. Zod.** : Taureau • **Dérivés** : *May, Maybel, Maybelle*.

Mechtilde

Fête : 31 mai

• **Étym.** : du germain *maht* (force), *hild* (combat) • **Hist.** XIIe s. : ayant été élevée au couvent de Diessen en Bavière, Mechtilde se rendit au monastère d'Edelstetten dont elle devint abbesse et qu'elle réforma • **S. Zod.** : Gémeaux.

Médard

Fête : 8 juin

• **Étym.** : du germain *maht* (force), *hard* (dur) • **Hist.** VIe s. : né d'une famille franque du Vermandois, Médard fit ses études à Saint-Quentin. Il succéda à l'évêque Alomère mais dut fuir la ville investie par les barbares. Médard s'installa alors à Noyon et réorganisa son diocèse. Il mourut à Noyon en 560. Son culte fut très populaire au Moyen Âge, où on l'invoquait contre les maux de dents et pour obtenir une bonne récolte, car on lui prêtait une influence sur le temps • **S. Zod.** : Gémeaux • **Dérivé** : *Méderic*.

Médéric

Fête : 8 juin. cf. *Médard*
• **Étym.** : du germain *maht* (force), *rik* (roi, puissant).

Meg

Fête : 10 juin. cf. *Marguerite*

Megan, Mégane

Fête : 10 juin. cf. *Marguerite* ; forme irlandaise associée de Marguerite et Anne

Meigge

Fête : 10 juin. cf. *Marguerite*

Meinrad

Fête : 21 janvier

• **Étym.** : du germain *magin* (force), *rad* (conseil) • **Hist.** IXe s. : ermite près de Zurich, Meinrad dut fuir pour échapper à ses disciples, que sa notoriété avait réunis autour de lui. Mais en chemin, il fut assassiné par deux voleurs • **S. Zod.** : Verseau.

Mel

Fête : 6 février

• **Étym.** : du celtique *mael* (prince), ou du latin *mel* (miel). Neveu de saint Patrick, Mel fut missionnaire en Irlande puis évêque d'Ardagh • **S. Zod.** : Verseau • **Dérivés** : *Mélodine, Mélusine*.

Mélaine

Fête : 31 décembre.
cf. *Mélanie*

Mélanie

Fête : 31 décembre
• **Étym.** : du grec *melas* (noire)

- **Hist.** IVe-Ve s. : après la mort de ses deux enfants, et avec l'accord de son époux, Mélanie distribua ses biens et mena une vie très religieuse. Lors des invasions barbares, elle quitta Rome pour s'installer en Palestine et y fonda un couvent où elle mourut en 440 • **S. Zod.** : Scorpion • **Dérivés** : *Mélaine, Mélina, Millicent, Millie.*

Mélarie
▼
Fête : 5 août. cf. *Nonna*

Mélia, Mélie
▼
Fête : 31 décembre. cf. *Mélanie*

- **Myth.** : Mélia était la fille d'Océan et d'Argia (fille du roi d'Argos). Elle épousa Inachos, dieu du fleuve Inachos. Ce prénom était très porté par les femmes de l'époque gréco-romaine.

Mélina
▼
Fête : 31 décembre. cf. *Mélanie*

Mélinda
▼
Fête : 28 août. cf. *Adelinda*

Mélissa
▼
Fête : 10 novembre. cf. *Nymphe*

- **Étym.** : du latin *mel* (miel)
- **Myth.** : Mélissa était la nymphe qui avait trouvé le moyen de recueillir le miel.

Melle
▼
Fête : 9 mars

- **Étym.** : du celtique *mael* (prince) • **Hist.** VIIIe s. : issue de l'illustre famille irlandaise de Macgnaï, Melle fut la mère de saint Kenneth, prêtre célèbre en Irlande. À la mort de son mari, elle se retira au monastère de Loughorelve et y resta jusqu'à sa mort • **S. Zod.** : Poissons.

Mellit
▼
Fête : 24 avril

- **Étym.** : du celtique *mael* (prince), ou du latin *mel* (miel) • **Hist.** VIIe s. : missionnaire envoyé par le pape Grégoire en Angleterre, Mellit devint tout d'abord évêque de Londres. Il dut toutefois fuir quand les Saxons sombrèrent à nouveau dans le paganisme. Rentré en Angleterre, il devint archevêque de Cantorbéry vers 619 • **S. Zod.** : Taureau.

Mélodie, Mélodine
▼
Fête : 6 février. cf. *Mel* ou 14 décembre. cf. *Odile*

Melody
▼
Fête : 6 février. cf. *Mel* ou 14 décembre. cf. *Odile*

Mélusine

Fête : 6 février. cf. *Mel*

Nom porté par une fée célèbre du Moyen Âge.

Ménandre

Fête : 14 octobre.
cf. *Menehould*

Nom porté par un célèbre poète comique romain.

Menehould

Fête : 14 octobre

• **Étym.** : du germain *magin* (force), *hrod* (gloire). La légende raconte que Menehould serait une des sept filles du comte Sigmar et que toutes les sept se seraient consacrées à Dieu • **S. Zod.** : Balance.

Mengold

Fête : 8 février

• **Étym.** : du germain *magin* (force), *godo* (Dieu) • **Hist.** IXe s. : la tradition veut que Mengold, comte de Huy (Belgique), ait décidé de racheter une jeunesse bagarreuse mais qu'il n'en eut pas le temps car il fut assassiné avant • **S. Zod.** : Verseau.

Mérana, Mérane

Fête : 22 septembre.
cf. *Emmeran*

Mercèdés

Fête : 15 août. cf. *Marie de las Mercèdés (des remerciements)*

Meredith

Fête : 16 septembre.
cf. *Edith*

Méric

Fête : 4 novembre. cf. *Emeric*

Méril

Fête : 29 août. cf. *Merry*

Méropé

Fête : 10 novembre.
cf. *Nymphe*

• **Myth.** : Méropé était la fille du Titan Atlas et de Pléione. Elle appartenait au groupe des Pléiades • **S. Zod.** : Scorpion.

Merry

Fête : 29 août

• **Étym.** : forme hypocoristique de Méderic, formé lui-même sur le germain *maht* (force), *rik* (roi) • **Hist.** VIIIe s. : noble d'Autun, Merry embrassa très tôt la carrière religieuse. Il mourut à Paris vers 700 avec déjà une grande réputation de sainteté. Il est invoqué contre les maux d'estomac • **Dérivés** : *Méril, Meryll*.

Meryll
▼
Fête : 29 août. cf. *Merry*

Messaline
▼
Fête : 23 janvier
• **Étym.** : du latin *messana* (ville de Messine) • **Hist.** IIIe s. : Messaline soigna saint Félicien qui avait été arrêté et torturé ; elle fut arrêtée à son tour ; ils refusèrent tous deux d'adorer les dieux et furent mis à mort • **S. Zod.** : Verseau.

Metella
▼
Fête : 11 mai. cf. *Estelle*
Prénom féminin porté à l'époque gréco-romaine.

Metge
▼
Fête : 10 juin. cf. *Marguerite*

Meven
▼
Fête : 21 juin
• **Étym.** : du celtique *mav* (agile)
• **Hist.** VIe s. : ce saint gallois vint en Bretagne au VIe siècle et y fonda l'abbaye de Saint-Meen, dont il fut abbé jusqu'à sa mort • **S. Zod.** : Cancer • **Dérivé** : *Mevena*.

Mevena
▼
Fête : 21 juin. cf. *Meven*

Meynard
▼
Fête : 8 juin. cf. *Médard*

Mézence
▼
Fête : 1er janvier. cf. *Fulgence*
• **Myth.** : Mézence était roi d'Etrurie. Il rejoignit l'armée de Turnus qui essayait de repousser l'armée grecque dirigée par Enée, mais ce dernier le tua • **S. Zod.** : Capricorne.

Mia
▼
Fête : 15 août. cf. *Marie, forme scandinave du prénom.*

Micha
▼
Fête : 29 septembre. cf. *Michel*

Michaël, Michaëla
▼
Fête : 29 septembre. cf. *Michel*

Michel
▼
Fête : 29 septembre
• **Étym.** : de l'hébreu *maskal el* (semblable à Dieu). L'archange Michel, nous dit l'Apocalypse, livra un combat dans le ciel contre Satan dont il sortit victorieux. Il symbolise les forces du bien et est considéré comme le protecteur de l'Église • **S. Zod.** : Balance
• **Dérivés** : *Micha, Michaël, Michaëla, Michèle, Mick, Micky, Mikaël, Mike, Misha.*

Michèle
▼
Fête : 29 septembre. cf. *Michel* ou 19 juin. cf. *Micheline*

Micheline

Fête : 19 juin

• **Étym.** : de l'hébreu *maskal el* (semblable à Dieu) • **Hist.** XVIe s. : parente des ducs de Rimini, Micheline devint veuve à peine âgée de vingt ans. Très bonne, elle recueillit chez elle une pauvresse tiers-franciscaine : Siriane. À la mort de son fils, elle entra elle-même dans cet ordre et vécut la vie méprisée de ces femmes taxées de folie. Elle mourut en 1556 • **S. Zod.** : Gémeaux.

Mick, Micky

Fête : 29 septembre.
cf. *Michel*

Mieg

Fête : 1er octobre. cf. *Remi* ;
Mieg est une forme hypocoristique de Remi en Alsace.

Miel

Fête : 6 février. cf. *Mel*
ou 10 novembre. cf. *Mélissa*

Mikaël, Mikaëla

Fête : 29 septembre.
cf. *Michel* ; *forme bretonne du prénom.*

Mike

Fête : 29 septembre.
cf. *Michel*

Milburge

Fête : 23 février

• **Étym.** : du germain *mil* (généreux), *burg* (forteresse) • **Hist.** VIIe s. : la tradition raconte que Milburge avait la faculté de guérir les malades. Elle fonda le monastère de Wenloch, en Angleterre • **S. Zod.** : Poissons.

Mildred

Fête : 13 juillet

• **Étym.** : du germain *mil* (généreux), *ehre* (honneur) • **Hist.** VIIe s. : après des études à Chelles (France), Mildred retourna dans sa patrie en Angleterre et succéda à sa mère comme abbesse au couvent de Thanet, situé près de l'embouchure de la Tamise • **S. Zod.** : Cancer.

Milène

Fête : 15 août. cf. *Marie*
18 août. cf. *Hélène* ;
forme contractée de Marie-Hélène.

Millicent

Fête : 31 décembre.
cf. *Mélanie*

• **Étym.** : du vieux français *mili* (mille), *sentis* (chemins). Prénom fréquent en Grande-Bretagne, mais qui n'en a pas moins ses racines en Normandie.

Millie
▼
Fête : 31 décembre.
cf. *Mélanie*

Prénom très adopté en Grande-Bretagne.

Mina, Minna, Minnie
▼
Fête : 28 mai. cf. *Wilhelmine (Guillaume)*

Minthé, Menthé
▼
Fête : 5 octobre. cf. *Fleur* ou 10 novembre. cf. *Nymphe*
• **Étym.** : du grec *mynthé* (menthe) • **Myth.** : Naïade nymphe des sources, Minthé fut la maîtresse de Hadès, dieu des Enfers. Lorsque Perséphone (épouse de Hadès) l'apprit, elle foula Minthé aux pieds et la naïade fut transformée en plante aromatique • **S. Zod.** : Balance ou Scorpion.

Mira
▼
Fête : 5 octobre. cf. *Mirrha*

Mirabel, Mirabelle
▼
Fête : 15 août. cf. *Marie* ou 5 août. cf. *Abel*

Miranda
▼
Fête : 15 août. cf. *Marie*

Mireille
▼
Fête : 15 août. cf. *Marie*

• **Étym.** : de l'espagnol *mirar* (admirer, regarder). Prénom récent puisqu'il date de la seconde moitié du XIXe siècle et qu'il fut créé par Frédéric Mistral • **S. Zod.** : Lion.

Misha
▼
Fête : 29 septembre.
cf. *Michel*

Modeste, Modoald
▼
Fête : 24 février
• **Étym.** : du latin *modestus* (modeste) • **Hist.** VIIe s. : Modeste fut évêque de Trèves au VIIe siècle et mourut vers 640, dans son diocèse • **S. Zod.** : Poissons • **Dérivés** : *Modestie, Modesty.*

Modestie, Modesty
▼
Fête : 24 février. cf. *Modeste*

Moïra
▼
Fête : 13 juillet. cf. *Maure* ou 13 novembre. cf. *Maura*
• **Étym.** : du grec *moïra* (la Destinée) • **Myth.** : les Moires étaient les déesses grecques qui présidaient à l'avenir et aux destinées.

Molly
▼
Fête : 9 mars. cf. *Melle* ou 31 décembre. cf. *Mélanie*

Mona
▼
Fête : 27 août. cf. *Monique*

Monegonde

Fête : 2 juillet

• **Étym.** : du germain *mod* (courage), *gund* (guerre) • **Hist.** VIᵉ s. : à la mort de ses filles, Monegonde s'installa non loin de Tours et fonda une communauté religieuse à Saint-Pierre-le-Puellier • **S. Zod.** : Cancer.

Monica

Fête : 27 août. cf. *Monique*

Monie

Fête : 27 août. cf. *Monique*

Monique

Fête : 27 août

• **Étym.** : du grec *monos* (seul) • **Hist.** IVᵉ s. : née en Numidie (Afrique), Monique fut avant tout la mère de saint Augustin, qu'elle dirigea et suivit tout au long de sa vie. Elle mourut à Ostie (Italie) en 387 • **S. Zod.** : Vierge • **Dérivés** : *Mona, Monica, Monie, Moune, Moyna.*

Mora

Fête : 13 juillet. cf. *Maure*

Morand

Fête : 3 juin

• **Étym.** : du latin *maurus* (qui a le teint basané) • **Hist.** XIIᵉ s. : de noble extraction, Morand fit des études à Worms (Allemagne) avant d'aller faire un séjour à Cluny. Il repartit ensuite en Alsace pour y fonder un monastère • **S. Zod.** : Gémeaux.

Morane

Fête : 13 juillet. cf. *Maure*

More, Moré, Morée

Fête : 13 juillet. cf. *Maure*

Morgan, Morgane

Fête : 13 juillet. cf. *Maure* ou 15 janvier. cf. *Maur*

• **Étym.** : du celtique *mor* (mer), *gan* (né). Prénom breton ancien.

Morna

Fête : 13 juillet. cf. *Maure*

• **Étym.** : du celtique *miurne* (désiré). Prénom usité en Angleterre.

Mort, Mortimer

Fête : 15 janvier. cf. *Maur*

Morwenna

Fête suggérée : 13 juillet. cf. *Maure*

• **Étym.** : du gallois (jeune fille).

Moune

Fête : 27 août. cf. *Monique*

Moyna

Fête : 27 août. cf. *Monique*

Muguette

Fête : 17 novembre.
cf. *Hughette*

Munessa

Fête : 4 septembre
- **Étym.** : latin *munare* (récompenser) • **Hist.** Ve s. : Munessa, selon son histoire légendaire, serait morte le jour de son baptême, ne voulant que Dieu pour époux • **S. Zod.** : Vierge.

Murdoch

Fête suggérée : 8 juin.
cf. *Médard*
- **Étym.** : du gaélique (marin) ; ce prénom est aussi répandu en Irlande qu'en Écosse.

Muriel

Fête : 1er octobre. cf. *Eurielle*

Murray

Fête suggérée : 3 juin.
cf. *Morand*
- **Étym.** : du gaélique, origine toponymique d'une ville du nord-est de l'Écosse.

Muse

Fête : 10 novembre. cf. *Nymphe*

Myrcéa

Fête : 5 octobre. cf. *Myrtéa*

Myriam

Fête : 15 août. cf. *Marie* ; *forme primitive du prénom.*

Myrrha

Fête : 5 octobre. cf. *Fleur*
- **Étym.** : du grec *myrrha* (la myrrhe)
- **Myth.** : Myrrha était la fille de Cinyras, roi de Chypre et de Cenchreis. Elle s'éprit de son père et, par subterfuge, s'unit à lui. Quand Cinyras s'en aperçut, il voulut tuer sa fille et Myrrha, enceinte, dut s'enfuir. Les dieux, charitables, la transformèrent alors en arbre à myrrhe. L'arbre donna le jour à un enfant : Adonis, symbolisant pour les Grecs la Beauté
- **S. Zod.** : Balance.

Myrtéa

Fête : 5 octobre. cf. *Fleur*
Prénom féminin porté pendant l'époque gréco-romaine.

Myrtille, Myrtilla

Fête : 5 octobre. cf. *Fleur*
Prénom usité dans l'Angleterre du XIXe siècle.

N

Nabrissa
Fête : 5 septembre. cf. *Raïssa*
Prénom féminin porté à l'époque romaine.

Nade
Fête : 18 septembre.
cf. *Nadège*

Nadège
Fête : 18 septembre
- **Étym. :** du scandinave *nadège* (espérance). Suivant la légende, Espérance, Foi, Charité auraient été martyrisées en compagnie de leur mère Sophie. Il faut voir dans cette légende des allégories aux vertus citées, sachant que *sofia* veut dire « sagesse » en grec • **S. Zod. :** Vierge • **Dérivés :** *Nade, Nadia, Nadine*.

Nadia
Fête : 18 septembre.
cf. *Nadège*

Nadine
Fête : 18 septembre.
cf. *Nadège*

Naeva
Fête : 6 septembre. cf. *Eve*
Prénom féminin porté à l'époque romaine.

Naïg
Fête : 26 juillet. cf. *Anne* ;
forme contractée et dérivée du prénom breton Annaïck.

Naïk, Naïke
Fête : 26 juillet. cf. *Anne*
Forme contractée du prénom breton Annaïck pour le premier. Nom porté par la fille de Cochise en ce qui concerne le second.

Naïla
Fête : 7 juin. cf. *Aïna (Aléna)*

Naïm, Naïma, Nahema

Fête suggérée : 13 septembre. cf. *Aimé*

- **Étym. :** de l'arabe (doux, douce).

Naïs

Fête : 10 novembre. cf. *Nymphe*

- **Myth. :** Naïs était une nymphe des fontaines et des fleuves
- **S. Zod. :** Scorpion.

Nalbert

Fête : 6 juin. cf. *Norbert*

Nana

Fête : 10 novembre. cf. *Nymphe*

- **Myth. :** Nana était une nymphe fille du fleuve Sangarius et mère d'Athys • **S. Zod. :** Scorpion.

Nancy

Fête : 26 juillet. cf. *Anne*

Nanda

Fête : 5 octobre. cf. *Fleur* ; voir *Nandina*

Nandina

Fête : 5 octobre. cf. *Fleur*

Plante arbustive, le nandina présente un feuillage persistant d'un beau rouge à l'automne. Il se pare en juin-juillet de jolies petites fleurs blanches suivies de fruits d'un rouge vif l'hiver
- **S. Zod. :** Balance • **Dérivé :** *Nanda*.

Nans

Fête : 27 décembre. cf. *Jean*

Naomi

Fête suggérée : 20 février. cf. *Aimée*

- **Étym. :** de l'hébreu (plaisir)
- **Hist. :** dans l'Ancien Testament, Naomi est la belle-mère de Ruth ; prénom très en vogue depuis le XVIIe siècle.

Naoura

Fête suggérée : 5 octobre. cf. *Fleur*

- **Étym. :** de l'arabe (fleur).

Napoléon

Fête : 15 août

- **Étym. :** de l'italien *Napoli* (Naples), *leone* (lion). • **Hist. :** ce prénom fut très répandu un temps en Italie. Avec l'Empire, on s'empara d'un saint Néopole pour en faire le saint patron de Napoléon Ier. On fixa le jour de sa fête le 15 août car cela correspondait à la date de naissance de l'Empereur. Mais cette célébration fut annulée par Louis XVIII lors de la Restauration • **S. Zod. :** Lion.

Narcisse

Fête : 29 octobre

- **Étym. :** du grec *narké* (torpeur)
- **Hist.** IIe-IIIe s. : malgré son âge très avancé, Narcisse fut nommé évêque de Jérusalem. Il fut le premier évêque à prendre un coadjuteur pour l'aider dans ses fonctions
- **Myth. :** Narcisse appartient également à la mythologie grecque. Fils du Céphise (fleuve de Béotie) et de la nymphe Liriopé, Narcisse était si beau que jeunes gens et jeunes filles s'énamouraient de lui. Mais il s'éprit de son image et se consuma d'amour à se mirer dans l'eau • **S. Zod. :** Scorpion.

Naria

Fête : 25 octobre. cf. *Daria*

- **Myth. :** Naria était une antique déesse des Helvétiens.

Narsès

Fête : 19 novembre

- **Étym. :** du grec *narké* (torpeur)
- **Hist.** IVe s. : ordonné prêtre après le décès de son épouse, Narsès devint primat d'Arménie. Il mourut empoisonné sur les ordres du roi qu'il avait excommunié • **S. Zod. :** Scorpion.

Natacha

Fête : 27 juillet. cf. *Nathalie*

Natalèna, Natalène

Fête : 10 novembre

- **Étym. :** du latin *natalis* (né).
- **Hist. :** fille du roi Aredelas de Pamiers, Natalèna était à peine née que son père, furieux de n'avoir que des filles, ordonna de la noyer. Mais, prise en pitié par une servante chrétienne, elle fut élevée par cette dernière. Son père cependant, apprenant qu'elle était en vie, la fit arrêter et décapiter. La légende raconte qu'à l'endroit de l'exécution une fontaine miraculeuse se mit à couler • **S. Zod. :** Scorpion.

Natalia, Natelia

Fête : 27 juillet. cf. *Nathalie*

Nathalan

Fête : 19 janvier

- **Étym. :** de l'hébreu (Dieu donne) • **Hist.** VIIe s. : selon la légende, Nathalan était un noble, physiocrate avant l'heure, qui s'intéressait beaucoup à l'agriculture. Désolé de voir ses champs dévastés par un orage, il aurait fait des reproches à Dieu. Revenu un peu plus tard de sa colère, il se punit lui-même en s'attachant les mains et les pieds à des menottes et jeta la clef dans le fleuve, jurant que Dieu les lui rendrait à son retour d'un pèlerinage à Rome. Et, effectivement, mangeant un poisson, à peine revenu de la Ville sainte, il trouva les clefs dans son assiette • **S. Zod.** : Capricorne • **Dérivés** : *Nathan, Nathanaël*.

Nathalie
▼
Fête : 27 juillet

• **Étym.** : du latin *natalis* (né).
• **Hist.** : Nathalie, épouse de saint Aurèle, fut martyrisée en compagnie de son mari et de quelques autres chrétiens, à Cordoue, lors d'une persécution musulmane • **S. Zod.** : Lion ou Vierge • **Dérivés** : *Natalia, Natelia*.

Nathan, Nathanaël
▼
Fête : 19 janvier. cf. *Nathalan* ou 9 août. cf. *Nathy*

Nathy
▼
Fête : 9 août

• **Étym.** : de l'hébreu (Dieu donne) • **Hist.** VIIe s. : on sait peu de chose à son propos sinon qu'il fut prêtre en Irlande • **S. Zod.** : Lion • **Dérivés** : *Nathan, Nathanaël*.

Nausicaa
▼
Fête : 26 juillet. cf. *Anne* ou 3 septembre. cf. *Auxane*

• **Myth.** : fille du roi des Phéaciens, Alcinoüs, Nausicaa secourut et conseilla Ulysse lorsqu'il débarqua dans le royaume de son père.

Neal
▼
Fête : 19 janvier.
cf. *Nathanaël (Nathalan)*

Ned
▼
Fête : 5 janvier. cf. *Edouard*

Nedeleg
▼
Fête : 5 janvier. cf. *Edouard*

Nedjma
▼
Fête suggérée : 11 mai.
cf. *Estrella*

• **Étym.** : de l'arabe (étoile).

Neil
▼
Fête suggérée : 14 janvier.
cf. *Nathanaël*

• **Étym.** : du gaélique *nial* (champion). Prénom très répandu en Écosse et en Irlande.

Neïs
▼
Fête : 10 novembre.
cf. *Nymphe*

• **Myth.** : Neïs était la fille d'Aédon, reine de Thèbes. Sa mère, dont le nom signifie en grec rossignol, fut changée par les dieux en oiseau pour la punir d'avoir tué son propre fils, par erreur il est vrai • **S. Zod.** : Scorpion.

Nella, Nelly
▼
Fête : 18 août. cf. *Hélène*

Nelson

Fête : 3 février

• **Étym.** : contraction de *Nel' son* (fils de Nel) en anglais • **Hist.** XVIe s. : né dans le comté d'York, en 1534, Nelson fut très tôt attiré par la vie religieuse. Prêtre en 1576 à Douai, il fut arrêté en Angleterre en 1577 et inculpé de papisme (le schisme en Angleterre avait débuté en 1534). Ayant refusé de prêter le serment de suprématie, il fut condamné à mort et exécuté en 1578 • **S. Zod.** : Verseau.

Nersès

Fête : 17 juillet

• **Étym.** : du grec *narké* (torpeur) • **Hist.** XIIe s. : prince cilicien, Nersès fut élevé dans un monastère. Devenu en 1176 évêque de Tarse, il fit tout pour ramener l'Église arménienne dans l'obédience romaine • **S. Zod.** : Cancer.

Nérys

Fête suggérée :
10 novembre. cf. *Néïs*

• **Étym.** : du gallois (la dame).

Nessie

Fête : 21 janvier. cf. *Agnès*

Nestor

Fête : 26 février

• **Étym.** : étymologie obscure, à rapprocher peut-être du fleuve Nestos qui coule en Thrace (Grèce) • **Hist.** IIIe s. : évêque de Magydos (Turquie), Nestor mourut torturé puis crucifié lors de la persécution de l'empereur Dèce en 250, pour ne pas avoir voulu renier le Christ • **S. Zod.** : Poissons • **Dérivé** : *Nestorine*.

Nestorine

Fête : 26 février. cf. *Nestor*

Nicaise

Fête : 14 décembre

• **Étym.** : du grec *niké* (victoire) • **Hist.** Ve s. : dixième évêque de Reims, Nicaise mourut massacré par les Barbares en 407 • **S. Zod.** : Sagittaire.

Nick

Fête : 6 décembre. cf. *Nicolas*

Nicodème

Fête : 3 août

• **Étym.** : du grec *niké* (victoire), *demos* (peuple) • **Hist.** Ier s. : d'après saint Jean, Nicodème aurait été un riche citoyen de Jérusalem, membre de Sanhêdrin (conseil de Jérusalem), qui venait voir Jésus la nuit car il était trop timoré pour afficher ses opinions. Il aurait cependant pris la parole pour dénoncer l'iniquité du procès de Jésus et aurait aidé ensuite Joseph d'Arimathie à ensevelir le corps du Christ • **S. Zod.** : Lion.

Nicolas
▼
Fête : 6 décembre

• **Étym.** : du grec *niké* (victoire), *laos* (peuple) • **Hist.** : IIIe-IVe s. : originaire d'Asie mineure où il serait né vers 270, Nicolas fut un des saints les plus honorés de l'Église. Évêque de Myre, il serait mort dans cette même ville où il aurait passé son apostolat à lutter contre l'hérésie arianiste. Il fut le patron de nombreuses régions, dont la Russie avec saint André. Il est également le protecteur des marins et des enfants. En Allemagne, aux Pays-Bas et en Suisse, il remplit la fonction de père Noël • **S. Zod.** : Sagittaire • **Dérivés** : *Colas, Colin, Colinette, Colinot, Nick, Nicole, Nicoletta, Nicolette, Nikita, Niko, Nikolaï*.

Nicole, Nicoletta, Nicolette
▼
Fête : 6 décembre. cf. *Nicolas*

Nikita
▼
Fête : 6 décembre. cf. *Nicolas*

Niko, Nikolaï
▼
Fête : 6 décembre. cf. *Nicolas*

Nil, Nils
▼
Fête : 26 septembre

• **Étym.** : du latin *nihil* ou *nil* (rien) • **Hist.** X^e-XIe s. : né en Calabre vers 910, Nil se fit religieux à la mort de sa femme. Nommé abbé du monastère de Saint-Adrien, il dut cependant le quitter avec ses moines pour fuir les Barbares. Il mourut en 1004 à l'abbaye du mont Cassin, où il s'était réfugié • **S. Zod.** : Balance.

Nin, Ninn
▼
Fête : 14 janvier. cf. *Nino* ou 16 septembre. cf. *Ninian*

Nina
▼
Fête : 14 janvier. cf. *Nino* ou *Chrétienne*

Nini, Ninie
▼
Fête : 14 janvier. cf. *Nino*

Ninian
▼
Fête : 16 septembre

• **Étym.** : du celtique *nin* (sommet) • **Hist.** IVe s. : fils d'un chef de clan écossais converti, Ninian naquit vers 360 et fut élevé à Rome. Revenu dans son pays, il le parcourut afin de l'évangéliser. Il fut l'un des premiers grands missionnaires écossais • **S. Zod.** : Vierge.

Nino (ou Chrétienne)
▼
Fête : 14 janvier
- **Étym.** : du latin *ninnuis*, nom d'une gens campanienne • **Hist.** IVᵉ s. : prisonnière en Géorgie, Nino (appelée également Chrétienne) entreprit de convertir le pays puis le roi. On lui attribua de nombreuses guérisons miraculeuses • **S. Zod.** : Capricorne • **Dérivés** : *Nin, Nina, Ninn, Nini, Ninie, Ninon.*

Ninon
▼
Fête : 14 janvier. cf. *Nino*

Niobé
▼
Fête : 10 novembre.
cf. *Nymphe*
- **Étym.** : du grec *niobé* (fougère) • **Myth.** : fille du roi de Lydie Tantale et de la nymphe Dioné, Niobé épousa le roi Amphion de Thèbes dont elle eut douze enfants. Elle se moqua un jour de la déesse Leto, qui n'avait que deux enfants ; celle-ci se vengea en faisant tuer la progéniture de Niobé. Cette dernière en conçut tant de chagrin que les dieux apitoyés la transformèrent en rocher, d'où coula une source pareille à ses larmes • **S. Zod.** : Scorpion.

Noah
▼
Fête suggérée :
25 décembre. cf. *Noël*
- **Étym.** : de l'hébreu (repos) ; prénom biblique.

Noël
▼
Fête : 25 décembre
- **Étym.** : du latin *nativis* (né).
- **Hist.** : cette date commémore la naissance de Jésus bien qu'on ne connaisse pas au juste le jour de la Nativité. Le 25 décembre correspond en fait aux célébrations païennes du solstice d'hiver, symbolisant le rallongement des jours et le retour de la belle saison • **S. Zod.** : Capricorne • **Dérivés** : *Noëlla, Noëlle, Noëllie, Noëllina, Noëlline.*

Noëlla, Noëlle, Noëllie, Noëllina, Noëlline
▼
Fête : 25 décembre. cf. *Noël*

Noëmie
▼
Fête : 21 août. cf. *Grâce*
- **Étym.** : du grec *noema* (intelligence, pensée).

Noïra
▼
Fête : 2 mai. cf. *Éléonore* ; voir également *Moïra*.

Nolwenn
▼
Fête : 6 juillet
- **Étym.** : du celtique *an oan* (l'agneau), *gwenn* (blanc, heureux) • **Hist.** VIᵉ s. : sainte d'origine bretonne dont on ignore à peu près tout mis à part le fait qu'elle aurait vécu dans la petite ville de Noyal Pontivy (Morbi-

han) et qu'elle y serait morte martyrisée lors d'une persécution antichrétienne • **S. Zod.** : Cancer.

Nonn
▼
Fête : 2 mars

• **Étym.** : peu certaine, peut-être à rapprocher du celtique *nin* (sommet), ou du latin *nonus* (neuvième) • **Hist.** VIe s. : la tradition raconte que Nonn, après avoir été violée, aurait mis au monde un garçon prénommé Dewi, futur saint David et qu'elle serait morte au pays de Galles (Angleterre) • **S. Zod.** : Poissons.

Nonna
▼
Fête : 5 août

• **Étym.** : du latin *nonus* (neuvième) • **Hist.** IVe s. : originaire de Cappadoce, Nonna était l'épouse de saint Grégoire de Nazianze. Elle mourut aux alentours de 374 • **S. Zod.** : Lion.

Nora
▼
Fête : 2 mai. *Eléonore*

Norbert
▼
Fête : 6 juin

• **Étym.** : du germain *nort* (nord), *berht* (brillant) • **Hist.** XIe-XIIe s. : né vers 1080, non loin de Cologne, Norbert délaissa la vie mondaine dans laquelle il se complaisait jusqu'alors pour embrasser la carrière religieuse et devenir prêtre prédicateur. Se fixant non loin de Soissons, vers 1120, il fonda l'ordre des Prémontrés, caractérisé par leurs tenues blanches. On les appela également Norbertins. En 1126, Norbert fut appelé à Magdebourg (Allemagne) afin d'y être nommé évêque ; c'est là qu'il mourut à la tâche, en 1134 • **S. Zod.** : Gémeaux • **Dérivé** : *Nalbert*.

Nore, Noreen, Norig
▼
Fête : 2 mai. cf. *Eléonore*

Noria
▼
Fête : 25 octobre. cf. *Doria*

• **Myth.** : Noria était la déesse des Sabins et l'épouse de Mars.

Noriane
▼
Fête : 25 octobre. cf. *Doria (voir Noria)*

Norma
▼
Fête : 6 juin. cf. *Norbert*

• **Étym.** : ce prénom littéraire a été forgé de toutes pièces au XIXe siècle.

Norman, Normann
▼
Fête : 6 juin. cf. *Norbert*

• **Étym.** : du germain *nort* (nord), *mann* (homme). On ne connaît pas de saint répondant à ce prénom, pourtant courant dans les pays anglo-saxons.

Notburge
Fête : 14 septembre

• **Étym.** : du germain *not* (besoin), *burg* (forteresse). • **Hist.** : domestique et cuisinière du comte de Rattenberg (Bavière), Notburge fut renvoyée pour avoir distribué les reliefs des repas aux pauvres. Elle est considérée comme la patronne des pauvres et des domestiques • **S. Zod.** : Vierge.

Nour
Fête suggérée : 2 mai.
cf. *Eléonore*

• **Étym.** : de l'arabe (la lumière).

Novela, Novelenn
Fête : 25 décembre. cf. *Noël*

Nuala
Fête suggérée :
25 décembre. cf. *Noëlle*

• **Étym.** : dérivé du prénom irlandais Fionnhuala (blanche épaule) • **Myth.** : selon la légende, la belle Fionnhuala fut transformée en cygne par sa belle-mère et condamnée à errer sans fin sur lacs et rivières. Elle ne put se reposer qu'à l'arrivée du christianisme en Irlande.

Nundina
Fête : 2 mars. cf. *Nonn*

• **Myth.** : Nundina était la déesse romaine qui présidait à la purification des enfants le neuvième jour après la naissance.

Nymphe
Fête : 10 novembre

• **Étym.** : du grec *nymphes* (nymphes, jeunes femmes, mariées) • **Hist.** IIIe s. : Nymphe fut martyrisée à Nicée (Turquie) avec quelques compagnons chrétiens lors d'une persécution antichrétienne décidée par l'empereur Dèce • **S. Zod.** : Scorpion • **Dérivés** : *tous les noms de nymphes.*

Nymphéa
Fête : 10 novembre.
cf. *Nymphe*

O

Oanez

Fête : 21 janvier. cf. *Agnès ; forme bretonne du prénom.*

Obert

Fête : 4 janvier. cf. *Robert*
- **Étym.** : du germain *odo* (richesse), *berth* (brillant).

Occia

Fête : 20 novembre.
cf. *Octave*

Prénom féminin porté à l'époque romaine.

Océan, Océane

Fête suggérée : 9 août.
cf. *Oswald*
- **Étym.** : du grec *okeanos* (divinité marine). Ce prénom est très en vogue à l'heure actuelle.

Ocellina, Ocilia

Fête : 20 novembre.
cf. *Octave*

Prénoms féminins portés à l'époque romaine.

Octave

Fête : 20 novembre
- **Étym.** : du latin *octavus* (huitième) • **Hist.** IIIe s. : on sait peu de chose à son propos, sinon qu'il mourut martyrisé à Turin après avoir, cependant, échappé à un massacre à Agaune • **S. Zod.** : Scorpion • **Dérivés** : *Occia, Ocilia, Ocellina, Octavia, Octavie, Octavien, Octavienne.*

Octavia, Octavie, Octavien, Octavienne

Fête : 20 novembre.
cf. *Octave*

Oda, Odette

Fête : 20 avril
- **Étym.** : du germain *odo* (richesse) • **Hist.** XIIe s. : née dans le Brabant, de noble famille, Oda désirait être religieuse. Mais ses parents, passant sur sa volonté, convinrent avec le fiancé de la

date du mariage. Le jour fatidique étant arrivé, Oda se mutila le nez et obtint ainsi de son père qu'il consente à son entrée en religion. Elle mourut au couvent en 1158 • **S. Zod.** : Taureau.

Odelin, Odeline
▼
Fête : 4 janvier. cf. *Odilon*
• **Étym.** : du germain *odo* (richesse), *lind* (doux).

Odia, Odiane
▼
Fête : 14 décembre. cf. *Odile* ou 20 avril. cf. *Oda*

Odile
▼
Fête : 14 décembre
• **Étym.** : du germain *odo* (richesse) • **Hist.** VIIe s. : on démêle difficilement la légende de la réalité dans l'histoire de sainte Odile. On raconte que le comte Etih d'Alsace eut une fille, aveugle de naissance, dont il voulut immédiatement se débarrasser. Plus miséricordieuse, sa femme fit élever l'enfant au loin. Odile, ayant reçu le baptême, aurait alors miraculeusement recouvré la vue et son père, revenu à de meilleurs sentiments, lui aurait fait construire le monastère de Hohenburg. Quoi qu'il en soit, l'abbaye fut un des hauts lieux de dévotion au Moyen Âge et le demeure toujours de nos jours puisqu'on y organise encore des pèlerinages. Odile est la patronne de l'Alsace • **S. Zod.** : Sagittaire • **Dérivés** : *Odia, Odiane*.

Odilon
▼
Fête : 4 janvier
• **Étym.** : du germain *odo* (richesse) • **Hist.** X^e-XIe s. : originaire d'Auvergne, Odilon naquit vers 941. S'étant voué à la vie religieuse, il devint un grand abbé de la très célèbre communauté de Cluny. Son administration correspond à une période de rayonnement du monastère. Odilon fut également à l'origine de la Trêve de Dieu, interdisant de guerroyer pendant certaines dates religieuses. Il s'éteignit à Cluny en 1049 • **S. Zod.** : Capricorne • **Dérivés** : *Odelin, Odeline, Odin*.

Odin
▼
Fête : 4 janvier. cf. *Odilon*
• **Étym.** : du germain *odo* (richesse). Odin était la divinité toute-puissante de la religion des Vikings.

Odran
▼
Fête : 27 octobre
• **Étym.** : du germain *odo* (richesse) • **Hist.** VIe s. : on sait très peu de chose à son sujet, à part le fait qu'il fut abbé de Meath en Irlande au VIe siècle • **S. Zod.** : Scorpion.

Oger

Fête : 30 décembre.
cf. *Roger* ; *altération médiévale du prénom.*
- **Étym.** : du germain *odo* (richesse), *gari* (lance).

Olaf

Fête : 29 juillet
- **Étym.** : du germain *odo* (richesse) • **Hist.** X^e-XIe s. : Viking norvégien de sang royal, Olaf se convertit vers l'âge de 18 ans, en Angleterre. Revenu dans son pays, il lutta pour l'indépendance de la Norvège, alors sous domination danoise, tout en évangélisant les contrées les plus reculées. Il mourut pendant un combat en 1030 • **S. Zod.** : Lion • **Dérivés** : *Olav, Olef, Oleg.*

Olav, Olef, Oleg

Fête : 29 juillet. cf. *Olaf*

Olga

Fête : 11 juillet
- **Étym.** : du scandinave qui veut dire heureux, à rapprocher du *Holy* anglais • **Hist.** Xe s. : épouse du prince Igor d'Ukraine, Olga fut une des premières Russes à être baptisée. Mais, malgré ses efforts, elle ne réussit pas à développer le christianisme en Russie • **S. Zod.** : Cancer • **Dérivé** : *Olna.*

Olive, Oliva

Fête : 5 mars
- **Étym.** : du latin *oliva* (olive). Olive aurait été martyrisée aux premiers siècles de la chrétienté en Italie • **S. Zod.** : Poissons
- **Dérivés** : *Olivia, Olivianne.*

Oliver

Fête : 12 juillet. cf. *Ollivier*

Olivia

Fête : 5 mars. cf. *Olive, Oliva*

Olivianne

Fête : 5 mars. cf. *Olive, Oliva*

Olivier, Ollivier

Fête : 12 juillet
- **Étym.** : du latin *oliva* (olive)
- **Hist.** XVIIe s. : né en 1629 à Lonhcrew dans le comté de Meath, en Irlande, Olivier fut ordonné en 1654 et le pape Clément IV le nomma archevêque d'Armagh et primat d'Irlande en 1670. Il réorganisa l'Église et réévangélisa les campagnes. Le pays était ravagé par les guerres de Religion. En 1678, il y eut une recrudescence de l'anticatholicisme. On décréta que les évêques et les prêtres seraient expulsés. Olivier cependant fut intercepté ; accusé d'avoir fomenté un débarquement français contre l'Angleterre, il fut

exécuté en 1681 • **S. Zod.** : Cancer • **Dérivés** : *Oliver*.

Ollie
▼
Fête : 11 juillet. cf. *Olga* ; *forme dérivée du prénom*.

Olna
▼
Fête : 11 juillet. cf. *Olga*

Olympe, Olympia
▼
Fête : 17 décembre
• **Étym.** : du grec *Olympe*, mont mythologique où résidaient les dieux • **Hist.** IVe s. : née à Constantinople, vers 361, dans une famille aristocratique, Olympe refusa un nouvel époux lorsqu'elle devint veuve et fonda un couvent. Cette abbaye, qui accueillait des veuves et des novices, avait pour but de soigner les malades. Olympe mourut à Nicomédie en 408 • **S. Zod.** : Sagittaire.

Olympio
▼
Fête : 17 décembre.
cf. *Olympe*

Omar, Omer
▼
Fête : 9 septembre
• **Étym.** : du germain *odo* (richesse), *maro* (célèbre, illustre) • **Hist.** VIIe s. : moine dans le monastère colombaniste de Luxeuil (Bourgogne), Omar fut nommé évêque de Thérouanne (Nord). Il réorganisa alors le clergé et le diocèse et fonda le monastère Saint-Bertin à partir duquel se développa la ville de Saint-Omer. Il mourut vers 670 • **S. Zod.** : Vierge.

Ombeline, Hombeline, Humbeline
▼
Fête : 21 août
• **Étym.** : du latin *ombria* (sorte de pierre précieuse) ou *umbria* (ombre) ou encore de la racine nordique *humm* (ours) allié au germain *lind* (doux) • **Hist.** XIIe s. : sœur de saint Bernard et fille de sainte Alethe, Ombeline mena une vie dissipée et mondaine avant de se retirer dans un couvent de l'Yonne où elle s'éteignit en 1135 • **S. Zod.** : Lion • **Dérivés** : *Ombredanne*.

Ombredanne
▼
Fête : 21 août. cf. *Ombeline*

Ona, Oona, Oonagh
▼
Fête : 27 août. cf. *Monique* ; *forme anglicisée diminutive, dérivée du prénom*.
• **Étym.** : du grec *monos* (seul).

Onawa
▼
Fête suggérée : 27 août.
cf. *Monique*
• **Étym.** : de l'amérindien (jeune fille bien réveillée).

Ondine

Fête suggérée :
14 décembre. cf. *Odile*
- **Étym. :** du latin *unda* (onde). Prénom mis en vogue par l'écrivain Jean Giraudoux, qui l'a donné à l'héroïne d'une de ces pièces de théâtre.

Onésime

Fête : 16 février
- **Étym. :** du grec *onesimos* (utile)
- **Hist.** 1er s. : esclave de Phrygie, Onésime fut converti par saint Paul avant de devenir évêque. On ne connaît pratiquement rien d'autre à son sujet
- **S. Zod. :** Verseau.

Onnen

Fête : 9 septembre
- **Étym. :** du celtique *onn* (solide), *gwenn* (blanc) • **Hist.** VIIe s. : Onnen était la fille du roi de Bretagne, Judicaël. Vierge royale, elle fut très vénérée. On l'invoquait autrefois contre l'hydropisie • **S. Zod. :** Vierge.

Opale

Fête : 29 juin. cf. *Pierre*
L'opale est une pierre fine à laquelle on prête souvent des vertus magiques.

Ophélie

Fête : 6 juin. cf. *Philippe*
- **Étym. :** du grec *ôphelia* (secours, aide). Prénom rendu célèbre par Shakespeare.

Ophélio

Fête : 6 juin. cf. *Philippe*
Nom masculin porté à l'époque latine.

Orane

Fête : 1er mai. cf. *Orens*

Orchidea, Orchidée

Fête : 5 octobre. cf. *Fleur*

Orens

Fête : 1er mai
- **Étym. :** du latin *oriens* (le soleil levant) • **Hist.** Ve s. : Originaire du Languedoc, Orens était le fils du duc d'Urgel. Il fut évêque d'Auch vers 439 • **S. Zod. :** Taureau • **Dérivés :** *Orane, Orient*.

Oreste

Fête : 1er mai. cf. *Orens*
- **Myth. :** fils d'Agamemnon et de Clytemnestre, Oreste tua sa mère pour venger son père. Ses aventures furent relatées par Eschyle et Sophocle • **S. Zod. :** Taureau.

Oria, Oriane, Orianna, Orianne

Fête : 4 octobre. cf. *Aure*

Orient

Fête : 1ᵉʳ mai. cf. *Orens*

Oringa

Fête : 4 janvier

• **Étym.** : du latin *origo* (naissance, provenance) • **Hist.** XIIIᵉ-XIVᵉ s. : son histoire est légendaire semble-t-il. Voulant échapper à un mariage avec un païen, Oringa s'enfuit et devint la servante d'un homme riche. Elle revint plus tard au château de sa naissance en Toscane et y fonda un couvent où elle mourut en 1310 • **S. Zod.** : Capricorne.

Orlando

Fête : 15 septembre.
cf. *Roland* ; *forme méridionale du prénom.*

Orna, Ornée

Fête : 4 octobre. cf. *Aure*

• **Étym.** : du latin *ornatus* (paré, élégant) • **Myth.** : Ornée était la fille d'Erechtée, roi légendaire athénien, et son fils sera l'ancêtre des rois d'Athènes.

Ornella

Fête : 18 août. cf. *Hélène* ou 4 octobre. cf. *Aure*

Prénom prisé en Italie.

Orora

Fête : 20 octobre

• **Étym.** : du latin *orare* (parler), ou *aurora* (l'aurore, le levant) • **Hist.** VIIᵉ s. : Orora fut vénérée longtemps dans l'île de Man, avec saint Brendan. On ne connaît rien d'autre à son sujet • **S. Zod.** : Balance • **Dérivés** : *Aurore*.

Orsa, Orsane

Fête : 20 décembre.
cf. *Ursa* ; *forme dérivée anglo-normande du prénom*

Orséis

Fête : 10 novembre.
cf. *Nymphe*

• **Myth.** : cette nymphe épousa Hellen, fils de Deucalion (Noé grec). Ils donnèrent naissance aux quatre grands peuples grecs : les Doriens, les Eoliens, les Ioniens, et les Achéens • **S. Zod.** : Scorpion.

Orson

Fête : 20 décembre.
cf. *Ursan* ; *forme dérivée anglo-normande.*

Prénom illustré par l'acteur Orson Welles.

Ortolana

Fête : 11 août. cf. *Claire*

• **Étym.** : du latin *hortus* (jardin). On ne connaît pas de sainte

Ortolana mais ce prénom fut porté par la mère de sainte Claire • **S. Zod.** : Lion.

Osanna, Osanne
Fête : 21 août

• **Étym.** : de l'hébreu (sois propice) • **Hist.** XVᵉ-XVIᵉ s. : née à Mantoue d'une noble famille originaire de Hongrie alliée aux Gonzague, Osanna fut très pieuse toute jeune. La légende conte que la Vierge elle-même lui apprit à lire. Ayant pris l'habit monastique malgré l'opposition de son père, elle resta très longtemps novice tiers-franciscaine. Elle eut de nombreuses extases et mourut en 1505 • **S. Zod.** : Lion.

Oscar
Fête : 3 février. cf. *Anshaire*
• **Étym.** : du germain *Osovan* (divinité teutonne), *gari* (lance). On ne connaît pas de saint Oscar.

Osith
Fête : 7 octobre

• **Étym.** : du celtique *Os* (divinité celtique), *ind* (seigneur) • **Hist.** IXᵉ s. : fille d'un noble de Mercie (Angleterre), Frithewald de Surrey, Osith fut contrainte d'épouser le roi des Saxons de l'Est. Elle le quitta cependant très vite pour se retirer dans un couvent qu'elle avait fondé à Chich en 880. Elle est réputée martyre car elle serait morte massacrée par des pirates • **S. Zod.** : Balance.

Osmond, Osmund
Fête : 4 décembre

• **Étym.** : du germain *oster* (est), *mund* (protection) • **Hist.** XIᵉ s. : chapelain de Guillaume le Conquérant, Osmond fut nommé évêque de Salisbury en 1078. On lui doit la compilation des livres liturgiques de Salisbury. Il mourut en 1099 • **S. Zod.** : Sagittaire.

Oswald
Fête : 9 août

• **Étym.** : du germain *oster* (est) allié à l'alsacien *wald* (bois, forêt) • **Hist.** VIIᵉ s. : roi de Northumbrie, Oswald fit beaucoup pour l'évangélisation de son pays. Il mourut dans une bataille engagée contre le roi païen Penda de Mercie. Une grande dévotion entoura très vite ses reliques auxquelles on attribuait des pouvoirs miraculeux • **S. Zod.** : Lion • **Dérivé** : *Oswy*.

Oswin
Fête : 21 août

• **Étym.** : du germain *oster* (est), *win* (ami) • **Hist.** VIIᵉ s. : roi de Deira (Angleterre), en 642, son règne fut sage et son pays florissant avant qu'il ne soit assassiné par un cousin, jaloux de son pouvoir et de son trône • **S. Zod.** : Lion.

Oswy

Fête : 9 août. cf. *Oswald*

Otacilia

Fête : 2 juillet. cf. *Othon*
Nom féminin porté à l'époque romaine.

Otacilien

Fête : 2 juillet. cf. *Othon*
Nom masculin porté à l'époque romaine.

Othilie

Fête : 2 juillet. cf. *Othon*

Othon, Otton

Fête : 2 juillet
• **Étym.** : du germain *od* (richesse), *theudo* (peuple) • **Hist.** XIIe s. : garde des Sceaux de l'empereur du Saint Empire romain germanique Henri IV, Othon fut nommé évêque de Bamberg. Il servit de médiateur entre le pape et l'empereur lors de leur différend, qui aboutit au concordat de Worms. Il mourut en 1139 • **S. Zod.** : Cancer • **Dérivé** : *Othilie*.

Otis

Fête : 2 juillet. cf. *Othon* ; *forme dérivée anglo-saxonne du prénom.*

Owen, Owena

Fête : 27 décembre. cf. *Jean*
• **Étym.** : du gallois (bien né), dérivé d'Ewan, forme galloise de Jean.

P

Paciane

Fête : 9 mars. cf. *Pacien*

Pacien

Fête : 9 mars
- **Étym.** : du latin *pax* (la paix)
- **Hist.** IVe s. : on ne sait que peu de chose à son propos sinon qu'il fut évêque de Barcelone au IVe siècle • **S. Zod.** : Poissons
- **Dérivé** : *Paciane*.

Paco

Fête : 4 octobre.
cf. *François d'Assise*
24 janvier. cf. *François de Sales*
ou 9 mars. cf. *Pacien*

Pacôme

Fête : 9 mai
- **Étym.** : du latin *pax* (la paix)
- **Hist.** IVe s. : soldat romain, Pacôme se convertit et quitta l'armée pour mener une vie érémitique sur les bords du Nil. Ayant fondé un monastère à Tabenne tout d'abord, il fit bâtir six autres communautés dispersées en différents endroits du rivage qui, toutes, furent dirigées selon la même règle qu'il érigea à leur intention. Pacôme mourut dans un de ses monastères vers 348 • **S. Zod.** : Taureau.

Padrig

Fête : 17 mars. cf. *Patrick* ; *forme bretonne du prénom.*

Palladia

Fête : 8 octobre
- **Étym.** : du grec *Pallas*, qualificatif d'Athéna, équivalent de la déesse Minerve romaine • **Hist.** Ve s. : Palladia appartenait à la délégation chargée de ramener le corps de saint Germain de Ravenne mais elle mourut en cours de route • **S. Zod.** : Balance • **Dérivé** : *Pallas*.

Pallas

Fête : 8 octobre. cf. *Palladia*
- **Étym.** : Pallas est une épithète d'Athéna dont l'origine a été perdue (Athéna était la déesse de la Guerre) • **Myth.** : la lé-

gende raconte que Pallas était une petite fille dont Athéna était la tutrice. Un jour, une discussion jaillit entre elles deux. Pallas voulut frapper Athéna mais celle-ci para le coup et tua l'enfant. Regrettant son acte aussitôt, la déesse adjoignit le nom de Pallas au sien propre en souvenir de la petite fille • **S. Zod.** : Balance.

Palmyre

Fête : 5 octobre. cf. *Myrrha*
Modelé sur l'appellation d'une ville de Syrie, ce nom fut porté pendant toute la période gréco-romaine. Il fut à nouveau usité aux XVIIe, XVIIIe et XIXe siècles • **S. Zod.** : Capricorne.

Paloma

Fête : 31 décembre.
cf. *Colomba*
• **Étym.** : de l'espagnol (palombe). Prénom illustré par la fille de Pablo Picasso, Paloma Picasso.

Paméla

Fête : 31 décembre.
cf. *Mélanie*
• **Étym.** : On ne connaît pas l'étymologie de ce prénom littéraire qui fut inventé en Angleterre au XVIIe siècle.

Pamphile

Fête : 1er juin
• **Étym.** : du grec, qui signifie ami de tout le monde • **Hist.** IIIe-IVe s. : né à Beyrouth, Pamphile passa sa vie à Césarée où il fit de nombreuses études et se tailla une solide réputation de savant. Il mourut en 309, martyrisé pour avoir refusé de renier sa foi chrétienne • **S. Zod.** : Gémeaux.

Panthéa

Fête : 18 avril. cf. *Anthia*
Nom féminin porté à l'époque romaine.

Paol, Paolo

Fête : 29 juin. cf. *Paul*

Paola

Fête : 26 janvier. cf. *Paule*

Pâquerette

Fête : 5 octobre. cf. *Fleur*

Paquita

Fête : 5 octobre.
cf. *Pâquerette (Fleur)*
ou 22 décembre. cf. *Françoise*

Pascal

Fête : 17 mars
• **Étym.** : du latin *pascua* (pâtu-

rage) • **Hist.** XVIᵉ s. : né en 1540 à Torre Hermosa en Aragon, jeune pâtre, Pascal passait des heures en prières. À 20 ans, il entra chez les Mineurs franciscains et choisit, par simplicité, de demeurer frère lai toute sa vie. Il mourut en 1592 près de Valence • **S. Zod.** : Poissons • **Dérivés** : *Pascale, Pascalin, Pascaline, Pascual, Paskal.*

Pascale, Pascalin, Pascaline
▼
Fête : 17 mars. cf. *Pascal*

Pascual
▼
Fête : 17 mars. cf. *Pascal* ; *forme méridionale du prénom.*

Pasiphaé
▼
Fête : 10 novembre.
cf. *Nymphe*

• **Myth.** : Pasiphaé était la fille d'Hélios le Soleil et de Perséis l'Océanide. Elle épousa Minos roi de Crète. Étant tombée amoureuse d'un taureau, elle conçut le Minotaure que l'on enferma dans le fameux Labyrinthe • **S. Zod.** : Scorpion.

Paskal
▼
Fête : 17 mars ; *écriture celtique de Pascal*

Patrice
▼
Fête : 17 mars. cf. *Patrick*

Patricia
▼
Fête : 25 août

• **Étym.** : du latin *patricius* (patricien, aristocrate). • **Hist.** : l'histoire de Patricia est probablement légendaire. La tradition rapporte qu'elle aurait appartenu à la famille impériale de Constantinople et que, pour satisfaire à un vœu de chasteté, elle aurait quitté sa ville natale pour Rome, y aurait vécu et serait finalement morte à Naples • **S. Zod.** : Vierge • **Dérivés** : *Patriciane, Patricienne, Patty.*

Patriciane
▼
Fête : 25 août. cf. *Patricia*

Patricien, Patricienne
▼
Fête : 17 mars. cf. *Patrick*
25 août cf. *Patricia*

Patrick
▼
Fête : 17 mars

• **Étym.** : du latin *patricius* (patricien, aristocrate) • **Hist.** Vᵉ s. : fils d'un père décurion romain, Patrick vivait dans l'aisance jusqu'au jour où il fut capturé par des pirates et vendu comme esclave en Irlande. Ayant réussi à s'enfuir après six ans de servage, Patrick rejoignit son pays de Galles natal. Il le quitta cependant peu de temps après afin d'aller en Gaule faire des études. Il fut rapidement nommé évêque et dépêché vers l'Irlande où il se livra alors à un gros travail d'évangélisation et où il mourut vers 492. Saint Patrick est le grand patron de l'Irlande • **S. Zod.** : Poissons • **Dérivés** : *Patrice, Patricien*.

Patsie, Patsy
▼
Fête : 25 août. cf. *Patricia* ; *formes dérivées anglo-saxonnes du prénom.*

Patty
▼
Fête : 25 août. cf. *Patricia* ; *dérivation moderne du prénom.*

Paul
▼
Fête : 29 juin

• **Étym.** : du latin *paulus* (petit, faible) • **Hist.** Ier s. : né à Tarse, dans une riche famille romaine, Paul, jusque-là païen convaincu, se convertit au christianisme à la suite du martyre de saint Etienne et de la vision du Christ sur le chemin de Damas. Il abandonna alors tout ce qui lui rappelait sa vie passée et partit prêcher à Chypre, en Asie mineure, en Macédoine, en Grèce et enfin à Rome. L'apôtre Paul fut à la base du développement de la chrétienté. Il nous reste de lui de nombreuses épîtres pas toujours indulgentes. Il mourut à Rome vers 67, décapité sur la voie d'Ostie, sous Néron • **S. Zod.** : Cancer • **Dérivés** : *Paol, Paolo*.

Paula, Paule
▼
Fête : 26 janvier

• **Étym.** : du latin *paulus* (petit, faible) • **Hist.** IVe-Ve s. : issue d'une noble famille, Paula naquit vers 347. Devenue veuve, elle suivit saint Jérôme à Bethléem où elle fonda un couvent. Elle y mourut en 404 • **S. Zod.** : Verseau • **Dérivés** : *Paola, Paulette, Pauline, Polly*.

Paulette
▼
Fête : 26 janvier. cf. *Paule*

Paulin
▼
Fête : 11 janvier

• **Étym.** : du latin *paulus* (petit, faible) • **Hist.** VIIIe-IXe s. : brillant professeur d'Austrasie, sa renommée arriva aux oreilles de Charlemagne qui le nomma patriarche d'Aquilée (Italie) en 787. Il fit partie des conciles d'Aix-la-Chapelle, de Ratisbonne et de Francfort, et fut le conseiller de l'empereur. Il s'éteignit dans son diocèse en 802 • **S. Zod.** : Capricorne • **Dérivé** : *Pauline*.

Pauline
▼
Fête : 26 janvier. cf. *Paula* ou 11 janvier. cf. *Paulin*

Prénom déjà porté à l'époque romaine.

Pavlina

Fête : 26 janvier. cf. *Paule* ; dérivé slave du prénom.

Pearce, Piers

Fête : 29 juin. cf. *Pierre* ; formes anglo-normandes du prénom.

Pearl

Fête : 29 juin. cf. *Pierre* ; forme saxonne de Perle.

Peggy, Pègue

Fête : 8 janvier

• **Étym. :** dérivé de Margaret (Marguerite) • **Hist.** VIIIe s. : on sait peu de chose à propos de sainte Pègue, sinon qu'elle vécut en recluse dans le Northamptonshire et qu'elle ne le quitta que pour mourir au cours d'un pèlerinage à Rome. Ses reliques auraient opéré de nombreux miracles • **S. Zod. :** Capricorne.

Pélagie

Fête : 8 octobre

• **Étym. :** du latin *pelagia* (pourpre, coquillage). • **Hist.** IVe s. : courtisane, Pélagie fut amenée au christianisme par saint Nonnus. Vêtue en homme, elle vécut le reste de sa vie retirée sur le mont des Oliviers, à Jérusalem • **S. Zod. :** Balance.

Pénéla

Fête : 18 août. cf. *Hélène*

Pénélope

Fête : 18 août. cf. *Hélène*

• **Étym. :** du grec *penelopé* (sarcelle) • **Myth. :** fille d'Icarios, roi de Sparte, Pénélope épousa Ulysse, roi d'Ithaque. Elle attendit plus de vingt ans que son mari revienne de son long périple (Odyssée). Elle symbolise ainsi la patience et la fidélité conjugale • **S. Zod. :** Lion.

Penny

Fête : 18 août. cf. *Hélène*

Pépita, Pépito

Fête : 7 décembre. cf. *Joséphine* ; formes espagnoles dérivées du prénom.

Per, Perig

Fête : 29 juin ; formes bretonnes de Pierre.

Percy

Fête : 28 mai. cf. *William (Guillaume)* ou 29 juin. cf. *Pierre* ; dérivé peut-être du prénom médiéval Perceval.

Perle, Perlette, Perline
▼
Fête : 29 juin. cf. *Pierre*

Pernette, Pernine, Perrette, Perrine, Perrinette
▼
Fête : 29 juin. cf. *Pierre*

Perry
▼
Fête : 29 juin. cf. *Pierre ; forme dérivée anglo-normande du prénom.*

Perséphone
▼
Fête : 7 novembre.
cf. *Koré (Carine)*

Perséphone est aussi appelée Koré • **Étym. :** du grec *perséphone* (sorte de pavot) • **Myth. :** fille de Zeus et de Déméter, déesse de la Terre, Perséphone épousa Hadès, dieu des Enfers. Mais Déméter souffrait à un tel point de l'absence de sa fille qu'elle obtint la remontée de Perséphone sur la Terre pendant six mois par an, symbolisant ainsi le renouveau de la végétation et le cycle des saisons • **S. Zod. :** Scorpion.

Pervenche
▼
Fête : 5 octobre. cf. *Fleur*
La pervenche est une plante grimpante assez rustique, au beau feuillage vert foncé qui se pare, dès le mois de mai, de petites fleurs bleues au coloris délicat.

Peter
▼
Fête : 29 juin. cf. *Pierre ; forme nordique et alsacienne du prénom.*

Petra
▼
Fête : 29 juin ; *forme germanique féminine de Pierre.*

Pétrone
▼
Fête : 31 mai. cf. *Pétronille*

Petronella, Pétronelle
▼
Fête : 31 mai. cf. *Pétronille*

Pétronille
▼
Fête : 31 mai

• **Étym. :** du latin *petrus* (pierre) • **Hist.** 1er s. : on sait peu de chose à son sujet, mis à part le fait qu'elle fut martyrisée à Rome au 1er siècle • **S. Zod. :** Gémeaux • **Dérivés :** *Pétrone, Petronella, Pétronelle, Petrouchka, Petroussia.*

Petrouchka, Petroussia
▼
Fête : 29 juin ; *formes russes féminines de Pierre.*

Pétula

Fête : 19 juin. cf. *Pierre* ;
forme anglaise dérivée
du prénom.

La chanteuse Petula Clark l'a popularisé dans la seconde moitié du XXᵉ siècle.

Pharaïlda

Fête : 4 janvier

• **Étym.** : du latin *Pharae* (originaire de la ville de Crète, de Pharae) • **Hist.** VIIᵉ s. : mariée contre son gré, Pharaïlda subit sa vie durant les sévices infligés par un mari brutal et cruel. On l'admire pour sa patience et son courage. Elle est invoquée contre les maladies des enfants • **S. Zod.** : Capricorne.

Phelan

Fête suggérée : 6 juin.
cf. *Philippe*

• **Étym.** : du gaélique (loup) ; prénom masculin irlandais.

Philadelphe

Fête : 10 mai

• **Étym.** : du grec *philein* (aimer), *adelphos* (frère) • **Hist.** IIIᵉ s. : on ne sait au juste si l'existence de Philadelphe est véridique. On rapporte simplement qu'avec d'autres chrétiens, il aurait été martyrisé en Sicile en 257 • **S. Zod.** : Taureau • **Dérivés** : *Philadelpha, Philadelphie*.

Philadelpha, Philadelphie

Fête : 10 mai. cf. *Philadelphe*

Philbert

Fête : 20 août. cf. *Philibert*

Philibert

Fête : 20 août

• **Étym.** : du germain *fili* (beaucoup), *berht* (brillant) • **Hist.** VIIᵉ s. : abbé du monastère de Rebais en Gascogne, Philibert dut quitter sa communauté pour avoir été trop strict avec ses moines. Il partit alors étudier la vie monastique dans différents couvents français avant de fonder, dans la Seine-Maritime, le monastère de Jumièges en 654. Ayant eu maille à partir avec le maire du palais Ebroïn, il dut se réfugier à Noirmoutiers, où il reconstitua l'abbaye avec l'aide de quelques moines. Il s'y éteignit en 685 • **S. Zod.** : Lion • **Dérivé** : *Philiberthe*.

Philiberthe

Fête : 20 août. cf. *Philibert*

Philippa, Phillipine

Fête : 6 juin. cf. *Philippe*

Philippe

Fête : 6 juin

• **Étym.** : du grec *philerin* (aimer),

hippos (cheval) • **Hist.** 1er s. : Philippe fut surnommé l'évangéliste car il prêcha en Samarie, à Gaza et à Césarée. Diacre, il s'occupait sans doute du ravitaillement de Jésus et de ses Apôtres. Il serait mort à un âge très avancé • **S. Zod.** : Gémeaux • **Dérivés** : *Ophélie, Ophélio, Philippa, Philippine, Phyllis.*

Philoména, Philomène
▼
Fête : 13 août

• **Étym.** : du grec *philos* (ami), *menos* (âme, courage). • **Hist.** : ce prénom a été rayé en 1960 du calendrier des saints. En effet, ce culte provenait de la mauvaise interprétation d'une inscription trouvée auprès du squelette d'une enfant de quatorze ans, dans les catacombes Priscilla de Rome. On avait pensé découvrir les restes d'une vierge martyrisée au IIe siècle. Mais, finalement, rien ne laissa à penser qu'il s'agissait réellement d'une martyre. Le culte de Philomène avait été très popularisé par saint Jean-Marie Vianney qui lui avait une grande dévotion • **S. Zod.** : Lion.

Phoebé
▼
Fête : 3 septembre

• **Étym.** : du grec *phoebé* (brillante) • **Hist.** 1er s. : on sait peu de chose à son propos. Un seul écrit de saint Paul atteste son existence, dans une lettre où il la recommande : « Phoebé, diaconesse de l'église de Cenchrées... » • **S. Zod.** : Vierge.

Photine
▼
Fête : 20 mars

• **Étym.** : du latin *photinus* (photin, hérésiarque galate). • **Hist.** : Photine fut sans doute martyrisée, elle, ses deux fils et six autres chrétiens lors d'une persécution en Samarie • **S. Zod.** : Poissons.

Phyllis
▼
Fête : 6 juin. cf. *Philippe*
Prénom anglais signifiant feuille verte, très en vogue dans les pays anglo-saxons.

Pia
▼
Fête : 29 juin ; *forme féminine de Pierre, utilisée en Espagne et dans le Sud-Ouest.*

Pierce
▼
Fête : 29 juin ; *forme britannique de Pierre.*

Pierre
▼
Fête : 29 juin

• **Étym.** : du latin *petrus* (pierre) • **Hist.** 1er s. : Simon de Bethsaïda (Palestine), appelé Pierre par Jésus, avait une position privilégiée parmi les disciples. En effet, le Christ, à sa mort, lui avait confié la création et la direction de l'Église chrétienne. Après l'Ascension, Pierre s'installa à Rome pour y jeter les bases du christianisme. Il inaugura ainsi la longue lignée de papes, chefs de file des chrétiens et protecteurs de l'Église. Il fut, semble-t-il, au nombre des martyrs qui moururent lors de la persécution de Néron, en 67 • **S. Zod.** : Cancer • **Dérivés** : *Béryl, Emeraude, Esméralda, Opale, Pearl, Per, Perig, Perle, Perlette, Perline, Pernette, Pernine, Perrette, Perrine, Peter, Petra, Petrouchka, Petroussia, Pia, Pierce, Pierrette, Pierrick, Pieyre, Rubis, Ruby, Saphir.*

Pierrette
▼
Fête : 29 juin. cf. *Pierre*

Pierrick
▼
Fête : 29 juin. cf. *Pierre* ; *forme celtique de Pierre.*

Pieyre
▼
Fête : 29 juin. cf. *Pierre* ; *forme occitane du prénom.*

Placide
▼
Fête : 5 octobre
• **Étym.** : du latin *placidus* (doux, paisible) • **Hist.** VIe s. : aristocrate romain, Placide fut élevé par saint Benoît qui le tenait en affection. Tous deux se retirèrent au monastère du mont Cassin (Italie), pour y vivre dans la prière et y finir leurs jours • **S. Zod.** : Balance • **Dérivé** : *Placidie.*

Placidie
▼
Fête : 5 octobre. cf. *Placide*

Polla
▼
Fête : 26 janvier.
cf. *Pauline (Paula)*

Polly
▼
Fête : 26 janvier.
cf. *Pauline (Paula)*

Poncia
▼
Fête : 8 mars. cf. *Pons*

On ne connaît pas de sainte Poncia, mais ce prénom fut porté par la fille de saint Gilbert.

Pons
▼
Fête : 8 mars
• **Étym.** : du latin *pons* (pont) • **Hist.** IIIe s. : son existence n'est pas attestée avec certitude. Pons aurait été citoyen romain et aurait converti l'empereur Philippe au christianisme. Arrêté par les opposants païens, à la mort de l'empereur, il serait mort décapité • **S. Zod.** : Poissons.

Porphyra
▼
Fête : 26 février. cf. *Porphyre*

Porphyre
▼
Fête : 26 février

- **Étym.** : du grec *porphyre* (porphyre, marbre veinulé de rouge)
- **Hist.** Ve s. : ermite en Palestine, Porphyre obtint sa guérison d'une longue maladie grâce à la prière. Nommé évêque de Gaza, en Palestine, il fit renverser les idoles et prêcha le christianisme
- **S. Zod.** : Verseau • **Dérivé** : *Porphyra*.

Praxilla
▼
Fête : 16 janvier. cf. *Priscilla*

Nom féminin grec illustré par une célèbre poétesse de Sicyone.

Preston
▼
Fête suggérée : 25 juin. cf. *Prosper*

- **Étym.** : de l'anglo-saxon (l'endroit de la prière), origine toponymique. Nom dérivé par la suite en prénom.

Primrose
▼
Fête : 23 août. cf. *Rose*

- **Étym.** : du latin : *primus rosa* (première rose). Prénom populaire en Angleterre au XIXe siècle.

Prisca
▼
Fête : 18 janvier

- **Étym.** : du latin *priscus* (très ancien, antique). • **Hist.** : martyrisée très jeune, Prisca fut vénérée dès les premiers temps à Rome
- **S. Zod.** : Capricorne • **Dérivé** : *Prisciane*.

Prisciana, Prisciane
▼
Fête : 18 janvier. cf. *Prisca*

Priscilla
▼
Fête : 16 janvier

- **Étym.** : du latin *priscus* (très ancien, antique). • **Hist.** Ier s. : épouse de martyr et mère de saint Pudens, Priscilla donna son nom à la plus ancienne catacombe de Rome. On ne sait rien de plus à son propos
- **S. Zod.** : Capricorne.

Privaël, Premel
▼
Fête : 15 mai

- **Étym.** : du celtique *bri* (dignité), *maël* (prince) • **Hist.** Ve s. : ermite et prêtre, Privaël aida saint Corentin, évêque de Quimper (Finistère), dans son travail d'évangélisation
- **S. Zod.** : Taureau • **Dérivé** : *Privélina*.

Privélina
▼
Fête : 15 mai. cf. *Privaël*

Prix
▼
Fête : 25 janvier

- **Étym.** : du latin *priscus* (très ancien) • **Hist.** VIIe s. : évêque de Clermont, Prix fut impliqué à tort dans un meurtre et mourut, traîtreusement assassiné, dans son diocèse en 676 • **S. Zod.** : Verseau.

Procope
▼
Fête : 8 juillet

• **Étym.** : du grec *procopé* (progrès) • **Hist.** IIIᵉ-IVᵉ s. : Procope fut le premier chrétien martyr de Palestine • **S. Zod.** : Cancer.

Prosper
▼
Fête : 25 juin

• **Étym.** : du latin *prosperus* (prospère, florissant) • **Hist.** IVᵉ-Vᵉ s. : religieux à Marseille, Prosper, après avoir fait de brillantes études, soutint saint Augustin dans la controverse contre les Pélagiens. Appelé ensuite par le pape Léon le Grand, il en devint le secrétaire, sans pour cela avoir reçu les ordres. Il mourut à Rome en 463 • **S. Zod.** : Cancer.

Prude, Prudentia, Prudy, Prue
▼
Fête : 6 mai. cf. *Prudence*

Prudence
▼
Fête : 6 mai

• **Étym.** : du latin *prudentia* (prudence) • **Hist.** IXᵉ s. : nommé évêque de Troyes, Prudence était un théologien de grande renommée. Il mourut en 861 • **S. Zod.** : Taureau • **Dérivés** : *Prude, Prudentia, Prudy, Prue*.

Prunelle
▼
Fête : 5 octobre. cf. *Fleur*

Psyché
▼
Fête : 10 novembre.
cf. *Nymphe*

• **Étym.** : du grec *psyche* (âme) • **Myth.** : Psyché était la plus belle des trois filles d'un roi. Folle de jalousie, Vénus envoya son fils Cupidon afin de lui faire épouser un être monstrueux, mais Cupidon tomba amoureux de Psyché et l'emmena dans un palais où il devint son mari à l'insu de sa mère. Il interdit à Psyché de chercher à le voir, sous peine de le perdre à jamais. Mais, ayant désobéi, Psyché partit à la recherche de son époux, traversant les épreuves multipliées par Vénus. Cupidon alla trouver alors Jupiter et lui demanda l'immortalité pour sa femme et la permission de l'épouser devant les dieux, ce à quoi Zeus consentit. Cette histoire symbolise en fait la course de l'âme (Psyché) à la recherche de l'amour divin (Cupidon) • **S. Zod.** : Scorpion.

Publia
▼
Fête : 9 octobre

• **Étym.** : du latin *publicus* (peuple) • **Hist.** IVᵉ s. : riche veuve d'Antioche, Publia fonda un couvent pour les veuves et les vierges • **S. Zod.** : Balance.

Pulchérie
▼
Fête : 10 septembre
• **Étym.** : du latin *pulcher* (beau)
• **Hist.** IVe-Ve s. : sœur aînée de Théodose II, Pulchérie fut associée au pouvoir et gouverna de fait jusqu'à la mort de son frère. Devenue impératrice, elle épousa un général et gouverna avec lui. Pulchérie s'éteignit à Constantinople en 453 • **S. Zod.** : Vierge.

Q

Queenie

Fête : 7 septembre.
cf. *Reine* ; *prénom britannique.*

Quentin

Fête : 31 octobre
- **Étym.** : du latin *quintus* (cinquième) • **Hist.** IIIᵉ s. : missionnaire venu de Rome pour évangéliser la région d'Amiens, il fut arrêté et décapité vers 285 • **S. Zod.** : Scorpion • **Dérivés** : *Quintie, Quintia, Quintilla, Quintilien, Quintina.*

Quillan, Quillian

Fête : 13 novembre.
cf. *Killien* ; *forme galloise du prénom.*

- **Étym.** : du gaélique (petit animal).

Quincy

Fête : 31 octobre.
cf. *Quentin* ; *forme dérivée anglo-saxonne du prénom, très répandue dans le nord des États-Unis.*

Quintia, Quintilla, Quintina

Fête : 31 octobre. cf. *Quentin*

Quintilien

Fête : 31 octobre. cf. *Quentin*

R

Rachel

Fête : 15 janvier
- **Étym.** : de l'hébreu (brebis)
- **Hist.** : selon l'Ancien Testament, Jacob travailla 14 ans chez son oncle Laban afin d'obtenir la main de sa cousine Rachel, célèbre pour sa grande beauté • **S. Zod.** : Capricorne.

Rachid, Rachida

Fête suggérée : 7 janvier.
cf. *Raymond*
- **Étym.** : de l'arabe (bien dirigé).

Racilia

Fête : 15 janvier. cf. *Rachel*
- **Étym.** : dérivé de l'hébreu Rachel, ce nom féminin était porté à l'époque gréco-romaine.

Radegonde

Fête : 13 août
- **Étym.** : du germain *ragin* (conseil), *gund* (guerre) • **Hist.** VIe s. : Berthaire, roi de Thuringe, fut assassiné par les rois francs Thierry et Clotaire Ier ; sa fille Radegonde fut emmenée captive et dut épouser Clotaire. En 555, ce dernier fit assassiner le frère de Radegonde. Celle-ci ne pouvant en supporter davantage quitta le palais, se fit religieuse et passa le reste de sa vie à soigner les lépreux. Elle mourut en 587 • **S. Zod.** : Lion.

Ragenfréde

Fête : 8 octobre
- **Étym.** : du germain *ragin* (conseil), *frid* (paix) • **Hist.** VIIIe s. : fille aînée du roi Pépin, Ragenfréde devint abbesse du couvent de Denain, après avoir effectué un pèlerinage à Rome • **S. Zod.** : Balance.

Raïa, Raiane

Fête : 5 septembre. cf. *Raïssa*

Rainier, Raynier

Fête : 17 juin
- **Étym.** : du germain *ragin* (conseil) • **Hist.** XIIe s. : jeune Pisan mondain, Rainier abandonna sa

vie passée pour vivre en ermite à Jérusalem. Revenu en Italie, il entra au couvent sans recevoir les ordres et y mourut en 1160 • **S. Zod.** : Gémeaux.

Raïssa

Fête : 5 septembre
• **Étym.** : du grec *eirênê* (paix)
• **Hist.** IIIe-IVe s. : Raïssa fut martyrisée vers 300 à Alexandrie. On ne sait rien de plus à sujet • **S. Zod.** : Vierge • **Dérivés** : *Raïa, Raiane*.

Raled, Khaled

Fête suggérée : 21 juin.
cf. *Raoul*
• **Étym.** : de l'arabe (éternel).

Ralph

Fête : 21 septembre.
cf. *Raphaël*

Rambert

Fête : 13 juin
• **Étym.** : du germain *ragin* (conseil), *berht* (brillant) • **Hist.** VIIe s. : issu d'une noble famille, Rambert eut la malchance de déplaire au maire du palais Ebroïn qui le fit assassiner alors qu'il partait en exil en Bourgogne, en 680 • **S. Zod.** : Gémeaux.

Ramon

Fête : 7 janvier. cf. *Raymond*

Ramsay, Ramsey

Fête suggérée : 7 janvier.
cf. *Raymond*
• **Étym.** : de l'anglo-saxon, origine toponymique émanant d'une ville du Huntingdonshire, ayant donné naissance au prénom.

Ramsès

Fête suggérée : 7 janvier.
cf. *Raymond*
• **Étym.** : de l'ancien égyptien *rémes(w)* (Ré a été enfanté) • **Hist.** : nom porté par le plus célèbre pharaon de l'Égypte ancienne.

Ramuntcho

Fête : 7 janvier. cf. *Raymond* ; *formes occitane, catalane et basque du prénom.*

Rana

Fête : 12 novembre. cf. *Renée*

Raoul

Fête : 21 juin
• **Étym.** : du germain *ragin* (conseil), *wulf* (loup) • **Hist.** IXe s. : fils du comte de Cahors, Raoul devint vers 840 archevêque de Bourges. Il fonda de nombreux monastères et écrivit « L'instruction pastorale » où il mit les règles canoniques à la portée des fidèles. Un autre saint Raoul est fêté le 7 juillet • **S. Zod.** :

Cancer • **Dérivés** : *Rauline, Rodolph*.

Raphaël
▼
Fête : 24 octobre

• **Étym.** : de l'hébreu (Dieu nous guérit). Raphaël est l'un des sept archanges. Il est caractérisé par un don de guérisseur, matérialisé dans la Bible par l'histoire de Tobie qu'il délivra de sa cécité. Il est le patron des voyageurs et des médecins • **S. Zod.** : Scorpion.

Rauline
▼
Fête : 21 juin. cf. *Raoul* ; dérivé médiéval normand féminin de Raoul.

Ray
▼
Fête : 7 janvier. cf. *Raymond*

Raymond
▼
Fête : 7 janvier

• **Étym.** : du germain *ragin* (conseil), *mundo* (protection) • **Hist.** XIIe-XIIIe s. : né à Penafort, en Catalogne, vers 1175, Raymond était déjà philosophe et juriste à l'âge de 20 ans. Entré tard dans les ordres, à 47 ans, il écrivit cinq livres sur les décrets des papes et des conciles : « Les Décrétales ». Confesseur du pape Grégoire IX, il fut élu supérieur général de l'ordre des Dominicains, en 1238. S'étant démis de ses fonctions, deux ans après, il rentra à Barcelone et y mourut en 1275 • **S. Zod.** : Capricorne • **Dérivés** : *Ramon, Ramuntcho, Ray, Raymonde*.

Raymonde
▼
Fête : 7 janvier. cf. *Raymond*

Rebecca
▼
Fête : 17 décembre. cf. *Begge*
• **Étym.** : de l'hébreu (servante de Dieu). Rebecca était la femme d'Isaac.

Regilla
▼
Fête : 7 septembre. cf. *Reine*
Nom féminin porté à l'époque romaine.

Régina, Régine
▼
Fête : 7 septembre. cf. *Reine*

Reginald
▼
Fête : 7 mai

• **Étym.** : du germain *ragin* (conseil), *waldan* (gouverner) • **Hist.** XIIe s. : né en Calabre (Italie), Reginald mena une vie érémitique à Falasconi en Apulie. On ne sait rien d'autre à son propos • **S. Zod.** : Taureau • **Dérivés** : *Renald, Renaldine, Reynaldo, Ronald*.

Régis
▼
Fête : 16 juin

• **Étym. :** du latin *regere* (régir, diriger), ou *regis*, génétif de *rex* (roi) • **Hist.** XVIe-XVIIe s. : né dans l'Aude en 1597, Régis entra chez les Jésuites où il se dépensa sans compter pour porter la bonne parole. Pris dans une tempête de neige, il mourut en 1640 • **S. Zod. :** Gémeaux • **Dérivés :** *Rex, Roy*.

Reine
▼
Fête : 7 septembre

• **Étym. :** du latin *regina* (reine) • **Hist. :** Reine aurait été martyrisée à Autun sur les ordres du préfet Olybrius qu'elle aurait refusé d'épouser • **S. Zod. :** Vierge • **Dérivés :** *Régina, Régine, Réjane*.

Reinelda, Reinelde
▼
Fête : 16 juillet

• **Étym. :** du germain *ragin* (conseil), *hild* (combat) • **Hist.** VIIe s. : fille de sainte Amalberge, Reinelda aurait été martyrisée par les Huns, en Belgique • **S. Zod. :** Cancer.

Reinhardt
▼
Fête : 12 novembre.
cf. *René ; forme alsacienne du prénom*.

• **Étym. :** du germain *ragin* (conseil), *hart* (dur).

Réjane
▼
Fête : 7 septembre. cf. *Reine*

Remi, Remy
▼
Fête : 15 janvier

• **Étym. :** du germain *remi* (les Rémois) • **Hist.** IVe-Ve s. : saint Remi, évêque de Reims, baptisa Clovis et toute l'armée franque à une date qu'on ne peut tout à fait déterminer. Mis à part cela, on ne connaît pas grand-chose sur la vie de saint Remi. Il remplit assez longtemps son apostolat et mourut aux alentours de 530 • **S. Zod. :** Capricorne • **Dérivés :** *Rima, Mieg*.

Renald, Reynaldo
▼
Fête : 7 mai. cf. *Réginald* ou 17 septembre. cf. *Renaud*

Renaldine
▼
Fête : 7 mai. cf. *Réginald* ou 17 septembre. cf. *Renaud*

Renard
▼
Fête : 17 septembre.
cf. *Renaud*

Renata, Renate
▼
Fête : 12 novembre.
cf. *Renée (René)*

Renaud
Fête : 17 septembre
- **Étym.** : du germain *ragin* (conseil), *waldan* (gouverner) • **Hist.** XIIe s. : moine à Soissons, Renaud abandonna le monastère afin de mener une vie érémitique tout d'abord dans la forêt de Craon (Mayenne), puis dans celle de Mélinais (Sarthe) où il mourut en 1103 • **S. Zod.** : Vierge • **Dérivés** : *Renald, Renaldine, Renard, Renaude*.

Renaude
Fête : 17 septembre.
cf. *Renaud*

René
Fête : 12 novembre
- **Étym.** : du latin *renatus* (re-né)
- **Hist.** : l'histoire de René semble légendaire. On raconte, en effet, que René, évêque d'Angers, se serait démis de ses fonctions afin de devenir ermite dans une grotte près de Naples, et qu'il y aurait passé le reste de ses jours • **S. Zod.** : Scorpion
- **Dérivés** : *Reinhardt, Renata, Renate, Renée, Rhéa*.

Renée
Fête : 12 novembre. cf. *René*

Renilda
Fête : 5 janvier. cf. *Renilde*

Renilde
Fête : 5 janvier
- **Étym.** : du germain *ragin* (conseil), *hild* (combat) • **Hist.** VIIe s. : fils de sainte Amélie, Renilde fut massacré en 680 par les Saxons • **S. Zod.** : Capricorne • **Dérivé** : *Renilda*.

Réséda
Fête : 5 octobre. cf. *Fleur*

Rex
Fête : 16 juin. cf. *Régis*

Reynaldo
Fête : 7 mai. cf. *Renald*

Reynold
Fête : 7 janvier
- **Étym.** : du germain *ragin* (conseil), *wald* (qui gouverne) • **Hist.** Xe s. : moine à Cologne, Reynold fut tué par des ouvriers, jaloux de le voir travailler plus vite et mieux qu'eux. Il n'en est pas moins le patron des maçons
- **S. Zod.** : Capricorne.

Rhéa
Fête : 12 novembre. cf. *René*
- **Myth.** : fille d'Ouranos (le Ciel) et de Gaïa (la Terre), Rhéa épousa Cronos à qui elle donna comme enfants les grands dieux

de l'Olympe : Hestia (le feu foyer), Déméter (la terre fertile), Héra (la maîtresse), Hadès (le dieu des enfers), Poséidon (le dieu de la mer) et Zeus (le puissant dieu des dieux) • **S. Zod.** : Scorpion.

Rhett
▼
Fête : 13 novembre.
cf. *Brendan* ; *forme hypocoristique du prénom Brett, lui-même dérivé de Brendan.*

Rhodé, Rhoda
▼
Fête : 10 novembre.
cf. *Nymphe*
• **Étym.** : du grec *rodon* (la rose) • **Myth.** : fille de Poséidon (dieu de la Mer) et d'Aphrodite (déesse de la Beauté), Rhoda est la nymphe éponyme de l'île grecque de Rhodes • **S. Zod.** : Scorpion.

Rhomé
▼
Fête : 28 février. cf. *Romain*
• **Étym.** : du grec *rhomé* (la force, la puissance) • **Myth.** : fille de Latinus, roi du Laurentium, Rhomé est l'éponyme de la ville de Rome d'après la tradition grecque • **S. Zod.** : Poissons.

Richard
▼
Fête : 3 avril
• **Étym.** : du germain *rik* (roi, puissant), *hard* (dur) • **Hist.** XIIIᵉ s. : né vers 1200 à Wyche, Richard alla faire des études à Oxford comme étudiant pauvre. Il y fit une brillante carrière et cumula les diplômes. Nommé évêque de Chichester, en 1245, malgré l'opposition du roi Henri III, il fut l'un des premiers évêques anglais à soutenir les nouveaux ordres prêcheurs. Il mourut en 1253 • **S. Zod.** : Bélier.

Richarde
▼
Fête : 18 septembre
• **Étym.** : du germain *rik* (roi, puissant), *hard* (dur) • **Hist.** IXᵉ s. : fille du comte d'Alsace Erchanger, Richarde épousa Charles le Gros, devenant ainsi impératrice du Saint Empire romain germanique. La légende raconte qu'accusée d'adultère par son mari, elle se soumit elle-même à l'épreuve du feu et en sortit victorieuse. Après quoi, elle se retira pour le restant de ses jours dans le couvent d'Andlau qu'elle avait fondé en Alsace • **S. Zod.** : Vierge.

Rick, Rickie, Ricky
▼
Fête : 18 septembre.
cf. *Richard* ; *formes dérivées américaines du prénom.*

Rictrude
▼
Fête : 12 mai
• **Étym.** : du germain *rick* (roi, puissant), *trud* (fidélité) • **Hist.** VIIᵉ s. : noble fille basque, Ric-

trude épousa saint Adalbald dont elle eut trois enfants. Devenue veuve, elle fonda le couvent de Marchiennes où elle se retira jusqu'à sa mort en 688 • **S. Zod.** : Taureau.

Rieul
▼
Fête : 3 septembre

• **Étym.** : de l'ancien français (petit roi) • **Hist.** VIIe s. : fils du comte de Champagne, Rieul se retira dans un monastère à Haut-villiers après le décès de sa femme. Fondateur de nombreuses autres abbayes, il est vénéré tout spécialement à Reims • **S. Zod.** : Vierge.

Rigobert
▼
Fête : 30 avril. cf. *Robert*

Rimma
▼
Fête : 15 janvier. cf. *Remi*

Rita
▼
Fête : 22 mai

• **Étym.** : obscure • **Hist.** XIVe-XVe s. : née en Ombrie (Italie), Rita, malgré sa vocation religieuse, dut se marier. Durant 18 ans, elle supporta ainsi que ses deux fils les brutalités de son époux. Devenue veuve, elle entra chez les Augustines où elle mourut en 1457. Rita est la patronne des causes désespérées et est invoquée dans les cas de variole • **S. Zod.** : Gémeaux.

Ritza
▼
Fête : 30 août

• **Étym.** : du germain *rico* (riche) • **Hist.** X^e-XIe s. : on ne sait pas grand-chose à propos de cette sainte qui vécut non loin de Coblence en Allemagne, et qui fut enterrée dans l'église de Saint-Castor • **S. Zod.** : Vierge.

Robert
▼
Fête : 30 avril

• **Étym.** : du germain *hrod* (gloire), *berth* (brillant) • **Hist.** XIe s. : né en 1025 d'une famille importante de Champagne, Robert fut attiré dès sa jeunesse par la vie religieuse, et entra à 16 ans chez les dominicains de Moutiers-la-Celle. Il devint très vite abbé de ce monastère. En 1075, il fut requis par le pape pour fonder une communauté d'ermites. Il quitta alors l'abbaye et installa un petit ermitage à Molesne qu'il plaça sous la règle de saint Benoît. La réputation de l'endroit devint telle qu'au grand déplaisir de Robert, la morale et la vie monacale se relâchèrent malgré tous les efforts qu'il fit pour contrecarrer ce courant. Désappointé par cet échec, il partit du monastère et alla se retirer à Cîteaux où la règle de saint Benoît était observée dans ses plus strictes applications. Cependant, il ne savoura pas ce plaisir longtemps car une bulle pontificale lui intima l'ordre de rejoindre Molesne et d'y rester. Robert eut toutefois la satisfaction, à la fin de sa vie, de voir son monastère reprendre une trajectoire plus droite. Il mourut en 1110, à l'âge respectable de 85 ans • **S. Zod.** : Taureau • **Dérivés** : *Rigobert, Roberta, Roberte, Robin, Robina, Robine.*

Robin, Robina, Robine

Fête : 30 avril. cf. *Robert* ; *formes poitevines du prénom.*

Roch
▼
Fête : 16 août

• **Étym.** : du germain *hrod* (gloire) • **Hist.** XIVe s. : né en 1300 dans une riche famille de Montpellier, Roch distribua tous ses biens et partit en pèlerinage à Rome. En chemin, il soigna des malades atteints de la peste qui sévissait en Italie. La tradition raconte que, ayant mené pendant un certain temps une vie d'ermite, un chien lui apporta chaque jour un pain. Il mourut aux alentours de 1378 • **S. Zod.** : Lion.

Rod
▼
Fête : 21 juin. cf. *Rodolphe* ; *forme dérivée du prénom.*

Rodney
▼
Fête suggérée : 21 juin.
cf. *Rodolphe*

Étymologie toponymique, utilisé en prénom à partir du milieu du XIXe siècle.

Rodolph
▼
Fête : 21 juin. cf. *Raoul* ; *dérivé du vocable Rodolph. L'étymologie est semblable.*

Rodrigue
▼
Fête : 13 mars

• **Étym.** : du germain *hrod* (gloire), *rik* (roi, puissant) • **Hist.** IXe s. : Rodrigue fut martyrisé en 857 en compagnie de son ami Salomon par les musulmans de Cordoue • **S. Zod.** : Poissons.

Roger
▼
Fête : 30 décembre

• **Étym.** : du germain *hrod* (gloire), *gari* (lance) • **Hist.** VIIe s. : On sait peu de chose à son sujet, sinon qu'il fut évêque de Canossa en Italie du Sud • **S. Zod.** : Capricorne • **Dérivé** : *Oger.*

Roland
▼
Fête : 15 septembre

• **Étym.** : du germain *hrod* (gloire), *land* (pays) • **Hist.** XIVe s. : originaire de Milan, Roland se retira en un lieu perdu entre Plaisance et Parme afin de ne voir ni parler à personne. Il se nourrissait d'herbes et de racines et mourut en 1386 • **S. Zod.** : Vierge • **Dérivé** : *Orlando*.

Rolf, Rolph
▼
Fête : 21 juin. cf. *Rodolph ; formes dérivées anglo-saxonnes du prénom.*

Rollande, Rolande, Rolende
▼
Fête : 13 mai
• **Étym.** : du germain *hrod* (gloire), *land* (pays) • **Hist.** XIe s. : fille d'un prince français, roi lombard vaincu par Charlemagne, Rollande fut demandée en mariage par un prince écossais. Mais, ayant prononcé un vœu de chasteté, elle prit la fuite en direction du couvent de Saint-Ursule à Cologne. Cependant, elle succomba pendant le voyage • **S. Zod.** : Taureau.

Roma
▼
Fête : 28 février. cf. *Romain* ou 23 juillet. cf. *Romula*

Romain
▼
Fête : 28 février
• **Étym.** : du latin *romanus* (romain) • **Hist.** Ve s. : Romain et son frère Lupicin se retirèrent dans le Jura afin d'y mener une vie érémitique. Mais leur réputation de sainteté fut telle que des disciples affluèrent. Lupicin fonda donc un monastère à Leuconne et Romain en fit bâtir un autre à Condat (Saint-Claude), abbayes à partir desquelles se développèrent respectivement les villes de Saint-Lupicin et de Saint-Claude • **S. Zod.** : Poissons • **Dérivés** : *Roma, Romaine, Roman, Romane*.

Romaine
▼
Fête : 28 février. cf. *Romain*

Roman, Romane
▼
Fête : 28 février. cf. *Romain ; formes occitanes du prénom.*

Romaric, Romary
▼
Fête : 10 décembre
• **Étym.** : du germain *hrod* (gloire), *rik* (roi, puissant) • **Hist.** VIIe s. : issu de la grande noblesse austrasienne, Romaric fonda, en compagnie de saint Amé, le monastère de Remiremont (*Romaric mons* : mont de Romaric). Il y décéda en 653. (Voir aussi Amé) • **S. Zod.** : Sagittaire.

Rombaud
▼
Fête : 3 juillet
• **Étym.** : du germain *hrod* (gloire), *bald* (audacieux) • **Hist.** VIIIe s. : religieux irlandais, Rom-

baud alla à Rome pour faire un pèlerinage. Sacré évêque par le pape, il retourna dans les contrées nordiques et évangélisa la Belgique et les Pays-Bas. Il mourut martyrisé à Malines vers 775 • **S. Zod.** : Cancer.

Roméo
▼
Fête : 25 février

• **Étym.** : du latin *Roma* (Rome)
• **Hist.** XIVe s. : Avertan, prêtre originaire de Limoges, appartenait à l'ordre des Carmes de la ville. Ayant décidé de partir pour les Lieux saints, il prit un compagnon : Roméo, carme lui aussi et Italien de naissance. Ils ne virent cependant jamais Jérusalem car ils moururent à Lucques, à l'hospice des pèlerins, en 1380, à quelques jours d'intervalle • **S. Zod.** : Poissons.

Romuald
▼
Fête : 19 juin

• **Étym.** : du germain *hrod* (gloire), *wald* (qui gouverne) • **Hist.** X[e]-XIe s. : né en 950 dans la famille ducale de Ravenne, Romuald se retira du monde en 1021. Il fonda un monastère à Camaldoli dont les religieux prirent le nom de Camaldules • **S. Zod.** : Gémeaux • **Dérivé** : *Romy*.

Romula
▼
Fête : 23 juillet

• **Étym.** : du latin *Romulus* (fondateur mythologique de Rome) • **Hist.** VIe s. : Romula vivait à Rome en compagnie de deux autres jeunes filles. Toutes trois s'appliquaient à vivre dans la prière et l'austérité lorsque Romula fut frappée de paralysie. Le tradition raconte qu'au moment où elle mourut, une grande clarté illumina sa couche • **S. Zod.** : Lion • **Dérivé** : *Roma*.

Romy
▼
Fête : 23 juillet. cf. *Romuald*

Ronald
▼
Fête : 7 mai. cf. *Réginald*

Ronan
▼
Fête : 1er juin

• **Étym.** : du celtique *reunig* (phoque) • **Hist.** VIe s. : Ronan a sans doute vécu au VIe siècle et était originaire d'Irlande. Il est éponyme d'un assez grand nombre de localités bretonnes : Locronan, Saint-Renan, etc. • **S. Zod.** : Gémeaux.

Rosa, Rose
▼
Fête : 23 août

• **Étym.** : du latin *rosa* (la rose) • **Hist.** XVIe-XVIIe s. : née au Pérou, à Lima, vers 1586, Rose s'infligea les plus dures pénitences et entra dans le tiers ordre des Bénédictines sans quitter pour cela la demeure paternelle.

Après une grave maladie ponctuée de phases mystiques, Rose mourut âgée à peine de 31 ans succombant aux peines extrêmes qu'elle s'était infligées. Elle est la patronne du Pérou • **S. Zod.** : Vierge • **Dérivés** : *Rosalba, Rosalbane, Rosalinde, Rosamonde, Rosanna, Rosée, Roseline, Rosemarie, Rosemary, Rosemonde, Rosetta, Rosie, Rosita, Rosy, Rozenn.*

Rosalba, Rosalbanne, Rosalinde, Rosamonde, Rosanna, Roséanne, Rosée

Fête : 23 août. cf. *Rose*

Rosalia

Fête : 4 septembre. cf. *Rosalie*

Rosalie

Fête : 4 septembre
• **Étym.** : du latin *rosa* (la rose) • **Hist.** XIIe s. : religieuse bénédictine, Rosalie abandonna son couvent pour mener une vie érémitique sur le mont Pellegrino, non loin de Palerme (Sicile). La légende raconte que la découverte de son cadavre coupa court à une épidémie de peste qui ravageait la contrée • **S. Zod.** : Vierge.

Roseind

Fête : 1er mars
• **Étym.** : du germain *hros* (cheval), *lind* (doux) • **Hist.** Xe s. : issu de la famille royale de Galice, Roseind devint évêque de Dune à 18 ans. Il fonda le monastère de Gelanova et en fut l'abbé jusqu'à sa mort en 977 • **S. Zod.** : Poissons.

Roseline

Fête : 17 janvier
• **Étym.** : du germain *hros* (cheval), *lind* (doux) • **Hist.** XIVe s. : son père était le baron des Arcs, sa mère une Sabran (très illustre famille du sud-ouest de la France). Roseline fut élevée par les clarisses et, s'étant consacrée au Seigneur, entra à 25 ans à la Chartreuse de Saint-Bertrand. Douze ans plus tard, elle devint supérieure de la Chartreuse de la Celle-Roubaud, en Provence. S'imposant de grandes mortifications, elle eut des extases et des visions et mourut en 1324 • **S. Zod.** : Capricorne.

Rosemarie, Rosemary, Rosemonde, Rosetta, Rosie

Fête : 23 août. cf. *Rose*

Rosine

Fête : 11 mars
• **Étym.** : du latin *rosa* (la rose),

ou du germain *hros* (cheval). On ne connaît rien à son sujet à part son nom et une église qui lui est dédiée en Allemagne • **S. Zod.** : Poissons.

Rosita, Rosy
▼
Fête : 23 août. cf. *Rose*

Rowan, Rowana
▼
Fête : 3 novembre.
cf. *Rumwald* ; *formes anglaises dérivées du prénom.*

Rowena
▼
Fête : 3 novembre.
cf. *Rumwald*
• **Étym.** : On ne connaît pas de sainte Rowena. Le prénom semble avoir été inventé au XIXᵉ siècle par Walter Scott pour son roman *Ivanhoe*. Il signifie en celtique « blanche robe » • **S. Zod.** : Scorpion.

Roxane
▼
Fête : 26 juillet. cf. *Anne*
Prénom littéraire du XIXᵉ siècle, inspiré du nom porté par la femme d'Alexandre le Grand.

Roy
▼
Fête : 16 juin. cf. *Régis*

Rozenn
▼
Fête : 23 août. cf. *Rose* ; *forme bretonne du prénom.*

Rubis, Ruby
▼
Fête : 29 juin. cf. *Pierre*
• **Étym.** : du latin *rubia* (garance, teinture de couleur rouge). Pierre précieuse de couleur rouge.

Rufa, Rufilla
▼
Fête : 14 juin. cf. *Rufin*
Noms féminins portés à l'époque romaine.

Rufin
▼
Fête : 14 juin
• **Étym.** : du latin *rufus* (roux)
• **Hist.** IIIᵉ s. : administrateur des greniers à blé impériaux, Rufin et son ami Valère en profitaient pour faire du prosélytisme dans la région de l'Aisne. Démasqués, ils furent arrêtés et martyrisés • **S. Zod.** : Gémeaux • **Dérivés** : *Rufa, Rufilla, Rufine.*

Rufus
▼
Fête : 18 décembre
• **Étym.** : du latin *rufus* (roux)
• **Hist.** Iᵉʳ-IIᵉ s. : Rufus fut martyrisé avec quelques autres compagnons chrétiens à Antioche en 107 • **S. Zod.** : Sagittaire.

Rumwald

Fête : 3 novembre
- **Étym.** : du germain *hrod* (gloire), *wald* (qui gouverne)
- **Hist.** VIIe s. : la légende raconte que, né dans la famille royale du comte de Northampton, Rumwald convertit ses parents à l'âge de trois jours et mourut aussitôt après
- **S. Zod.** : Scorpion
- **Dérivé** : *Rowena*.

Rupert

Fête : 29 mars
- **Étym.** : du germain *hrod* (gloire), *berth* (brillant)
- **Hist.** VIIe-VIIIe s. : évêque de Worms, Rupert convertit la Bavière. Devenu évêque de Salzbourg, il fut à l'origine du développement des mines de sel de la contrée
- **S. Zod.** : Bélier
- **Dérivé** : *Ruth*.

Russel

Fête : 18 décembre.
cf. *Rufus* ; *forme anglo-normande du prénom.*

Ruth

Fête : 29 mars. cf. *Rupert*
- **Étym.** : nom biblique germanisé, *hrod* (gloire). Ruth était une femme moabite, épouse de Booz.

Rustica

Fête : 26 octobre.
cf. *Rustique*

Nom féminin porté à l'époque romaine.

Rustique

Fête : 26 octobre
- **Étym.** : du latin *rusticus* (rustique, campagnard)
- **Hist.** Ve s. : évêque de Narbonne, en 427, Rustique chercha par tous les moyens à empêcher le pape Léon Ier de démissionner. On ne connaît rien de plus à son sujet
- **S. Zod.** : Scorpion
- **Dérivés** : *Rustica, Rutila*.

Rutilla

Fête : 26 octobre.
cf. *Rustique*
- **Étym.** : du latin *rutilus* (rutilant). Nom féminin porté à l'époque romaine.

Ryan

Fête : 16 juin. cf. *Régis* ; *forme anglicisée du prénom, répandu en Irlande.*
- **Étym.** : du latin *rex* (roi).

S

Saadi, Saadia, Sadia

Fête suggérée : 26 février.
cf. *Alexandre*

- **Étym.** : de l'arabe (heureux).

Sabin

Fête : 17 janvier

- **Étym.** : du latin *Sabini* (peuple des Sabins) • **Hist.** IVe-Ve s. : fin lettré, Sabin fut évêque de Plaisance et ami de saint Ambroise. Il lutta farouchement contre l'hérésie arianiste et mourut dans les années 420 • **S. Zod.** : Capricorne.

Sabine

Fête : 29 août

- **Étym.** : du latin *Sabini* (peuple des Sabins) • **Hist.** : d'après la légende, Sabine fut la première martyre de Troyes. On ne sait rien d'autre à son sujet. Il existe une autre Sabine fêtée le même jour et éponyme de la basilique Sainte-Sabine de Rome, dont on ne connaît pas davantage l'histoire • **S. Zod.** : Vierge • **Dérivés** : *Sabina, Saby*.

Sabrina

Fête : 16 septembre.
cf. *Cyprien* ; *prénom féminin dérivé de Cyprien.*

Saby

Fête : 29 août. cf. *Sabine* ; *forme gasconne du prénom.*

Sacha

Fête : 5 juin. cf. *Sanche, Sacha est un prénom d'origine russe.*

Sadira

Fête suggérée : 20 mars.
cf. *Alexandra*

- **Étym.** : du persan (lotus).

Saens

Fête : 15 novembre

- **Étym.** : du latin, forme populaire de *Sidontus*, signifiant originaire de Sidon • **Hist.** VIIe s. : né en Irlande vers 620, Saens s'installa en France et administra l'abbaye de Noirmoutiers. Des subsides lui ayant été alloués par Thierry III, il fonda le monastère de la Varenne dans le pays de Caux où il s'éteignit en 684 • **S. Zod.** : Scorpion.

Saïd, Saïda

Fête suggérée : 26 février.
cf. *Alexandre*

• **Étym.** : de l'arabe (heureux).

Salaberge

Fête : 22 septembre

• **Étym.** : du germain *sala* (salle), *berht* (brillant) • **Hist.** : VIIe s. : saint Eustase de Luxeuil parvint à guérir la cécité de sainte Salaberge. Une fois ses enfants élevés, Salaberge se retira dans le monastère qu'elle avait fondé à Laon • **S. Zod.** : Vierge.

Salama, Salim, Salima

Fête suggérée : 23 avril.
cf. *Anselme*

• **Étym.** : de l'arabe (perfection).

Salina

Fête : 25 septembre.
cf. *Solenne*

Sally

Fête : 13 juillet. cf. *Sarah* ; *forme familière anglo-saxonne du prénom.*

Salomé

Fête : 29 juin

• **Étym.** : de l'hébreu. Nom biblique dérivant de *shalom* (paix, salut) • **Hist.** IXe s. : revenant d'un pèlerinage à Jérusalem, Salomé, princesse anglaise, se cloîtra à vie non loin du monastère bavarois d'Ober-Altaïch • **S. Zod.** : Cancer • **Dérivés** : *Loma, Lomée*.

Salomon

Fête : 25 juin

• **Étym.** : de l'hébreu. Nom biblique dérivant de *shalom* (paix, salut) • **Hist.** IXe s. : Salomon fut martyrisé en compagnie de son ami Rodrigue lors d'une persécution musulmane à Cordoue en 857 • **S. Zod.** : Cancer.

Salvador

Fête : 18 mars. cf. *Salvator*

Salvator, Salvatore

Fête : 18 mars

• **Étym.** : du latin *salvare* (guérir, sauver) • **Hist.** XVIe s. : entré chez les franciscains de Barcelone (Espagne), Salvatore possédait un don de guérisseur indéniable. Il passa sa vie harcelé par les malades qui désiraient leur guérison. S'imposant quant à lui nombre de pénitences et de privations, il mourut à 47 ans dans un couvent de Sardaigne • **S. Zod.** : Poissons.

Salvé, Salve

Fête : 11 janvier

- **Étym.** : du latin *salvatus* (sauvé)
- **Hist.** vɪᵉ-vɪɪᵉ s. : on ne sait pas grand-chose à son sujet sinon qu'il fut évêque d'Amiens et qu'il mourut aux alentours de 625 • **S. Zod.** : Capricorne • **Dérivés** : *Salvia, Salvian, Salviana, Salviane, Salvina, Sueva.*

Salvia, Salvian, Salviana, Salviane, Salvina

Fête : 11 janvier. cf. *Salvé* ou 10 septembre. cf. *Salvy*

Salvian et Salviane sont des formes occitanes du prénom.

Salvy

Fête : 10 septembre

- **Étym.** : du latin *salvatus* (sauvé)
- **Hist.** vɪᵉ s. : originaire d'Albi, Salvy fut nommé évêque de cette ville en 574. Il mourut en 584 lors d'une épidémie de peste, laissant la gestion de son diocèse dans un état remarquable pour l'époque • **S. Zod.** : Vierge.

Samantha

Fête : 20 août. cf. *Samuel*

Samara, Samir, Samira

Fête suggérée : 20 août. cf. *Samuel*

- **Étym.** : de l'arabe (noble)

Samie, Samy

Fête : 20 août. cf. *Samuel* ; *forme diminutive du prénom.*

Sampsa, Sampsane

Fête : 27 juin. cf. *Sampson*

Sampson

Fête : 27 juin

- **Étym.** : du latin *sampsa* (pulpe d'olive) • **Hist.** vɪᵉ s. : originaire de Rome, Sampson fit des études de médecine, après quoi il s'installa à Byzance. Il guérit l'empereur Justinien ; ce dernier, reconnaissant, lui offrit un hôpital. Sampson y demeura et y officia jusqu'à la fin de ses jours en 560 • **S. Zod.** : Cancer
- **Dérivés** : *Sampsa, Sampsane.*

Samson

Fête : 28 juillet

- **Étym.** : de l'hébreu *semès* (soleil) • **Hist.** vᵉ-vɪᵉ s. : Samson appartient au nombre des grands saints gallois. Il fonda de nombreux monastères en Irlande, dont celui de Bally-Samson dans le Wexford. Nommé évêque, il se rendit en Bretagne où il posa les fondations d'un monastère à partir duquel se développa la ville de Dol. Il mourut quelque temps après, en pleine mission d'évangélisation de la région • **S. Zod.** : Lion.

Samuel
▼
Fête : 20 août
• **Étym.** : de l'hébreu (établi par Dieu) • **Hist.** XIe s. : Samuel fut l'un des grands prophètes de la Bible. Magistrat de son état, il consacra le roi David comme successeur du roi Saül devenu fou. Il prophétisa l'avenir de David dans le *Livre de Samuel* • **S. Zod.** : Lion • **Dérivé** : *Samantha*.

Sanche
▼
Fête : 5 juin
• **Étym.** : du latin *sancire* (consacrer) • **Hist.** VIIIe s. : emmené en esclavage par les Maures, il fut martyrisé à Cordoue pour avoir refusé d'abjurer sa foi chrétienne • **S. Zod.** : Gémeaux • **Dérivés** : *Sacha, Sancho*.

Sancho
▼
Fête : 5 juin. cf. *Sanche*

Sancia, Sancie
▼
Fête : 17 juin
• **Étym.** : du latin *sancire* (consacrer) ou à rapprocher du germain *sand* (vrai, juste) • **Hist.** XIIIe s. : fille du roi Sanche du Portugal, Sancia se retira au couvent qu'elle avait fondé à Cellas et le plaça sous la règle cistercienne • **S. Zod.** : Gémeaux.

Sander
▼
Fête : 26 février. cf. *Alexander*

Sandie, Sandy
▼
Fête : 20 mars. cf. *Alexandra*

Sandra
▼
Fête : 20 mars. cf. *Alexandra*

Sandrine
▼
Fête : 20 mars. cf. *Alexandra*

Sanga
▼
Fête : 20 mars. cf. *Alexandra*

Sans, Sanz
▼
Fête : 5 juin. cf. *Sanche* ; *adaptations gasconnes du prénom.*

Sanséverina, Sanséverine
▼
Fête : 21 février. cf. *Séverine*

Sanseviéra
▼
Fête : 5 octobre. cf. *Fleur*
Plante tropicale au feuillage vert olive, frangé d'or, qui se pare de ravissantes fleurs blanches parfumées au printemps.

Santiago
▼
Fête : 25 juillet. cf. *Jacques*
• **Étym.** : du latin *sanctus jacobus*

(saint Jacques) ; forme espagnole contractée.

Santoline

Fête : 5 octobre. cf. *Fleur*

Petit arbuste méridional aux feuilles odorantes.

Saphia

Fête : 1ᵉʳ août. cf. *Sophie*

Saphire, Saphir

Fête : 29 juin. cf. *Pierre*

Le saphir est une pierre précieuse d'un bleu profond.

Sara, Sarah

Fête : 13 juillet

- **Étym.** : de l'hébreu (princesse)
- **Hist.** : vierge du désert de Scété (Égypte), Sara demeura dans une cellule au bord du Nil pendant une soixantaine d'années. Elle était déjà très vénérée de son vivant • **S. Zod.** : Cancer.

Saturnin, Sernin

Fête : 29 novembre

- **Étym.** : du latin *Saturnus* (dans la mythologie romaine, Saturne était le père de Jupiter) • **Hist.** IIIᵉ s. : premier évêque de Toulouse, Saturnin refusa pendant les persécutions de l'empereur Dèce, en 250, d'abjurer sa foi. Il fut alors attaché à un taureau et traîné jusqu'à ce que mort s'ensuive. Il est le patron de Toulouse et l'éponyme de la basilique de cette ville • **S. Zod.** : Sagittaire.

Sauféïa

Fête : 1ᵉʳ août. cf. *Sophie*

- **Étym.** : obscure. Prénom féminin d'origine romaine.

Saula

Fête : 21 octobre. cf. *Ursule*

- **Étym.** : dérivé latin de Saül (Paul). Saula était l'une des 11 000 vierges (cf. Ursule) • **S. Zod.** : Balance.

Sauréa

Fête : 4 octobre. cf. *Aure*

Prénom féminin d'origine romaine.

Savannah

Fête suggérée : 10 septembre. cf. *Salvy*

Nom d'une ville du sud des États-Unis, utilisé depuis le XIXᵉ siècle en prénom.

Savine

Fête : 30 janvier

- **Étym.** : du latin *salvus* (sauvé)
- **Hist.** : on ne sait à peu près rien à son sujet sinon qu'elle était réputée pour sa piété et sa charité dans toute la ville de Milan (Italie) • **S. Zod.** : Verseau.

Scarlett

Fête : 2 mars. cf. *Charlotte (Charles)*

Scott, Scotty

Fête suggérée :
12 novembre. cf. *Astrik*

• **Étym.** : de l'anglo-saxon *scot* (contribution, écot) et *scottman* (homme de l'Écosse) ; prénom illustré par l'écrivain américain Scott Fitzgerald.

Sean

Fête : 27 décembre. cf. *Jean ; forme gaélique du prénom répandu en Irlande et en Écosse.*

Sebald

Fête : 19 août

• **Étym.** : du germain *sig* (victoire) *bald* (hardi) • **Hist.** VIIIe s. : ermite en Italie, Sebald passa quelque temps en Allemagne dans une communauté puis reprit sa vie de solitaire • **S. Zod.** : Lion.

Sébastia, Sébastian, Sébastiane

Fête : 20 janvier. cf. *Sébastien*

Sébastien

Fête : 20 janvier

• **Étym.** : du grec *sebastos* (honoré) • **Hist.** IIIe s. : appartenant à la garde prétorienne de l'empereur Dioclétien, Sébastien encourageait les chrétiens au martyre. Dénoncé à l'empereur, il fut sur son ordre mis en joue par les archers et percé de flèches. Laissé pour mort, Sébastien fut recueilli par une veuve, Irène, qui le soigna. Sitôt guéri, il n'eut cependant de cesse d'aller trouver Dioclétien et de lui reprocher le peu de cas qu'il faisait des chrétiens. Furieux de cette outrecuidance, l'empereur le fit bastonner à mort et fit jeter son cadavre aux égouts. Cela est la belle légende colportée au fil des siècles. En fait, on ne sait rien d'autre à propos de ce saint sinon qu'il fut martyrisé et enterré dans la catacombe de la Via Appia • **S. Zod.** : Verseau • **Dérivés :** *Sébastia, Sébastian, Sébastiane, Sébastienne, Bastiane, Bastien, Bastienne.*

Sébastienne

Fête : 20 janvier. cf. *Sébastien*

Ségolène

Fête : 24 juillet

• **Étym.** : du germain *sig* (victoire), *lind* (doux) • **Hist.** VIIe s. : son histoire sans doute légendaire correspond à l'assemblage de plusieurs vies de saints. Le plus vraisemblable serait qu'elle fut abbesse du monastère de Tioclar au VIIe siècle • **S. Zod.** : Lion • **Dérivés :** *Sigolène Sigolaine.*

Séïa

Fête : 10 novembre.
cf. *Nymphe*

• **Myth.** : Séïa était la déesse qui présidait aux semailles • **S. Zod.** : Scorpion.

Séléné

Fête : 18 août. cf. *Hélène*

• **Étym.** : du grec *seléné* (la lune) • **Myth.** : Sélène était la déesse grecque de la lune. Elle eut deux filles de ses amours avec Zeus : Hersé (la rosée) et Pandia • **S. Zod.** : Lion • **Dérivés** : *Séléna, Sélina*.

Sélina

Fête : 18 août.
cf. *Séléné et Hélène*

Selma

Fête : 21 avril. cf. *Anselme*

Sénorina, Sénorine

Fête : 22 avril

• **Étym.** : du latin *senex* (vieux) • **Hist.** Xe s. : née à Braga (Portugal), Sénorina fut élevée par sa tante Gortina, abbesse de Vieyra, à qui elle succéda plus tard. Elle mourut en 982 • **S. Zod.** : Taureau.

Sentia

Fête : 21 octobre. cf. *Ursule*

• **Étym.** : du latin *sentire* (sentir par les sens) • **Hist.** : Sentia appartenait au groupe des 11 000 vierges (cf. Ursule) • **S. Zod.** : Balance.

Séraphin

Fête : 17 octobre

• **Étym.** : du latin *seraphin* (les séraphins) • **Hist.** XVIe-XVIIe s. : né dans les Marches (Italie) d'une famille très modeste, Séraphin entra chez les capucins d'Ascoli où il occupa la fonction de jardinier toute sa vie. Il mourut en 1604 • **S. Zod.** : Balance • **Dérivés** : *Séraphine, Séraphita, Fina, Fine*.

Séraphine, Séraphita

Fête : 17 octobre.
cf. *Séraphin*

Sérapia, Sérapie

Fête : 29 août

• **Étym.** : du latin *serapias* (orchidée) • **Hist.** : Sérapie était la servante de sainte Sabine. On ne connaît pas de sainte Sérapie, aussi peut-on lui souhaiter sa fête le jour de celle de sa patronne • **S. Zod.** : Vierge.

Séréna

Fête : 16 août

• **Étym.** : du latin *serenus* (serein) • **Hist.** IIIe-IVe s. : d'après le martyrologe d'Adon, Séréna aurait été l'épouse chrétienne de Dioclétien. Or, la femme de l'empereur s'appelait Prisca. Il s'agit sans doute d'une erreur de transcription • **S. Zod.** : Lion.

Sérène
▼
Fête : 23 février

• **Étym.** : du latin *serenus* (serein)
• **Hist.** IVᵉ s. : de nationalité grecque, Sérène vivait à Sirmium en Yougoslavie. Un jour, il fit des remontrances à une femme d'officier impérial qui s'était offerte à lui. Ulcérée et furieuse, elle se plaignit à son mari d'avoir été insultée. Sérène fut convoqué. Interrogé, il se déclara chrétien. Ne voulant pas renier sa foi, il mourut décapité • **S. Zod.** : Poissons.

Sérénic
▼
Fête : 7 mai

• **Étym.** : du latin *serenus* (serein)
• **Hist.** VIIᵉ s. : originaire de Spolète (Italie), Sérénic se rendit en France pour y fonder un monastère dans le Maine (on ignore à quel endroit exactement). Il y passa sa vie en compagnie de quelques religieux et de son frère • **S. Zod.** : Taureau.

Serge
▼
Fête : 25 septembre

• **Étym.** : La *gens Sergius* était une famille connue de Rome. Leur appellation vient peut-être au départ du mot *servus* (esclave)
• **Hist.** XIVᵉ s. : Serge Radonez est un des plus grands saints de la Russie. Né vers 1315, il vivait à l'écart. Délaissant cependant son ermitage, il fonda le couvent de la Sainte-Trinité de Makovska. Il mourut aux alentours de 1392. Il existe un autre Serge, vénéré le 7 octobre, qui fut martyrisé à Rosafa (Mésopotamie) • **S. Zod.** : Balance • **Dérivés** : *Sergia, Sergiane, Sergine, Serguëï, Serla, Serlana, Serlane.*

Sergia, Sergiane, Sergine
▼
Fête : 25 septembre
ou 7 octobre. cf. *Serge*

Ce prénom était déjà porté à l'époque romaine.

Serguëï
▼
Fête : 25 septembre
ou 7 octobre. cf. *Serge*

Serla, Serlana, Serlane
▼
Fête : 25 septembre
ou 7 octobre. cf. *Serge*

Sernin, Serna
▼
Fête : 29 novembre.
cf. *Saturnin*

Servan
▼
Fête : 1ᵉʳ juillet

• **Étym.** : du latin *servus* (esclave)
• **Hist.** : on ne sait à peu près

rien de lui sinon que son tombeau se trouve dans la ville de Culross en Écosse • **S. Zod.** : Cancer • **Dérivés** : *Servana, Servane, Servine*.

Servana, Servane
▼
Fête : 1er juillet. cf. *Servan*

Servais
▼
Fête : 13 mai
• **Étym.** : du latin *servus* (esclave)
• **Hist.** : IVe s. : originaire d'Arménie, Servais fut le premier évêque de Tongres-Maestrich (Belgique). Il mourut en 384 et on rapporte que de nombreux miracles eurent lieu sur son tombeau • **S. Zod.** : Taureau • **Dérivé** : *Servaise*.

Servaise
▼
Fête : 13 mai. cf. *Servais*

Servine
▼
Fête : 1er juillet. cf. *Servan*

Séverien
▼
Fête : 21 février
• **Étym.** : du latin *severus* (sévère, austère) • **Hist.** : Ve s. : évêque de Scythopolis, Séverien fut mis à mort vers 453 pour avoir condamné la politique antichrétienne de l'empereur Théodose • **S. Zod.** : Poissons • **Dérivés** : *Sévériana, Sévériane*.

Sévériana, Sévériane
▼
Fête : 21 février. cf. *Séverien*

Séverin
▼
Fête : 27 novembre
• **Étym.** : du latin *severus* (sévère)
• **Hist.** : Ve-VIe s. : vivant en ermite, Séverin avait la faculté de guérir les malades. On lui prête la guérison de Clovis qui souffrait d'une fièvre tenace. Il mourut vers 507. L'église Saint-Séverin de Paris lui est dédiée • **S. Zod.** : Sagittaire
• **Dérivés** : *Séverine, Séverilla*.

Séverine
▼
Fête : 27 novembre.
cf. *Séverin*

Séverilla
▼
Fête : 27 novembre.
cf. *Séverin*

Ce prénom était déjà porté à l'époque romaine.

Seymour
▼
Fête : 15 janvier. cf. *Maur*

Forme hypocoristique amplifiée de saint Maur ; Seymour est le nom de famille des ducs de Somerset.

Shane, Shannen, Shannon
▼
Fête : 27 décembre. cf. *Jean* ; *formes irlandaises dérivées*

de Sean, très populaire aux États-Unis.

Shani

Fête suggérée : 25 juin.
cf. *Salomon*

• **Étym.** : prénom originaire d'Afrique.

Sharon

Fête : 22 novembre.
cf. *Cécile*

Sheila, Shelah, Sheela

Fête : 22 novembre.
cf. *Cécile*

• **Étym.** : du gaélique *sile* ; forme irlandaise de *cecalia* (Cécile).

Shelley

Fête suggérée :
22 novembre. cf. *Cécile*

• **Étym.** : du vieil anglais toponymique (clairière sur le plateau). Prénom masculin au XIXe siècle, il est maintenant également porté au féminin.

Shere

Fête : 22 novembre.
cf. *Cécile*

Shirley

Fête : 22 novembre.
cf. *Cécile*

Ce prénom est apparu en Angleterre aux alentours du XIe siècle.

Shona

Fête : 27 décembre. cf. *Jean* ;
forme anglicisée du prénom (cf. Sean).

Prénom en vogue dès le milieu du XVIIIe siècle.

Sibert

Fête : 1er février. cf. *Sigebert* ;
forme contractée de Sigebert.

Sibylle, Sybil

Fête : 9 octobre

• **Étym.** : du latin *sibylla* (femme qui a le don de prophétie) • **Hist.** XIIIe s. : on ne sait à peu près rien à propos de cette sainte sinon qu'elle passa sa vie dans l'abbaye d'Aywières en Belgique. Ce prénom est beaucoup plus porté en Angleterre qu'en France • **S. Zod.** : Balance.

Sibylline

Fête : 19 mars

• **Étym.** : du grec *Sibylla* (femme qui a le don de prophétie) • **Hist.** XIIIe-XIVe s. : née à Pavie en 1287, Sibylline perdit ses parents à l'âge de douze ans. Elle dut alors se placer comme domestique mais devint aveugle. Quelques religieuses touchées par tant de malheurs la recueillirent dans une maison du tiers ordre de Saint-Dominique. Sibylline passa sa vie dans une cellule non loin du couvent où elle s'imposa les pires privations. Elle y mourut en 1367 • **S. Zod.** : Poissons.

Sidaine
▼
Fête : 21 août.
cf. *Sidonie (Sidoine)*

Sidney
▼
Fête : 21 août. cf. *Sidoine*

Sido
▼
Fête : 21 août.
cf. *Sidoine (Sidonie)*

Prénom littéraire créé par Colette dans le livre du même nom. Il dérive de Sidonie qui était le nom de la mère de l'écrivain.

Sidoine
▼
Fête : 21 août

• **Étym.** : du latin *sidonius* (originaire de Sidon) • **Hist.** ve s. : né à Lyon de noble famille vers 430, Sidoine était très en faveur auprès des empereurs, auxquels il dédia de nombreux panégyriques. Mais, fatigué de cette vie mondaine, il entra dans les ordres et devint évêque de Clermont. Il mourut dans son diocèse vers 470 • **S. Zod.** : Lion • **Dérivés** : *Sidaine, Sidney, Sido, Sidonie, Sindonia.*

Sidonie
▼
Fête : 21 août. cf. *Sidoine*

Sigebert
▼
Fête : 1er février
• **Étym.** : du germain *sig* (victoire), *berht* (brillant) • **Hist.** viie s. : fils de Dagobert Ier, Sigebert fut roi d'Austrasie. Il laissa le souvenir d'un souverain sage et juste recherchant avant tout la paix. Il mourut très jeune en 656 à l'âge de 25 ans et fut inhumé à Nancy • **S. Zod.** : Verseau • **Dérivés** : *Sibert, Sigisbert.*

Sigfrid, Siegfrid
▼
Fête : 15 février
• **Étym.** : du germain *sig* (victoire) • **Hist.** xie s. : évêque missionnaire anglais, Sigfrid se rendit en Suède afin d'y prêcher la bonne parole. Il est à l'origine de la christianisation de ce pays • **S. Zod.** : Verseau.

Sigismond
▼
Fête : 1er mai
• **Étym.** : du germain *sig* (victoire), *mund* (protection) • **Hist.** vi{e} s. : roi de Bourgogne converti par saint Avit, Sigismond imposa à son État le culte catholique. Toutefois, pour complaire à sa seconde épouse, il autorisa le meurtre de son fils. Pris de remords aussitôt le forfait perpétré, il demanda au ciel, selon

la tradition, de fixer sa punition. Celle-ci ne tarda pas ; pris par le roi des Francs Clodomir, il fut exécuté séance tenante en 524 • **S. Zod.** : Taureau.

Sigolaine, Sigolène
Fête : 24 juillet. cf. *Ségolène*

Sigmund
Fête : 28 octobre. cf. *Simon* ; *forme alsacienne et germanique du prénom.*
• **Étym.** : du germain *sig* (victoire), *mund* (protection).

Sigrid, Sigrade
Fête : 8 août
• **Étym.** : du germain *sig* (victoire), *ragin* (conseil) • **Hist.** VIIe s. : mère de saint Léger, Sigrid dut s'enfuir à Soissons car elle était traquée par le maire du palais Ebroïn. Ce dernier avait déjà torturé son fils et lui avait fait arracher la langue avant de le faire exécuter, se vengeant ainsi de l'évêque d'Autun qui l'avait contrecarré dans ses projets d'annexion de la Burgondie • **S. Zod.** : Lion.

Silana
Fête : 25 septembre. cf. *Solenne*
Ce prénom était déjà porté à l'époque romaine.

Silva, Silvan, Silvana
Fête : 17 février. cf. *Sylvin* ; *formes méridionales du prénom.*

Silvère
Fête : 20 juin
• **Étym.** : du latin *silvester* (boisé, couvert de forêts) • **Hist.** VIe s. : fils du pape Hormisdar et élu pape lui-même en 536, Silvère s'acquit l'inimitié de l'impératrice Théodora, favorable aux monophysites, en critiquant son attitude quasi schismatique. Exilé, il fut assassiné peu de temps après dans l'île de Palmaria au large de Naples, en 537 • **S. Zod.** : Gémeaux.

Silvester
Fête : 26 novembre. cf. *Silvestre*

Silvestre
Fête : 26 novembre
• **Étym.** : du latin *silvester* (boisé, couvert de forêts) • **Hist.** XIIe-XIIIe s. : noble d'Ancône, Silvestre abandonna ses biens pour vivre en ermite. Il dut cependant fonder un monastère pour accueillir les nombreux disciples venus le rejoindre. Ainsi naquit l'ordre des Silvestrins, bénédictins à l'habit bleu. Silvestre mourut dans son monastère en 1267 • **S. Zod.** : Sagittaire.

Silvin
▼
Fête : 17 février
- **Étym.** : du latin *silva* (la forêt)
- **Hist.** VIIIe s. : noble de la cour de Childéric II, Silvin abandonna le monde pour partir évangéliser le nord de la France
- **S. Zod.** : Verseau • **Dérivés** : *Silva, Silvan, Silvana, Silvina, Silvine.*

Silvina, Silvine
▼
Fête : 17 février. cf. *Silvin*

Siméon
▼
Fête : 5 janvier
- **Étym.** : de l'hébreu *shimmon* (qui est exaucé) • **Hist.** Ve s. : Siméon, dit le stylite (du grec *stulos*, colonne) s'imposa toute sa vie de terribles mortifications, se soumettant, par exemple, à un jeûne total pendant tout le carême. Après un certain temps de vie érémitique, il se fit construire une colonne de 2 mètres de diamètre et de 22 mètres de hauteur sur laquelle il vécut le restant de ses jours. Il mourut aux alentours de 459. De nombreux disciples devaient devenir eux aussi des stylites • **S. Zod.** : Capricorne.

Simon
▼
Fête : 28 octobre
- **Étym.** : de l'hébreu *shimmon* (qui est exaucé) • **Hist.** Ier s. : Simon compte au nombre des douze Apôtres. Il était surnommé le Zélote. On ne sait rien de probant à son sujet et ce que rapporte la tradition, à savoir qu'il aurait été évêque de Jérusalem ou qu'il aurait prêché en Afrique, ne semble que très peu vraisemblable • **S. Zod.** : Scorpion • **Dérivé** : *Simone.*

Simone
▼
Fête : 28 octobre. cf. *Simon*

Simplice
▼
Fête : 24 juin
- **Étym.** : du latin *simplicius* (simple) • **Hist.** Ve s. : évêque d'Autun, on ne connaît rien d'autre de lui • **S. Zod.** : Cancer.

Simplicie
▼
Fête : 24 juin. cf. *Simplice*

Sindonia
▼
Fête : 21 août. cf. *Sidoine*

Siran, Cyran
▼
Fête : 5 décembre
- **Étym.** : du grec *kurios* (maître)
- **Hist.** VIIe s. : fils du comte de Bourges, Siran distribua ses biens et se fit religieux prédicateur itinérant. Après un pèlerinage à Rome, il fonda deux monastères dont l'un à Longoritus dans l'Indre, à partir duquel de-

vait se développer la ville de Saint-Cyran • **S. Zod.** : Sagittaire • **Dérivés** : *Sirana, Siren, Sirène, Siriane, Sirida.*

Sirana, Siren, Sirène, Siriane, Sirida

Fête : 5 décembre. cf. *Siran*

Sissi

Fête : 17 novembre.
cf. *Elisabeth*

Sly

Fête : 26 novembre.
cf. *Silvestre ; forme familière anglicisée du prénom Silvester.*

Sofia

Fête : 1er août. cf. *Sophie*

Soizic

Fête : 22 décembre.
cf. *Françoise ; forme bretonne du prénom.*

Solange

Fête : 10 mai
• **Étym.** : du latin *solemnis* (solennel) • **Hist.** IXe s. : née à trois lieues de Bourges, Solange (ou Solemnia), simple pastourelle, se refusa au seigneur Bernard de Poitiers. Ne renonçant pas, Bernard l'enleva, mais, voyant qu'elle le rejetait toujours, il lui trancha la tête dans un accès de colère. Solange est invoquée dans les cas de sécheresse • **S. Zod.** : Taureau.

Soledad

Fête : 11 octobre
• **Étym.** : de l'espagnol (solitude) • **Hist.** XIXe s. : née à Madrid en 1826, Soledad délaissa le monde à l'âge de 20 ans, et fonda sur les instigations d'un prêtre, Dom Miguel Martinez, une congrégation de religieuses gardes-malades. Sœur Soledad se fit remarquer par son courage lors de l'épidémie de choléra de 1885. Elle s'éteignit en 1887, mais sa communauté compte encore de nos jours de nombreux membres en Espagne, en France, en Angleterre et en Italie • **S. Zod.** : Balance.

Solenna

Fête : 25 septembre.
cf. *Solenne*

Solenne

Fête : 25 septembre
• **Étym.** : du latin *solemnis* (solennel) • **Hist.** Ve-VIe s. : Solenne fut le treizième évêque de Chartres et, selon la tradition, il fut présent lors du baptême de Clovis et fut longtemps son conseiller très écouté. Il mourut autour des années 511 • **S. Zod.** : Ba-

lance • **Dérivés :** *Silana, Solenna, Solweig, Swein.*

Solly
▼
Fête : 25 juin. cf. *Salomon ; forme diminutive anglo-normande du prénom.*

Solweig
▼
Fête : 25 septembre ; *forme slave féminine du prénom Solenne.*

Sonia
▼
Fête : 1er août. cf. *Sophie ; forme slave du prénom Sophie.*

Sophie
▼
Fête : 1er août
• **Étym. :** du grec *sofia* (sagesse)
• **Hist. :** selon la légende allégorique, Sophie aurait été la mère de Foi, Espérance et Charité. Toutes quatre auraient refusé d'abjurer la religion chrétienne et seraient mortes martyrisées sous l'empereur Hadrien. On vénère une autre Sophie, fondatrice des sœurs enseignantes du Sacré-Cœur en 1800, morte en 1865, et fêtée le 25 mai • **S. Zod. :** Lion • **Dérivés :** *Sophia, Sofia, Sonia.*

Sophora
▼
Fête : 5 octobre. cf. *Fleur*
Arbre à feuilles caduques qui se pare en été de jolies fleurs blanc-jaune • **S. Zod. :** Balance.

Sosthène, Sostène
▼
Fête : 28 novembre
• **Étym. :** obscure, peut-être d'origine perse • **Hist.** 1er s. : chef de la synagogue de Corinthe, Sosthène se fit chrétien. Traîné devant un tribunal qui le jugea coupable, il périt roué de coups • **S. Zod. :** Sagittaire.

Spencer
▼
Fête suggérée : 28 septembre. cf. *Exupère*
• **Étym. :** de l'anglo-saxon *spencer* (maître d'hôtel). Nom de famille de la princesse Diana et prénom de l'acteur Spencer Tracy.

Stacey, Stacie, Stacy
▼
Fête : 15 avril. cf. *Anastasie ; formes diminutives anglaises du prénom.*

Stan
▼
Fête : 11 avril. cf. *Stanislas*

Stanislas
▼
Fête : 11 avril
• **Étym. :** du polonais *stan* (être debout), *slav* (gloire) • **Hist.** XIe s. : né à Cracovie vers 1030, Stanislas, devenu évêque de cette ville, critiqua ouvertement

la vie dissolue du roi de Pologne, Boleslas II. Étant allé jusqu'à le faire excommunier, Boleslas en conçut une telle fureur qu'il fit assassiner l'évêque en pleine cathédrale de Cracovie en 1074 • **S. Zod.** : Bélier • **Dérivés** : *Stan, Stanley*.

Stanley
▼
Fête : 11 avril. cf. *Stanislas*

Stella
Fête : 11 mai. cf. *Estelle*

Stephan, Stéphane
▼
Fête : 26 décembre.
cf. *Etienne*

Stéphanie
▼
Fête : 2 janvier

• **Étym.** : du grec *stephanos* (couronné) • **Hist.** XVIᵉ s. : de naissance très humble, Stéphanie était originaire de Brescia. Très pieuse, elle fit à 7 ans ses vœux de religion et entra à 15 ans dans le tiers ordre dominicain. Elle passa le plus clair de son temps à soigner et secourir les pauvres et les malades. Elle fonda elle-même plus tard un couvent de tertiaires dominicaines à Sancino et y mourut en 1530 • **S. Zod.** : Capricorne.

Stephen
▼
Fête : 26 décembre.
cf. *Etienne*

Steve, Steven, Stevie
▼
Fête : 26 décembre.
cf. *Etienne* ; *formes diminutives anglaises dérivées du prénom.*

Stilbé
▼
Fête : 10 novembre.
cf. *Nymphe*

• **Myth.** : fille du dieu-fleuve Pénée et de la naïade Creüse, la nymphe Stilbé était la mère des Centaures, dont le père était Apollon • **S. Zod.** : Scorpion.

Störr
▼
Fête suggérée :
26 décembre. cf. *Etienne*

• **Étym.** : du scandinave (l'homme grand).

Stuart
▼
Fête suggérée : 11 avril.
cf. *Stanislas*

• **Étym.** : du vieil anglais (le gardien de l'État). Nom de la famille royale d'Écosse.

Sue
▼
Fête : 11 août. cf. *Suzanne*

Sueva

Fête : 11 janvier. cf. *Salve*
- **Étym.** : du latin *suevia* (pays des Suèves, peuple germanique).

Sullivan, Sully

Fête : 4 mai. cf. *Sylvain* ; formes anglo-normandes du prénom.

Sumniva, Sumnive

Fête : 8 juillet
- **Étym.** : du latin *summus* (le plus haut) • **Hist.** Xe s. : princesse irlandaise de religion chrétienne, Sumniva, afin d'échapper aux demandes en mariage émanant de prétendants païens, préféra s'exiler avec quelques compagnes • **S. Zod.** : Cancer.

Superba

Fête : 26 juin. cf. *Supéry*
Superba était un prénom féminin très porté à l'époque romaine.

Supéry

Fête : 26 juin
- **Étym.** : du latin *superbias* (fierté)
- **Hist.** VIIIe s. : Supéry était évêque itinérant ; il fut assassiné par des voleurs de grands chemins qui en voulaient aux calices d'or et autres ornements précieux qu'il transportait • **S. Zod.** : Cancer
- **Dérivé** : *Superba*.

Susie

Fête : 11 août. cf. *Suzanne*

Suzanna, Suzannah

Fête : 11 août. cf. *Suzanne*

Suzanne

Fête : 11 août
- **Étym.** : de l'hébreu (lis et rose)
- **Hist.** IIIe s. : parente de l'empereur Dioclétien, son intelligence et sa beauté étaient si célèbres que l'empereur lui proposa d'épouser son beau-fils Maximien. Suzanne refusa car, chrétienne, elle ne voulait pas se marier avec un païen. Furieux, l'empereur la fit décapiter
- **S. Zod.** : Lion • **Dérivés** : *Sue, Susie, Suzanna, Suzannah, Suzel, Suzelle, Suzon, Suzy*.

Suzel, Suzelle, Suzon, Suzy

Fête : 11 août. cf. *Suzanne*

Svetlana

Fête : 4 mai. cf. *Sylvain*

Swann, Swanny, Swein, Swen

Fête : 25 septembre. cf. *Solenne*
- **Étym.** : slave ou gaélique (cygne).

Sybil

Fête : 9 novembre. cf. *Sibille*

Sylphide

Fête : 5 novembre. cf. *Sylvie*

Sylvain

Fête : 4 mai

- **Étym.** : du latin *silva* (forêt)
- **Hist.** IIIe-IVe s. : évêque de Gaza, Sylvain fut arrêté puis décapité avec quelques autres chrétiens
- **S. Zod.** : Taureau
- **Dérivés** : *Svetlana, Sylvaine, Sylvana.*

Sylvaine, Sylvana

Fête : 4 mai. cf. *Sylvain*

Sylvestre

Fête : 31 décembre

- **Étym.** : du latin *silvester* (boisé)
- **Hist.** IIIe-IVe s. : succédant à saint Miltiade en 314 sur le trône pontifical, Sylvestre baptisa l'empereur Constantin. Il eut cependant très souvent maille à partir avec l'empereur qui multipliait les abus de pouvoir, bafouant ainsi l'autorité du pape. Sylvestre s'éteignit en 335
- **S. Zod.** : Capricorne.

Sylvette

Fête : 5 novembre. cf. *Sylvie*

Sylvia, Sylvie

Fête : 5 novembre

- **Étym.** : du latin *silva* (forêt)
- **Hist.** VIe s. : connue surtout pour avoir été la mère du pape saint Grégoire le Grand, Sylvia abandonna sa propre maison à son fils qui la transforma en abbaye. Sylvia s'éteignit à Rome en 592
- **S. Zod.** : Scorpion
- **Dérivés** : *Sylvette, Sylviane, Sylphide.*

Sylviane

Fête : 5 novembre. cf. *Sylvie*

Symphoriane, Symphorienne

Fête : 22 août. cf. *Symphorien*

Symphorien

Fête : 22 août

- **Étym.** : du grec *sumphoros* (qui porte avec, utile)
- **Hist.** IIe-IIIe s. : Symphorien fut martyrisé à Autun en 200. Très vite, son culte se répandit à travers toute la Gaule, où il fut un des saints les plus vénérés
- **S. Zod.** : Lion
- **Dérivés** : *Symphoriane, Symphorienne.*

Symphorine

Fête : 5 octobre. cf. *Fleur*

La symphorine est un petit arbuste à feuilles caduques d'un joli vert foncé qui fleurit de juin à septembre en petites fleurs blanches rosées et dont les fruits blancs demeurent tout l'hiver • **S. Zod.** : Balance.

Symphorose, Symphorosie
Fête : 8 juillet

• **Étym.** : du grec *sumphoros* (qui porte avec, utile) • **Hist.** IIᵉ s. : selon la légende, Symphorose, mère de sept fils, eut la douleur de les perdre les uns après les autres pendant les persécutions décrétées par l'empereur Hadrien. Elle-même et son mari en auraient été victimes • **S. Zod.** : Cancer.

Syrna
Fête : 7 janvier

• **Étym.** : obscure • **Myth.** : épouse de Podalirios (fils d'Asclépios). Le mari de Syrna était un chirurgien réputé. Il suivait l'armée grecque à Troie afin de secourir les blessés. Il soigna de même Syrna qui était tombée du haut d'un toit • **S. Zod.** : Capricorne.

T

Tabata, Tabatha
▼
Fête : 6 mars. cf. *Tibba* ; hypocoristique du nom germanique Thabault.

Tace, Tacie, Tacy
▼
Fête : 24 décembre. cf. *Tarsilla*

Tagra, Tana, Tanagra, Tanaïs
▼
Fête : 12 janvier. cf. *Tatiana* ou 8 octobre. cf. *Taïs*

Taïs
▼
Fête : 8 octobre. cf. *Thaïs*

Tallia
▼
Fête : 10 octobre. cf. *Tertullia (Urielle)*

Tallulah
▼
Fête suggérée : 9 février. cf. *Teilo*

- **Étym.** : de l'amérindien (eau de printemps).

Talna
▼
Fête : 12 janvier. cf. *Tatiana* ou 15 juin. cf. *Tatien*

Tamara
▼
Fête : 1er septembre. cf. *Tamnar*

Tamnar
▼
Fête : 1er septembre

- **Étym.** : du latin *tamnus* (raisin sauvage) • **Hist.** Ve s. : Tamnar et son compagnon saint Prisque, évêque de Capoue, durent s'exiler lors de l'invasion vandale ; ils partirent alors évangéliser l'Afrique. On accorde cependant peu de foi à cette histoire qui paraît peu vraisemblable • **S. Zod.** : Vierge.

Tanaquil
▼
Fête : 12 janvier. cf. *Tatiana*

- **Myth.** : reine étrusque, son existence n'est peut-être pas si mythologique qu'on pourrait le croire. On suppose, en effet, qu'elle était la femme de Tarquin l'Ancien qui prit le pouvoir à Rome • **S. Zod.** : Capricorne.

Tancelin, Tanceline

Fête : 21 avril. cf. *Ancelin (Anselme)*

Tancrède

Fête : 15 juin. cf. *Crescence* • **Étym.** : du germain *thanc* (pensée), *rad* (conseil). Prénom d'origine normande dont on ne connaît pas de saint patron.

Tanguy

Fête : 19 novembre
• **Étym.** : du celtique *tan* (feu), *ki* (chien) • **Hist.** IXe s. : religieux dans le Finistère, Tanguy fonda le monastère de Saint-Matthieu et en fut le premier abbé • **S. Zod.** : Scorpion.

Tania

Fête : 12 janvier. cf. *Tatiana*

Tany

Fête : 12 janvier. cf. *Tatiana*

Tara

Fête : 1er octobre. cf. *Thérèse* Prénom d'origine barbare.

Tarsilla

Fête : 24 décembre
• **Étym.** : du latin *Tarsus* (ville de Cilicie) • **Hist.** VIe s. : en compagnie de sa sœur Emilia, Tarsilla vécut prostrée chez elle, priant et ne sortant jamais • **S. Zod.** : Capricorne • **Dérivés** : *Tace, Tacie, Tacy.*

Tatia, Tatiane

Fête : 12 janvier. cf. *Tatiana*
• **Étym.** : du latin *Tatius* (étymologie obscure, Tatius était le roi des Sabins) • **Myth.** : Tatia fut la seconde épouse de Numa Pompilius, deuxième souverain de Rome, roi légendaire, qui aurait régné de 673 à 715 • **S. Zod.** : Capricorne.

Tatiana, Tatienne

Fête : 12 janvier
• **Étym.** : du latin *Tatius* (étymologie obscure, Tatius était le roi des Sabins) • **Hist.** IIIe s. : martyrisée à Rome sous l'empereur Alexandre, Tatienne fut déchirée par des ongles de fer, exposée aux bêtes et jetée au feu, sans en éprouver aucun mal. Elle fut, à la fin, frappée d'un coup de glaive mortel • **S. Zod.** : Capricorne • **Dérivés** : *Tagra, Talna, Tana, Tanagra, Tanaïs, Tanaquil, Tania, Tany.*

Tatien

Fête : 15 juin

• **Étym.** : du latin *Tatius* (étymologie obscure, Tatius était le roi des Sabins) • **Hist.** IIIe s. : Tatien refusa d'abjurer sa foi malgré les nombreuses tortures qu'on lui infligea et qui provoquèrent sa mort • **S. Zod.** : Gémeaux • **Dérivés** : *Talna, Tatia, Tatiane, Tatienne.*

Taylor

Fête suggérée : 9 février. cf. *Teilo*

• **Étym.** : de l'anglo-saxon *taylor* (tailleur) ; utilisé par la suite en prénom.

Teddy

Fête : 9 novembre. cf. *Théodore*

Teïla

Fête : 9 février. cf. *Teilo*

Teilo

Fête : 9 février

• **Étym.** : du celtique *tut* (peuple) • **Hist.** VIe s. : grand saint du pays de Galles, Teilo évangélisa le sud de cette région. Après avoir passé un certain temps en Bretagne, il revint dans son pays d'origine et devint évêque de Clandaff. Il contribua largement au rayonnement du christianisme dans le pays de Galles • **S. Zod.** : Verseau.

Telcide

Fête : 10 octobre

• **Étym.** : du latin *Telchines* (les Telchines étaient des familles de prêtres qui exerçaient la magie) • **Hist.** VIIe s. : Telcide fut la première moniale supérieure de l'abbaye de Jouarre fondée par le frère aîné de saint Ouen. Elle y mourut en 670 • **S. Zod.** : Balance.

Tella

Fête : 9 février. cf. *Teilo*

Telma

Fête : 26 juin. cf. *Anthelme*

Temessa

Fête : 1er octobre. cf. *Thérèse*

• **Étym.** : du latin *Temesa* (ville de Témèse, dans le Bruttium) • **Myth.** : Temessa était la fille d'un roi phrygien et fut la maîtresse du Grec Ajax, le guerrier le plus courageux et le plus fort après Achille. Elle en eut un fils du nom d'Eurysaces • **S. Zod.** : Balance.

Tennyson

Fête : 8 avril. cf. *Denis*

• **Étym.** : de l'anglo-normand *Denis's son* (fils de Denis).

Térence
▼
Fête : 21 juin
- **Étym.** : du grec *tertios* (trois)
- **Hist.** Ier s. : évêque, Térence fut martyrisé en Lycaonie, à Iconium
- **S. Zod.** : Cancer
- **Dérivés** : *Terentia, Terentiane*.

Terentia, Terentiane
▼
Fête : 21 juin. cf. *Térence*

Térésa
▼
Fête : 1er octobre. cf. *Thérèse*

Termantia, Termance
▼
Fête : 28 août.
cf. *Hermance (Hermès)*

Ternan
▼
Fête : 12 juin
- **Étym.** : du latin *terni* (trois)
- **Hist.** Ve-VI{e} s. : on ne sait que peu de chose au sujet de Ternan. Il aurait été un des premiers évêques écossais et aurait introduit les principaux rudiments de christianisation dans cette région
- **S. Zod.** : Gémeaux
- **Dérivé** : *Tressia*.

Terry
▼
Fête : 21 juin. cf. *Térence* ou 1er octobre. cf. *Thérèse* ; *prénoms dérivés indifférents.*

Tertullia, Tertulla
▼
Fête : 30 avril
- **Étym.** : du latin *tertius* (troisième)
- **Hist.** IIIe s. : Tertullia fut martyrisée en même temps que son amie Antonie en 253, à Carthage
- **S. Zod.** : Taureau.

Tescelin, Tesceline
▼
Fête : 21 avril.
cf. *Ancelin (Anselme)*

Tessa
▼
Fête : 1er octobre. cf. *Thérèse*

Thaïs
▼
Fête : 8 octobre
- **Étym.** : du grec *thaïs* (bandeau pour la tête)
- **Hist.** IVe s. : devenue chrétienne, Thaïs, très belle et très célèbre prostituée d'Athènes, renonça aux plaisirs du monde et mena une vie érémitique austère et solitaire jusqu'à sa mort
- **S. Zod.** : Balance
- **Dérivés** : *Taïs, Theïa*.

Thalassa
▼
Fête : 22 février. cf. *Thalasse*
Thalassa était un prénom féminin très porté en Crète pendant l'Antiquité.

Thalasse
▼
Fête : 22 février
- **Étym.** : du grec *thalassicos* (cou-

leur vert de mer) • **Hist.** : saint Thalasse était un ermite qui vécut au Ve siècle. On ne sait rien de plus à son sujet • **S. Zod.** : Poissons.

Thalia, Thalie

Fête : 8 octobre. cf. *Thaïs* ou 22 février. cf. *Thalasse*

• **Étym.** : du grec *thalia* (abondance) • **Myth.** : Thalia était la muse de la comédie en Grèce. Son nom, qui signifie abondance et bonne chère, suggérait la bonne humeur et la fantaisie de la comédie • **S. Zod.** : Balance ou Poissons.

Théau, Théo

Fête : 7 janvier

• **Étym.** : du grec *théos* (Dieu) • **Hist.** VIIe-VIIIe s. : jeune païen capturé et emmené en esclavage, Théau fut recueilli par saint Eloi qui le prit sous sa protection. Devenu prêtre, il se retira à l'abbaye de Solignac où il mourut à un âge très avancé • **S. Zod.** : Capricorne.

Thébé

Fête : 10 novembre.
cf. *Nymphe*

• **Étym.** : du grec *thébé* (ville de Thèbes) • **Myth.** : nymphe de Béotie, Thébé fut aimée du fleuve Asope et donna son nom à la ville de Thèbes • **S. Zod.** : Scorpion.

Thècle

Fête : 24 septembre

• **Étym.** : obscure, dérivée peut-être du grec *théos* (Dieu) • **Hist.** IVe s. : Thècle fut martyrisée sous Dioclétien pour avoir refusé d'abjurer sa foi chrétienne • **S. Zod.** : Balance.

Thée, Théa

Fête : 25 juillet

• **Étym.** : du grec *théos* (Dieu) • **Hist.** IVe s. : Thée fut martyrisée en 308 en compagnie d'autres chrétiens à Gaza (Palestine) • **S. Zod.** : Lion.

Théïa

Fête : 8 octobre. cf. *Thaïs*

• **Étym.** : du grec *théia* (la divine) • **Myth.** : Théïa était la fille d'Ouranos (le ciel) et de Gaïa (la terre). Elle eut trois enfants de son frère Hypérion (celui qui va au-dessus) : Eos (le vent), Hélios (le soleil), et Séléné (la lune) • **S. Zod.** : Balance.

Théobald

Fête : 27 juillet. cf. *Thibaud*

• **Étym.** : du germain *theud* (peuple), *bald* (hardi).

Théodard

Fête : 1er mai

• **Étym.** : du germain *theud* (peuple), *hard* (dur) • **Hist.** IXe s. : né à Montauriol (Lot-et-Garonne), Théodard devint évêque de Narbonne vers 885. Remarquable de charité envers ses diocésains, il n'hésita pas à vendre des biens d'Église pour donner à manger aux pauvres. Il mourut dans sa ville natale après huit années d'apostolat • **S. Zod.** : Taureau.

Théodora
▼
Fête : 28 avril

• **Étym.** : du grec *theodoros* (cadeau de Dieu) • **Hist.** IIIe-IVe s. : la tradition raconte qu'enfermée dans une maison close pour la punir d'être chrétienne, Théodora aurait été prise en pitié par un certain Didyme. Tentant de la faire fuir, il aurait été découvert et décapité séance tenante, tandis que Théodora mourait de terreur • **S. Zod.** : Taureau • **Dérivés** : *Dora, Dorine.*

Théodore
▼
Fête : 11 novembre

• **Étym.** : du grec *theodoros* (cadeau de Dieu) • **Hist.** VIIIe-IXe s. : religieux du fameux monastère du Saccoudion (Grèce), Théodore s'attira les foudres de l'empereur pour avoir osé critiquer ses mœurs. Devenu abbé du Stoudios à Constantinople (Istanbul), il donna à son abbaye un essor remarquable. Il lutta toute sa vie contre l'iconoclasme et fut, pour cette raison, exilé de nombreuses fois suivant les obédiences particulières des empereurs. Il mourut vers 826 complètement usé par ces luttes sans trêves. On vénère également un saint Théodore martyrisé en Turquie et fêté le 9 novembre • **S. Zod.** : Scorpion • **Dérivé** : *Théodoric.*

Théodoric
▼
Fête : 11 novembre. cf. *Théodore* ou 1er juillet. cf. *Thierry*

• **Étym.** : du germain (adapté du grec) *theud* (peuple), *rik* (roi). Il n'existe pas de saint Théodoric. Un roi goth porta ce nom à l'époque d'Attila (VIe siècle).

Théodose
▼
Fête : 17 juillet

• **Étym.** : du grec *theos* (Dieu), *dosis* (action de donner) • **Hist.** Ve-VIe s. : Théodose fut le onzième évêque d'Auxerre et mourut vers 515. On ne sait pratiquement rien d'autre à son sujet. • **S. Zod.** : Cancer.

Théodosie
▼
Fête : 20 mai

• **Étym.** : du grec *theos* (Dieu), *dosis* (action de donner) • **Hist.** VIIe-VIIIe s. : religieuse de Constantinople, Théodosie fut exécutée sur un ordre de l'empereur pour avoir assassiné un fonctionnaire qui allait brûler une image sainte • **S. Zod.** : Taureau.

Théodule

Fête : 17 février

• **Étym.** : du grec *theos* (Dieu), *dulos* (esclave) • **Hist.** IIIe-IVe s. : membre de la maison du gouverneur de Césarée, Théodule fut exécuté pour avoir soutenu et encouragé des chrétiens incarcérés • **S. Zod.** : Verseau • **Dérivé** : *Théodulphe*.

Théodulphe

Fête : 17 février. cf. *Théodule*

• **Étym.** : adaptation germanique de Théodule : *theud* (peuple), *wulf* (loup).

Théophane

Fête : 27 décembre

• **Étym.** : du grec *theos* (Dieu), *phainen* (paraître) • **Hist.** IXe s. : religieux de Jérusalem, Théophane lutta contre l'iconoclasme à Constantinople en compagnie de son frère Théodore. Arrêtés sur les ordres de l'empereur et considérés comme hérétiques, ils furent marqués au front à l'instar des voleurs et demeurèrent le restant de leur vie en prison • **S. Zod.** : Capricorne • **Dérivés** : *Théophané, Théophania, Théophanie*.

Théophané

Fête : 27 décembre.
cf. *Théophane*

• **Étym.** : du grec *theos* (Dieu), *phainen* (paraître) • **Myth.** : Théophané était une très belle jeune fille dont Poséidon tomba éperdument amoureux. Afin de s'unir à elle, il la métamorphosa en brebis tandis qu'il prenait l'apparence d'un bélier. Il en naquit un agneau à la toison dorée qui fut plus tard l'objet de la quête de Jason • **S. Zod.** : Capricorne.

Théophania, Théophanie

Fête : 27 décembre.
cf. *Théophane*

Théophile

Fête : 21 mai

• **Étym.** : du grec *theophilos* : *theos* (Dieu), *philos* (ami) • **Hist.** XVIIe-XVIIIe s. : originaire de Corte, Théophile, jeune noble corse, entra chez les Dominicains en 1694. Devenu prêtre, il fonda un couvent à Zuani, non loin de sa ville natale, et y mourut en 1740. Particulièrement miséricordieux envers les pauvres, il semble avoir possédé en outre le don de guérison. On fête aussi le 20 décembre saint Théophile d'Alexandrie • **S. Zod.** : Gémeaux.

Théophraste

Fête : 27 décembre.
cf. *Théophane*

• **Étym.** : du grec *theophrastos* (Dieu expliqué, Dieu révélé). On ne connaît pas de saint Théophraste, mais un célèbre philosophe grec porta ce nom • **S. Zod.** : Capricorne.

Théoxane, Théoxéna

Fête : 26 juillet. cf. *Anne* ou 7 janvier. cf. *Théau, Théo*
• **Étym.** : du grec *theoxenos* (hôte de Dieu). Théoxéna était un prénom usité aux époques gréco-romaines.

Thérèse

Fête : 1er octobre

• **Étym.** : du grec *theraô* (je chasse) • **Hist.** XIXe s. : née à Alençon en 1873, Thérèse, benjamine d'une famille de neuf enfants, entra au Carmel de Lisieux à l'âge de 15 ans, précédée dans cette vocation par ses quatre sœurs. Elle ne fit rien d'extraordinaire de son vivant. Seule sa conduite humble, charitable et gaie fut à remarquer. Elle mourut en 1897, minée par la tuberculose, âgée de 24 ans. Ce n'est qu'après sa mort que sa sainteté apparut et fut reconnue dans la mesure où de nombreux miracles et guérisons se produisirent en son nom. On fête aussi le 15 octobre sainte Thérèse d'Avila • **S. Zod.** : Balance • **Dérivés** : *Térésa, Térésina*.

Thétis, Téthys

Fête : 10 novembre.
cf. *Nymphe*

• **Étym.** : du grec *thetos* (adopté) • **Myth.** : nymphe de la mer, fille de Nérée, Thétis fut élevée par Héra. D'une grande beauté, elle épousa le mortel Pelée. Elle en eut un fils, Achille, le très célèbre guerrier grec de la guerre de Troie • **S. Zod.** : Scorpion.

Thibald, Thibalt

Fête : 27 juillet. cf. *Thibaut*
• **Étym.** : du germain *theud* (peuple), *bald* (hardi). Formes primitives de Thibaut.

Thibaud, Thibaut, Thibault

Fête : 27 juillet

• **Étym.** : du germain *theud* (peuple), *bald* (hardi) • **Hist.** XIIIe s. : appartenant à la lignée des Montmorency (descendant du roi Louis VI), Thibaut entra en 1226 chez les cisterciens de Vaux-de-Cernay. Devenu abbé du monastère en 1235, il jouissait de l'amitié de Saint Louis qui le tenait en grande estime. Il mourut en 1247 • **S. Zod.** : Lion • **Dérivés** : *Théobald, Thibald, Thibalt, Thibert, Thiébaud, Thybald, Tibald, Tibalt*.

Thibert

Fête : 27 juillet. cf. *Thibaud*
(voir aussi *Tibère*)

Thiébaud

Fête : 27 juillet. cf. *Thibaud*

Thierry

Fête : 1er juillet

• **Étym.** : du germain *theud* (peuple), *rik* (roi ou puissant) • **Hist.** vɪᵉ s. : fils d'un bandit de grand chemin, Thierry, sur les conseils de saint Remi, fonda le monastère du Mont-d'Or à partir duquel se développa l'actuelle localité de Saint-Thierry dans la Marne. Il y mourut aux alentours des années 553 • **S. Zod.** : Cancer • **Dérivé** : *Théodoric*.

Thisbé

Fête : 17 novembre ou 8 juillet. cf. *Elisabeth*

• **Étym.** : du grec *Thisbé* (ville de Béotie, près de Kakosi) • **Myth.** : la légende de Thisbé est l'ancêtre de l'histoire de Roméo et Juliette. Thisbé et Pyrame s'aimaient mais leurs familles ne s'entendaient pas. S'étant une nuit fixés rendez-vous, Thisbé arriva la première mais se cacha en voyant arriver une lionne à la mâchoire sanglante. En courant, elle perdit son voile, la lionne s'en empara, le lacéra et le tacha de sang. Pyrame arrivant sur ces entrefaites crut à la mort de sa bien-aimée et se tua non loin d'un mûrier dont les baies originellement blanches devinrent rouges. Thisbé sortit alors de sa cachette et, voyant son amant sans vie, se perça le cœur à ses côtés. Les familles éplorées recueillirent leurs cendres dans le même vase canope • **S. Zod.** : Scorpion ou Cancer.

Thomas

Fête : 28 janvier ou 3 juillet

• **Étym.** : de l'hébreu (jumeau) • **Hist.** xɪɪɪᵉ s. : Thomas d'Aquin, né en 1225 dans les environs de Naples, entra chez les dominicains malgré les réticences de sa famille, de noble origine, qui réprouvait cet ordre mendiant. Lettré et savant, il enseigna dans différentes universités y compris à Paris, et contribua à éloigner le discrédit qui pesait sur Aristote. Il produisit lui-même une œuvre dense et profonde touchant plus particulièrement la philosophie et la théologie. Il mourut en 1274 alors qu'il se rendait au concile de Lyon.

Thomas l'Apôtre, fêté le 3 juillet, était un des disciples du Christ. Il refusa à plusieurs reprises, malgré les dires de ses compagnons, de croire à la résurrection du Christ jusqu'au jour où Jésus se manifesta à lui. Il incarne le doute que les hommes doivent dépasser pour atteindre la vraie foi • **S. Zod.** : Verseau ou Cancer • **Dérivé** : *Thomassia*.

Thomassia

Fête : 28 janvier ou 3 juillet. cf. *Thomas* ; *forme occitane féminine du prénom.*

Thybald, Thybalt

Fête : 27 juillet. cf. *Thibaud*

Tiana, Tiany

Fête : 12 janvier. cf. *Tatiana (Tatienne)*

Tiaré, Tiara

Fête : 5 octobre. cf. *Fleur*

Le tiaré est une plante qui pousse en Polynésie et dont les fleurs délicates sont suavement odorantes.

Tibald, Tibalt

Fête : 27 juillet. cf. *Thibaud*

Tibba

Fête : 6 mars. cf. *Kineburge*

Tibère, Tibert, Thibert

Fête : 27 juillet. cf. *Thibaud*
- **Étym.** : Tibère, prénom d'origine romaine dont l'étymologie est *Tiberis* (le Tibre, fleuve arrosant Rome). Tibert (ou Thibert) est la forme germanisée de Tibère et donne étymologiquement : *theud* (peuple), *berht* (brillant). Tibère était un nom porté à l'époque romaine.

Tiburce

Fête : 14 avril
- **Étym.** : du latin *tiburs* (qui a trait à Tibur, ville voisine de Rome) • **Hist.** IIIe s. : on sait peu de chose à son propos mis à part le fait que, simple diacre, il aurait été décapité pour avoir refusé d'abjurer sa foi chrétienne • **S. Zod.** : Bélier.

Tiffany, Tiffanie

Fête : 10 novembre.
cf. *Tryphenne*

Prénoms féminins anglais dérivés de Thyphaine ou Tiphaine.

Tigre

Fête : 12 janvier
- **Étym.** : du latin *tigris* (tigre)
- **Hist.** IVe-Ve s. : esclave affranchi, Tigre fut exilé en Mésopotamie après avoir été torturé. Il était en effet accusé d'être l'instigateur d'un incendie criminel destiné à protester contre le bannissement de saint Jean Chrysostome • **S. Zod.** : Capricorne.

Tilia

Fête : 5 octobre. cf. *Fleur*
- **Étym.** : du latin *tilia* (tilleul).

Tillandsia

Fête : 5 octobre. cf. *Fleur*

Plante naine d'Amérique du

Sud, elle se caractérise par des feuilles élancées et minces, veinulées de brun-rouge. Les fleurs, d'un bleu de cobalt, se regroupent en épi et laissent place peu de temps après la floraison à de vivaces bractées roses.

Tim

Fête : 24 janvier. cf. *Timothée*

Tima

Fête : 19 avril. cf. *Timandra*
Nom féminin gréco-romain.

Timandra

Fête : 19 avril. cf. *Timon*
• **Myth.** : Timandra était la fille de Tyndare, roi de Sparte. Elle épousa Echemos, roi de Tégée et d'Arcadie mais l'abandonna pour Phylée, roi du Pulichium • **S. Zod.** : Bélier.

Timé

Fête : 19 avril. cf. *Timon*
Prénom féminin gréco-romain.

Timon

Fête : 19 avril
• **Étym.** : du grec *timé* (honneur)
• **Hist.** 1er s. : professeur, Timon se rendait à Corinthe afin d'y prêcher lorsqu'il fut arrêté. Ne voulant en aucun cas renier sa foi, il mourut crucifié • **S. Zod.** : Bélier.

Timothée

Fête : 24 janvier
• **Étym.** : du grec *timé* (honneur), *théos* (Dieu) • **Hist.** 1er s. : Timothée fut converti au christianisme par saint Paul et s'attacha à ses pas jusqu'au moment où l'apôtre lui confia la direction d'une communauté chrétienne orientale à Ephèse. Il y demeura jusqu'à sa mort qui fut violente, d'après ce que rapporte la tradition. En effet, Timothée aurait été lapidé puis achevé à coups de bâton • **S. Zod.** : Verseau.

Tina, Tino

Fête : 11 mars. cf. *Constantin*

Tiphaine

Fête : 10 novembre.
cf. *Tryphenne* ; *forme méridionale du prénom*.

Titia, Titiane

Fête : 6 septembre.
cf. *Laetitia (Laetus)*

Toinette, Toinon

Fête : 28 février.
cf. *Antoinette*

Tom, Tommy

Fête : 28 janvier. cf. *Thomas*

Tonia

Fête : 28 février. cf. *Antonia*

Tony

Fête : 13 juin. cf. *Antoine*

Toussaint

Fête : 1er novembre
• **Étym.** : du latin *totus sanctus* (tous les saints) • **Hist.** : on fête ce jour-là tous les saints et, par extension, tous les morts qui, tôt ou tard, après le purgatoire, sont appelés à devenir des saints. Cette coutume peut être la résurgence d'anciennes pratiques religieuses romaines qui consistaient à honorer les morts pendant certains jours de l'année afin que, satisfaits de ces hommages, les disparus ne viennent pas ennuyer les vivants. Toussaint était un prénom assez répandu au XIXe siècle • **S. Zod.** : Scorpion • **Dérivé** : *Tutia*.

Tracey, Tracie, Tracy

Fête : 1er octobre.
cf. *Thérèse* ; *formes diminutives anglaises du prénom.*

Tressia

Fête : 12 juin. cf. *Ternan*
• **Étym.** : du latin *tres* (trois).

Trevor

Fête suggérée : 3 octobre. cf. *Ewald*
• **Étym.** : du gallois (village) ; ce prénom devient très populaire en Angleterre à partir du milieu du XIXe siècle.

Tristan

Fête : 19 mai. cf. *Dunstan*
• **Étym.** : Tristan est sans doute une altération du prénom celtique Dunstan combiné avec le mot romain *tristis* (triste, affligé).

Tristana

Fête : 19 mai. cf. *Tristan (Dunstan)*

Troy

Fête : 16 juin. cf. *Régis* ; Prénom anglicisé formé à partir du nom de la ville française de Troyes.

Trudy, Trudie

Fête : 17 mars. cf. *Gertrude*

Tryphenne

Fête : 10 novembre
• **Étym.** : du grec *tryphenne* (mol-

lesse, délicatesse) • **Hist.** : Tryphenne a peut-être été reine de Thrace. Elle descendait de Marc Antoine et était parente de l'empereur Claude. Elle appartenait à ces riches familles qui fournissaient des rois aux principautés de l'Empire romain en Orient. Tryphenne fut sans doute béatifiée pour avoir été bienveillante envers les chrétiens • **S. Zod.** : Scorpion • **Dérivés** : *Tifaine, Tiffany, Tiffanie, Typhaine.*

Tullia, Tulliane

Fête : 30 avril. cf. *Tertullia*

Turia

Fête : 17 mars. cf. *Gertrude*
ou 30 avril. cf. *Tillia*
• **Étym.** : *Turius* était le nom d'une *gens* romaine.

Tusca

Fête : 5 mai
• **Étym.** : du latin *tusci* (les Etrusques) • **Hist.** VIIe-VIIIe s. : Tusca et Teutène, originaires d'Angleterre, quittèrent toutes deux leur pays afin d'échapper au mariage. Elles menèrent ensemble une vie érémitique non loin de Vérone en Italie • **S. Zod.** : Taureau

Tutia

Fête : 1er novembre.
cf. *Toussaint*
ou 6 septembre. cf. *Laetitia*

Tutia était un nom féminin usité à l'époque romaine. Il venait sans doute du nom d'une petite rivière, affluent de l'Anio.

Tyana, Tyané

Fête : 12 janvier. cf. *Tatiana (Tatienne)*

Tyané était une ville de Cappadoce (Turquie) dont quelques femmes empruntèrent le nom.

Tyba

Fête : 6 mars. cf. *Tibba*

Tycha, Tyché, Tychen

Fête : 10 novembre.
cf. *Psyché* ; *ces prénoms grecs sont l'altération de Psyché.*

Typhaine

Fête : 10 novembre.
cf. *Tryphenne*

Tyrone

Fête suggérée : 1er juin.
cf. *Ronan*

Du nom d'un village irlandais, érigé en prénom.

Ubald

Fête : 16 mai

• **Étym. :** du germain *hug* (intelligence), *bald* (hardi) • **Hist.** XIIe s. : né à Gubbio (Italie), Ubald s'occupa de la cathédrale de sa ville natale et réforma le chapitre des chanoines dont la vie était un peu trop « séculière ». En 1126, il fut nommé évêque de Pérouse. Mais il refusa cet honneur, préférant accepter le siège épiscopal de Gubbio en 1128. Sa ville lui doit d'avoir été épargnée par l'empereur Frédéric Barberousse, grâce à son intervention personnelle • **S. Zod. :** Taureau.

Ugo, Ugoline

Fête : 17 novembre.
cf. *Hughes*
8 août. cf. *Hugoline*

Ulcia, Ulciana, Ulciane, Ulcie

Fête : 31 janvier. cf. *Ulphe*
ou 13 décembre. cf. *Lucie*
Ulce était une ville de Lucanie dont les habitantes empruntèrent le nom quelquefois.

Ulla

Fête : 1er octobre. cf. *Urielle*
ou 31 janvier. cf. *Ulphe*

Ulmer

Fête : 10 juillet. cf. *Ulrich*
• **Étym. :** du germain *othal* (patrie), *maro* (célèbre). Adaptation et variation du prénom Ulrich.

Ulphe

Fête : 31 janvier

• **Étym. :** du germain *wulf* (loup) • **Hist.** VIIIe s. : ermite pendant la première partie de sa vie, Ulphe fonda un monastère non loin d'Amiens, dont elle fut la première abbesse • **S. Zod. :** Verseau.

Ulric, Ulrica

Fête : 10 juillet. cf. *Ulrich*

Ulrich

Fête : 10 juillet

• **Étym.** : du germain *othal* (patrie), *rik* (roi ou puissant) • **Hist.** xie s. : religieux à la cour de l'empereur Henri le Noir, Ulrich abandonna le monde pour se retirer à Cluny vers 1052. Il en sortit quelque temps après et multiplia les fondations dont celle de Zell en Forêt-Noire (Allemagne) où il mourut en 1093 • **S. Zod.** : Cancer • **Dérivés** : *Ulmer, Ulric, Ulrica, Ulysse.*

Ultan

Fête : 2 mai

• **Étym.** : du germain *othal* (patrie) • **Hist.** viie s. : après avoir été prédicateur itinérant en Angleterre, Ultan devint abbé de Péronne et mourut dans cette ville vers 686 • **S. Zod.** : Taureau • **Dérivés** : *Ultane.*

Ultane

Fête : 2 mai. cf. *Ultan*

Ulysse

Fête : 10 juillet. cf. *Ulrich*

• **Myth.** : Ulysse, roi d'Ithaque, est le principal personnage de *L'Odyssée* (épopée homérique). Il symbolise l'adresse et la ruse de l'homme face à l'adversité. En effet, *L'Odyssée* est le récit des épreuves infligées par le dieu de l'Océan Poséidon à Ulysse qui avait eu le tort de le mécontenter • **S. Zod.** : Cancer.

Umbria, Umbrina, Umbrissa

Fête : 21 août. cf. *Ombeline*

• **Étym.** : du latin *umbra* (ombre), d'où dériva le nom d'*Umbria* (l'Ombrie, province italienne). Umbrina était un prénom porté à l'époque romaine • **S. Zod.** : Lion.

Una

Fête : 18 décembre. cf. *Winnifred*

• **Étym.** : du latin *unus* (seul, premier, un). Una est un prénom porté en Angleterre où on le fait dériver de Winnifred.

Unxia, Unxiane

Fête : 5 octobre. cf. *Ixia (Fleur)*

• **Étym.** : du latin *ungere* (oindre) • **Myth.** : Unxia était la déesse romaine qui présidait aux onctions.

Urana, Uranna, Urane, Uranie

Fête : 2 mai. cf. *Ultan*

• **Étym.** : du grec *uranos* (la voûte céleste) • **Myth.** : Urania (Uranie) est la muse de l'astronomie. Ce nom féminin était porté à l'époque romaine.

Urbain

Fête : 25 mai

• **Étym.** : du latin *urbs* (ville) ; *Urbs* (avec U majuscule) qualifiait la ville de Rome • **Hist.** IIe-IIIe s. : successeur du pape Caliste Ier en 222, Urbain mourut en 230, après huit ans de pontificat. Le calendrier honore le 19 décembre saint Urbain V, élu pape en 1362 • **S. Zod.** : Gémeaux.

Urbanilla

Fête : 25 mai. cf. *Urbain*

• **Étym.** : du latin *urbs* (petite ville). Urbanilla était un prénom féminin porté à l'époque romaine.

Uria

Fête : 1er octobre. cf. *Urielle*

Urielle, Eurielle

Fête : 1er octobre

• **Étym.** : déformation celtique du latin *angelus* (ange) • **Hist.** : sœur de saint Judicaël, roi de Bretagne, le culte de sainte Urielle est ancien. Une église de l'évêché de Dol porte son nom • **S. Zod.** : Balance • **Dérivés** : *Uria, Uriella*.

Ursa

Fête : 20 décembre.
cf. *Ursan*

• **Étym.** : du latin *ursa* (ourse). Ursa était le nom féminin porté à l'époque romaine dont le pendant masculin était Ursanius. Le vocable Ursan dériva donc postérieurement d'Ursanius.

Ursan, Ursanne

Fête : 20 décembre

• **Étym.** : du latin *ursa* (ourse), voir Ursa • **Hist.** VIIe s. : disciple de saint Colomban, Ursan fonda une abbaye en Suisse qu'il dota de la règle colombaniste. La ville de Lausanne devait se développer à partir de ce monastère • **S. Zod.** : Sagittaire.

Ursilla

Fête : 21 octobre. cf. *Ursule*

• **Étym.** : du latin *ursus* (ours). Ursilla était un prénom porté à l'époque romaine.

Ursillana, Ursillane

Fête : 21 octobre.
cf. *Ursule, Ursilla*

Ursula

Fête : 21 octobre. cf. *Ursule*

Ursule

Fête : 21 octobre

• **Étym.** : du latin *ursus* (ours) • **Hist.** Ve s. : le culte de sainte Ursule provient de la lecture erronée d'une inscription authentique au Vᵉ siècle, trouvée près d'une église en ruine à Cologne. Il en résulta une interprétation fantaisiste selon laquelle les Huns auraient massacré un grand nombre de personnes, de tous âges et de tous sexes, dont 11 000 vierges, qui se rendaient en pèlerinage et parmi elles se serait trouvée une enfant d'environ huit ans, Ursule • **S. Zod.** : Balance • **Dérivés** : *Ursilla, Ursillana, Ursillane, Ursula.*

V

Vadim

Fête : 26 décembre.
cf. *Etienne*

Vaïk

Fête : 26 décembre.
cf. *Etienne*

Vaïk était le prénom de saint Etienne avant qu'il ne fût baptisé.

Vaïla

Fête : 17 juin. cf. *Hervé*
26 décembre. cf. *Etienne*

Vaïssa

Fête : 5 septembre. cf. *Raïssa*

Valda

Fête : 24 mars. cf. *Adelmar* ; *prénom d'origine slave.*

Valdemar

Fête : 24 mars. cf. *Adelmar*
• **Étym.** : du germain *wald* (qui gouverne), *maro* (célèbre).

Valens

Fête : 14 juin. cf. *Valère*
ou 14 février. cf. *Valentin*
• **Étym.** : du latin *valens* (fort, vigoureux).

Valentia, Valentiane

Fête : 14 juin. cf. *Valère*
25 juillet cf. *Valentine*
• **Étym.** : du latin *valentia* (courage, vigueur).

Valentin

Fête : 14 février
• **Étym.** : du latin *valens* (fort, vigoureux) • **Hist.** IIIe s. : on connaît peu de chose le concernant. Il aurait été décapité à Rome pour avoir refusé d'abjurer la foi chrétienne vers 269. Saint Valentin, d'après une coutume moyenâgeuse mal définie, est le patron des amoureux • **S. Zod.** : Verseau • **Dérivés** : *Valens, Valentio.*

Valentine

Fête : 25 juillet

- **Étym.** : du latin *valentia* (courage, vigueur) • **Hist.** IVᵉ s. : Valentine fut martyrisée à Gaza en 308, avec quelques compagnons chrétiens, sur les ordres de l'empereur Maximim II • **S. Zod.** : Lion • **Dérivés** : *Valentia, Valentiane*.

Valentio

Fête : 14 février. cf. *Valentin*

Valère

Fête : 14 juin

- **Étym.** : du latin *valere* (être fort, être courageux) • **Hist.** IIIᵉ s. : administrateur des greniers à blé impériaux, Valère et son ami Rufin en profitèrent pour faire du prosélytisme dans la région de l'Aisne. Démasqués, ils furent arrêtés et martyrisés • **S. Zod.** : Gémeaux • **Dérivé** : *Valéria*.

Valéri, Valery

Fête : 1ᵉʳ avril

- **Étym.** : du latin *valere* (être fort, être vigoureux) • **Hist.** VIᵉ-VIIᵉ s. : petit berger pauvre d'Auvergne, Valéri entra en religion. Très vite, on perçut ses qualités et on le nomma abbé de Luxeuil pendant l'exil de saint Colomban. Il quitta ce monastère vers 610 pour aller fonder une communauté dans le nord de la France, à partir de laquelle se développa la ville actuelle de Saint-Valery-sur-Somme. Saint Valéri mourut aux alentours de 619 • **S. Zod.** : Bélier.

Valéria

Fête : 14 juin. cf. *Valère* ou 28 avril. cf. *Valérie*

Valéria était un prénom porté déjà à l'époque romaine.

Valériane

Fête : 5 octobre. cf. *Fleur*

La valériane est une plante vivace qui fleurit de juin aux gelées. Ses fleurs vont du rouge foncé au blanc en passant par le rose et le rouge pâle • **S. Zod.** : Balance.

Valérie

Fête : 28 avril

- **Étym.** : du latin *valere* (être fort, être courageux) • **Hist.** IIᵉ s. : épouse de saint Vital, Valérie et son mari moururent martyrisés pendant une persécution ordonnée par l'empereur stoïcien Marc Aurèle • **S. Zod.** : Taureau • **Dérivés** : *Valéria, Valière, Vallière*.

Valérien

Fête : 7 mai

- **Étym.** : du latin *valere* (être fort, être courageux) • **Hist.** IVᵉ s. : on sait peu de chose à son sujet, sinon qu'il fut évêque d'Auxerre et qu'il mourut vers 366 • **S. Zod.** : Taureau.

Valière

Fête : 28 avril. cf. *Valérie* ; *forme bourbonnaise du prénom.*

Vallier

Fête : 22 octobre
• **Étym.** : du latin *vallare* (fortifier) • **Hist.** IVe s. : Vallier et quelques compagnons furent massacrés par les Vandales alors qu'ils tentaient précisément de les fuir • **S. Zod.** : Balance.

Vallière

Fête : 28 avril.
cf. *Valérie (voir Valière)*

Vallonia

Fête : 22 octobre. cf. *Vallier*
• **Myth.** : Vallonia était la déesse romaine protectrice des vallées.

Valma

Fête suggérée : 24 mars.
cf. *Valda*
• **Étym.** : du gallois (fleur de mai).

Valory

Fête : 1er avril. cf. *Valery* ; *forme anglaise du prénom.*

Valtrude, Waltrude

Fête : 9 avril
• **Étym.** : du germain *wald* (qui gouverne), *trud* (fidélité) • **Hist.** VIIe s. : fille du comte Walbert, Valtrude se maria et vécut un temps à la cour du roi Dagobert. Lassée du monde, et après avoir élevé ses quatre enfants, elle fonda, en accord avec son mari, l'abbaye du Mans dont elle devint abbesse. La ville du Mans devait se développer à partir de ce monastère • **S. Zod.** : Bélier.

Vaneng

Fête : 9 janvier
• **Étym.** : du germain *wald* (qui gouverne), *engil* (extrémité de la lame) • **Hist.** VIIe s. : conseiller de sainte Bathilde, épouse de Clovis II, Vaneng fut gouverneur du pays de Caux. En 664, il fonda l'abbaye de Fécamp où il mourut en 688 • **S. Zod.** : Capricorne • **Dérivés** : *Vanessa, Vaïna, Vania, Vanina.*

Vanessa

Fête : 9 janvier. cf. *Vaneng*

Vaïna

Fête : 9 janvier. cf. *Vaneng*

Vania

Fête : 9 janvier. cf. *Vaneng*

Vanille

Fête : 5 octobre. cf. *Fleur*

Fruit du vanillier, la gousse de vanille a une saveur sucrée très parfumée.

Vanina

Fête : 14 janvier.
cf. *Nina (Nino)*
ou 9 janvier. cf. *Vaneng*

Vare, Varus

Fête : 19 octobre

• **Étym.** : du latin *varius* (varié, nuancé) • **Hist.** IVe s. : on ne sait pas si Vare a vraiment existé. La légende raconte que, militaire dans les armées romaines, il aurait refusé d'exécuter des moines, étant lui-même chrétien. Aussi fut-il mis à mort avec eux • **S. Zod.** : Balance • **Dérivés** : *Varenilla, Variana, Varilla, Varillane*.

Varenilla

Fête : 19 octobre.
cf. *Vare, Varus*

• **Étym.** : du latin *varius* (varié, nuancé). Varenilla fut un nom féminin porté à l'époque romaine.

Variana

Fête : 19 octobre.
cf. *Vare, Varus*

• **Étym.** : du latin *varius* (varié, nuancé). Variana était une ville de Mésie dont les femmes empruntèrent le nom.

Varilla, Varillane

Fête : 19 octobre.
cf. *Vare, Varus*

• **Étym.** : du latin *varius* (varié, nuancé). Varilla était un prénom féminin porté à l'époque romaine.

Vassili

Fête : 15 avril. cf. *Vassilissa*

Vassilissa, Basilissa

Fête : 15 avril

• **Étym.** : du grec *basileus* (roi) • **Hist.** Ier s. : Basilissa aurait été mise à mort sur l'ordre de Néron, pour avoir, en compagnie de son amie Anastasie, elle aussi exécutée, enterré saint Pierre et saint Paul après leur martyre • **S. Zod.** : Bélier.

Véïa, Veïane, Veientilla

Fête : 17 juin. cf. *Hervé*

• **Étym.** : du latin *vehere* (transporter). Noms féminins portés à l'époque romaine.

Veig

Fête : 17 juin. cf. *Hervé* ;
prénom féminin celtique.

Veilana

Fête : 17 juin. cf. *Hervé*

Venceslas

Fête : 28 septembre

- **Étym. :** du latin *vaccenses* (habitant de Vacca, ville de la Byzacène) • **Hist.** xe s. : roi de Bohême, Venceslas Ier avait été élevé par sa grand-mère, sainte Ludmilla, dans la religion chrétienne alors que le pays n'était pas encore bien christianisé. Arrivé au pouvoir, Venceslas s'attacha à développer l'évangélisation de son royaume. Il lutta parallèlement pour mettre au pas les nobles par trop indisciplinés et donna ainsi une période de paix à ses sujets. Il mourut cependant en 929, âgé de 22 ans, assassiné par son frère Bolestas qui voulait le trône. Venceslas est le patron de la Tchécoslovaquie • **S. Zod. :** Balance.

Venetia, Venise

Fête suggérée : 9 janvier. cf. *Vareng*

Prénom attesté dès le xvie siècle. On connaît une lady anglaise de cette époque réputée pour sa beauté : Venetia Stanley, qui buvait du vin de vipère afin de se préserver des affres du temps.

Vénus

Fête : 30 avril. cf. *Aphrodite*

Vénus était la déesse romaine de la Beauté et de l'Amour équivalent de l'Aphrodite grecque.

Vera

Fête : 1er septembre. cf. *Verena*

- **Étym. :** du latin *verus* (vrai). Vera était un nom féminin porté dès l'époque romaine, et encore très vivant de nos jours • **S. Zod. :** Vierge • **Dérivés :** *Vérana, Vérane*.

Veran

Fête : 11 novembre

- **Étym. :** du latin *verus* (vrai) • **Hist.** ve s. : fils de l'évêque de Lyon, Eucher, Veran devint évêque de Vence (Alpes-Maritimes) dans les années 440. Il lutta contre l'hérésie d'Eutychès, soutenant ainsi les positions du pape Léon le Grand • **S. Zod. :** Scorpion.

Vérana, Vérane

Fête : 1er septembre. cf. *Vérena*

Verania, Véranina

Fête : 1er septembre. cf. *Vérena*

Verania était un prénom féminin porté à l'époque romaine.

Verena

Fête : 1er septembre

- **Étym. :** du latin *verus* (vrai)
- **Hist. :** d'après la tradition, Verena aurait été égyptienne et serait venue vivre non loin de Bâle (Suisse). Elle aurait passé sa vie dans une grotte dans la plus parfaite solitude • **S. Zod. :** Vierge • **Dérivés :** *Vera, Verana, Verane, Verania, Veranina, Viriane*.

Véridienne, Véridiana

Fête : 1er février. cf. *Viridiana*

Vernier

Fête : 19 avril

- **Étym. :** du latin *vernus* (printanier) • **Hist.** XIIIe s. : fils de vigneron rhénan, Vernier mourut assassiné. On apporta sa châsse à Besançon d'où son culte se répandit • **S. Zod. :** Bélier.

Vérone

Fête : 29 août

- **Étym. :** du latin *verus* (vrai)
- **Hist.** IXe-Xe s. : on suppose Vérone apparentée à la famille régnante d'Autriche. Elle serait morte solitaire à Berthen dans le Brabant • **S. Zod. :** Vierge.

Véronica

Fête : 4 février. cf. *Véronique*

Véronique

Fête : 4 février

- **Étym. :** nom biblique (Véronica) • **Hist.** Ier s. : Véronique est le prénom de la femme qui essuya le visage du Christ tandis qu'il montait au calvaire. On ne sait pas au juste qui elle est, ni même si son histoire est authentique. En effet, l'Évangile n'en parle pas. Quoi qu'il en soit, son culte fut très vivant et la vogue du prénom ne le fut pas moins • **S. Zod. :** Verseau • **Dérivé :** *Véronica*.

Vianca

Fête : 2 janvier. cf. *Viance*

Viance

Fête : 2 janvier

- **Étym. :** du latin *vincere* (être vainqueur) • **Hist.** VIIe s. : élevé par le duc d'Aquitaine Bérald, Viance se retira en Auvergne où il mena une vie austère et solitaire, malgré l'opposition de son tuteur qui désirait pour lui une vie plus brillante • **S. Zod. :** Capricorne.

Vianney (Jean-Marie), curé d'Ars

Fête : 4 août

- **Hist.** XVIIIe-XIXe s. : fils de paysan, né en 1786 dans les environs de Lyon, Jean-Marie Vianney était un simple pastoureau.

Complètement illettré, il entra à l'école en 1805 mais eut beaucoup de mal à se mettre aux études. Admis à 18 ans au séminaire, il échoua à ses examens, mais sa volonté en imposa aux évêques et il obtint la petite paroisse d'Ars dans l'Ain. Après quelques déboires, la région étant très déchristianisée à la suite de la Révolution, Jean-Marie reprit en main ses ouailles. Très vite, sa bonté et un certain pouvoir de guérison lui amenèrent des fidèles, sa réputation de sainteté ayant dépassé les frontières de la France. Sans cesse au service de tous, toujours dévoué et présent, Jean-Marie Vianney mourut épuisé en 1859 à l'âge de 73 ans • **S. Zod.** : Lion.

Vicky

Fête : 17 novembre.
cf. *Victoire*

Victa

Fête : 17 novembre.
cf. *Victoire*

• **Étym.** : du latin *victus* (nourriture, vivres) • **Myth.** : Victa était la déesse romaine de la subsistance et des vivres.

Victoire, Victoria

Fête : 17 novembre

• **Étym.** : du latin *victoria* (victoire) • **Hist.** Ve s. : selon Euloge, Victoria et son frère Aciste furent martyrisés à Cordoue, au Ve siècle, pour avoir refusé d'abjurer leur foi chrétienne • **S. Zod.** : Scorpion • **Dérivé** : *Victa*.

Victor

Fête : 21 Juillet

• **Étym.** : du latin *victor* (vainqueur) • **Hist.** IIIe s. : Victor fut martyrisé à Marseille vers 290, malgré son appartenance à l'aristocratie du cru. Un monastère fut édifié sur sa tombe au IVe siècle et fut un lieu de culte très important en Gaule • **S. Zod.** : Cancer.

Victoriane

Fête : 23 mars. cf. *Victorien*

Victoric

Fête : 11 décembre

• **Étym.** : forme germanisée de *victor* (latin : vainqueur) et *rik* (germain : roi ou puissant) • **Hist.** IVe s. : Victoric fut martyrisé au IVe siècle, alors qu'il était en mission d'évangélisation en Gaule. Il était accompagné de saint Fuxien et de saint Gentien qui subirent le même sort • **S. Zod.** : Sagittaire.

Victorien

Fête : 23 mars

• **Étym.** : du latin *victor* (vainqueur) • **Hist.** Ve s. : Victorien fut martyrisé en 484, sur l'ordre d'Hunéric, roi des Vandales en Afrique du Nord. Il refusait, en effet, de se convertir à l'arianisme • **S. Zod.** : Bélier • **Dérivés :** *Victoriane, Victorilla*.

Victorilla
▼
Fête : 23 mars. cf. *Victorien*
Victorilla était un prénom romain féminin.

Victorin
▼
Fête : 15 mai
• **Étym.** : du latin *victor* (vainqueur) • **Hist.** IIIe s. : Victorin fut martyrisé à Clermont-Ferrand. On ne sait rien de plus à son sujet • **S. Zod.** : Taureau • **Dérivé :** *Victorine*.

Victorine
▼
Fête : 15 mai. cf. *Victorin*

Vince
▼
Fête : 27 septembre.
cf. *Vincent*

Vincent (de Paul)
▼
Fête : 27 septembre
• **Étym.** : du latin *vincere* (vaincre à la guerre) • **Hist.** XVIe-XVIIe s. : né en 1581 près de Dax, Vincent fit des études poussées et devint prêtre. Au début, plus soucieux de sa carrière que de religion, il chercha à arriver « dans le monde ». Mais, saisi brusquement par une vocation sincère, il quitta le service du marquis de Gondi, pour se faire nommer curé de Châtillon-sur-Chalaronne dans l'Ain. Il y resta six mois, bien que mal accueilli, et sut se faire accepter de ses paroissiens qu'il secourut tant au point de vue spirituel qu'au point de vue physique. De retour à Paris, il se consacra totalement aux pauvres, aidé en cela par Louise de Marillac. Celle-ci fonda la congrégation des Sœurs de Charité qui avaient pour vocation le dévouement et les soins aux pauvres et aux malades. Atterré devant la grande misère des galériens, Vincent en obtint l'aumônerie en 1619. En 1625, toujours de plus en plus actif, il fonda la congrégation des Prêtres de la Mission, ou Lazaristes, chargée d'éduquer et de préparer le clergé. Monsieur Vincent mourut épuisé en 1660, laissant derrière lui une œuvre charitable immense et marquée avant tout d'une très grande simplicité • **S. Zod.** : Balance • **Dérivés :** *Vincentia, Vinciane, Vincien, Vincienne*.

Vincentia
▼
Fête : 27 septembre.
cf. *Vincent* ; *nom féminin romain.*

Vinciana, Vinciane
▼
Fête : 27 septembre.
cf. *Vincent*

Vincien, Vincienne

Fête : 27 septembre.
cf. *Vincent*

Viola

Fête : 5 octobre.
cf. *Violette, Fleur*

Prénom adopté depuis un certain temps en Angleterre et porté dès l'époque romaine. Il est cependant peu courant en France.

Violaine

Fête : 5 octobre.
cf. *Violette, Fleur*

Prénom remis à la mode par Paul Claudel dans sa pièce *La jeune fille Violaine*.

Violantilla

Fête : 5 octobre.
cf. *Violette, Fleur*

Nom déjà porté à l'époque romaine.

Violetta

Fête : 5 octobre.
cf. *Violette, Fleur*

Violette

Fête : 5 octobre. cf. *Fleur*

• **Étym.** : du latin *viola* (violette). La violette est une plante vivace qui fleurit dans des coloris de bleu et de violet, mais aussi de jaune.

Virgila

Fête : 10 octobre. cf. *Virgile*

Virgile

Fête : 10 octobre

• **Étym.** : du latin *virgilienses* (habitants d'une ville de la Tarraconaise) • **Hist.** VIe-VIIe s. : Virgile fut nommé abbé du monastère d'Autun, après avoir fait des études assez poussées. Nommé archevêque d'Arles, il réorganisa son diocèse et en développa encore l'évangélisation. Ce fut lui qui consacra saint Augustin archevêque de Cantorbéry, vers 597. Il mourut en Arles vers 610 • **S. Zod.** : Balance • **Dérivés** : *Virgila, Virgilia, Virgiliane, Virgiliste, Virgiliz, Virgina, Virginia, Virginie.*

Virgilia, Virgiliane, Virgilise, Virgiliz

Fête : 10 octobre. cf. *Virgile*

Virgina, Virginia

Fête : 10 octobre.
cf. *Virgile, Virginie*

Virginie

Fête : 10 octobre. cf. *Virgile*

• **Étym.** : du latin *virgo* (vierge). Ce prénom courant dérive du prénom féminin romain *Virginis* mais il n'existe pas de sainte Virginie.

Virginien

Fête : 10 octobre. cf. *Virgile*

Viriane

Fête : 11 novembre.
cf. *Veran*
ou 1er septembre. cf. *Vérena*

Viridiana, Viridienne

Fête : 1er février

• **Étym.** : du latin *viridianus* (dieu qui présidait à la verdure), et *viridia* (arbres, verdure) • **Hist.** XIIIe s. : Viridienne entra dans l'ordre de Vallombreuse et demeura, sa vie durant, recluse dans une cellule à Castel Florentin (Toscane). Elle mourut dans cette retraite en 1242 • **S. Zod.** : Verseau • **Dérivés** : *Véridiana, Véridienne.*

Virna

Fête : 1er septembre.
cf. *Vérena*

Vitalina, Vitaliana

Fête : 13 août

• **Étym.** : du latin *vitalis* (qui concerne la vie) • **Hist.** IVe s. : Vitalina ou Vitaliana fut une vierge solitaire qui vécut non loin d'Artonne (près de Riom dans le Puy-de-Dôme) • **S. Zod.** : Lion.

Vivian

Fête : 2 décembre.
cf. *Bibiane*
ou 28 août. cf. *Vivien*

Viviane

Fête : 2 décembre.
cf. *Bibiane*

Vivien

Fête : 28 août

• **Étym.** : du latin *vividus* (vivant) • **Hist.** Ve s. : on ne sait pas grand-chose à son sujet sinon qu'il aurait été évêque de Saintes et qu'une église porte son nom dans cette ville. Le calendrier honore le 10 mars un saint Vivien martyrisé en Turquie vers 320 • **S. Zod.** : Vierge • **Dérivés** : *Vivian, Vivienne.*

Vivienne

Fête : 28 août. cf. *Vivien*

Vladimir

Fête : 15 juillet

• **Étym.** : du germain *wald* (qui gouverne), *maro* (illustre) • **Hist.** Xe-XIe s. : prince de Kiev, Vladimir se fit baptiser pour pouvoir se rapprocher de Constantinople et de l'Empire byzantin, afin de donner plus de force à son propre pays. Ayant épousé Anna, la fille de l'empereur, sa conversion devint plus vraie et il développa l'évangélisation de son royaume. Il mourut en 1015 à Kiev • **S. Zod.** : Cancer.

Vladislas
▼
Fête : 27 juin. cf. *Ladislas*

Voël
▼
Fête : 5 février
• **Étym.** : du celtique *mael* (prince), ou *ho* (bon, bien), *gwel* (vue) • **Hist.** VIIe-VIIIe s. : né en Écosse, Voël évangélisa diverses contrées de la Gaule avant de se fixer définitivement près de Soissons, où il vécut en ermite, jusqu'à sa mort vers 720 • **S. Zod.** : Verseau • **Dérivés** : *Voelle, Voela, Volodia*.

Voela, Voelle
▼
Fête : 5 février. cf. *Voël*

Volodia
▼
Fête : 5 février ; *prénom russe que l'on peut rapprocher de Voël.*

Vona, Vonna, Vonny
▼
Fête : 23 mai. cf. *Yvonne*

W

Wakefield

Fête suggérée : 15 février. cf. *Walfrid*

• **Étym.** : de l'anglo-saxon (celui des champs de l'Ouest) ; héros de roman dans la saga canadienne des Whiteoak *Jalna* de Mazo de la Roche.

Walbert

Fête : 2 mai

• **Étym.** : du germain *wald* (qui gouverne), *berht* (brillant) • **Hist.** VIIe s. : troisième abbé du monastère de Luxeuil fondé par saint Colomban, Walbert prit l'initiative de délaisser la règle donnée par le fondateur pour adopter celle de saint Benoît • **S. Zod.** : Taureau • **Dérivés** : *Walberte, Gaubert*.

Walberte

Fête : 2 mai. cf. *Walbert*

Walburge

Fête : 25 février

• **Étym.** : du germain *wald* (qui gouverne), *burg* (forteresse) • **Hist.** VIIIe s. : d'origine anglaise, Walburge, fille du roi des Saxons de l'Ouest, partit en mission avec saint Boniface dans le but d'évangéliser l'Allemagne. Nommée abbesse du monastère d'Heidenheim, elle y resta toute sa vie et y mourut vers 779. Elle est la patronne de Bruges et d'Ypres en Belgique • **S. Zod.** : Poissons.

Walder

Fête : 9 avril. cf. *Walter*

Walfrid

Fête : 15 février

• **Étym.** : du germain *wald* (qui gouverne), *frid* (paix) • **Hist.** VIIIe s. : riche Pisan, Walfrid, en accord avec sa femme, fonda un monastère où il se retira jusqu'à la fin de ses jours • **S. Zod.** : Verseau.

Wallace

Fête suggérée : 2 mai. cf. *Walbert*

Nom écossais illustré par William Wallace (1274-1305), qui est à l'origine de l'indépendance de l'Écosse contre Richard Ier d'Angleterre. Afin de lui rendre hommage, son nom a été décliné en prénom.

Wallis, Wallys

Fête : 2 mai. cf. *Wallace* ; *formes diminutives du prénom.*

Walter

Fête : 9 avril. cf. *Gauthier*

Wanda, Wandrille

Fête : 22 juillet

• **Étym.** : du germain *wald* (qui gouverne) • **Hist.** VIIe s. : de naissance aristocratique, Wandrille fut élevé à la cour de Clotaire II. Il entra en religion, avec l'accord de sa femme, et se retira à l'abbaye de Saint-Ursanne (Jura) qu'il avait fondée. Attiré plus tard par saint Ouen, il fit bâtir un autre monastère à Jumièges (actuellement Saint-Wandrille) où il mourut en 668 • **S. Zod.** : Lion • **Dérivé** : *Wendy*.

Warren

Fête suggérée : 19 avril. cf. *Werner*

• **Étym.** : de l'anglo-saxon (lieu de joute) ; prénom en vogue aux États-Unis, illustré par l'acteur Warren Beatty.

Weigela

Fête : 5 octobre. cf. *Fleur*

Plante arbustive qui peut atteindre 2 mètres de hauteur. Ses feuilles sont caduques et sa floraison a lieu vers mai et juin. Les fleurs se parent de coloris allant du blanc au rouge, en passant par le rose • **S. Zod.** : Balance.

Wenceslas

Fête : 28 septembre. cf. *Venceslas*

Wendoline

Fête : 14 octobre. cf. *Gwendoline* ; *forme dérivée du prénom.*

Wendy

Fête : 22 juillet. cf. *Wandrille* ; *forme anglaise littéraire dérivée du prénom.*

Wenefrid, Gwenfrevi, Gwenfrevine

Fête : 3 novembre

• **Étym.** : du germain *win* (ami), *frid* (paix) • **Hist.** VIIe s. : jeune fille de l'aristocratie, Wenefrid fut assassinée par son prétendant à qui elle se refusait. À l'endroit du meurtre, se mit à couler une source ayant pouvoir de guérir tous les maux, selon la légende • **S. Zod.** : Scorpion.

Wereburge
▼
Fête : 3 février

• **Étym.** : du germain *waran* (mettre à l'abri), *burg* (forteresse) • **Hist.** VIIe s. : fille du roi de Mercie (Angleterre), Wereburge, malgré sa grande beauté, refusa tous ses prétendants et se retira au couvent d'Ely • **S. Zod.** : Verseau.

Werner
▼
Fête : 19 avril. cf. *Vernier*

Wesley
▼
Fête suggérée : 28 mai. cf. *William*

• **Étym.** : de l'anglo-saxon (le pré de l'ouest). John Wesley fonda au XVIIIe siècle l'Église méthodiste. En son honneur, son nom fut donné en prénom.

Whitney
▼
Fête suggérée : 6 janvier. cf. *Wiltrud*

• **Étym.** : de l'anglo-saxon (île blanche) ; nom toponymique érigé en prénom. Il est illustré par la chanteuse Whitney Houston.

Wibert, Wigbert
▼
Fête : 13 août

• **Étym.** : du germain *wid* (bois), *berth* (brillant) • **Hist.** VIIIe s. : d'origine anglaise, Wigbert partit en Allemagne aider saint Boniface dans sa mission d'évangélisation. Nommé abbé de Fritzlar, il accentua le développement des fondations religieuses. Il mourut à Fritzlar vers 738 • **S. Zod.** : Lion.

Wihelm, Wilhelmine
▼
Fête : 28 mai. cf. *Guillaume*

Wilfrid, Wilfried
▼
Fête : 12 octobre

• **Étym.** : du germain *will* (volonté), *frid* (paix) • **Hist.** VIIe-VIIIe s. : noble jeune homme de Northumbrie, Wilfrid entra au couvent à peine âgé de 14 ans. Ayant effectué un voyage d'études à Rome, il revint en Angleterre où il défendit l'idée de la puissance du pape dans l'Église. Nommé abbé de Ripon, puis évêque d'York, Wilfrid évangélisa de nombreuses contrées et notamment le Sussex. Il mourut dans les années 710 • **S. Zod.** : Balance.

Wilgeforte (ou Liberata)
▼
Fête : 20 juillet

• **Étym.** : déformation germanique du latin *virgo*, donnant *wilge* (vierge) alliée au latin *fortis* (forte) • **Hist.** : selon l'histoire imaginaire de cette sainte, Wilgeforte avait fait vœu de chasteté absolue. Afin d'être confortée dans cette décision, elle demanda à la Vierge de la rendre barbue. Son père, découvrant son visage poilu, entra dans une telle colère qu'il la tua sur-le-champ. En France, cette sainte fut connue sous le nom de Liberata • **S. Zod.** : Cancer.

Willa, Wilma
▼
Fête : 28 mai. cf. *Whilelmine* ; *formes dérivées du prénom*.

Willehad, Willard
▼
Fête : 8 novembre
• **Étym.** : du germain *will* (volonté), *hard* (dure) • **Hist.** VIIIe s. : originaire de Northumbrie (Angleterre), Willard alla évangéliser les Pays-Bas. Il fut nommé évêque de Brême en 787. Il mourut deux ans plus tard en plein apostolat • **S. Zod.** : Scorpion.

William
▼
Fête : 28 mai. cf. *Guillaume*

Williane
Fête : 28 mai. cf. *Guillaume*

Willibald
▼
Fête : 7 juin
• **Étym.** : du germain *will* (volonté), *bald* (hardi) • **Hist.** VIIIe s. : Willibald écrivit le premier livre de récits de voyages en anglais, après avoir effectué un long périple en Italie et en Terre sainte. Après avoir passé quelques années au monastère du mont Cassin (Italie), Willibald fut nommé évêque d'Eichstatt en Thuringe où il mourut en 786 • **S. Zod.** : Gémeaux.

Willigis
▼
Fête : 23 février
• **Étym.** : du germain *will* (volonté), *gisl* (otage) • **Hist.** X^e-XIe s. : archevêque de Mayence et garde des Sceaux d'Otton II, Willigis s'attacha à conforter la position de l'Église dans le Saint Empire romain germanique. Il mourut en 1011 • **S. Zod.** : Poissons.

Willie, Willis, Willy
▼
Fête : 28 mai. cf. *Guillaume*

Wilson
▼
Fête : 28 mai. cf. *Guillaume*, Wilson signifie : *fils de William*.

Wiltrud
▼
Fête : 6 janvier
• **Étym.** : du germain *will* (volonté), *trud* (fidélité) • **Hist.** Xe s. :

duchesse de Bavière, Wiltrud fonda, à la mort de son époux, l'abbaye de Bergen, qui acquit, au fil du temps, une très grande renommée • **S. Zod.** : Capricorne.

Winebald
▼
Fête : 18 décembre

• **Étym.** : du germain *win* (ami), *bald* (audacieux) • **Hist.** VIIIe s. : Winnebald alla rejoindre en Allemagne sa sœur sainte Waltrude et son frère saint Willibald. Il fonda avec eux le monastère d'Heidenheim dont Winebald fut le premier abbé. Il y mourut en 761 • **S. Zod.** : Sagittaire.

Winfrid
▼
Fête : 15 juin. cf. *Boniface*
• **Étym.** : du germain *win* (ami), *frid* (paix), Winfrid fut le premier nom de saint Boniface.

Winnie
▼
Fête : 18 décembre.
cf. *Winnifred*

Winnifred
▼
Fête : 3 novembre.
cf. *Wenefrid, Gwenfrevi*
Prénom féminin très répandu en Angleterre.

Winona
▼
Fête suggérée :
3 novembre. cf. *Winnifred*
• **Étym.** : de l'amérindien (première née).

Winston
▼
Fête : 1er juin. cf. *Wistan*

Wistan
▼
Fête : 1er juin
• **Étym.** : du celtique *visce* (eau), ou du germain *win* (ami), *ans* (divinité teutonne) • **Hist.** IXe s. : parent du roi de Mercie (Angleterre) Wistan fut assassiné sur l'ordre de son parâtre. On ne sait rien d'autre à son sujet
• **S. Zod.** : Gémeaux.

Wladimir
▼
Fête : 15 juillet. cf. *Vladimir*

Wolf
▼
Fête : 31 octobre.
cf. *Wolfgang ; forme diminutive du prénom.*

Wolfgang
▼
Fête : 31 octobre
• **Étym.** : du germain *wulf* (loup), *angil* (lance) • **Hist.** Xe s. : après des études poussées, Wolfgang embrassa la carrière religieuse et devint moine du monastère suisse d'Einsiedeln. Devenu

prédicateur itinérant, il alla évangéliser les contrées hongroises. Nommé évêque de Ratisbonne en 972, il réorganisa le clergé de son diocèse, multiplia les fondations pieuses tout en continuant son œuvre missionnaire. Il mourut à 79 ans • **S. Zod.** : Scorpion.

Wulfran

Fête : 20 mars

• **Étym.** : du germain *wulf* (loup), *hramm* (corbeau) • **Hist.** VIIe-VIIIe s. : nommé évêque de Sens en 682, Wulfran se démit de ses fonctions, préférant l'œuvre missionnaire chez les Frisons. Il réussit à convertir le fils du roi et par là une bonne partie du peuple. Il mourut en 704 à l'abbaye de Fontenelle alors qu'il s'y reposait • **S. Zod.** : Poissons.

Wulstan

Fête : 19 janvier

• **Étym.** : du germain *wulf* (loup), *angil* (lance) • **Hist.** XIe s. : né en 1008 en Angleterre, Wulstan entra très jeune en religion et devint vite abbé de Worcester, sa ville natale. En 1062, il fut nommé évêque de cette même localité. Il fut le premier évêque à se soumettre à Guillaume le Conquérant après Hastings (en 1066). Il mourut en 1095 à Worcester ayant consacré l'essentiel de son apostolat à la formation du clergé et à la création de maisons religieuses • **S. Zod.** : Capricorne.

Wynne

Fête : 18 octobre. cf. *Gwen* ; *variante galloise du prénom.*

X

Xant

Fête : 3 décembre. cf. *Xavier*
Xant était le prénom de David de Galles.

Xantha, Xanta

Fête : 3 décembre. cf. *Xavier*
• **Étym.** : du latin *xantos* (sorte de pierre précieuse). Xantha était un prénom porté à l'époque romaine.

Xanthé

Fête : 3 décembre. cf. *Xavier*
• **Myth.** : Xanthé était le nom d'une amazone (femme cavalière).

Xavier

Fête : 3 décembre
• **Étym.** : Xavier est un prénom moderne. Il provient d'un nom de lieu basque : Etchaberri (c'est-à-dire maison neuve), devenu Javeni, puis Xavier • **Hist.** XVIe s. : né en Navarre en 1706, Xavier fit des études à Paris, rencontra Ignace de Loyola (fondateur de l'ordre des Jésuites) et entra dans sa congrégation. Envoyé par le roi du Portugal en Inde pour y faire du prosélytisme, il tâcha de gagner ces peuples au christianisme. Il se signala par la vie terriblement austère qu'il s'imposa et par les conversions nombreuses qu'il obtint. On rapporte d'autre part qu'il fut l'auteur de nombreux miracles et guérisons. Il mourut en 1552, abandonné de tous. Il est le patron des missions • **S. Zod.** : Sagittaire.

Xaviéra, Xavière

Fête : 3 décembre. cf. *Xavier*

Xenia

Fête : 5 octobre.
cf. *Fleur (Zinnia)*
• **Étym.** : du latin *xenium* (cadeau fait à un hôte). Xenia était un nom porté à l'époque gréco-romaine.

X

Xerxès
Fête : 3 décembre. cf. *Xavier*

Prénom illustré par le roi perse Xerxès, fils de Darius le Grand.

Xystra
Fête : 5 octobre.
cf. *Fleur (Zinnia)*

• **Étym. :** du latin *xystra* (étrille). Nom féminin porté à l'époque romaine.

Xytilis, Xytilise
Fête : 17 novembre ou 8 juillet. cf. *Elisabeth*

Nom féminin porté à l'époque romaine.

Y

Yana, Yannie
Fête : 30 mai ou 21 août. cf. *Jeanne*

Yann
Fête : 27 décembre. cf. *Jean*

Yannick, Yannig
Fête : 27 décembre. cf. *Jean*

Yannis
Fête : 27 décembre. cf. *Jean*

Yasmine
Fête : 31 mai. cf. *Benjamine*

Yehudi
Fête : 28 octobre. cf. *Jude* ; *forme dérivée du prénom.*
Illustré par le violoniste Yehudi Menuhin.

Yoann
Fête : 27 décembre. cf. *Jean*

Yola
Fête : 11 juin. cf. *Yolande* ; *forme dérivée diminutive du prénom.*

Yolande
Fête : 11 juin
• **Étym.** : du latin *viola* (violette), peut-être associé au germain *land* (terre). Mais cette étymologie n'est pas sûre • **Hist.** XIIIe s. : nièce de sainte Elisabeth de Hongrie et fille de Béla IV, roi de Hongrie, Yolande épousa le duc de Kalisz. Elle éleva seule ses trois enfants après la mort de son mari en 1279. Puis elle entra au couvent des clarisses de Gnesen où elle finit ses jours et mourut en 1299 • **S. Zod.** : Gémeaux.

Youri
Fête : 23 avril. cf. *Georges*

Ysabel
Fête : 22 février. cf. *Isabelle*

Yseut, Yseult
Fête : 16 mars. cf. *Ysoie*

Ysoie
Fête : 16 mars
- **Étym.** : du germain *is* (glace)
- **Hist.** VIIe s. : fille de saint Adalbald et de sainte Rictrude, Ysoie eut pour marraine la reine Mathilde. À 12 ans, elle fut appelée à succéder à sa grand-mère sainte Gertrude comme supérieure de l'abbaye de Hernay. Elle mourut à 23 ans, en 660
- **S. Zod.** : Poissons.

Ysoline
Fête : 6 septembre. cf. *Evelyne*

Yvan
Fête : 23 mai. cf. *Yves*

Yvanna, Yvanne
Fête : 23 mai. cf. *Yves*

Yvelin, Yveline
Fête : 23 mai. cf. *Yves*

Yves
Fête : 23 mai
- **Étym.** : du celtique et du germain *iv* (if)
- **Hist.** XIe-XIIe s. : né en 1040 dans la région de Beauvais, Yves étudia à Paris et dans la célèbre abbaye de Bec. Nommé évêque de Chartres en 1092, il se montra tout de suite décidé à vilipender les abus. Ainsi, il n'hésita pas à critiquer le roi Philippe Ier qui avait répudié son épouse. Sur le chapitre de l'Église, il régla le différend qui opposait le pape aux rois de France et d'Angleterre sur la question du droit des souverains à investir les évêques. Yves mourut dans son diocèse en 1116
- **S. Zod.** : Gémeaux
- **Dérivés** : *Yvan, Yvanna, Yvanne, Yvelin, Yveline, Yvon, Yvonne.*

Yvette
Fête : 13 janvier. cf. *Ivette*

Yvon, Yvonne
Fête : 23 mai. cf. *Yves*

Z

Zachalie
Fête : 5 novembre.
cf. *Zacharie*
- **Hist.** : nom porté par un auteur célèbre de Babylone au temps du roi Mithridate.

Zacharie
Fête : 5 novembre
- **Étym.** : de l'hébreu *zecher* (mémoire), *yah* (Dieu) • **Hist.** 1er s. : Zacharie était le mari de sainte Elisabeth, cousine de la Vierge, et le père de saint Jean Baptiste
- **S. Zod.** : Scorpion.

Zana
Fête : 11 août. cf. *Suzanne* ; *forme dérivée du prénom.*

Zandra
Fête : 20 mars. cf. *Alexandra* ; *forme moderne dérivée du prénom.*

Zane
Fête : 21 août. cf. *Jeanne* ; *forme dérivée scandinave du prénom.*

Zara
Fête suggérée : 13 juillet. cf. *Sarah*
- **Étym.** : de l'arabe (splendeur) ; prénom de la fille de la princesse Anne d'Angleterre.

Zéa
Fête : 2 mai. cf. *Zoé*

Zéla, Zélé
Fête : 2 mai. cf. *Zoé*
Noms féminins portés à l'époque romaine.

Zelda
Fête : 27 avril. cf. *Zita*

Zélia, Zélie, Zéline
Fête : 2 mai. cf. *Zoé*

Zelma

Fête : 21 avril. cf. *Selma* ; forme dérivée du prénom.

Zéna, Zéné

Fête : 25 mai. cf. *Zénobe*
Noms féminins portés à l'époque romaine.

Zénobe

Fête : 25 mai
• **Étym.** : du grec *xenos* (étranger)
• **Hist.** IVe s. : de noble origine, Zénobe fut archidiacre de Florence, ville dont il est le patron
• **S. Zod.** : Gémeaux • **Dérivés** : *Zéna, Zéné, Zénobie, Zénobin.*

Zénobie

Fête : 25 mai. cf. *Zénobe*

Zénobin

Fête : 25 mai. cf. *Zénobe*

Zénodora, Zénodore

Fête : 12 avril. cf. *Zénon*

Zénon

Fête : 12 avril
• **Étym.** : du grec *xenos* (étranger)
• **Hist.** IVe s. : évêque de Vérone (Italie), Zénon lutta sans répit contre l'hérésie arienne. On n'en sait pas plus à son sujet
• **S. Zod.** : Bélier • **Dérivés** : *Zénonina, Zénodore.*

Zénonina

Fête : 12 avril. cf. *Zénon*
Nom féminin porté à l'époque gréco-romaine.

Zéphania

Fête suggérée : 2 janvier. cf. *Stéphanie*
• **Étym.** : de l'hébreu (Dieu protège) ; prénom biblique de l'Ancien Testament.

Zéphire, Zéphyre

Fête : 20 décembre. cf. *Zéphirine*

Zéphirin

Fête : 20 décembre
• **Étym.** : du latin *zephyrus* (vent d'ouest doux) • **Hist.** IIIe s. : il fut pape vers l'an 200. On ne sait pas grand-chose à propos de sa vie, sinon que son pontificat se termina vers 217 et que son diacre Caliste fut son successeur
• **S. Zod.** : Sagittaire.

Zéphirine

Fête : 20 décembre. cf. *Zéphirin*

Zéra, Zérane

Fête : 27 avril. cf. *Zita*

Z

- **Étym.** : du latin *zeros* (sorte de pierre précieuse).

Zillah
▼
Fête : 2 mai. cf. *Zoé*
- **Étym.** : de l'hébreu (ambre) ; très populaire en Angleterre au XIXe siècle.

Zinnia
▼
Fête suggérée : 5 octobre.
cf. *Fleur*

Nom de fleur aux couleurs éclatantes.

Zita
▼
Fête : 27 avril
- **Étym.** : du latin *zeta* (chambre à coucher) • **Hist.** XIIIe s. : née en 1218, Zita fut une servante modèle. Elle resta toute sa vie au service de la même famille chez laquelle elle était entrée à l'âge de 12 ans. Elle est la patronne des domestiques et des employés de maison • **S. Zod.** : Taureau • **Dérivés** : Zera, Zelda.

Zoa
▼
Fête : 2 mai. cf. *Zoé*

Zoé
▼
Fête : 2 mai
- **Étym.** : du grec *zoe* (vie) • **Hist.** IIe s. : esclaves en Turquie, Zoé, ses enfants et son mari furent brûlés vifs par leur maître pour avoir refusé de sacrifier aux dieux • **S. Zod.** : Taureau • **Dérivés** : Zéa, Zéla, Zélé, Zélia, Zélie, Zéline.

Zoel
▼
Fête : 24 mai
- **Étym.** : du grec *zoe* (vie)
- **Hist.** : on connaît peu de chose à son propos, sinon qu'il fut martyrisé en Istrie • **S. Zod.** : Gémeaux • **Dérivés** : Zoéla, Zoélie, Zoélina, Zoéline, Zoelle, Zoïs.

Zoéla, Zoélie
▼
Fête : 24 mai. cf. *Zoel*

Zoélina, Zoéline
▼
Fête : 24 mai. cf. *Zoel*

Zoelle
▼
Fête : 24 mai. cf. *Zoel*

Zoïs
▼
Fête : 24 mai. cf. *Zoel*

Zozima, Zozimé, Zozimène
▼
Fête : 25 décembre.
cf. *Zozime*

Ces prénoms féminins étaient portés à l'époque gréco-romaine.

Zozime
▼
Fête : 25 décembre

- **Étym.** : du grec *zozimos* (vigoureux) • **Hist.** IVᵉ-Vᵉ s. : successeur d'Innocent Iᵉʳ ; en 416, son pontificat fut bouleversé par l'hérésie de Pelage. Après de nombreuses hésitations, il se décida à publier une encyclique condamnant le pélagianisme • **S. Zod.** : Capricorne.

SAINTS THAUMATURGES

ADRIEN, invoqué contre la peste.
AGATHE, invoquée contre les incendies, les éruptions volcaniques.
AMABLE, invoqué contre les morsures de serpent.
ANTOINE, invoqué contre la peste et pour retrouver les objets perdus.
APOLLINE, invoquée contre les maux de dents.
AYA, invoquée contre les procès injustes.
BARBE, invoquée contre les morts violentes.
BAUD, invoqué contre la sécheresse.
BLAISE, invoqué contre les morsures de vipères.
ERASME, invoqué contre les maux d'entrailles.
EUROSIE, invoquée contre le mauvais temps.
FARE, invoquée contre les maux d'yeux.
FIACRE, invoqué contre les hémorroïdes.
FLAMINIA, invoquée contre les maux d'yeux.
FLORIAN, invoqué contre les catastrophes causées par l'eau et le feu.
GAUDERIC, invoqué pour la pluie et le beau temps.
GERTRUDE, invoquée contre les souris et les rats.
GUY, invoqué contre l'épilepsie.
HIMELIN, invoqué contre la démence.
JEAN-BAPTISTE, invoqué contre l'épilepsie et les peurs d'enfants.
LEONARD, invoqué pour la santé des femmes enceintes.
LOUIS DE GONZAGUE, invoqué pour la santé des jeunes hommes.
LUCIE, invoquée contre les maux d'yeux.
MARINA, invoquée pour la santé des femmes en couches.
MATHURIN, invoqué contre la folie.
MEDARD, invoqué contre les maux de dents.
MERRY, invoqué contre les maux d'estomac.

SAINTS THAUMATURGES

Onnen, invoqué contre l'hydropisie.
Pharaïlda, invoquée contre la maladie des enfants.
Rita, invoquée contre la variole.
Solange, invoquée contre la sécheresse.

SAINTS PATRONS DES MÉTIERS ET CORPORATIONS

▼

Agathe, patronne des nourrices.
Albert, patron de la recherche scientifique.
Alor, patron des éleveurs de chevaux.
Antoine, patron des faïenciers et fabricants de peignes.
Apolline, patronne des dentistes.
Arnold, patron des brasseurs de bière.
Barthelemy, patron des tanneurs, des bouchers, des relieurs.
Blaise, patron des cardeurs.
Camille, patron des infirmiers.
Come et damien, patrons des chirurgiens et des médecins.
Crepin et crepinien, patrons des cordonniers.
Eloi, patron des orfèvres.
Erasme, patron des marins, et protecteur des bateaux.
Eustache, patron des chasseurs.
Fiacre, patron des maraîchers et des bonnetiers.
François de sales, patron des sourds-muets.
Gabriel, patron des novices, des séminaires.
Georges, patron des armuriers, bourreliers, potiers, cavaliers, scouts.
Gertrude, patronne des voyageurs.
Guy, patron des danseurs, des comédiens.
Honore, patron des boulangers, des confiseurs.
Honorine, patronne des bateliers.
Hubert, patron des chasseurs.
Jacques, patron des meuniers.
Luc, patron des médecins.
Nicolas, patron des marins, des enfants.
Raphael, patron des voyageurs, des médecins.
Reynold, patron des maçons.
Valentin, patron des amoureux.
Zita, patronne des domestiques.

PRÉNOMS COMPOSÉS FÉMININS

▼

Anne-Alexandra
Anne-Armande
Anne-Armelle
Anne-Astrid
Anne-Axelle
Anne-Aziliz
Anne-Béatrice
Anne-Bérengère
Anne-Blanche
Anne-Brigitte
Anne-Caroline
Anne-Catherine
Anne-Cécile
Anne-Cécily
Anne-Céleste
Anne-Céline
Anne-Chantal
Anne-Charlotte
Anne-Christelle
Anne-Christiane
Anne-Christine
Anne-Claire
Anne-Clarisse
Anne-Claude
Anne-Claudia
Anne-Clémence
Anne-Clotilde
Anne-Colette
Anne-Delphine
Anne-Dominique
Anne-Dorothée
Anne-Edith

Anne-Edouard
Anne-Edwige
Anne-Eléonore
Anne-Elisabeth
Anne-Elise
Anne-Elodie
Anne-Elsa
Anne-Elvire
Anne-Emeline
Anne-Emilie
Anne-Emmanuelle
Anne-Estelle
Anne-Faustine
Anne-Flavie
Anne-Fleur
Anne-Flore
Anne-Florence
Anne-Florentine
Anne-Florine
Anne-France
Anne-Franceline
Anne-Françoise
Anne-Frédérique
Anne-Gabrielle
Anne-Gaëlle
Anne-Geneviève
Anne-Georges
Anne-Gérard
Anne-Germaine
Anne-Gilles
Anne-Gisèle
Anne-Hedwige

Anne-Hélène
Anne-Héloïse
Anne-Hortense
Anne-Jacqueline
Anne-Jil
Anne-Josée
Anne-Julie
Anne-Juliette
Anne-Justine
Anne-Katherine
Anne-Kelly
Anne-Kristell
Anne-Laetitia
Anne-Laure
Anne-Laurence
Anne-Léonore
Anne-Lise
Anne-Lore
Anne-Louise
Anne-Luce
Anne-Lucie
Anne-Luz
Anne-Manuelle
Anne-Marguerite
Anne-Marie
Anne-Marlène
Anne-Martine
Anne-Maure
Anne-Mérédith
Anne-Michèle
Anne-Olympe
Anne-Pascale

PRÉNOMS COMPOSÉS FÉMININS

Anne-Paule
Anne-Pauline
Anne-Pearl
Anne-Philippe
Anne-Pierre
Anne-Pierrette
Anne-Raphaëlle
Anne-Régina
Anne-Régine
Anne-Renée
Anne-Rosalie
Anne-Rosalinde
Anne-Rose
Anne-Rosie
Anne-Sabine
Anne-Sara
Anne-Séverine
Anne-Simone
Anne-Simplicie
Anne-Solange
Anne-Solenne
Anne-Solweig
Anne-Sophie
Anne-Sylvaine
Anne-Sylvie
Anne-Thérèse
Anne-Tiphaine
Anne-Urielle
Anne-Ursule
Anne-Valentine
Anne-Valérie
Anne-Véronique
Anne-Victoire
Anne-Violette
Anne-Virgile
Anne-Yvonne

Catherine-Adélaïde
Catherine-Amélie
Catherine-Armande
Catherine-Axelle
Catherine-Edith
Catherine-Edma
Catherine-Edmée
Catherine-Edwige
Catherine-Hélène
Catherine-Héloïse
Catherine-Hermance
Catherine-Hortense
Catherine-Octavie
Catherine-Olga
Catherine-Sylvie

Cécile-Adélaïde
Cécile-Adélie
Cécile-Agathe
Cécile-Agnès
Cécile-Amélie
Cécile-Anastasie
Cécile-Andrée
Cécile-Aneth
Cécile-Aphelandra
Cécile-Ariane
Cécile-Aurore
Cécile-Avelaine
Cécile-Axelle
Cécile-Edith
Cécile-Eléonore
Cécile-Eliane
Cécile-Elise
Cécile-Emilie
Cécile-Eva
Cécile-Hélène
Cécile-Héloïse
Cécile-Ia
Cécile-Ilia
Cécile-Irène
Cécile-Ivanne
Cécile-Jeanne
Cécile-Laure
Cécile-Marie

Cécile-Odette
Cécile-Olga
Cécile-Olivia
Cécile-Olympe
Cécile-Rose
Cécile-Yanne
Cécile-Yseult

Diane-Alexia
Diane-Astrid
Diane-Clémence
Diane-Eléonore
Diane-Elise
Diane-Emilie
Diane-Estelle
Diane-Josée
Diane-Laure
Diane-Noémie
Diane-Perle
Diane-Priscilla
Diane-Rolande
Diane-Salomée

Elise-Adélaïde
Elise-Adrienne
Elise-Agatha
Elise-Aïda
Elise-Albanne
Elise-Aliénor
Elise-Andrée
Elise-Antonine
Elise-Apolline
Elise-Augustine
Elise-Eléonore
Elise-Emmanuelle
Elise-Hélène
Elise-Laure
Elise-Marie
Elise-Oanez
Elise-Odette
Elise-Olivia

PRÉNOMS COMPOSÉS FÉMININS

Elise-Ursilla
Elise-Ursule

Jeanne-Abella
Jeanne-Adélaïde
Jeanne-Adélie
Jeanne-Adeline
Jeanne-Agatha
Jeanne-Aileen
Jeanne-Alayne
Jeanne-Albanne
Jeanne-Alberte
Jeanne-Alice
Jeanne-Alix
Jeanne-Amandine
Jeanne-Amélie
Jeanne-Améline
Jeanne-Anaïs
Jeanne-Angèle
Jeanne-Antonia
Jeanne-Arielle
Jeanne-Arlette
Jeanne-Arnaude
Jeanne-Astrid
Jeanne-Augusta
Jeanne-Aurélie
Jeanne-Axelle
Jeanne-Béatrice
Jeanne-Bénédicte
Jeanne-Bérengère
Jeanne-Bertilie
Jeanne-Camille
Jeanne-Caroline
Jeanne-Catherine
Jeanne-Céleste
Jeanne-Christelle
Jeanne-Claire
Jeanne-Clémence
Jeanne-Clotilde
Jeanne-Colette
Jeanne-Colombe

Jeanne-Dolorès
Jeanne-Dorine
Jeanne-Dorothée
Jeanne-Edith
Jeanne-Eglantine
Jeanne-Eléonore
Jeanne-Elisabeth
Jeanne-Elvire
Jeanne-Emmanuelle
Jeanne-Erminie
Jeanne-Ernestine
Jeanne-Estelle
Jeanne-Félicia
Jeanne-Flore
Jeanne-Florentine
Jeanne-Florine
Jeanne-Francette
Jeanne-Frédérique
Jeanne-Gabrielle
Jeanne-Gaëlle
Jeanne-Hedwige
Jeanne-Hélène
Jeanne-Hoelenn
Jeanne-Hortense
Jeanne-Irène
Jeanne-Julie
Jeanne-Justine
Jeanne-Laure
Jeanne-Lise
Jeanne-Lorraine
Jeanne-Madeleine
Jeanne-Marcelle
Jeanne-Marion
Jeanne-Mathilde
Jeanne-Olympe
Jeanne-Philippa
Jeanne-Raïssa
Jeanne-Rolande
Jeanne-Rose
Jeanne-Ségolène

Jeanne-Valentine
Jeanne-Victoire

Laura-Edouardine
Laure-Adélaïde
Laure-Alberte
Laure-Alessia
Laure-Amandine
Laure-Amélie
Laure-Anaïs
Laure-Aneth
Laure-Anne
Laure-Aphelandra
Laure-Astrid
Laure-Azeline
Laure-Dominique
Laure-Edith
Laure-Edwige
Laure-Elena
Laure-Elie
Laure-Elise
Laure-Emeline
Laure-Emilie
Laure-Emmanuelle
Laure-Eva
Laure-Hélène
Laure-Héloïse
Laure-Jeanne
Laure-Lye
Laure-Marie
Laure-Sélina
Laure-Valérie

Lise-Adélaïde
Lise-Adèle
Lise-Agathe
Lise-Agnès
Lise-Albane
Lise-Andrée
Lise-Appoline
Lise-Armelle

PRÉNOMS COMPOSÉS FÉMININS

Lise-Charlotte
Lise-Claude
Lise-Edith
Lise-Emmanuelle
Lise-Hélène
Lise-Laure
Lise-Louve
Lise-Maelle
Lise-Marcelle
Lise-Marie
Lise-Odeline
Lise-Ombeline
Lise-Victoire

Marie-Abélia
Marie-Abeline
Marie-Adamante
Marie-Adélaïde
Marie-Adèle
Marie-Adélicia
Marie-Adélie
Marie-Adeline
Marie-Adenora
Marie-Aela
Marie-Aemilia
Marie-Agatha
Marie-Agathe
Marie-Agnès
Marie-Aïda
Marie-Aileen
Marie-Ailith
Marie-Alaine
Marie-Alaude
Marie-Albane
Marie-Albertine
Marie-Alda
Marie-Aldred
Marie-Alegria
Marie-Alena
Marie-Alène
Marie-Alésia

Marie-Alèthe
Marie-Alette
Marie-Alexane
Marie-Alice
Marie-Aline
Marie-Aliona
Marie-Alissa
Marie-Alix
Marie-Allison
Marie-Alma
Marie-Alodie
Marie-Althéa
Marie-Amanda
Marie-Amandine
Marie-Amélia
Marie-Améliane
Marie-Amélie
Marie-Anceline
Marie-Andrée
Marie-Andreva
Marie-Aneth
Marie-Ange
Marie-Angela
Marie-Angèle
Marie-Angélique
Marie-Angélina
Marie-Angéline
Marie-Anna
Marie-Anneig
Marie-Annaïk
Marie-Annaïs
Marie-Anne
Marie-Annette
Marie-Annick
Marie-Antonine
Marie-Astrid
Marie-Aube
Marie-Aude
Marie-Audren
Marie-Augustine
Marie-Aurélie

Marie-Axeline
Marie-Baptistine
Marie-Barbara
Marie-Bastienne
Marie-Béatrice
Marie-Béatrix
Marie-Belle
Marie-Bénédicte
Marie-Benjamine
Marie-Benoîte
Marie-Bernardine
Marie-Berthe
Marie-Blanche
Marie-Brune
Marie-Callistine
Marie-Camille
Marie-Candice
Marie-Candida
Marie-Capucine
Marie-Carmen
Marie-Carole
Marie-Caroline
Marie-Cathelle
Marie-Catherine
Marie-Catia
Marie-Catie
Marie-Cécile
Marie-Cécilia
Marie-Cécilie
Marie-Céciline
Marie-Cécily
Marie-Céleste
Marie-Célestine
Marie-Césarine
Marie-Chantal
Marie-Charles
Marie-Charlaine
Marie-Charlotte
Marie-Christal
Marie-Christie
Marie-Christilla

PRÉNOMS COMPOSÉS FÉMININS

Marie-Christilline
Marie-Christiane
Marie-Christine
Marie-Christophe
Marie-Claire
Marie-Clarisse
Marie-Claude
Marie-Clémence
Marie-Clémentine
Marie-Clotilde
Marie-Colombe
Marie-Corentine
Marie-Corinne
Marie-Cyril
Marie-Daisy
Marie-Danièle
Marie-David
Marie-Delphine
Marie-Désirée
Marie-Dolorès
Marie-Dominique
Marie-Domitia
Marie-Doria
Marie-Dorine
Marie-Dorothée
Marie-Edeline
Marie-Edgar
Marie-Edith
Marie-Edma
Marie-Edwige
Marie-Edwina
Marie-Elfie
Marie-Eglantine
Marie-Eileen
Marie-Elaine
Marie-Elena
Marie-Eléonore
Marie-Elga
Marie-Elie
Marie-Elisa
Marie-Elisabeth

Marie-Elise
Marie-Elissa
Marie-Ellen
Marie-Elodie
Marie-Emeline
Marie-Emeraude
Marie-Emerence
Marie-Emeric
Marie-Emilia
Marie-Emilie
Marie-Emmanuelle
Marie-Ermengarde
Marie-Ermine
Marie-Ernestine
Marie-Esseline
Marie-Estelle
Marie-Estève
Marie-Ethelle
Marie-Etoile
Marie-Eudeline
Marie-Eudes
Marie-Eugénie
Marie-Eulalie
Marie-Euveline
Marie-Euxane
Marie-Eva
Marie-Evangéline
Marie-Eve
Marie-Evelaine
Marie-Evelyne
Marie-Fabienne
Marie-Fabiola
Marie-Fabrice
Marie-Faustine
Marie-Félicia
Marie-Féliciane
Marie-Félicie
Marie-Fernande
Marie-Ferreol
Marie-Flavière
Marie-Flore

Marie-Florence
Marie-Florentine
Marie-Florine
Marie-France
Marie-Francine
Marie-Francisca
Marie-Françoise
Marie-Frantz
Marie-Frédérique
Marie-Gabrielle
Marie-Gaël
Marie-Gaëtane
Marie-Gail
Marie-Galatée
Marie-Galnière
Marie-Gaspardine
Marie-Geneviève
Marie-Gentiane
Marie-Georges
Marie-Gérald
Marie-Géraldine
Marie-Gérard
Marie-Gérardine
Marie-Gertrude
Marie-Gervaise
Marie-Ghislaine
Marie-Guilain
Marie-Guillaine
Marie-Gil
Marie-Gilberte
Marie-Gilles
Marie-Gisèle
Marie-Grégoria
Marie-Guyenne
Marie-Gwen
Marie-Gwenaëlle
Marie-Gwendoline
Marie-Héléna
Marie-Hélène
Marie-Helga
Marie-Héloïse

PRÉNOMS COMPOSÉS FÉMININS

Marie-Hermance
Marie-Hortense
Marie-Hyacinthe
Marie-Isabelle
Marie-Isnelda
Marie-Ivanne
Marie-Jacqueline
Marie-Jacynthe
Marie-Jane
Marie-Janes
Marie-Jeanne
Marie-Jennifer
Marie-Jérôme
Marie-Jessica
Marie-Jil
Marie-Joëlle
Marie-Johanna
Marie-Johanne
Marie-Jordane
Marie-Josée
Marie-Joseph
Marie-Joséphine
Marie-Josette
Marie-Joy
Marie-Joyce
Marie-Judith
Marie-Julie
Marie-Julienne
Marie-Juliette
Marie-June
Marie-Justine
Marie-Karen
Marie-Katia
Marie-Kay
Marie-Kristen
Marie-Laetitia
Marie-Landeline
Marie-Laura
Marie-Laure
Marie-Laurence
Marie-Laurentine

Marie-Laurenza
Marie-Lavinia
Marie-Léa
Marie-Léda
Marie-Lélia
Marie-Lena
Marie-Lène
Marie-Léonce
Marie-Léontine
Marie-Lilas
Marie-Lis
Marie-Lisa
Marie-Lisbeth
Marie-Lise
Marie-Lisette
Marie-Loeiza
Marie-Loïs
Marie-Lola
Marie-Lolita
Marie-Lomance
Marie-Lore
Marie-Lou
Marie-Louise
Marie-Louve
Marie-Luce
Marie-Lucie
Marie-Lucrèce
Marie-Ludovica
Marie-Luz
Marie-Madeleine
Marie-Madeline
Marie-Magdala
Marie-Manuelle
Marie-Marcelline
Marie-Margaret
Marie-Margot
Marie-Marguerite
Marie-Marjolaine
Marie-Marthe
Marie-Martine

Marie-Masheva
Marie-Mathilde
Marie-Mauve
Marie-Maxence
Marie-Michèle
Marie-Mildred
Marie-Monique
Marie-Morgane
Marie-Myriam
Marie-Naïk
Marie-Nella
Marie-Noëlle
Marie-Octeline
Marie-Odelle
Marie-Olga
Marie-Olivia
Marie-Olympe
Marie-Ombelinne
Marie-Ornella
Marie-Pacôme
Marie-Pallas
Marie-Pamela
Marie-Pascaline
Marie-Paskale
Marie-Paule
Marie-Perle
Marie-Peroline
Marie-Philippa
Marie-Pierre
Marie-Priscilla
Marie-Rachel
Marie-Raphaëlle
Marie-Régine
Marie-Reine
Marie-Réjane
Marie-Renée
Marie-Rolande
Marie-Rosalie
Marie-Rosanna
Marie-Rose

PRÉNOMS COMPOSÉS FÉMININS

Marie-Roseline
Marie-Sabine
Marie-Salomé
Marie-Sandra
Marie-Ségolène
Marie-Séraphine
Marie-Séverine
Marie-Sidonie
Marie-Sigolaine
Marie-Sigrid
Marie-Silvana
Marie-Simone
Marie-Simplicie
Marie-Solange
Marie-Solenne
Marie-Sophie
Marie-Stella
Marie-Stéphane
Marie-Stéphanie
Marie-Suzanne
Marie-Sylvaine
Marie-Sylvestre
Marie-Sylvie
Marie-Théodora
Marie-Thérésa
Marie-Thérèse
Marie-Tiphaine
Marie-Ulrica

Marie-Urielle
Marie-Ursule
Marie-Vaih
Marie-Vaïssa
Marie-Valentine
Marie-Valère
Marie-Vanessa
Marie-Vanille
Marie-Véronique
Marie-Victoire
Marie-Victorine
Marie-Violaine
Marie-Violette
Marie-Virginie
Marie-Viviane
Marie-Wilfrid
Marie-Xavier
Marie-Xavière
Marie-Yasmine
Marie-Yolande
Marie-Ysabel
Marie-Ysoline
Marie-Yvonne
Marie-Zelda
Marie-Zelie
Marie-Zénobre
Marie-Zéphirine

Sophie-Adèle
Sophie-Alexandra
Sophie-Amélie
Sophie-Aneth
Sophie-Angèle
Sophie-Anne
Sophie-Armelle
Sophie-Axeline
Sophie-Capucine
Sophie-Carole
Sophie-Caroline
Sophie-Catherine
Sophie-Céline
Sophie-Charlotte
Sophie-Claude
Sophie-Dorothée
Sophie-Eléonore
Sophie-Estelle
Sophie-Jane
Sophie-Laurence
Sophie-Mérédith
Sophie-Olga
Sophie-Pascale
Sophie-Paule
Sophie-Réjane
Sophie-Rosalinde
Sophie-Sara
Sophie-Thérèse
Sophie-Victoire

DIVERS FÉMININS

▼

Ada-Laure
Alexandra-Jeanne
Amélie-Anne
Anika-Laure
Aurélie-Anne
Axelle-Anne
Béatrice-Marie
Carla-Jennifer
Charlotte-Amélie
Charlotte-Astrid
Chloé-Liane
Christel-Line
Claire-Adélaïde
Claude-Josépha
Emilie-Anne
Estelle-Marie
Eve-Adélaïde
Eve-Marie
France-Astrid
France-Emmanuelle
France-Hélène
France-Olga
Georgia-Luce
Gwenn-Eléonore
Hélène-Adélaïde
Hélène-Maud
Hélène-Erminie

Hélène-Olga
Isabelle-Anne
Isabelle-Edith
Isabelle-Marie
Joella-Johanne
Josepha-Maud
Julie-Catherine
Julie-Charlotte
Julie-Dorothée
Julie-Jane
Julie-Jennifer
Julie-Victoire
Karen-Elisabeth
Karen-Laure
Kelly-Anne
Line-Adélaïde
Line-Agathe
Line-Armelle
Line-Dore
Line-Madeleine
Line-Margaret
Line-Margerie
Line-Marlène
Maud-Alexandra
Maud-Elise
Maud-Hélène
Mélanie-Anne

Mélanie-Laure
Mildred-Aurélie
Muriel-Elisabeth
Maïla-Luce
Nancy-Jane
Nathalie-Anne
Paule-Eléonore
Pauline-Adélaïde
Régine-Elisabeth
Rose-Adélaïde
Rose-Agnès
Rose-Hélène
Rose-Marie
Sonia-Laure
Tiphaine-Adélaïde
Vaïla-Mauve
Valérie-Aneth
Valérie-Anne
Valérie-Hélène
Véra-Luce
Victoire-Adélaïde
Victoire-Antonia
Victoire-Elise
Victoire-Hélène
Xavière-Ella
Yolande-Emilie
Ysoline-Agatha
Yvanne-Hélène

PRÉNOMS COMPOSÉS MASCULINS

Charles-Adalbert
Charles-Adolphe
Charles-Alban
Charles-Albert
Charles-Alexandre
Charles-Amaury
Charles-André
Charles-Antoine
Charles-Arthur
Charles-Auguste
Charles-Bernard
Charles-Christian
Charles-Damien
Charles-Denis
Charles-Edgar
Charles-Emile
Charles-Emmanuel
Charles-Ernest
Charles-Etienne
Charles-Gabriel
Charles-Gonzague
Charles-Guillaume
Charles-Guy
Charles-Harold
Charles-Henri
Charles-Hubert
Charles-Igor
Charles-Ivan
Charles-Jean
Charles-Jordanne
Charles-Joseph
Charles-Joyce

Charles-Julien
Charles-Ladislas
Charles-Louis
Charles-Manuel
Charles-Maxime
Charles-Michel
Charles-Octave
Charles-Olivier
Charles-Robert
Charles-Roland
Charles-Ulrich
Charles-Valère
Charles-Victor
Charles-Xavier
Charles-Yves

Claude-Abel
Claude-Alain
Claude-Alan
Claude-Albert
Claude-Aldric
Claude-Alexis
Claude-Ambroise
Claude-André
Claude-Antoine
Claude-Arnold
Claude-Charles
Claude-Dominique
Claude-Edmond
Claude-Emmanuel
Claude-Ernest
Claude-Félix

Claude-Gérald
Claude-Gilles
Claude-Henri
Claude-Hugues
Claude-Joachim
Claude-Louis
Claude-Matthieu
Claude-Médéric
Claude-Olivier
Claude-Oswald
Claude-Philippe
Claude-Raoul
Claude-Remi
Claude-René
Claude-Robert
Claude-Samuel
Claude-Selvère
Claude-Ulrich
Claude-Valérien
Claude-Victor
Claude-Vincent
Claude-Walter
Claude-Yvon

Clément-Albert
Clément-Alexis
Clément-Alfred
Clément-Arnaud
Clément-Baptiste
Clément-Bastien
Clément-Charles
Clément-Daniel

PRÉNOMS COMPOSÉS MASCULINS

Clément-David
Clément-Edouard
Clément-Emmanuel
Clément-Gaspard
Clément-Georges
Clément-Gilles
Clément-Jack
Clément-Jacques
Clément-Joël
Clément-Louis
Clément-Norbert
Clément-Paul
Clément-Richard
Clément-Serge
Clément-Thierry

François-Albert
François-Joseph
François-Jules
François-Kevin
François-Laurent
François-Louis
François-Maxime
François-Michel
François-Noël
François-Paul
François-Pierre
François-Régis
François-Robert
François-Rodrigue
François-Serge
François-Ulysse
François-Valère
François-Valéry

Jean-Adalbert
Jean-Alain
Jean-Albéric
Jean-Aldric
Jean-Alfred
Jean-Algis

Jean-Anselme
Jean-Antoine
Jean-Armand
Jean-Arnaud
Jean-Arthur
Jean-Aurélien
Jean-Balthazar
Jean-Baptiste
Jean-Barthélemy
Jean-Bastien
Jean-Baudoin
Jean-Benoît
Jean-Bernard
Jean-Blaise
Jean-Cédric
Jean-Célestin
Jean-Charles
Jean-Christian
Jean-Claude
Jean-Daniel
Jean-Denis
Jean-Didier
Jean-Dominique
Jean-Donald
Jean-Emile
Jean-Emmanuel
Jean-Etienne
Jean-Eudes
Jean-Fabrice
Jean-Félix
Jean-François
Jean-Frédéric
Jean-Gabriel
Jean-Gaspard
Jean-Gauthier
Jean-Georges
Jean-Gilbert
Jean-Gilles
Jean-Godefroy
Jean-Grégoire
Jean-Guillaume

Jean-Henri
Jean-Hervé
Jean-Hyppolyte
Jean-Hugues
Jean-Igor
Jean-Jacques
Jean-James
Jean-Jérôme
Jean-Joël
Jean-Joseph
Jean-Josse
Jean-Jules
Jean-Julien
Jean-Kenelm
Jean-Killian
Jean-Kristen
Jean-Laurent
Jean-Léandre
Jean-Léopold
Jean-Lionel
Jean-Loïs
Jean-Louis
Jean-Loup
Jean-Luc
Jean-Lucien
Jean-Ludovic
Jean-Ludwig
Jean-Magloire
Jean-Majoric
Jean-Malcolm
Jean-Marc
Jean-Marcel
Jean-Marie
Jean-Martial
Jean-Matthieu
Jean-Maurice
Jean-Michael
Jean-Michel
Jean-Nathanciel
Jean-Nicolas
Jean-Noël

PRÉNOMS COMPOSÉS MASCULINS

Jean-Pascal
Jean-Patrice
Jean-Paul
Jean-Philippe
Jean-Pierre
Jean-Privaël
Jean-Raphaël
Jean-Raymond
Jean-Régis
Jean-Remi
Jean-Renard
Jean-Renaud
Jean-René
Jean-Robert
Jean-Rodrigue
Jean-Romain
Jean-Romuald
Jean-Roy
Jean-Sébastien
Jean-Serge
Jean-Servais
Jean-Silvère
Jean-Simon
Jean-Stéphane
Jean-Sylvain
Jean-Thibault
Jean-Thomas
Jean-Ulrich
Jean-Valéry
Jean-Victor
Jean-Vincent

Michel-Adrien
Michel-Aibert
Michel-Aignan
Michel-Alban
Michel-Alexandre
Michel-Alexis
Michel-André
Michel-Antoine

Michel-Aubin
Michel-Axel
Michel-Edgar
Michel-Edwin
Michel-Eloi
Michel-Eric
Michel-Etienne
Michel-Henri
Michel-Herman
Michel-Hervé
Michel-Hubert

Philippe-Alain
Philippe-Alban
Philippe-Albert
Philippe-Aldric
Philippe-André
Philippe-Antoine
Philippe-Axel
Philippe-Claude
Philippe-Edgar
Philippe-Edouard
Philippe-Eugène
Philippe-Henri
Philippe-Hervé
Philippe-Octave
Philippe-Olivier
Philippe-Pierre

Pierre-Abel
Pierre-Adalbald
Pierre-Adelin
Pierre-Adrien
Pierre-Alain
Pierre-Alan
Pierre-Alaric
Pierre-Alban
Pierre-Albert
Pierre-Alexandre
Pierre-Alexis
Pierre-Aloïs

Pierre-Alphonse
Pierre-Amaury
Pierre-André
Pierre-Ansbert
Pierre-Antoine
Pierre-Archibald
Pierre-Armand
Pierre-Arnaud
Pierre-Arthur
Pierre-Augustin
Pierre-Aurélien
Pierre-Brice
Pierre-Charles
Pierre-Denis
Pierre-Dimitri
Pierre-Dominique
Pierre-Edgar
Pierre-Edouard
Pierre-Emeric
Pierre-Emile
Pierre-Eric
Pierre-Erwan
Pierre-Etienne
Pierre-Eudes
Pierre-François
Pierre-Frédéric
Pierre-Fulgence
Pierre-Gabriel
Pierre-Gaëtan
Pierre-Georges
Pierre-Guillaume
Pierre-Hans
Pierre-Harold
Pierre-Henri
Pierre-Herman
Pierre-Hugues
Pierre-Ismaël
Pierre-Jacques
Pierre-Jason
Pierre-Jasven
Pierre-Jérémie

PRÉNOMS COMPOSÉS MASCULINS
▼

Pierre-Jérôme
Pierre-Joachim
Pierre-Johanne
Pierre-Jordanne
Pierre-Léopold
Pierre-Loïk
Pierre-Louis
Pierre-Ludwig
Pierre-Manuel
Pierre-Matthieu
Pierre-Michaël
Pierre-Nicolas
Pierre-Octave
Pierre-Oliver
Pierre-Olivier
Pierre-Patrick
Pierre-Philippe
Pierre-Raphaël

Pierre-Régis
Pierre-Roland
Pierre-Romuald
Pierre-Salvator
Pierre-Samuel
Pierre-Sébastien
Pierre-Simon
Pierre-Stanislas
Pierre-Théodore
Pierre-Ubald
Pierre-Ulrich
Pierre-Valéry
Pierre-Vassili
Pierre-Victorin
Pierre-Virgile
Pierre-Vlasdislas
Pierre-Wolfgang
Pierre-Xavier

Pierre-Yannick
Pierre-Yannis
Pierre-Yves

René-Albert
René-Aldric
René-Arthur
René-Brian
René-Charles
René-Elzear
René-Emmanuel
René-Esteban
René-Estève
René-Fabien
René-Guy
René-Hubert
René-Paul
René-Stève

DIVERS MASCULINS

▼

Alain-Gilles
Alan-Claude
Amaury-Gérard
André-Charles
Antoine-Alban
Barthélemy-Joyce
Bernard-Auguste
Bernard-Claude
Bernard-Emmanuel
Bernard-François
Bernard-Yves
Carl-Adrien
Cédric-Anselme
Cédric-Arthur
Cédric-Edgar
Christian-Charles
Christian-Denis
David-Edgar
David-Edouard
David-Emmanuel
Emmanuel-Claude
Etienne-Alban
Etienne-Pierre
Etienne-Henri
Etienne-Louis
Fabrice-Emmanuel
Ferdinand-Gilles
Ferdinand-Jacques
Ferdinand-Joseph
Gaëtan-Charles
Georges-Alban
Georges-Albert

Georges-Antoine
Georges-Edgar
Georges-Henri
Georges-Ulrich
Gérald-Alban
Gérald-Antoine
Gilles-Albert
Gilles-Arthur
Gilles-Edouard
Henri-Guillaume
Henri-Joseph
Henri-Julien
Henri-Philippe
Hervé-Claude
Hervé-Tibère
Ivan-Jacques
Ivan-Xavier
Jacques-Alexandre
Jacques-Antoine
Jacques-Henri
José-Charles
José-Louis
José-Philippe
Julien-Claude
Julien-Emmanuel
Justin-Charles
Justin-Félix
Laurent-Edouard
Louis-Alexis
Louis-Antoine
Louis-Emmanuel
Louis-Henri

Louis-Hederic
Lucien-Xavier
Marc-Alain
Marc-Antoine
Marc-Arthur
Marc-Olivier
Marc-Valère
Maxence-Claude
Maxence-Emmanuel
Nicolas-Xavier
Pascal-André
Pascal-Antoine
Pascal-Edgar
Pascal-Etienne
Pascal-Henri
Patrick-Alban
Raphaël-Henri
René-Claude
René-Hubert
René-Paul
René-Serge
Roland-Jacques
Serge-Adrien
Serge-Axel
Serge-Henri
Valéry-Claude
Valéry-Hubert
Victor-Edouard
Victor-Emmanuel
Yves-Antoine
Yves-Olivier

CLASSIFICATION DES PRÉNOMS SELON LEUR ORIGINE

- PRÉNOMS HISTORIQUES

    Empruntés aux noms des saints à travers l'histoire. Pour plus de clarté, on les trouvera répartis en trois groupes :

    Antiquité : du Ier au VIe siècle.

    Moyen Âge : du VIe au XVe siècle inclus.

    Époque moderne et contemporaine : du XVIe siècle à nos jours.

- PRÉNOMS RÉGIONAUX OU D'ORIGINE ÉTRANGÈRE

    Tous les prénoms caractéristiques ou typés d'une région particulière.

- PRÉNOMS MYTHOLOGIQUES

    Empruntés aux noms des dieux, des déesses, des nymphes, des héros et des héroïnes.

- PRÉNOMS ÉCOLOGIQUES

    Rassemblant les noms de fleurs, mais aussi les prénoms dont l'étymologie ou la consonance évoquent la nature, la pureté, la clarté, etc.

REMARQUES

On soulignera cependant qu'un même prénom peut appartenir à deux, voire trois catégories différentes. Ainsi, un prénom médiéval comme Gwenn est également breton donc classé comme régional, et écologique puisqu'il signifie blanc, pur, etc.

Par ailleurs, les prénoms sont classés dans cet index selon leur date d'apparition et de formation et non selon leur date d'illustration par un saint. Un prénom de l'Antiquité comme Abel n'a eu de saint patron qu'au Moyen Âge ; il sera répertorié à Antiquité.

Enfin, et surtout, beaucoup de prénoms non illustrés par un saint n'auraient en conséquence pas droit à une fête. Afin de remédier à ce manque et ne pas spolier ainsi tous les détenteurs de prénoms « non chrétiens », on a suggéré un jour de fête à souhaiter selon trois critères : d'une part, en fonction des dérivés prénominaux émanant des prénoms catholiques existants et auxquels on a attribué les dates de fêtes correspondantes ; d'autre part, en établissant des relations avec des consonances voisines, et, enfin, en utilisant les associations de groupe, ainsi beaucoup de noms de fleurs n'étant pas illustrés par une patronne particulière ont été raccrochés simplement à sainte Fleur, fêtée le 5 octobre. Des prénoms de nymphe comme Lara, Mélissa, ont été associés à sainte Nymphe, fêtée le 10 novembre, etc. En ce qui concerne les prénoms composés, on a indiqué les deux dates de fête correspondant aux deux prénoms associés.

PRÉNOMS DE L'ANTIQUITÉ

▼

Abel	5 août	Albin	1ᵉʳ mars
Abigaïl	16 décembre	Albina	1ᵉʳ mars
Abondance	16 septembre	Alegria	23 novembre
Acace	31 mars		ou 18 août
Acacie	31 mars	Alena ou Alène	7 juin
Acaciane	31 mars	Alethe	11 juillet
Acanthe	31 mars	Alexandra	20 mars
Achille ou Achillée	31 mars	Alexandre	26 février
Acmé	31 mars	Alexia	17 juillet
Adam	2 mai	Alexis	17 juillet
Adamante	2 mai	Algasie	14 août ou 2 juin
Adelphe	29 août	Algis	2 juin
Adrian	9 janvier	Allyre	7 juillet
Adriana ou Adrianna	9 janvier	Alma	1ᵉʳ août
Adrien	9 janvier	Almeda	1ᵉʳ août
Aemilia	19 septembre	Aloara	22 octobre
Aethère	5 octobre	Alor	26 octobre
Agapé	15 avril	Amable	18 octobre
Agatha	5 février	Amadea	28 janvier
Agathe	5 février	Amadeus	28 janvier
Agathon	17 janvier	Amadour	20 août
Agnès	21 janvier	Amalia	5 janvier
Agrippine	23 juin	Amaryllis	5 octobre
Aignan	17 novembre	Amata	20 février
Aignane	17 novembre	Amaya	20 février
Aimée	20 février	Ambroise	7 décembre
Aïna	21 janvier	Ambroisie	7 décembre
Akasha	31 mars	Ambrosia	7 décembre
Alba	22 juin	Ambrosie	7 décembre
Alban	22 juin	Amé	13 septembre
Albane	22 juin	Amélie	5 janvier
Albe	22 juin	Amenâa	20 février

▲

PRÉNOMS DE L'ANTIQUITÉ

Ammie	31 août
Amos	31 mars
Ana	20 novembre
Anastase	19 décembre
Anastasia	15 avril
Anastasie	15 avril
Anatole	3 juillet
Anatolie	25 décembre
Andéol	1er mai
André	30 novembre
Andronic	9 octobre
Ange	5 mai
Angel	5 mai
Angela	5 mai
Angèle	5 mai
Ania	21 janvier
Anicet	7 avril
Anna	26 juillet
Anne	26 juillet
Annia	26 juillet
Ansan	1er décembre
Anthère	3 janvier
Anthia	18 avril
Anthime	27 avril
Antiopa ou Antiope	18 juin
Antoine	13 juin
Antonia	28 février
Antoinie	10 avril
Antonin	10 mai
Antonina	12 juin
Antonine	12 juin
Anysia	30 décembre
Apollinaire (sainte)	5 janvier
Apollinaire (saint)	5 octobre
Apolline	9 février
Apollinia	9 février
Apollinie	9 février
Apphien	2 avril
Aphrodise, Aphrodite	30 avril
Aquiline	13 juin
Arcadia	13 novembre
Arcadie	13 novembre
Arcade ou Arcadius	13 novembre
Arcady	13 novembre
Archibald ou Archinime	29 mars
Ariana ou Ariadna	18 septembre
Ariane ou Ariadne	18 septembre
Aricie	31 août
Aristide	31 août
Arsène	19 juillet
Artème ou Arthème	25 janvier
Artémis ou Artémise	25 janvier
Ascagne	12 avril
Asella ou Aselle	6 décembre
Aspasie	14 août
Asta	12 novembre
Atalante	10 mars
Ataléa	10 mars
Atalie	10 mars
Athanase	2 mai
Athanasie	14 août
Aubin	1er mars
Augusta	27 mars
Auguste	25 septembre
Augustin	28 août
Augustina	28 août
Augustine	28 août
Aurèle	20 juillet
Aurélia	25 septembre
Aurélie	25 septembre
Aurélien	16 juin
Auria	11 mars
Auriana	11 mars
Auriane	11 mars
Aurinia	4 octobre
Auxane	3 septembre
Auxence	14 février
Ava ou Ave	29 avril

PRÉNOMS DE L'ANTIQUITÉ

Avel	30 juillet	Camille	14 juillet
Avela	30 juillet	Candida	3 octobre
		Candide	3 octobre
Balbine	31 mars	Cant	31 mai
Baptista ou Battista	31 mai	Cantianille	31 mai
Baptiste	24 juin	Cantien	31 mai
Barnabé	11 juin	Cantia	31 mai
Barthélemy	24 août	Carine	7 novembre
Basile	2 janvier	Carmenta	16 juil., 10 nov.
Basilissa, Basilisse	15 avril	Carminia	16 juillet
Basille	2 mai	Cassandra	20 mars
Bastien	20 janvier	Cassandre	20 mars
Bastienne	20 janvier	Cassia	9 avril
Béatrix	29 juillet	Catharina	25 novembre
Benjamin	31 mars	Catherine	25 novembre
Benjamine	31 mars	Cécile	25 novembre
Benoît	11 juillet	Cécilia	22 novembre
Benoîte	16 mars ou 5 octobre	Céleste	14 octobre
Bérénice	4 octobre	Célia	21 octobre
Bernicé	4 octobre	Céline	21 octobre
Beth	17 novembre	Césaire ou César	27 août
Bethsabée	17 novembre	Césarie	12 janvier
Bianca	3 octobre	Césarine	12 janvier
Bibiane	2 décembre	Charité	1er août
Blaise	3 février	Chiona	3 avril
Blanca	31 mai ou 3 octobre	Chione	3 avril
Blanche	3 octobre	Chloé	9 juillet
Blanda	31 mai	Christina	24 juillet
Blandine	2 juin	Christine	24 juillet
Boece	23 octobre	Christophe	25 juillet
Boecia	23 octobre	Cinnie	1er février
Boniface	5 juin	Circé	24 juillet
Bonne	29 mai	Clair	4 novembre
		Clara	11 août
Calia	1er juillet	Claude	6 juin
Callia	1er juillet	Claudia	7 août
Calliope	7 avril	Clémence	21 mars
Calvina	1er juillet	Clément	21 mars
Callista	14 octobre	Clementia	21 mars
Calliste	14 octobre	Cléopâtre	19 octobre
Camilia ou Camilla	31 mars	Côme	26 septembre

PRÉNOMS DE L'ANTIQUITÉ

Constance	18 février	Diana	9 juin
Constant	23 septembre	Diane	9 juin
Constantia	18 février	Diane	9 juin
Constantin	11 mars	Didia	23 mai
Cordelia	9 juin	Didier	23 mai
Corinne	12 décembre	Dié	19 juin
Corneille	16 septembre	Dimitri	8 octobre
Cornélia	16 septembre	Dionna	8 avril
Cornélie	16 septembre	Dionne	8 avril
Cornille	16 septembre	Dominica	5 février
Crépin	25 octobre	Dominique (st)	8 août
Crépinien	25 octobre	Dominique (ste)	6 juillet
Crescence ou Crescent	15 juin	Domitia	9 août
Crescentia	5 avril	Domitie	9 août
Cypria	16 septembre	Domitien	9 août
Cyprien	16 septembre	Domitilla	7 mai
Cyprienne	16 septembre	Domitille	7 mai
Cyr	16 juin	Domna	28 décembre
Cyran	4 décembre	Donatia	24 mai
Cyriaque	27 octobre	Donatien	24 mai
Cyril	18 mars	Doria	25 octobre, 28 avril
Cyrille	18 mars	Dorothea	6 février
Cythéréa	30 avril	Dorothéa	6 février
		Duncan	19 mai
Dalila	9 juin	Dunstan	19 mai
Damara	9 juin		
Damia	26 septembre	Earina	28 juin
Damien	26 septembre	Egan	8 juillet
Daniel	11 décembre	Eléazar	1er août
Daria	25 octobre	Elia	4 juillet
David	1er mars	Elie	4 juillet
Delphin	24 décembre	Elisabeth	17 novembre
Delphine	26 novembre	Elisea	17 novembre
Démétria	8 octobre	Elisée	17 novembre
Démétrius	8 octobre	Emerence	23 janvier
Denis	8 avril	Emerentienne	23 janvier
Denise	6 décembre	Emerita	22 septembre
Denys	26 octobre	Emile	22 mai
Désiré	8 mai	Emilia	19 septembre
Désirée	8 mai	Emilie	19 septembre
Dia	9 juin	Emilien	12 novembre

380

PRÉNOMS DE L'ANTIQUITÉ

Emilienne	12 novembre	Fabia	20 janvier
Emmanuel	25 décembre	Fabien	20 janvier
Emmanuelle	25 décembre	Fabienne	20 janvier
Ena	26 juillet	Fabiola	27 décembre
Enimie	5 octobre	Fabrice	22 août
Ennata	25 juillet	Fabricien	22 août
Eponine	1er janvier	Fabricia	22 août
Erasme	2 juin	Fadilla	9 mars
Erinna	28 juin	Fata	4 janvier
Eris	18 mai	Faula	4 janvier
Espérance	1er août	Fausta	4 janvier
Estella	11 mai	Faustin	15 février
Estelle	11 mai	Faustine	15 février
Esther	1er juillet	Fébronie	25 juin
Ethan	26 décembre	Félicia	7 mars
Etienne	26 décembre	Félicie	7 mars
Eudia	19 novembre	Félicien	9 juin
Eugend	1er janvier	Félicienne	9 juin
Eugène	2 juin	Félicité	23 novembre
Eugénie	25 décembre	Félix	12 février
Eulalie	10 décembre	Ferréol	18 septembre
Euphémie	16 septembre	Fescenia	11 décembre
Euphrasie	13 mars	Firmin	11 octobre
Euphrosine	1er janvier	Flaminia	2 mai
Euphrosyne	1er janvier	Flavia	18 février
Euriella ou Eurielle	1er octobre	Flavie	18 février
Eurosie	25 janvier	Flora	24 novembre
Eusèbe	17 août	Flore	24 novembre
Eusébia, Eusébie	16 mars	Florence	1er décembre
Eustache	20 septembre	Florent	4 juillet
Euxane	3 septembre	Florentia	1er décembre
Eva	6 septembre	Florian	4 mai
Evan	27 décembre	Florine	1er mai
Evandre	26 octobre	Flour	4 novembre
Evangéline	27 décembre	Foy	1er août
Evariste	26 octobre	Fortunat	23 avril
Eve	6 septembre	Fortunata	23 avril
Evence	18 mars	Fortuné	23 avril
Exupérance	28 septembre	Fortunée	23 avril
Exupère	28 septembre	Franca	26 avril
Exupéry	28 septembre	Francisca	22 décembre

PRÉNOMS DE L'ANTIQUITÉ

Francisque	22 décembre	Gentien	11 décembre
Frumence	27 octobre	Gentienne	11 décembre
Fulgence	1er janvier	Georges	23 avril
Fuxiana	11 décembre	Georgia	15 février
Fuxiane	11 décembre	Georgie	15 février
Fuxien	11 décembre	Georgio	15 février
Fuxienne	11 décembre	Germain	31 juillet
Fulvia	1er janvier	Germana ou Germane	15 juin
Fulvie	1er janvier	Germina	15 juin
		Germinia	15 juin
Gabia	19 février	Germinie	15 juin
Gabiane	19 février	Gervais	19 juin
Gabie	19 février	Gloria	11 mars
Gabien	19 février	Gracia	21 août
Gabin	19 février	Graciane	21 août
Gabinia	19 février	Grégoire	17 novembre
Gabinien	19 février	Grégoria	21 octobre
Gabinienne	19 février	Guy	15 juin
Gabriel	27 février		
Gabriéla	27 février	Hadriana	8 septembre
Gabriella ou Gabrielle	27 février	Hadrien	8 septembre
Gaïane	22 septembre	Hannibal	24 juin
Gala	5 octobre	Harmonien	6 février
Galla	5 octobre	Hégésippe	7 avril
Galliane	5 octobre	Héléna	18 août
Gallien	5 octobre	Hélène	18 août
Gallienne	5 octobre	Hélia	20 avril
Gatiane	18 décembre	Hélicia	18 août
Gatien	18 décembre	Hélicie	18 août
Gatienne	18 décembre	Héléna ou Héliène	20 avril
Gaudence	25 octobre	Héline	20 avril
Gaudencia	25 octobre	Hélinie	20 avril
Gaudens	25 octobre	Héliodora	3 juillet
Gaudentia	25 octobre	Héliodore	3 juillet
Gellia	5 octobre	Herma	28 août
Gemma	11 avril	Hermès	28 août
Genès	25 août	Hilaire	13 janvier
Geneva	3 janvier	Hilaria	13 janvier
Geneviève	3 janvier	Hippolyte	13 août
Genséric	18 mai	Hiram	13 juillet

PRÉNOMS DE L'ANTIQUITÉ

Honorata	11 janvier	Jacob	28 juin
Honoré	16 mai	Jacques	25 juillet
Honoria	11 janvier	Janvier	19 septembre
Honorine	27 février	Jason	12 juillet
Horace	16 mai	Javier	19 septembre
Horatia	11 janvier	Jean	27 décembre
Horatien	16 mai	Jean-Baptiste	24 juin
Horatienne	16 mai	Jeanne	30 mai ou 21 août
Huna ou Hune	15 avril	Jérémie ou Jeremy	1er mai
Hunéric	15 avril	Jérôme	30 septembre
Hunérica ou Hunérika	15 avril	Jezebel ou Jesekel	17 décembre
Hya	4 août	Joachim ou Joaquim	16 août
Hyacinthe	17 août	Joas	16 août
Hyacinthia	17 août	Jonathan	27 décembre
Hyana ou Hyane	4 août	Josapha	7 décembre
Hyanie	4 août	Josefa ou Josepha	7 décembre
		Joseph	7 décembre
Ia	4 août	Joséphine	7 décembre
Ida	4 septembre	Josse ou Judoc	13 décembre
Idora	17 avril	Jova	2 mars
Iérémie	1er mai	Jovien	2 mars
Ignace	31 juillet	Jovienne	2 mars
Innocent	28 juillet	Jude	28 octobre
Iphigénie	9 juillet	Judith	29 juin
Iraïs	5 septembre	Jules	12 avril
Iréna	5 avril	Julia	22 mai
Irène	5 avril	Julie	22 mai
Irénée	28 juin	Julien	28 août
Irina	5 avril	Julietta	30 juillet
Iris	4 septembre	Juliette	30 juillet
Isaac	21 avril	Julitte	30 juillet
Isadora ou Isidora	17 avril	Junie	28 octobre
Isaïas ou Isaïe	15 mai	Just	14 octobre
Isice ou Isis	28 mars	Juste	10 novembre
Isidore	4 avril	Justin	1er juin
Isinda	28 mars	Justine	7 octobre
Isis	28 mars	Justinien	1er juin
Ismaël	13 mai	Juvence	25 janvier
Ismène	12 mai	Juventin	25 janvier
Ismérie	12 mai	Juventine	25 janvier

PRÉNOMS DE L'ANTIQUITÉ

Labéria	17 septembre
Labériane	17 septembre
Laelia	9 juillet
Laelien	6 septembre
Laetitia	6 septembre
Laetoria	6 septembre
Laetus	6 septembre
Laïs	18 avril
Larissa	26 mars
Latoya	8 octobre
Laurent	10 août
Laurence	19 octobre
Laurentia	3 juin
Laurentin	3 juin
Laurentine	3 juin
Lazare	17 décembre
Léa	22 mars
Léandre	27 février
Leccia	13 décembre
Lélia	9 juillet
Léo	10 novembre
Léocadie	9 décembre
Léocritie	15 mars
Léon	10 novembre
Léonce	18 juin
Léonide ou Léonilde	22 avril
Léonina	10 novembre
Léonine	22 avril
Léontia	18 juin
Lia	25 mai, 22 mars
Liberia ou Liberata	20 juillet
Ligella	2 octobre
Lin	23 septembre
Livia	5 mars
Livie	5 mars
Loelia	9 juillet
Luc	18 octobre
Lucain	25 juin
Lucas	18 octobre
Lucceia	13 décembre
Lucia	13 décembre
Luciana	8 janvier
Lucie	13 décembre
Lucien	8 janvier
Lucienne	8 janvier
Lucilla ou Lucillia	16 février
Lucille	16 février
Lucillien	3 juin
Lucillienne	3 juin
Lucin	25 juin
Lucinda	13 décembre
Lucinne	25 juin
Luciola	13 décembre
Lucrèce	15 mars
Lucretia	15 mars
Lya	25 mai
Lyce	25 mai
Lydia	3 août
Lydie	3 août
Lye	25 mai
Lysandre	25 mai
Macaire	2 janvier
Macella	31 janvier
Macrine	19 juillet
Madeleine	22 juillet
Maena	15 août
Maera	15 août
Maevia	6 septembre
Magda	22 juillet
Magdala	22 juillet
Magdeleine	22 juillet
Magdalena	22 juillet
Magia	10 juin
Magiane	10 juin
Maïa	15 août
Mallia	15 novembre
Mallien	15 novembre
Mana ou Manna	15 août, 26 juillet
Mara	16 février
Marc	25 avril

PRÉNOMS DE L'ANTIQUITÉ

Marcel	16 janvier
Marcella	31 janvier
Marcelle	31 janvier
Marcellin	6 avril
Marcia	25 avril
Marciane	25 avril
Marcie	25 avril
Marcion	25 avril
Margarita	10 juin
Mari, Maria	15 août
Mariam	15 août, 17 février
Marianne	17 février
Marie	15 août
Marika	10 novembre
Marina ou Marine	20 juillet
Marisca	20 juillet
Marius	19 janvier
Marpessa	15 août
Mars	13 avril
Marsia	13 avril
Marsiane	13 avril
Marsie	13 avril
Martha ou Marthe	29 juillet
Martial	30 juin
Martin	11 novembre
Martine	30 janvier
Mary	15 août, 19 janvier
Martory	29 mai
Mathie	7 mai
Mathurin	1er novembre
Mathurine	1er novembre
Matthias	14 mai
Matthieu	21 septembre
Maura	13 novembre
Maure	13 juillet
Maurice	22 septembre
Maxence	20 novembre
Maxima	16 octobre
Maxime	14 avril
Maximilien	12 mars
Maximilienne	12 mars
Maximina	16 octobre
Mélanie	31 décembre
Mélarie	5 août
Ménandre	14 octobre
Messaline	23 janvier
Metella	11 mai
Michel	29 septembre
Michèle	29 septembre
Monica	27 août
Monique	27 août
Mora	13 juillet
Munessa	4 septembre
Muse	10 novembre
Myriam	15 août
Myrcéa	5 octobre
Myrtéa	5 octobre
Nabrissa	5 septembre
Nade	18 septembre
Nadine	18 septembre
Naeva	6 septembre
Naomi	20 février
Narcisse	29 octobre
Narsès	19 novembre
Nataléna ou Natalène	10 novembre
Natalia ou Natelia	27 juillet
Nathalie	27 juillet
Nathan	19 janvier, 9 août
Nathanaël	19 janvier, 9 août
Nestor	26 février
Nestorine	26 février
Nicaise	14 décembre
Nicodème	3 août
Nicolas	6 décembre
Nicole	6 décembre
Ninn ou Nin	14 janvier
Nina	14 janvier
Nino	14 janvier
Ninian	16 septembre
Néomie	21 août

PRÉNOMS DE L'ANTIQUITÉ

Noah	25 décembre	Paulin	11 janvier
Nonn	2 mars	Pauline	26 janvier
Nonna	5 août	Pélagie	8 octobre
Nymphe	10 novembre	Pétrone	31 mai
Nymphéa	10 novembre	Pétronille	31 mai
		Pharaïlda	4 janvier
Occia	20 novembre	Philadelphe	10 mai
Ocellina	20 novembre	Philadelphia	10 mai
Ocilia	20 novembre	Philadelphie	10 mai
Octave	20 novembre	Philippa	6 juin
Octavia, Octavie	20 novembre	Philippe	6 juin
Octavien, Octavienne	20 novembre	Philippine	6 juin
Oliva	5 mars	Philoména ou Philomène	13 août
Olive	5 mars	Phoebé	2 septembre
Olivia	5 mars	Photine	20 mars
Olympe	17 décembre	Pierre	29 juin
Olympia	17 décembre	Placide	5 octobre
Olympio	17 décembre	Placidie	5 octobre
Onésime	16 février	Poncia	8 mars
Ophélie	6 juin	Pons	8 mars
Ophélio	6 juin	Porphyra	26 février
Orens	1er mai	Porphyre	26 février
Otacilia	2 juillet	Praxilla	16 janvier
Otacilien	2 juillet	Prisca	18 janvier
		Priscilla	16 janvier
Paciane	9 mars	Prixiana	18 janvier
Pacien	9 mars	Prixiane	18 janvier
Pacôme	9 mai	Procope	8 juillet
Palladia	8 octobre	Prosper	25 juin
Palmyre	5 octobre	Prudence	6 mai
Pamphile	1er juin	Prudentia	6 mai
Panthéa	18 avril	Publia	9 octobre
Patrice	17 mars	Pulchérie	10 septembre
Patricia	25 août		
Patriciane	25 août	Quentin	31 octobre
Patricien	27 mars	Quintia	31 octobre
Patricienne	27 mars	Quintilien	31 octobre
Patrick	17 mars	Quintilla	31 octobre
Paul	29 juin	Quintina	31 octobre
Paula ou Paule	26 janvier		

PRÉNOMS DE L'ANTIQUITÉ

Rachel	15 janvier	Sauréa	4 octobre
Racilia	15 janvier	Sentia	21 octobre
Raïa	5 septembre	Sébastia	20 janvier
Raïssa	5 septembre	Sébastien	20 janvier
Ramsès	7 janvier	Sébastienne	20 janvier
Rana	12 novembre	Séraphin	17 octobre
Raphaël	24 octobre	Séraphine	17 octobre
Rebecca	17 décembre	Séraphita	17 octobre
Regilla	7 septembre	Sérapia ou Sérapie	29 août
Régina	7 septembre	Séréna	16 août
Remi	15 janvier	Sérène	23 février
René	12 novembre	Serge, Sergia	25 septembre
Rhéa	12 novembre	Serna ou Sernin	29 novembre
Rimma	15 janvier	Servais	13 mai
Roma	28 février, 23 juillet	Servaise	13 mai
Romain	28 février	Séveriana, Séveriane	21 février
Romaine	28 février	Severien	21 février
Romula	23 juillet	Séverin	27 novembre
Rosa	23 août	Séverilla	27 novembre
Roxane	26 juillet	Sibylle	9 octobre
Rufa ou Rufila	14 juin	Sidoine	21 août
Rufus	18 décembre	Silana	25 septembre
Rustica	26 octobre	Silvère	20 juin
Ruth	29 mars	Silvester	26 novembre
Rustique	26 octobre	Silvestre	26 novembre
Rutila	26 octobre	Siméon	5 janvier
		Simon	28 octobre
Sabin	17 janvier	Simplicie	24 juin
Sabina	29 août	Sindonia	21 août
Sabine	29 août	Sofia	1er août
Salina	25 septembre	Solenna	25 septembre
Salomé	29 juin	Solenne	25 septembre
Salomon	25 juin	Sophia	1er août
Samson	28 juillet	Sophie	1er août
Samuel	20 août	Sosthène	
Sanga	20 mars	ou Sostène	28 novembre
Saphia	1er août	Stella	11 mai
Sara ou Sarah	13 juillet	Superba	26 juin
Saturnin	29 novembre	Suzanne	11 août
Sauféïa	1er août	Sybil	9 octobre
Saula	21 octobre	Sylphide	5 novembre

PRÉNOMS DE L'ANTIQUITÉ

Sylvain	4 mai	Théophile	21 mai
Sylvestre	31 décembre	Théophraste	27 décembre
Sylvia	5 novembre	Théoxane	26 juillet, 7 janvier
Symphoriane	22 août	Théoxena	26 juillet, 7 janvier
Symphorien	22 août	Thomas	28 janvier
Symphorienne	22 août	Tibère	27 juillet
Symphorose	8 juillet	Tibert	27 juillet
Symphorosie	8 juillet	Tiburce	14 avril
		Tigre	12 janvier
Taïs	8 octobre	Tima	19 avril
Tallia	10 octobre	Timé	19 avril
Tamara	1er septembre	Timon	19 avril
Tamnar	1er septembre	Timothée	24 janvier
Tagra	12 janvier	Tressia	12 juin
Tana	12 janvier	Tryphenne	10 novembre
Tanagra	12 janvier	Tulla ou Tulliane	3 avril
Tanaïs	12 janvier	Turia	17 mars
Tanaquil	12 janvier	Tutia	1er nov., 6 sept.
Tara	1er octobre	Tyana	12 janvier
Tarsilla	24 décembre	Tyané	12 janvier
Tatia, Tatiane	12 janvier	Tycha, Tyché, Tychen	10 novembre
Tatiana, Tatienne	12 janvier		
Tatien	15 juin		
Térence	21 juin	Ulcia, Ulciana, Ulciane	13 décembre
Terencia	21 juin	Ulcie	13 décembre
Termance	28 août	Ulysse	10 juillet
Termantia	28 août	Umbria	21 août
Tertulla ou Tertullia	30 avril	Umbrinna	21 août
Thaïs	8 octobre	Umbrissa	21 août
Thalassa	22 février	Urana ou Uranna	2 mai
Thalasse	22 février	Urane	2 mai
Thècle	24 septembre	Uranie	2 mai
Thée ou Thééa	25 juillet	Urbain	25 mai
Théodora	28 avril	Urbanilla	25 mai
Théodore	11 novembre	Ursa	2 décembre
Théodose	17 juillet	Ursan, Ursanne	2 décembre
Théodosie	29 mai	Ursilla	21 octobre
Théodule	17 février	Ursillana, Ursillane	21 octobre
Théophane	27 décembre	Ursula	21 octobre
Théophania, Théophanie	27 décembre	Ursule	21 octobre

PRÉNOMS DE L'ANTIQUITÉ

Vaïssa	5 septembre	Violantilla	5 octobre
Valens	14 février	Virgila	10 octobre
Valentia	14 février	Virgile	10 octobre
Valentiane	14 février	Virgilia	10 octobre
Valentin	14 février	Vitaliana	13 août
Valentio	14 février	Vitalina	13 août
Valère	14 juin	Vivian	2 décembre, 28 août
Valéri ou Valéry	1er avril	Vivien	28 août
Valéria	28 avril	Vivienne	28 août
Valérien	7 mai		
Vallier	22 octobre	Xenia	5 octobre
Vare ou Varus	19 octobre	Xerxès	3 décembre
Varenilla	19 octobre	Xystra	5 octobre
Variana	19 octobre	Xytilis ou Xytiliz	17 nov., 8 juil.
Varilla, Varillane	19 octobre	Xytilise	17 nov., 8 juil.
Vassili	15 avril		
Vassilissa	15 avril	Zachalie	5 novembre
Véïa, Véïane	15 juin	Zacharie	5 novembre
Veientilla	15 juin	Zéa	2 mai
Vénus	30 avril	Zéla	2 mai
Véra	1er septembre	Zelda	27 avril
Véran	11 novembre	Zele ou Zelée	2 mai
Vérana, Vérane	1er septembre	Zélia	2 mai
Vérania	1er septembre	Zélie	2 mai
Véranina	1er septembre	Zéline	2 mai
Véréna	1er septembre	Zénobe	25 mai
Véronica	4 février	Zénobie	25 mai
Véronique	4 février	Zénobin	25 mai
Victoire ou Victoria	17 novembre	Zénodora	12 avril
Victor	21 juillet	Zenodore	12 avril
Victorien	23 mars	Zénon	12 avril
Victorilla	15 mai	Zénonina	12 avril
Victorin	15 mai	Zéphania	2 janvier
Victorine	15 mai	Zéphirin	20 décembre
Vincent	27 septembre	Zéphirine	20 décembre
Vincentia	27 septembre	Zéphyre ou Zéphyr	20 décembre
Vinciana ou Vinciane	27 septembre	Zillah	2 mai
		Zita	27 avril
Vincien, Vincienne	27 septembre	Zoa	2 mai
		Zoé	2 mai

PRÉNOMS DE L'ANTIQUITÉ

Zoël	24 mai	Zoïs	24 mai
Zoëla, Zoëlie	24 mai	Zosima	25 décembre
Zoelina, Zoeline	24 mai	Zosime	25 décembre
Zoëlle	24 mai	Zosimé	25 décembre

PRÉNOMS DU MOYEN ÂGE

▼

Abélard	5 août	Ael	5 mai
Abelin	5 août	Aela	27 janvier
Abelinda	5 août	Aelig	27 janvier
Abeline	5 août	Aelred	3 mars
Ada	4 décembre	Aenor	2 mai
Adalbald	2 mai	Aenora	2 mai
Adalbaud	2 mai	Africa	5 août
Adalbaude	2 mai	Agilbert	11 octobre
Adalbert	15 novembre	Agilberta, Agilberte	11 octobre
Adalhard	2 janvier	Agnane	17 novembre
Adalsinde	2 ou 12 mai	Agneflète	2 avril
Adegrin	4 juin	Agobart	6 juin
Adegrine	4 juin	Aibert	7 avril
Adélaïde	16 décembre	Aïda	16 décembre
Adelard	2 janvier	Ailbe	12 septembre
Adèle	24 décembre	Ailean	9 septembre
Adelice	24 décembre	Aimable	18 octobre
Adelicia	24 décembre	Aimeric	22 septembre
Adelin	20 octobre	Airy	1er décembre
Adelina	20 octobre	Alain	9 septembre
Adelinda ou Adelinde	28 août	Alaine	9 septembre
Adeline	20 octobre	Alaïs	16 décembre
Adelphine	29 août	Alan	9 septembre
Ademar	24 mars	Alana	9 septembre
Adémar	24 mars	Alanne	9 septembre
Adenora	2 mai	Alara	1er décembre
Adnette	4 décembre	Alaric	1er décembre
Adolphe	14 février	Alaude	18 novembre
Adon	16 décembre	Alayne	9 septembre
Adonna	16 décembre	Albaric	21 août
Adrehilde	4 décembre	Albéric	21 août
Adulphe	17 juin	Albert	15 novembre

PRÉNOMS DU MOYEN ÂGE

Alberta, Alberte	15 novembre	Alphonse	1er août
Albertina, Albertine	15 nov.	Amadéo	28 janvier
Albin	1er mars	Amaël	24 mai
Albina, Albine	1er mars	Amalric	10 octobre
Albrecht	15 novembre	Amand	6 février
Alda	26 avril	Amandin	7 novembre
Aldebert	15 novembre	Amandina, Amandine	9 juillet
Aldegonde	30 janvier	Amarande	9 juillet
Aldemar	24 mars	Amaury	22 septembre
Aldith, Alditha	16 septembre	Amédée	28 janvier
Aldobrandesca	26 avril	Amélia	5 janvier
Aldona	26 avril	Amelina	5 janvier
Aldred	10 octobre	Ameline	5 janvier
Aldric	10 octobre	Amerigo	22 septembre
Aldwin	20 août	Anaïs	26 juillet
Aleaume	30 janvier	Ancel	21 avril
Alette	4 avril	Ancelin	21 avril
Aleyde	15 juin	Anceline	21 avril
Alfred	15 août	Andrea	30 novembre
Alfreda	15 août	Andreï	30 novembre
Alfwold	25 mars	Andres	30 novembre
Alice	9 janvier	Andrev	30 novembre
Alicia	9 janvier	Andreva	30 novembre
Alida	26 avril, 20 octobre	Andrew	30 novembre
Aliénor	2 mai	Anga	14 octobre
Aline	20 octobre	Angadrème, Angadrima	14 oct.
Aliocha	20 octobre	Angelina	15 juillet
Aliona	20 octobre	Angeline	15 juillet
Alioucha	20 octobre	Angilbert	18 février
Alis	9 janvier	Angilberta, Angilberte	18 février
Alissa	9 janvier	Anicette	17 avril
Alistair, Allistair	26 février	Anita	26 juillet
Alister, Allister	26 février	Annaig	26 juillet
Alith	16 septembre	Annaïk	26 juillet
Alix	9 janvier	Annette	26 juillet
Alla	25 juin	Ansbert	9 février
Allamanda	5 octobre	Ansberta, Ansberte	9 février
Allison	9 janvier	Ansegise	20 juillet
Aloara	22 octobre	Anselme	21 avril
Alodie	22 octobre	Ansfrid	11 mai
Aloïs	25 août	Ansfrida	11 mai

PRÉNOMS DU MOYEN ÂGE

Anshaire	3 février	Astrik	12 novembre
Anstrude	17 octobre	Athenaïs	14 août
Anstrudie, Anstrudy	17 octobre	Attala, Attale	10 mars
Anthelme	26 juin	Aube	1er mars
Antoinette	18 juin	Aubert	10 septembre
Anton	13 juin	Aude	18 novembre
Aodren	7 février	Audrain	7 février
Aodrena	7 février	Audren ou Aodren	7 février
April	9 juillet	Audrena ou Aodrena	7 février
Aranka	1er octobre	Audrey ou Audalde	23 juin
Archer	29 mars	Audry	23 juin
Ardley	30 novembre	Aulnay	11 février
Argan	24 août	Aunemond	28 septembre
Argane	24 août	Aunemonde	28 septembre
Arganthaël	24 août	Aura	4 octobre
Ariella, Arielle	1er octobre	Aure	4 octobre
Arleen	7 juillet	Aureguenn	4 octobre
Armaël	16 août	Aureguine	4 octobre
Armaëlle	16 août	Aurore	20 octobre
Armel ou Armael	16 août	Austin	28 août
Armela	16 août	Austreberte	10 février
Armelin, Armeline	16 août	Authier	9 avril
Armello	16 août	Avel	30 juillet
Arnaud	10 février	Avela	30 juillet
Arnaude	10 février	Avelaine	29 avril
Arnold	6 février	Avelia	30 juillet
Arnoul	18 juillet	Avelig	30 juillet
Arnoult	18 juillet	Avelina	29 avril
Arthaud	6 octobre	Aveline	29 avril
Arthellaïs	3 mars	Avenant	14 décembre
Arthur	15 novembre	Awena	14 décembre
Artus	15 novembre	Aya	18 avril
Arty	15 novembre	Aybert	7 avril
Arvin	3 octobre	Aymar	29 mai
Arzelenn	15 novembre	Aymeric	4 novembre
Arzhul, Arzhula	15 novembre	Aymond	7 janvier
Ascelin ou Asselin	23 août	Aymone	7 janvier
Asceline ou Asseline	23 août	Azelice, Azelicia	24 décembre
Ascott	12 novembre	Azelina, Azeline	24 décembre
Astrid	12 novembre	Azelle	6 décembre
		Aziliz	22 novembre

PRÉNOMS DU MOYEN ÂGE

Badefrid	11 juin	Bernward	2 novembre
Bailey	26 novembre	Berthaire	29 mars
Baldric	31 mars	Berthe	4 juillet
Baldwin	21 août	Berthold	29 mars
Baptistine	31 mai	Bertholf	29 mars
Baptistin	24 juin	Bertile ou Bertilie	5 novembre
Barbara ou Barbe	4 décembre	Bertille	3 janvier
Barberine	4 décembre	Bertram	16 octobre
Barclay	11 juin	Bertrand	16 octobre
Barnard	23 juin	Bertrande	16 octobre
Barney	11 juin	Bertrane	16 octobre
Barry	11 juin	Bettelin	9 septembre
Bartholo	24 août	Bettelina, Betteline	9 septembre
Bartholoméa	26 juillet	Beuno	21 avril
Bartholomée	26 juillet	Birgitt, Birgitta	23 juillet
Bastian	20 janvier	Bleiz	3 février
Bastianne	20 janvier	Bonizelda	6 mai
Bathilde	30 janvier	Boris	24 juillet
Bathylle	30 janvier	Borroméa, Borromée	24 juillet
Baud	7 novembre	Bradley	15 décembre
Baudouin	21 août	Bregaït	23 juillet
Béatrice	18 février	Brenda	13 novembre
Beau	7 novembre	Brendan	13 novembre
Becky	17 décembre	Brett	15 décembre
Bee	6 septembre	Briaga, Briagenn	15 décembre
Begge	17 décembre	Brian	15 décembre
Belinda, Belinde	8 septembre	Brianna, Brianne	15 décembre
Beline	8 septembre	Brice	13 novembre
Bella, Belle	22 février	Brieuc ou Brieg	1er mai
Bénédicte	16 mars	Brigitte ou Brigitta	23 juillet
Benilda, Benilde	13 août	Brithwald	9 janvier
Benson	31 mars	Brithwold	22 janvier
Bérard	16 janvier	Britt, Britta	23 juillet
Bérarde	16 janvier	Bruce	22 janvier
Bérardine	16 janvier	Brune	6 octobre
Bérenger	26 mai	Brunehaut	6 octobre
Bérengère	26 mai	Brunehilde	6 octobre
Bernadette	16 avril	Brunette	6 octobre
Bernard	20 août	Bruno	6 octobre
Bernardin	20 mai	Burton	6 octobre
Bernardine	20 mai		

PRÉNOMS DU MOYEN ÂGE

Cadfaël	2 avril	Christen	22 novembre
Cadroe	6 mars	Christian	24 juillet
Cadwallader	12 novembre	Christiana, Christiane	24 juillet
Caedmon	11 février	Christobal	12 novembre
Caedwallader	20 avril	Claire	11 août
Calais	1er juillet	Clarinda, Clarinde	11 août
Calédonia, Calédonie	1er juillet	Clarissa, Clarisse	11 août
Cameron	14 juillet	Claudine	7 août
Campbell	31 mai	Claus	6 décembre
Canut	19 janvier	Clayton	4 novembre
Carl	2 mars	Cliff, Clifford	25 juillet
Carla	17 juillet	Clodomir	25 août
Carlo	2 mars	Clotaire	7 avril
Carloman	17 août	Clotilde	4 juin
Carlton	2 mars	Clotsinde	4 juin
Carmen	16 juillet	Cloud	7 septembre
Caro	17 juillet	Clovis	21 juin
Caroline	17 juillet	Clyde	6 juin
Casilda	9 juillet	Coemgen	3 juin
Casimir	4 mars	Colas	6 décembre
Cateline	25 novembre	Colette	6 mars
Cathel, Cathelle	25 novembre	Colin	6 décembre
Catheline	25 novembre	Coline, Colleen	6 mars
Catherine	25 novembre	Colinette	6 mars
Cathy	25 novembre	Colinot	6 mars
Catia, Catie	25 novembre	Colomban	23 novembre
Cedde	7 janvier	Colombine	31 décembre
Cédric	7 janvier	Conan, Cronan	28 avril
Célestin	19 mai	Conrad	19 février
Célestina, Célestine	19 mai	Consuela	18 février
Ceolfrid	25 septembre	Consuelo	18 février
Chad	2 mars	Cooper	25 octobre
Chandler	2 mars	Corentin	12 décembre
Charlaine	17 juillet	Corentina, Corentine	12 déc.
Charles	2 mars	Cosette	6 mars
Charlette	17 juillet	Cosima	26 septembre
Charlez	2 mars	Craig	12 novembre
Charleza	17 juillet	Cunégonde	3 mars
Charlotte	17 juillet	Curtis	19 février
Charlton	2 mars	Cuthbert	20 mars
Chester	12 novembre		

PRÉNOMS DU MOYEN ÂGE

Dagobert	23 décembre	Edigna	26 février
Damiane	26 septembre	Edina	26 février
Dante	1er mars	Edith	16 septembre
Darcy	19 juillet	Edmond	20 novembre
Darlène	17 juillet	Edna	30 août
Daryl, Darryl	1er décembre	Edouard	5 janvier
Day	10 juillet	Edouardine	5 janvier
Deirdre	25 octobre	Edwige	16 octobre
Dewi	1er mars	Edwin	12 octobre
Dexter	28 septembre	Edwina	12 octobre
Didrich	11 novembre	Effie	8 février
Diétrich	11 novembre	Egan	8 juillet
Dieudonné, Dieudonnée	19 juin	Egfrid	8 décembre
Dogmaël	14 juin	Eglantine	5 octobre
Dogmaëla	14 juin	Eileen	18 août
Dogmeel	14 juin	Eirlys	17 juillet
Dolorès	15 août	Ela	1er février
Donald	15 juillet	Elaine	18 août
Donnan	18 avril	Elara	2 mai
Douce ou Doulce	29 mai	Eléanor	2 mai
Douglas	19 mai	Elfie	8 février
Drake	1er novembre	Elfléda	8 février
Droctovée	10 mars	Elfried	8 décembre
Duncan	19 mai	Elga	11 juillet
Dunstan	19 mai	Elisa	17 novembre
Dustin	19 mai	Ella	1er février
Dylan	11 décembre	Elliot	4 juillet
		Elma	15 avril
Eadbert	6 mai	Elme	15 avril
Eanfleda	8 février	Elmer	28 août
Earl, Earlene	18 mai	Elodie	22 octobre
Easterwin	7 mars	Eloi	1er décembre
Ebba	2 avril	Elphège	19 avril
Ebbane	2 avril	Elric	10 octobre
Edard	5 janvier	Elton	4 juillet
Edelburge	7 juillet	Elvira, Elvire	16 juillet
Edelin	20 octobre	Elzéar	27 septembre
Edeline	20 octobre	Emelin	27 octobre
Edern	30 août	Emelina, Emeline	27 octobre
Ederna	30 août	Emeric	4 novembre
Edgar	8 juillet	Emerica, Emerika	4 novembre

PRÉNOMS DU MOYEN ÂGE

Emilio	12 novembre
Emilion	12 novembre
Emma	29 juin
Emmeran	22 septembre
Emmeranne	22 septembre
Engelbert	7 novembre
Engelmond	21 juin
Enguerran	25 octobre
Enguerrande	25 octobre
Enora	2 mai
Enric ou Enrique	13 juillet
Eoyhan	2 juin
Ercongote	7 juillet
Erembert	14 mai
Erentrude	30 juin
Erhard	8 janvier
Eric	18 mai
Erica ou Erika	18 mai
Erich ou Erik	18 mai
Ermelinde	29 octobre
Ermengarde	28 août
Ermenilda	13 février
Erna	7 novembre
Ernest	7 novembre
Ernestine	7 novembre
Erno	7 novembre
Ernst	7 novembre
Erwan	19 mai
Erwana	13 février
Esméralda	29 juin
Esselin	3 août
Esseline	3 août
Esteban	26 décembre
Esteva	26 décembre
Estève	26 décembre
Estrella	11 mai
Ethan	26 décembre
Ethelbert	25 février
Ethelburge	12 octobre
Etheldrède	23 juin
Ethelinda, Ethelinde	23 juin
Ethelle	11 mai
Ethelwold	1er août
Etoile	11 mai
Etta	17 juillet
Eudelin	19 novembre
Eudeline	19 novembre
Eudes	19 novembre
Eudiane, Eudine	19 novembre
Euveline	6 septembre
Evangéline	27 décembre
Evelaine	6 septembre
Evelde	11 mai
Evelyne	6 septembre
Everilda, Everilde	9 juillet
Evrard	24 octobre
Ewald	3 octobre
Eystein	26 janvier
Fabian	20 janvier
Fabiane	20 janvier
Falkner, Faulkner	22 mai
Fanch	4 octobre, 24 janvier
Fanchette	22 décembre
Fanchon	22 décembre
Fantin	30 août
Fantine	30 août
Farah	3 avril
Fatima	15 août
Fédor	18 juillet
Félicidad	7 mars
Ferdinand	30 mai
Fernand	30 mai
Fernande	30 mai
Fern	30 mai
Fidèle	24 avril
Fidélia	24 avril
Fideline	24 avril
Fina ou Fine	12 mars
Finette	12 mars
Finlay	12 décembre

PRÉNOMS DU MOYEN ÂGE

Finnian	12 décembre	Fulrad	16 juillet
Fiona	1er août	Fursy	16 janvier
Fitzerald	13 mars		
Fleur	5 octobre	Gaël	17 décembre
Fleuret	4 novembre	Gaela	17 décembre
Fleurette	4 novembre	Gaelig	17 décembre
Floibert ou Flobert	19 avril	Gaëlle	17 décembre
Floraine	24 novembre	Gaïl	17 décembre
Florentin	24 octobre	Gaillarde	5 octobre
Florestan	24 octobre	Galactoire	27 juillet
Florette	24 novembre	Galeran	17 février
Florian	4 mai	Galia ou Gallia	5 octobre
Floriane	4 mai	Gall	16 octobre
Floribert	27 avril	Galmier	27 février
Foreannan	30 avril	Galmiéra	27 février
Forester, Forest	30 avril	Galmière	27 février
Foulques	22 mai	Ganet	30 octobre
France	22 décembre	Gareth	11 août
Francelin	4 octobre	Gaspar ou Gaspard	2 janvier
Franceline	22 décembre	Gasparde	2 janvier
Francette	22 décembre	Gaspardine	2 janvier
Franciane	22 décembre	Gaston	6 février
Francine	22 décembre	Gaubert	2 mai
Francis	4 octobre	Gaucher	9 avril
Franck	4 octobre, 24 janvier	Gaud	16 octobre
François	4 octobre, 24 janvier	Gaudéric	16 octobre
Françoise	22 décembre	Gauderice	16 octobre
Fransez	4 octobre, 24 janvier	Gauderika	16 octobre
Franseza	22 décembre	Gaudry	16 octobre
Franz ou Frantz	4 oct., 24 janv.	Gauthier	9 avril
Frédégonde	18 juillet	Gautier	9 avril
Frédéric	18 juillet	Gauvain	9 avril
Frédérika, Frédérica	18 juillet	Gaylor	16 octobre
Frédérique	18 juillet	Gaynor	3 janvier
Fredrich	18 juillet	Gence	11 novembre
Frida	8 février, 18 juillet	Geoffrey	8 novembre
Fridestan	9 avril	Geoffroy	8 novembre
Frideswida, Frideswide	19 oct.	Géraldine	13 mars
Frudestan	9 avril	Geraldy	13 octobre
Fulbert	10 avril	Gérard	3 octobre
Fulcran	13 février	Gérardine	3 octobre

PRÉNOMS DU MOYEN ÂGE

Gérald	13 mars	Godeleine	6 juillet
Géraud	13 octobre	Godeliève	6 juillet
Géraude	13 octobre	Godeline	6 juillet
Gerbert	15 mai	Godiva	6 juillet
Gerebern	15 mai	Godivia	6 juillet
Gerland	25 février	Goeric	19 septembre
Germer	25 septembre	Gohard	25 juin
Germier	16 mai	Gontran	28 mars
Germière	16 mai	Gonzalès	5 février
Germond	31 juillet	Göran	23 avril
Gérold	19 avril	Gordon	23 avril
Géronima	30 septembre	Gosminde	31 mars
Gertrude	16 novembre	Goulven ou Goulwen	1er juillet
Gerwin	3 mars	Gracieuse	21 août
Gerwina	3 mars	Grady	17 novembre
Gerwine	3 mars	Graham	11 août
Gerwinia	3 mars	Grant	13 octobre
Gery	11 août	Grazia	16 novembre
Geslain	9 octobre	Graziella	16 novembre
Ghislain	9 octobre	Grazilla	16 novembre
Ghislaine	9 octobre	Gregor	17 novembre
Gibrien	8 mai	Gregory	17 novembre
Gil	16 février, 29 janvier	Gresham	31 juillet
Gilbert	16 février	Greta	10 juin
Gilberte	11 août	Gretel	10 juin
Gilda	29 janvier	Greten	10 juin
Gildas	29 janvier	Grimaud	8 juillet
Gina	7 septembre	Gringoire	17 novembre
Ginevra	3 janvier	Griselda	21 août
Gino	21 juin	Gudule	8 janvier
Gisèle	7 mai	Gudwal, Gudwald	6 juin
Gladez	29 mars	Guenièvre	3 janvier
Gladys	29 mars	Guénolé ou Gwennolé	3 mars
Glen	1er septembre	Guérande	13 octobre
Glenda	29 janvier	Guérard ou Guérarht	3 octobre
Glwaldys	29 mars	Guerlande	25 février
Goar	6 juillet	Guerlaud	25 février
Godard	4 mai	Guerric	19 août
Godeberte	11 avril	Guibert	23 mai
Godefroy	15 janvier	Guier	4 avril
Godelaine	6 juillet	Guilain, Guilaine	9 octobre

PRÉNOMS DU MOYEN ÂGE

Guilhem	28 mai
Guillain, Guillaine	9 octobre
Guillane	9 octobre
Guillaume	28 mai
Guillemette	28 mai
Gunilda	8 janvier
Gunilla	8 janvier
Gustave	7 octobre
Guthlac	11 avril
Guyenne	15 juin
Guyette	15 juin
Guyonne	15 juin
Gwen	18 octobre
Gwenaël	3 novembre
Gwenaela, Gwenaele	3 nov.
Gwenaela, Gwenaelle	3 nov.
Gwenda	14 octobre
Gwendoline	14 octobre
Gwenfrevi, Gwenfrevine	3 nov.
Gwenn	18 octobre
Gwenna	18 octobre
Gwennaïg	18 octobre
Gwennoline	14 octobre
Gwilhem	28 mai
Gwilherm	28 mai
Gwyneth	18 octobre
Haberilla	30 janvier
Halward, Harwald	15 mai
Hamilton	13 septembre
Hank	13 juillet
Hans	24 juin
Hansie	30 mai, 21 août
Hansy	30 mai, 21 août
Harald	15 mai, 1er nov.
Harley	2 mars
Harold	1er novembre
Harriet	17 juillet
Harris	13 juillet
Harrison	13 juillet
Haude	18 novembre
Hawk	22 mai
Hazeka	26 janvier
Hebert	20 mars
Hedwige	16 octobre
Heimrad	28 juin
Heldrad, Helrad	13 mars
Helga	11 juillet
Héloïse	20 juillet
Hendrick	13 juillet
Henri	13 juillet
Henriella, Henrielle	17 juillet
Henrietta, Henriette	17 juillet
Héodez	18 novembre
Herbert	20 mars
Hereswitha	20 mars
Heribald	25 avril
Herlinda, Herlinde	22 mars
Hermance	28 août
Hermann	7 avril
Hermeland	25 mars
Hermelinda, Hermelinde	25 mars
Hermengarde	13 avril
Hermengilda, Hermengilde	13 avril
Hermine	28 août
Herminie	28 août
Hervé	17 juin
Hervéa	17 juin
Herweig	17 juin
Hidulphe	11 juillet
Hilary	13 janvier
Hilbert	3 novembre
Hilda	17 novembre
Hildebert	27 mai
Hildebrand	17 novembre
Hildegarde	17 septembre
Hildegonde	6 février
Hildelitte	3 septembre
Hildeman	8 décembre
Hildevert	27 mai

PRÉNOMS DU MOYEN ÂGE

Hiltrude	27 septembre	Isabeau	22 février
Himelin	10 mars	Isabel	22 février
Himelinda, Himelinde	10 mars	Isabelle	22 février
Himeline	10 mars	Isarn	24 septembre
Hoël	13 juillet	Isaure	22 février, 4 octobre
Hoëla	13 juillet	Isaut	22 février
Hombeline	21 août	Iselin	22 février
Howard	9 août	Iseline	22 février
Hubert	3 novembre	Iseult	22 février, 16 mars
Hugh	17 novembre	Isleen	18 août
Hughette	17 novembre	Ismelda	12 mai
Hugo	17 novembre	Isold	22 février, 16 mars
Hugoline	8 août	Isolda	22 février, 16 mars
Hugues	17 novembre	Isolde	22 février, 16 mars
Humbert	4 mars	Isoline	22 février, 16 mars
Humfroy	8 mars	Itta ou Ita	15 janvier
Humphrey	8 mars	Ivain, Ivaine	23 mai
Huntfrid	8 mars	Ivan	23 mai
		Ivanna, Ivanne	23 mai
Iba	4 septembre	Ivar, Ivor	23 mai
Idesbald	18 avril	Ivelin, Iveline	23 mai
Igor	5 juin	Iver ou Ivar	23 mai
Ike	17 décembre	Ivette	13 janvier
Ilda	23 janvier, 4 septembre	Ivon	23 mai
Ildefonse	23 janvier	Ivona ou Ivone	23 mai
Ilian	4 août	Ivy	23 mai
Ilsa, Ilse	17 novembre		
Imelda	12 mai	Jack	25 juillet
Imma	25 novembre	Jacotte	8 février
Immina	25 novembre	Jacqueline	8 février
Inda	4 septembre	Jacquemine	8 février
Inès	21 janvier	Jacquin, Jacquine	8 février
Ingeborg	2 septembre	Jakez	25 juillet
Ingonde	2 septembre	Jakeza	8 février
Ingrid	2 septembre	James	25 juillet
Irmengarde	4 septembre	Jane	30 mai, 21 août
Irmentrude	4 septembre	Janet	30 mai, 21 août
Irmina	24 décembre	Janis	21 août
Irmine	24 décembre	Jans	9 juillet
Irminie	24 décembre	Janssen	9 juillet
Irving	13 juillet	Janviéra ou Janvière	19 sept.

PRÉNOMS DU MOYEN ÂGE

Jaoven	2 mars	Juthaël	17 décembre
Jarvis	19 juin	Jutta	5 mai
Jasper	2 janvier		
Javiéra ou Javière	19 sept.	Kaelig	17 décembre
Javotte	8 février	Karel, Karelle, Karella	7 nov.
Jay	25 juillet	Karen	7 novembre
Jayne	21 août	Karine	7 novembre
Jeffrey	8 novembre	Kasper	2 janvier
Jehan	27 décembre	Katarina ou Katharina	25 nov.
Jehanne	30 mai, 21 août	Kate	25 nov.
Jildaza	29 janvier	Katel, Katell, Katelle	25 nov.
Joanne	4 novembre	Katharine ou Katharin	25 nov.
Joannice	4 novembre	Katia	25 novembre
Joaquina, Joaquine	28 août	Katy	25 novembre
Jocelyn	13 décembre	Ké	7 octobre
Jocelyna ou Jocelyne	13 déc.	Kean	8 octobre
Jodelle	13 juillet	Keelan	1er décembre
Joël	13 juillet	Keith	8 octobre
Joella, Joelle	13 juillet	Ken	17 juillet
Joeva	2 mars	Kenelm	17 juillet
Joevin	2 mars	Kenna	17 juillet
Johan	27 décembre	Kenneth	17 juillet
Johanna	30 mai, 21 août	Kennocha	13 mars
Johanne, Johannes	27 décembre	Kent	17 juillet
John	27 décembre	Kentigern	14 janvier
Jordan, Jordane	23 avril	Ketty	25 novembre
Jordana	15 février	Kevin	3 juin
Jordi	23 avril	Keyne	8 octobre
Jore	23 avril	Kiéran	5 mars
Joris	23 avril	Killien ou Killian	13 novembre
José	19 mars	Kineburge	6 mars
Josée	7 décembre	Kineswide	6 mars
Josh, Joss	13 décembre	Kirell	18 mars
Josselin, Josseline	13 décembre	Koulma	31 décembre
Juanita	30 mai, 21 août	Kristell	24 juillet
Juan	27 décembre	Kristen	12 novembre
Judicaël	17 décembre	Kristian	12 novembre
Julian	28 août	Kristina	24 juillet
Julianne	19 juin	Kyla	7 octobre
Julienne	19 juin	Kyle	7 octobre
Jurgen	23 avril		

PRÉNOMS DU MOYEN ÂGE

Ladislas	27 juin	Lina ou Line	28 août
Laïg	17 décembre	Lindsay	20 octobre
Laisren	18 avril	Lioba	28 septembre
Lambert	17 septembre	Liocha	28 septembre
Lancelot	21 avril	Lisa	17 novembre, 8 juillet
Lancelote	21 avril	Lisbeth	17 novembre, 8 juillet
Landelin	15 juin	Lise	17 novembre, 8 juillet
Landelina, Landeline	15 juin	Lisette	17 novembre, 8 juillet
Landoald	19 mars	Lison	17 novembre, 8 juillet
Landry	10 juin	Lô	22 septembre
Lanz	10 juin	Lœiz	25 août, 21 juin
Lary ou Larry	17 décembre	Lœiza	15 mars
Laserian	18 avril	Logan	17 février
Laude	18 novembre	Loïc	25 août, 21 juin
Laumara	19 janvier	Loïg	25 août, 21 juin
Laumer	19 janvier	Loïk	25 août, 21 juin
Laur	10 août	Loïs	25 août, 21 juin
Laura	19 octobre	Loman	17 février
Laure	19 octobre	Lomance	17 février
Laurence	19 octobre	Loraine ou Lorraine	2 mai
Laurenzo	10 août	Lorans	10 août
Lavena	3 novembre	Lorens	10 août
Léautier	27 février	Lorenzo	10 août
Lee	25 mai	Lothaire	25 août
Léger	2 octobre	Lothar	25 août
Leïla	9 juillet	Louis	25 août, 21 juin
Leith	25 mai	Louise	15 mars
Lenaïc	18 août	Loup	29 juillet
Lenaïg	18 août	Louve	29 juillet
Léonard	6 novembre	Lua	29 juillet
Léonella	10 novembre	Luce	13 décembre
Léonie	10 novembre	Lucette	13 décembre
Léopold	15 novembre	Ludmila ou Ludmilla	16 sept.
Leu	29 juillet	Ludolphe	27 mars
Leufroy	21 juin	Ludovic	21 juin
Lidivine ou Ludivine	14 avril	Ludovica	15 mars
Lie	22 mars	Ludwig	21 juin
Liébaut	8 août	Lufthilde	23 janvier
Liébert	8 août	Luisa	15 mars
Lilian	17 novembre	Lukas	18 octobre
Lilith	6 septembre	Lutgarde	16 juin

Luz	13 décembre	Marshall	16 janvier
Lynn	20 octobre	Martianne	13 avril
		Marvin, Mervyn	29 août
Mabel	18 octobre	Mathé	21 septembre, 7 mai
Mabelle	18 octobre	Mathelin	7 mai, 21 septembre
Macha	15 août	Matheline	7 mai, 21 septembre
Madeline	22 juillet	Mathéna	21 septembre, 7 mai
Madelon	22 juillet	Mathilda	15 mars
Madison	22 juillet	Mathilde	15 mars
Madruyna	5 septembre	Matthis	21 septembre
Maël	13 mai	Maud	18 novembre
Maela, Maelle	13 mai	Maudez	18 novembre
Mafalda	2 mai	Maughold	27 avril
Magloire	24 octobre	Maulde	18 novembre
Magneric	25 juillet	Maur	15 janvier
Mahaut ou Mahault	15 mars	Maureen	13 juillet
Maixent	26 juin	Maurette	13 novembre
Majoric	6 décembre	Maurine	13 juil., 13 nov.
Malaine	22 juillet	Mavel	30 juillet, 29 avril
Malcolm	15 novembre	Maveline	29 avril
Maleaume	15 novembre	Mavelle	30 juillet, 29 avril
Malo	15 novembre	Max	12 mars
Malva	5 octobre	Maxellende	13 novembre
Malvane	5 octobre	May	11 nov., 15 août
Malvina	5 octobre	Mayeul	11 mai
Malvy	5 octobre	Mechtilde	31 mai
Manfred	18 juillet	Médard	8 juin
Marceau	25 avril	Médéric	8 juin
Mareria	16 février	Megan, Mégane	10 juin
Margaine	10 juin	Meinrad	21 janvier
Margalide	10 juin	Mel	6 février
Marganne	10 juin	Mélaine	31 décembre
Margaret	10 juin	Mélinda	28 août, 31 déc.
Margaux	10 juin	Melle	9 mars
Margot	10 juin	Mellit	24 avril
Marian	15 août, 17 février	Mélusine	6 février
Marietta ou Mariette	15 août	Menehould	14 octobre
Marinette	20 juillet	Mengold	8 février
Marion	15 août	Mérana, Mérane	22 septembre
Marlaine	15 août, 18 août	Mercédès	15 août
Maroussia	13 avril, 15 août	Mérédith	16 septembre

PRÉNOMS DU MOYEN ÂGE

Méric	4 novembre	Nikolaï	6 décembre
Merry	29 août	Nil ou Nils	26 septembre
Metge	10 juin	Ninon	14 janvier
Meven	21 juin	Nolwenn	6 juillet
Mévena	21 juin	Nora, Nore	2 mai
Meynard	8 juin	Norbert	6 juin
Mieg	1er octobre	Noreen	2 mai
Mikael, Mikaela	29 septembre	Norig	2 mai
Milburge	23 février	Norman ou Normann	6 juin
Mildred	13 juillet	Notburge	14 septembre
Millicent	31 décembre	Novela	25 décembre
Millie	31 décembre	Novelenn	25 décembre
Mina	28 mai		
Minna	28 mai	Oanez	21 janvier
Modeste	24 février	Obert	4 janvier
Mona	27 août	Oda	20 avril
Monegonde	2 juillet	Odelin	4 janvier
Morand	3 juin	Odeline	4 janvier
Morgan	13 juillet	Odette	20 avril
Morgane	13 juillet	Odia	14 décembre, 20 avril
Morwenna	13 juillet	Odiane	14 décembre, 20 avril
Muguette	17 novembre	Odile	14 décembre
Murdoch	8 juin	Odilon	4 janvier
Murray	3 juin	Odin	4 janvier
		Odran	27 octobre
Nade	18 septembre	Oger	30 décembre
Nadège	18 septembre	Olaf ou Olav	29 juillet
Naïg	26 juillet	Olef ou Oleg	29 juillet
Naïk	26 juillet	Olga	11 juillet
Nalbert	6 juin	Oliva	5 mars
Nans	27 décembre	Olive	5 mars
Natacha	27 juillet	Oliver	12 juillet
Nathalan	19 janvier	Olivier ou Ollivier	12 juillet
Nathy	9 août	Olna	11 juillet
Neil	19 janvier	Omar ou Omer	9 septembre
Nersès	17 juillet	Ombeline	21 août
Nick	6 décembre	Ombredanne	21 août
Nicole	6 décembre	Onnen	9 septembre
Nicoletta, Nicolette	6 décembre	Orane	1er mai
Nikita	6 décembre	Oria	4 octobre
Niko	6 décembre	Orianna, Orianne	4 octobre

PRÉNOMS DU MOYEN ÂGE

Oringa	4 janvier
Orlando	15 septembre
Orora	20 octobre
Orsa, Orsane	20 décembre
Orson	20 décembre
Ortolana	11 août
Osanna ou Osanne	21 août
Oscar	3 février
Osith	7 octobre
Osmond ou Osmund	4 déc.
Oswald	9 août
Oswin	21 août
Othilie	2 juillet
Othon ou Otton	2 juillet
Otis	2 juillet
Owen, Owena	27 décembre
Paco	4 octobre, 24 janvier
Padrig	17 mars
Paol	29 juin
Paola	26 janvier
Paolo	29 juin
Pascal	17 mars
Pascalin	17 mars
Pascual	17 mars
Paskal	17 mars
Paulette	26 janvier
Pavlina	26 janvier
Pearce, Piers	29 juin
Peggy ou Pegue	8 janvier
Percy ou Percie	28 mai, 29 juin
Pernette	29 juin
Pernine	29 juin
Perrette	29 juin
Perrine	29 juin
Perrinette	29 juin
Perry	29 juin
Peter	29 juin
Petra	29 juin
Petronella, Petronelle	31 mai
Petrouchka	29 juin
Petroussia	29 juin
Phelan	6 juin
Philbert	20 août
Philibert	20 août
Philiberthe	20 août
Pia	29 juin
Pierce	29 juin
Pierrette	29 juin
Pierrick	29 juin
Pieyre	29 juin
Preston	25 juin
Privaël ou Premel	15 mai
Privelina	15 mai
Prix	25 janvier
Prunelle	5 octobre
Quillan, Quillian	13 novembre
Radegonde	13 août
Ragenfrède	8 octobre
Rainier ou Raynier	17 juin
Ralph	21 septembre
Rambert	13 juin
Ramon	7 janvier
Ramsay, Ramsey	7 janvier
Ramuntcho	7 janvier
Raoul	21 juin
Rauline	21 juin
Raymond	7 janvier
Raymonde	7 janvier
Regina	7 septembre
Reginald	7 mai
Reinelda	16 juillet
Reinelde	16 juillet
Reinhardt	12 novembre
Renal ou Reynald	7 mai
Renaldine	7 mai
Renard	17 septembre
Renata	12 novembre
Renate	12 novembre
Renaud	17 septembre

PRÉNOMS DU MOYEN ÂGE

Renaude	17 septembre	Rozenn	23 août
Renilda ou Renilde	5 janvier	Rubis ou Ruby	29 juin
Reynaldo	7 janvier	Rumwald	3 novembre
Reynold	7 janvier	Rupert	29 mars
Richard	3 avril	Russel	18 décembre
Richarde	3 avril	Ryan	16 juin
Rictrude	12 mai		
Rieul	3 septembre	Sabrina	16 septembre
Rigobert	30 avril	Saby	29 août
Rita	22 mai	Sacha	5 juin
Ritza	30 août	Saens	15 novembre
Robert	30 avril	Salaberge	22 septembre
Robin	30 avril	Salvator ou Salvatore	18 mars
Robina, Robine	30 avril	Salvé ou Salve	11 janvier
Roch	16 août	Salvia	11 janvier
Rodolph	21 juin	Salviana, Salviane	11 janvier
Rodrigue	13 mars	Salvina	11 janvier
Roger	30 décembre	Salvy	11 janvier
Roland	15 septembre	Sampsa	27 juin
Rolf, Rolph	21 juin	Sampsane	27 juin
Roman	28 février	Sampson	27 juin
Romane	28 février	Sanche	5 juin
Romaric	10 décembre	Sancho	5 juin
Romary	10 décembre	Sancia ou Sancie	17 juin
Rombaud	3 juillet	Sans ou Sanz	5 juin
Roméo	25 février	Santiago	25 juillet
Romuald	19 juin	Savine	30 janvier
Ronald	7 mai	Scott	12 novembre
Ronan	1er juin	Sean	27 décembre
Rosalba	23 août	Sebald	29 août
Rosalbanne	23 août	Sébastian, Sébastiane	20 janvier
Rosalia, Rosalie	4 septembre	Ségolène	24 juillet
Rosalinde	23 août	Selma	21 avril
Rosamonde	23 août	Senorina, Senorine	22 avril
Rosanna	23 août	Serenic	7 mai
Rose	23 août	Sergueï	25 septembre
Roseind	11 mars	Servan	1er juillet
Roseline	17 janvier	Servana, Servane	1er juillet
Rosemonde	23 août	Seymour	15 janvier
Rosetta, Rosette	23 août	Shane, Shannon	27 décembre
Rowan, Rowana	3 novembre	Shirley	22 novembre

PRÉNOMS DU MOYEN ÂGE

Sibert	1er février
Sibylline	19 mars
Sidaine	21 août
Sigebert	1er février
Sigfrid ou Siegfrid	15 février
Sigismond	1er mai
Sigmund	28 octobre
Sigolaine	24 juillet
Sigolène	24 juillet
Sigrid ou Sigrade	8 août
Silvin	17 février
Silvina, Silvine	5 novembre
Siran	5 décembre
Siriane	26 juillet
Soizic	22 décembre
Solange	10 mai
Solweig	25 septembre
Sonia	1er août
Spencer	28 septembre
Stanislas	11 avril
Stephan	26 décembre
Stéphane	26 décembre
Stephen	26 décembre
Steve	26 décembre
Störr	26 décembre
Stuart	11 avril
Sueva	11 janvier
Sullivan, Sully	4 mai
Sumniva, Sumnive	8 juillet
Supery	26 juin
Suzel, Suzelle	11 août
Suzon	11 août
Swann	25 septembre
Swein, Swenn	25 septembre
Sylvaine	4 mai
Tancelin	21 avril
Tanceline	21 avril
Tancrède	15 juin
Tanguy	19 novembre
Taylor	9 février
Teïla	9 février
Teïlo	9 février
Telcide	10 octobre
Tella	9 février
Telma	26 juin
Tennyson	8 avril
Térésa	1er octobre
Ternan	12 juin
Tescelin	21 avril
Tesceline	21 avril
Théau ou Théo	7 janvier
Théobald	27 juillet
Théodard	1er mai
Théodoric	11 nov., 1er juillet
Théodulphe	17 février
Thérèse	1er octobre
Thibald ou Thibalt	27 juillet
Thibaud ou Thibaut ou Thibault	27 juillet
Thibert	27 juillet
Thiébaud	27 juillet
Thierry	1er juillet
Thomassia	28 janvier
Thybald, Thybalt	27 juillet
Thyphaine	10 novembre
Tibald ou Tibalt	27 juillet
Tibba	6 mars
Tiphaine	10 novembre
Toinette	28 février
Toinon	28 février
Tristan	19 mai
Troy	16 juin
Trudie ou Trudy	17 mars
Tusca	5 mai
Tyba	6 mars
Ubald	16 mai
Ugo	17 novembre
Ugoline	8 août
Ulmer	10 juillet
Ulphe	3 janvier

PRÉNOMS DU MOYEN ÂGE

Ulric	10 juillet	Walfrid	15 février
Ulrica	10 juillet	Wallace	2 mai
Ulrich	10 juillet	Wallis, Wallys	2 mai
Ultan	2 mai	Walter	9 avril
Ultane	2 mai	Wanda ou Wandrille	22 juillet
Una	18 décembre	Warren	19 avril
Uria	1er octobre	Wenceslas	28 septembre
Uriella, Urielle	1er octobre	Wendoline	14 octobre
		Wenefrid	3 novembre
Vadim	26 décembre	Wereburge	3 février
Vaïk	26 décembre	Werner	19 avril
Valda	24 mars	Wesley	28 mai
Valdemar	24 mars	Whitney	6 janvier
Valma	24 mars	Wibert ou Wigbert	13 août
Valory	1er avril	Wilfrid ou Wilfried	12 octobre
Valtrude	9 avril	Wilgeforte ou Liberata	20 juillet
Vaneng	9 janvier	Wilhelm	28 mai
Vania	9 janvier	Wilhelmine	28 mai
Veïg	15 juin	Willa, Wilma	28 mai
Venceslas	28 septembre	Willehad ou Wilhard	8 nov.
Venise, Venetia	9 janvier	William	28 mai
Véridienne	1er février	Willibald	7 juin
Vernier	19 avril	Willigis	23 février
Vérone	29 août	Wilson	28 mai
Vianca	2 janvier	Wiltrud	6 janvier
Viance	2 janvier	Winebald	18 décembre
Victoric	11 décembre	Winfrid	15 juin
Viridiana	1er février	Winnifred	3 novembre
Vivian	2 décembre	Wistan	1er juin
Viviane	2 décembre	Wiston	1er juin
Vladimir	15 juillet	Wladimir	15 juillet
Vladislas	27 juin	Wolf	18 octobre
Voël	5 février	Wolfgang	31 octobre
Voëla, Voëlla	5 février	Wulfran	20 mars
Volodia	5 février	Wulstan	19 janvier
Wakefield	15 février	Xant	3 décembre
Walbert	2 mai	Xantha ou Xanta	3 décembre
Walberte	2 mai		
Walburge	25 février	Yann	27 décembre
Walder	9 avril	Yannick	27 décembre

PRÉNOMS DU MOYEN ÂGE

Yannig	27 décembre	Ysoline	6 septembre
Yasmine	31 mai	Yvan	23 mai
Yehudi	28 octobre	Yvanna	23 mai
Yoann	27 décembre	Yvanne	23 mai
Yola	11 juin	Yvelin, Yveline	23 mai
Yolande	11 juin	Yves	23 mai
Ysabel	22 février	Yvette	13 janvier
Yseut ou Yseult	16 mars	Yvon	23 mai
Ysoie	16 mars	Yvonne	23 mai

PRÉNOMS MODERNES

▼

Abella	5 août	Améthyste	29 juin
Adeliciane	24 décembre	Amy	20 février
Adélie	24 décembre	Andrée	30 novembre
Adélita	24 décembre	Andy	30 novembre
Adrianne	9 janvier	Anémone	5 octobre
Adrienne	9 janvier	Aneth	5 octobre
Aileen	18 août	Angélica	5 octobre
Ailith	16 septembre	Angélique	5 octobre
Aimie	20 février	Angie	27 janvier
Alec	9 septembre	Anika	26 juillet
Alethéa	11 juillet	Annabella	26 juillet
Alex	26 février, 11 juillet	Annabelle	26 juillet
Alexander	26 février	Anne-Marie	15 juillet
Alexandrine	20 mars	Annick	26 juillet
Alexane	17 juillet	Annie	26 juillet
Alexiane	17 juillet	Anouchka	26 juillet
Alfie	8 décembre	Anouk ou Annouk	26 juillet
Algiane	2 juin	Anthony	13 juin
Algie	2 juin	Antony	13 juin
Algis	2 juin	Arabel, Arabella, Arabelle	26 juil.
Alizé	9 janvier	Archie	29 mars
Allyriane	7 juillet	Aretha	18 septembre
Aloha	9 janvier	Arlette	17 juillet
Alphonsie	1er août	Armand	2 septembre
Alphonsine	1er août	Armande	9 juillet
Althéa	5 octobre	Armandine	9 juillet
Alysse	5 octobre	Aubrée	1er mars
Amanda	9 juillet	Audie	18 novembre
Amarante	5 octobre	Aviva	29 avril
Amarynthe	9 juin	Axel	2 juillet
Ambre	29 juin	Axeline	2 juillet
Améliane	5 janvier	Axella	2 juillet

PRÉNOMS MODERNES

Axellane	2 juillet	Cécily	22 novembre
Axelle	2 juillet	Cerise	5 octobre
Azalée	6 décembre	Chandra	2 mars
Azami	6 décembre	Chantal	12 décembre
Azur	2 juillet	Charity	1er août
		Charlène	17 juillet
Bahia	30 janvier	Charley	2 mars
Ben	31 mars	Charlie	2 mars
Bennett	11 juillet	Chelsea	22 novembre
Bergamote	5 octobre	Cheryl	22 novembre
Berkeley	11 juin	China	3 avril
Béryl	29 juin	Chine	3 avril
Bettina	17 novembre	Chloris	9 juil., 10 nov.
Bettino	17 novembre	Chris	24 juillet
Betty	17 novembre	Christa	24 juillet
Beverley	16 mars	Christabel	
Billy	10 janvier	ou Christabelle	24 juillet
Blaisiane	3 février	Christal	24 juillet
Brad	15 décembre	Christel ou Christelle	24 juillet
Brent	13 novembre	Christie	24 juillet
		Christilla	24 juillet
Calédonie	1er juillet	Christilline	24 juillet
Callistine	14 octobre	Christopher	25 juillet
Candice	3 octobre	Chuck	2 mars
Candie	3 octobre	Cindie	1er février
Candy	3 octobre	Clarinda	11 août
Cannelle	5 octobre	Clarinde	11 août
Cantiane	31 mai	Clark	4 novembre
Capucine	5 octobre	Claudette	7 août
Cara, Carissa	17 juillet	Claudie	7 août
Careen	7 novembre	Cléa	9 juillet
Caren	7 novembre	Clélia	9 juillet
Carlyne	17 juillet	Clélie	9 juillet
Carole	17 juillet	Clémentine	21 mars
Carrie	17 juillet	Cléo	9 juillet
Carry	17 juillet	Clive	25 juillet
Caryl	17 juillet	Clivia	9 juillet
Cassiane	9 avril	Connie	26 septembre
Céciliane	22 novembre	Cora	12 décembre
Cécilie	22 novembre	Corail	12 décembre
Céciline	22 novembre		

PRÉNOMS MODERNES

Coralie	12 décembre	Domitiane	9 août
Coralise	12 décembre	Donatiane	24 mai
Cornaline	29 juin	Donna	28 décembre
Cyd	21 août	Donovan	17 avril
Cyndie		Dora	28 avril
ou Cindy	2 mai ou 12 mai	Doreen	6 février
Cypriane	16 décembre	Dorian	11 novembre
Cyrane	4 décembre	Dorine	28 avril
Cyriane	4 décembre	Doris	6 février
		Dylan	11 décembre
Dahlia	5 octobre		
Daisy	10 juin	Eartha	22 septembre
Dalia	5 octobre	Ed	5 janvier
Daliane	5 octobre	Eddie	5 janvier
Dallas	9 juin	Eddy	5 janvier
Daniel	11 décembre	Eden	30 août
Daniéla	11 décembre	Edena	30 août
Danièle, Danielle	11 décembre	Edma	20 novembre
Danitza	11 décembre	Edmée	20 novembre
Danizia	11 décembre	Eliane	4 juillet
Dany	11 décembre	Eliette	4 juillet
Darlène	17 juillet	Elina, Eline	4 juillet
Dave	1er mars	Elise	17 novembre
Daviane	1er mars	Elissa	17 novembre
Davidane	1er mars	Ellen	18 août
Davina	1er mars	Ellenita	18 août
Davinia	1er mars	Ellina	1er février
Davy	20 octobre	Ellis	4 juillet
Dawn	10 juin	Elmie	15 avril
Day	9 juin	Elsa	17 novembre
Dayana	9 juin	Elsie	17 novembre
Debbie	6 septembre	Elsilina, Elsiline	17 novembre
Deborah	6 septembre	Elsy	17 novembre
Derek	11 novembre	Elvis	17 juin
Diamanta	2 mai	Elyette	4 juillet
Dick	3 avril	Emie	22 septembre
Didiane	23 mai	Emiliane	19 septembre
Dina ou Dinah	6 juillet	Emmelie	29 juin
Dirk	11 novembre	Emy	22 septembre
Dolla	15 août	Endora	19 août
Dolly	15 août	Errol	18 mai

PRÉNOMS MODERNES

Esméralda	29 juin	Gervaise	19 juin
Etiennette	26 décembre	Ghislie	9 octobre
		Ghisline	9 octobre
Fannie	2 janvier	Gian	27 décembre
Fanny	2 janvier	Gianni	27 décembre
Faye	1er août	Gilia	1er sept., 5 oct.
Féliciane	7 mars	Gilian, Giliane	1er sept., 5 oct.
Fenella	18 août	Gillian, Gilliane	1er sept., 5 oct.
Finch	12 décembre	Gillie	1er sept., 5 oct.
Firmaine	11 octobre	Ginette	7 septembre
Firmiane	11 octobre	Ginger	10 octobre
Firminie	11 octobre	Ginnie	10 octobre
Flavière	18 février	Gonzague	21 juin
Florida	24 novembre	Grégoriane	21 octobre
Floride	24 novembre	Grégorie	21 octobre
Fougère	2 septembre		
Franckie	4 octobre	Harry	13 juillet
François-Xavier	3 décembre	Harvey	17 juin
Franklin	24 janvier	Héliciane	18 août
Fred	18 juillet	Hélyette	20 juillet
Freddie	18 juillet	Himalaya	10 mars
Freddy	18 juillet	Holly	5 mars
		Honey	5 octobre
Gaby	27 février	Honoriane	11 janvier
Gaétan ou Gaëte	7 août	Horatiane	11 janvier
Gaetana	7 août	Hortense	5 octobre
Gaetane	7 août		
Gaïetana	7 août	Iana, Iane, Ianie	4 août
Gaïetane	7 août	Ianis	27 décembre
Galane	5 octobre	Idrina	4 septembre
Gelliane	5 octobre	Idriss	18 avril
Gemmie	11 avril	Ila, Ile, Ilean,	
Gene	2 juin	Iléana, Iléane	4 août
Gentiane	5 oct., 11 déc.	Ilian	4 août
Geordie	23 avril	Ilona	4 août
Georgette	15 février	India	9 juin
Georgiane	15 février	Indiana	9 juin
Georgina, Georgine	15 février	Iona	4 août
Germaine	15 juin	Irma	4 septembre
Gerry	13 mars	Ive	23 mai

PRÉNOMS MODERNES

Jackie	8 février	Lacmé	17 sept., 20 fév.
Jacky	25 juillet	Lalou	6 septembre
Jade	29 juin	Lana	18 août
Jaimie	8 janvier	Lani	18 août
Janie	30 mai ou 21 août	Lara	10 novembre
Janique	30 mai ou 21 août	Larie ou Larrie	10 nov., 26 mars
Jasmina ou Jasmine	5 octobre	Latoya	8 octobre
Jeannice	30 mai, 21 août	Lattie	8 octobre
Jeannine	30 mai, 21 août	Latty	8 octobre
Jemmie	30 mai, 21 août	Laurana	19 octobre
Jenna	30 mai	Laurelle	19 octobre
Jennifer	30 mai, 21 août	Laurenzia	19 octobre
Jenny	30 mai, 21 août	Laurette	19 octobre
Jerry	3 octobre	Lauriane	19 octobre
Jessica	4 novembre	Laurie	19 octobre
Jessie	4 novembre	Lawrence	19 octobre
Jessy	4 novembre	Leda	18 août
Jil	5 oct., 1er sept.	Léliane	9 juillet
Jim	25 juillet	Léna	18 août
Jimmy	25 juillet	Lennie	18 août
Jodie	13 juillet	Lennon	23 septembre
Joe	13 juillet	Leny	18 août
Joelliane	13 juillet	Léone	10 novembre
Joelline	13 juillet	Léonor	2 mai
Josette	7 décembre	Léonora, Léonore	2 mai
Josiane	7 décembre	Léontine	10 novembre
Josie	7 décembre	Léopoldine	15 novembre
Jossie	13 décembre	Léozane	10 novembre
Jovianne	2 mars	Lesley	17 nov., 8 juillet
Joy	13 décembre	Leslie	17 nov., 8 juillet
Joyce	13 décembre	Lexane	17 février
Judie	28 oct., 29 juin	Lewis	27 août
Judy	28 oct., 29 juin	Lia	25 mai, 22 mars
June	28 octobre	Liane	25 mai, 22 mars
		Libye, Libby	17 novembre
Kaïe	31 décembre, 7 octobre	Lidy	13 août
Kay	31 décembre, 7 octobre	Ligella	2 octobre
Keanu	8 octobre	Lilas ou Lila	5 octobre
Kelly	7 octobre	Liliane	17 nov., 6 juillet
Kim	8 octobre	Linda	28 août
Kimberley	8 octobre	Lionel	10 novembre

PRÉNOMS MODERNES

Lionelle	10 novembre
Liviane	5 mars
Liz	17 nov., 8 juillet
Liza	17 nov., 8 juillet
Lizzie	17 nov., 8 juillet
Lola	15 mars
Lolita	15 mars
Loma	29 juin
Lomée	29 juin
Loménie	17 février
Lona ou Loona	28 septembre
Lora	2 mai
Lore ou Lorée	2 mai
Lorna	10 août
Lorris	10 août
Lory, Lorry	10 août
Lossa	15 mars
Lottie	17 juillet
Lotus	5 octobre
Louella	15 mars
Louisiane	15 mars, 6 juillet
Lucillianna, Lucillianne	3 juin
Lucilienne	3 juin
Lucky	18 octobre
Lyla	5 octobre
Lys	5 octobre
Maddy	22 juillet
Madleen	22 juillet
Mado	22 juillet
Madona, Madonna	22 juillet
Mae	5 sept., 11 mai, 15 août
Maeva	6 septembre
Magali	10 juin
Mage ou Magge	10 juin
Maggie	10 juin
Maggy	10 juin
Maisie	10 juin
Maïté	15 août, 1er octobre
Malika	15 août
Mandy	9 juillet
Manoël	25 décembre
Manon	9 juillet, 22 juillet
Manuel	25 décembre
Marella	15 août
Marcelline	31 janvier
Margerie	10 juin
Margie	10 juin
Mariannick	15 août, 26 juillet
Marielle	15 août
Marilyn ou Marilyne	15 août, 20 oct.
Marilyse	15 août
Marjolaine	5 octobre
Marjorie	10 juin
Marlène	18 août
Marlyse	15 août, 17 nov.
Maryse	15 août
Maryvonne	15 août, 23 mai
Masha	15 août
Masheva	15 août
Mauricette	22 septembre
Mavis	18 octobre
Maximiliane	12 mars
Maybel, Maybelle	11 mai, 15 août
Meg	10 juin
Meigge ou Meiggie	10 juin
Mélina	31 décembre
Mélissa	10 novembre
Mélodie	6 fév., 14 déc.
Mélodine	6 fév., 14 déc.
Mélody	6 fév., 14 déc.
Méril	29 août
Méryll	29 août
Mia	15 août
Micha	29 septembre
Michaël	29 septembre
Michaëla, Michaële	29 sept.
Micheline	19 juin
Mick, Micky	29 septembre
Miel	6 février

PRÉNOMS MODERNES

Mike	29 septembre
Milène	5 août, 15 août
Mira	5 octobre
Mirabel, Mirabelle	5 août, 15 août
Miranda	15 août
Mireille	15 août
Misha	29 septembre
Modestie ou Modesty	24 février
Molly	9 mars, 31 déc.
Monie	27 août
Morane	13 juillet
More, Moré, Moree	13 juillet
Morna	13 juillet
Mortimer ou Mort	15 janvier
Moune	27 août
Moyna	27 août
Muriel	1er octobre
Myrrha	5 octobre
Myrtille	5 octobre
Naïke	26 juillet
Naïla	7 juin
Nancy	26 juillet
Nanda	5 octobre
Napoléon	15 août
Néal	19 janvier
Ned	5 janvier
Nedeleg	5 janvier
Neil	5 janvier
Nella	18 août
Nelly	18 août
Nelson	18 août
Nessie	24 janvier
Ninie ou Nini	14 janvier
Noella	25 décembre
Noëlle	25 décembre
Noellie	25 décembre
Noellina, Noelline	25 décembre
Noïra	2 mai
Noreen	2 mai
Noriane	25 octobre
Norma	6 juin
Nuala	25 décembre
Océan, Océane	9 août
Olivianne	5 mars
Ollie	11 juillet
Ona, Oona, Oonagh	27 août
Onawa	27 août
Ondine	14 décembre
Opale	29 juin
Orchidéa ou Orchidée	5 octobre
Orient	1er mai
Ornella	18 août, 4 oct.
Oswy	9 août
Paloma	31 décembre
Palmyre	5 octobre
Paméla	31 décembre
Patsie, Patsy	25 août
Patty ou Pattie	25 août
Pearl	29 juin
Penela	18 août
Penny	18 août
Pépita, Pépito	7 décembre
Perle	29 juin
Perlette	29 juin
Pervenche	5 octobre
Pétula	19 juin
Phyllis	6 juin
Polla	26 janvier
Polly	26 janvier
Primrose	23 août
Prudy ou Prue	6 mai
Quincy	31 octobre
Ray	7 janvier
Régine	7 septembre
Régis	16 juin

PRÉNOMS MODERNES

Réjane	7 septembre
Renée	12 novembre
Rex	16 juin
Rhett	13 novembre
Rick, Rickie, Ricky	18 septembre
Rod	21 juin
Rodney	1er juin
Rolande ou Rolende	13 mai
Rollande	13 mai
Romy	19 juin
Rosée	23 août
Rosemarie	23 août
Rosemary	23 août
Rosie	23 août
Rosine	23 août
Rosita	23 août
Rosy	23 août
Rowena	3 novembre
Roxane	26 juillet
Roy	16 juin
Samantha	10 août
Samie, Samy	20 août
Sander	26 février
Sandie ou Sandy	20 mars
Sandra	20 mars
Sandrine	20 mars
Sansévérina, Sansévérine	21 février
Saphir ou Saphire	29 juin
Savannah	10 septembre
Scarlett	2 mars
Serla	25 septembre
Serlana, Serlane	25 septembre
Servine	1er juillet
Séveriane	27 novembre
Séverine	27 novembre
Shani	25 juin
Sharon	22 novembre
Sheila	22 novembre
Shelley	22 novembre
Shere	22 novembre
Shona	27 décembre
Sidney	21 août
Sido	21 août
Sidonie	21 août
Silvan	17 février
Silvana	17 février
Simone	28 octobre
Sirana	5 décembre
Siren, Sirène	5 décembre
Sirida	5 décembre
Sissi	17 novembre
Sly	26 novembre
Soledad	11 octobre
Stacey, Stacie, Stacy	15 avril
Stan	26 déc., 11 avril
Stanley	26 déc., 11 avril
Stéphanie	2 janvier
Steve, Steven, Stevie	26 décembre
Sue	11 août
Susan	11 août
Susie	11 août
Suzanna ou Suzannah	11 août
Suzel ou Suzelle	11 août
Suzon	11 août
Suzy	11 août
Svetlana	4 mai
Swanny	25 septembre
Sylvette	5 novembre
Sylviane	5 novembre
Sylvie	5 novembre
Tabata ou Tabatha	6 mars
Tace	24 décembre
Tacie ou Tacy	24 décembre
Tallulah	9 février
Talna	12 janv., 15 juin
Tania	12 janvier
Tany	12 janvier

PRÉNOMS MODERNES

Teddy	9 novembre
Terry	21 juin
Tessa	1er octobre
Tiana	12 janvier
Tiany	12 janvier
Tiara ou Tiare	5 octobre
Tiffanie ou Tiffany	10 novembre
Tim	24 janvier
Tina	11 mars
Tino	11 mars
Titia	6 septembre
Titiane	6 septembre
Tom	28 janvier
Tommy	28 janvier
Tonia	28 février
Tony	13 juin
Toussaint	11 novembre
Tracey, Tracie, Tracy	1er octobre
Trévor	3 octobre
Tristana	19 mai
Tulla	3 avril
Tulliane	3 avril
Tyrone	1er juin
Ulla	31 janv., 1er octobre
Vaïla	26 déc., 17 juin
Vaïna	9 janvier
Valentine	14 février
Valériane	5 octobre
Valérie	28 avril
Valière ou Vallière	28 avril
Vanessa	9 janvier
Vanina	14 janvier
Veïlana	15 juin
Vianney	4 août
Vicky	17 novembre
Victoriane	23 mars
Vince	27 septembre
Viola	5 octobre
Violaine	5 octobre
Violetta	5 octobre
Violette	5 octobre
Virgiliane	10 octobre
Virgilise	10 octobre
Virgiliz	10 octobre
Virgina	10 octobre
Virginia	10 octobre
Virginie	10 octobre
Virginien	10 octobre
Viriane	11 novembre
Virna	1er septembre
Vona ou Vonna	23 mai
Vonny	23 mai
Wallis, Wallys	2 mai
Wendy	22 juillet
Williane	28 mai
Willie	28 mai
Willis	28 mai
Willy	28 mai
Winnie	18 décembre
Winona	3 novembre
Xavier	3 décembre
Xaviéra	3 décembre
Xavière	3 décembre
Yanna	21 août, 30 mai
Yannie	21 août, 30 mai
Yannis	27 décembre
Yola	11 juin
Youri	23 avril
Zana	11 août
Zandra	20 mars
Zane	21 août
Zara	13 juillet
Zelma	21 avril
Zera	27 avril
Zérane	27 avril
Zinnia	5 octobre

PRÉNOMS RÉGIONAUX ET ÉTRANGERS

ABRÉVIATIONS : *afr* : africain ; *als* : Alsace ; *amér* : amérindien ; *angl* : anglais ; *angl. nd* : anglo-normand ; *angl. sax* : anglo-saxon ; *ar* : arabe ; *auv* : Auvergne ; *bourb* : Bourbonnais ; *bourg* : Bourgogne ; *br* : Bretagne ; *celt* : celtique ; *dau* : Dauphiné ; *écoss* : écossais ; *écoss anc* : écossais ancien ; *esp* : espagnol ; *fl* : Flandres ; *fr. comté* : Franche-Comté ; *gaél* : gaélique ; *gall* : gallois ; *germ* : germanique ; *haw* : hawaïen ; *ind* : indien ; *irl* : irlandais ; *ital* : italien ; *jap* : japonais ; *lang* : Languedoc ; *lat* : latin ; *lorr* : Lorraine ; *nd* : Nord ; *nor* : Normandie ; *occ* : Occitanie ; *pic* : Picardie ; *pers* : persan ; *prov* : Provence ; *sansk* : sanskrit ; *scand* : scandinave ; *slv* : slave ; *sd* : Sud.

Aanor (*br*)	2 mai
Abir, Abira (*ar*)	5 août
Adrian (*prov*)	9 janvier
Ael (*br*)	5 mai
Aela (*br*)	27 janvier
Aelig (*br*)	27 janvier
Aenor, Aenora (*br*)	2 mai
Aïcha (*ar*)	16 décembre
Aimeric (*occ*)	22 septembre
Alaeddina, Alaeddine (*ar*)	22 octobre
Alan (*br*)	9 septembre
Alanna (*br*)	9 septembre
Alaric (*occ*)	1er décembre
Albaric (*sd*)	21 août
Albéric (*sd*)	21 août
Albin, Albina (*sd*)	1er mars
Albrecht (*als*)	15 novembre
Aldebert (*occ*)	15 novembre
Aldith, Alditha (*nd*)	16 septembre
Aldric (*occ*)	10 octobre
Aldwin (*nd*)	20 août
Ali, Alia, Alya (*ar*)	22 octobre
Aliénor (*occ*)	2 mai
Alistair, Allister (*angl sax*)	26 février
Alla (*lang*)	25 juin
Alméda (*br*)	1er août
Almira (*ar*)	16 juillet
Aloara (*occ*)	22 octobre
Aloha (*haw*)	9 janvier
Alor (*br*)	26 octobre
Amable (*auv*)	18 octobre
Amaël (*br*)	24 mai
Amalric (*occ*)	10 octobre
Amina (*ar*)	31 août
Anaïs (*br*)	26 juillet
Andéol (*sd*)	1er mai
Andrès, Andrev, Andreva (*br*)	30 novembre

PRÉNOMS RÉGIONAUX ET ÉTRANGERS

Angelo (sd)	5 mai
Anissa (ar)	26 juillet
Annaïg, Annaïk, Annick (br)	26 juillet
Aodren, Aodrena (br)	7 février
April (angl. nd)	9 juillet
Arcady (sd)	13 novembre
Archibald (auv)	29 mars
Ardley (angl. sax)	30 novembre
Arganthaël (br)	24 août
Arlean (gaél)	9 septembre
Arleen (angl. sax)	17 juillet
Armaël, Armaëlle (br)	16 août
Armand (sd)	2 septembre
Armande (sd)	9 juillet
Armane (ar)	13 septembre
Armel, Armela, Armelle (br)	16 août
Arslane (ar)	15 novembre
Arthaud (sd)	6 octobre
Arthur, Artus, Arty (br)	15 nov.
Arvin (angl. sax)	3 octobre
Arzhelenn, Arzhul, Arzhula (br)	15 novembre
Ascott (angl. sax)	12 novembre
Astrid (nd)	12 novembre
Aubrée (occ)	1er mars
Audren, Audrena (br)	7 février
Aureguenn, Aureguine (br)	4 octobre
Avel, Avela, Avelia, Avelig (br)	30 juillet
Aymon, Aymone (sd)	7 janvier
Azami (jap)	6 décembre
Aziliz (br)	22 novembre
Aziz, Aziza (ar)	2 juillet
Azur (pers)	2 juillet
Azza (ar)	6 décembre
Bahia (ar)	30 janvier
Bailey (angl. nd)	26 novembre
Baldwin (nd)	21 août
Barclay (angl. sax)	11 juin
Barney (angl. nd)	11 juin
Barry (gaél)	11 juin
Bastian, Bastiane (occ)	20 janvier
Bastien, Bastienne (auv)	20 janvier
Baudouin (nd)	21 août
Becky (angl)	17 décembre
Benson (angl. sax)	31 mars
Berkeley (angl. sax)	11 juin
Bertram (sd)	16 octobre
Bertrane (occ)	16 octobre
Beverley (angl. sax)	16 mars
Birgitt, Birgitta (nd)	23 juillet
Bleiz (br)	3 février
Brad (angl. sax)	15 décembre
Brégaït (br)	23 juillet
Brent (angl. sax)	13 novembre
Briac, Briag, Briaga, Briagenn, Brian, Brianna, Brianne (br)	15 décembre
Brieg, Briéuc (br)	1er mai
Britannia (celt)	1er mai
Britt, Britta (nd)	23 juillet
Brooke (angl. sax)	6 octobre
Brune, Brunehaut (auv)	6 oct.
Brunehilde, Bruno (als)	6 oct.
Byron (angl. sax)	1er mai
Cadfaël (celt)	20 avril
Calédonie (lat)	1er juillet
Cameron (gaél)	14 juillet
Campbell (gaél)	31 mai
Cara, Carissa (angl)	17 juillet
Caren (nd)	7 novembre
Carlton (angl. nd)	2 mars
Caro (br)	17 juillet
Carren (nd)	7 novembre
Caryl (angl)	17 juillet

PRÉNOMS RÉGIONAUX ET ÉTRANGERS

Cathel,
 Cathelle (*als*) 25 novembre
Césaire, César (*sd*) 27 août
Césarie (*sd*) 12 janvier
Césarine (*sd*) 11 janvier
Chad (*gall*) 2 mars
Chadia (*ar*) 2 mars
Chandra (*sansk*) 2 mars
Chantal (*centre*) 12 décembre
Charlez (*br*) 2 mars
Charleza (*br*) 17 juillet
Charlton (*angl. nd*) 2 mars
Chelsea (*écoss. anc*) 22 novembre
Cheryl (*angl*) 22 novembre
Chester (*angl. sax*) 12 novembre
Christen (*nd*) 22 novembre
Chuck (*angl*) 2 mars
Cindie (*angl*) 1er février
Clark (*angl*) 4 novembre
Claus (*als*) 6 décembre
Clayton (*angl. sax*) 4 novembre
Cliff, Clifford (*angl. sax*) 25 juillet
Clive (*angl. sax*) 25 juillet
Clyde (*écoss. anc*) 6 juin
Coline, Colleen (*angl*) 6 mars
Colinot (*bourg*) 6 décembre
Colomban (*sd*) 23 novembre
Conan, Cronan (*celt*) 28 avril
Cooper (*angl. sax*) 25 octobre
Craig (*celt*) 12 novembre
Curtis (*angl. nd*) 19 février
Cyd (*angl*) 21 août

Dallas (*angl. sax*) 9 juin
Damia (*occ*) 26 septembre
Darlene (*angl. sax*) 11 juillet
Day (*gall*) 10 juin
Deirdre (*gaél*) 25 octobre
Dewi (*br*) 1er mars
Diétrich (*als, lorr*) 11 novembre
Dieudonné (ée) (*sd*) 19 juin

Dionna,
 Dionne (*angl. sax*) 8 avril
Djamil,
 Djamila (*ar*) 13 septembre
Dogmaël, Dogmaëla,
 Dogmeel (*br*) 14 juin
Donna (*sd*) 28 décembre
Donovan (*écoss*) 17 avril
Dorian (*fr-comté*) 11 novembre
Douce (*auv*) 29 mai
Douglas (*celt*) 19 mai
Doulce (*auv*) 29 mai
Dylan (*gall*) 11 décembre

Earl, Earlene (*celt*) 18 mai
Edard (*occ*) 5 janvier
Edern, Ederna (*br*) 30 août
Edgar (*br, nd*) 8 juillet
Edwige (*nd, als*) 26 octobre
Egan (*gaél*) 8 juillet
Eileen (*nd*) 18 août
Eirlys (*gall*) 17 juillet
Elara, Eléanor (*br*) 2 mai
Eliette (*nd*) 4 juillet
Elissa (*occ*) 17 novembre
Ellen (*br*) 18 août
Elliot (*angl*) 4 juillet
Elmer (*als*) 28 août
Elton (*angl. sax*) 4 juillet
Elvis (*angl. nd*) 17 juin
Elzéar (*occ*) 27 septembre
Emilian (*sd*) 19 septembre
Enguerrand,
 Enguerrande (*nor*) 25 octobre
Enric, Enrique (*occ*) 13 juillet
Erivan (*br*) 19 mai
Ernst (*als*) 7 novembre
Errol (*angl*) 18 mai
Erwan (*br*) 19 mai
Esteban (*occ*) 26 décembre
Esteva (*sd*) 26 décembre

PRÉNOMS RÉGIONAUX ET ÉTRANGERS

Esteve *(sd)*	26 décembre
Eudelin, Eudeline *(nor)*	19 novembre
Evan *(br)*	27 décembre
Fabian, Fabiane *(sd)*	20 janvier
Fabrizia, Fabriziane *(sd)*	22 août
Falkner, Faulkner *(angl. nd)*	22 mai
Fanch *(br)*	4 oct., 24 janvier
Fanchon *(nd, pic)*	22 décembre
Fantin, Fantine *(occ)*	30 août
Farida *(ar)*	3 avril
Fassila *(ar)*	6 décembre
Faudel, Fadel *(ar)*	24 avril
Faustin *(als, lorr)*	15 février
Faustine *(als, lorr)*	15 fév., 4 janv.
Fern *(angl)*	30 mai
Ferréol *(sd)*	18 septembre
Finlay, Finley *(gaél)*	12 déc.
Fitzgerald *(angl. nd)*	13 mars
Florentin, Florentine *(sd)*	24 octobre
Florian *(occ)*	4 mai
Forester, Forest, Forrest *(germ)*	30 avril
Flour *(auv)*	4 novembre
Fortunat, Fortunata *(sd)*	23 avril
Foulques *(occ)*	22 mai
Franca *(occ)*	26 avril
France *(occ)*	22 décembre
Francine *(sd)*	22 décembre
Francis *(sd)*	4 oct., 24 janv.
Franck *(als, lorr)*	4 oct., 24 janv.
Fransez *(br)*	4 oct., 24 janv.
Franseza *(br)*	22 décembre
Franz, Frantz *(als, lorr)*	4 oct., 24 janv.
Fredrich *(als, lorr)*	18 juillet
Frida *(als, lorr)*	8 févr., 18 juil.
Fulrad *(als, lorr)*	16 juillet
Fursy *(als, lorr)*	16 janvier
Gaël, Gaela, Gaelig, Gaelle *(br)*	17 décembre
Gaïetana *(sd)*	7 août
Gaïl *(nor)*	17 décembre
Gaillarde *(sd)*	5 octobre
Galeran *(nd)*	27 février
Galia, Gallia *(occ)*	5 octobre
Gall *(als, lorr, br)*	16 octobre
Gareth, Garth *(angl. sax)*	11 août
Gaston *(occ)*	6 février
Gaubert *(sd, nd, pic)*	2 mai
Gaudens *(occ)*	16 octobre
Gauvain *(br)*	9 avril
Gaylor *(angl. nd)*	16 octobre
Gaynor *(angl. sax)*	3 janvier
Gence *(auv)*	11 décembre
Geoffrey *(sd)*	8 novembre
Gérald, Géraldy *(sd)*	13 mars
Gerbert *(als, lorr)*	15 mai
Gerebern *(als, lorr)*	15 mai
German *(sud-est)*	31 juillet
Germond *(est)*	31 juillet
Gerry *(angl)*	13 mars
Gertrude *(als)*	16 novembre
Gery, Garry *(angl. sax)*	11 août
Ghaïs *(ar)*	22 septembre
Ghislain, Ghislaine *(nd)*	9 oct.
Ginger *(gaél)*	10 octobre
Gladez *(br)*	29 mars
Glen *(gaél)*	1er septembre
Glenda *(gaél)*	29 janvier
Glwadys *(br)*	29 mars
Goar *(br)*	6 juillet
Gordon *(angl. nd)*	23 avril
Goulven *(br)*	1er juillet

PRÉNOMS RÉGIONAUX ET ÉTRANGERS

Goulwen *(br)*	1er juillet
Grady *(gaél)*	17 novembre
Graham *(angl. sax)*	11 août
Grant *(angl. nd)*	13 octobre
Grazia, Graziella, Grazilla *(sd)*	16 novembre
Gregory *(sd)*	17 novembre
Gresham *(angl. sax)*	31 juillet
Greta, Gretel, Greten *(als)*	10 juin
Grimaud, Gringoire *(sd)*	17 novembre
Gudule *(nd)*	8 janvier
Gudwal, Gudwald *(br)*	6 juin
Guenièvre *(br)*	3 janvier
Guennolé *(br)*	3 mars
Guérard, Guérarht *(als)*	3 oct.
Guilain, Guilaine, Guillain, Guillaine, Guillane *(nd)*	9 oct.
Guyenne, Guyonne *(occ)*	15 juin
Gwen *(br)*	18 octobre
Gwenaël, Gwenaela, Gwenaële, Gwenaella, Gwenaëlla *(br)*	3 novembre
Gwenda, Gwendoline *(br)*	14 octobre
Gwenfrevin, Gwenfrevine *(br)*	3 novembre
Gwenn, Gwenna, Gwennaïg *(br)*	18 octobre
Gwennaella, Gwennaëlle *(br)*	13 novembre
Gwennola *(br)*	18 octobre
Gwennolé *(br)*	3 mars
Gwennoline *(br)*	14 octobre
Gwyneth *(gall)*	18 octobre
Hadia *(ar)*	4 décembre
Hafiz *(ar)*	24 janvier
Haïla *(ar)*	18 août
Hamilton *(angl. sax)*	13 sept.
Hania *(ar)*	26 juillet
Hank *(angl. sax)*	13 juillet
Hans *(als)*	24 juin
Hansie, Hansy *(als)*	30 mai, 21 août
Harley *(angl. sax)*	2 mars
Harriet *(angl)*	17 juillet
Harris *(angl. nd)*	13 juillet
Harrison *(angl. nd)*	13 juillet
Hasna *(ar)*	26 juillet
Hassan *(ar)*	1er décembre
Hawk *(germ)*	22 mai
Hazel, Hazela, Hazeline *(angl)*	6 décembre
Hendrick *(als, lorr)*	13 juillet
Héodez *(br)*	18 novembre
Hermann *(als, lorr)*	7 avril
Hervé, Hervéa *(br)*	17 avril
Hilary *(angl. nd)*	16 décembre
Hilbert *(als, lorr)*	3 novembre
Hilda *(als, lorr)*	17 novembre
Hildebert *(als, lorr)*	27 mai
Hildebrand *(als, lorr)*	17 nov.
Hildegarde, Hildegonde *(als, lorr)*	17 sept.
Hildelitte *(als, lorr)*	3 septembre
Hildeman *(als, lorr)*	8 décembre
Hildevert *(als, lorr)*	27 mai
Hiltrude *(als, lorr)*	27 septembre
Himelin, Himelinda, Himeline *(als, lorr)*	10 mars
Hoël, Hoëla *(br)*	13 juillet
Holly *(angl)*	5 mars
Howard *(angl)*	9 août
Hugh *(gaél)*	17 novembre
Hugo *(fr-comté)*	17 novembre
Idriss *(ar)*	18 avril
Ilsa, Ilse *(scand)*	4 août
Imaya *(ar)*	29 juin
Ingonde *(als, lorr)*	2 septembre

PRÉNOMS RÉGIONAUX ET ÉTRANGERS

Irmengarde,
  Irmentrude (*als, lorr*) 4 sept.
Irving (*angl. sax*) 13 juillet
Isarn (*occ*) 24 septembre
Isaure (*nd*) 22 février, 4 octobre
Iselin,
  Iseline (*als, lorr*) 22 février
Isleen (*scand*) 18 août
Ivar, Ivor (*scand*) 23 mai
Ivon, Ivona, Ivone (*br*) 23 mai
Ivy (*angl*) 23 mai

Jack (*als*) 23 juillet
Jacotte, Jacquemine,
  Jacquine (*est*) 8 février
Jafar (*ar*) 3 avril
Jaimie (*angl*) 8 février
Jakez (*br*) 25 juillet
Jakeza (*br*) 8 février
Jamal, Jamel,
  Jamela, Jamila (*ar*) 22 déc.
James (*Béarn*) 25 juillet
Janis (*angl*) 21 août
Jans (*fl, nor*) 9 juillet
Janssen (*fl*) 9 juillet
Jaoven (*br*) 2 mars
Jarvis (*angl*) 19 juin
Jay (*angl*) 25 juillet
Jayne (*angl*) 21 août
Jenna (*angl*) 30 mai
Jezekel,
  Jezekela (*br*) 17 décembre
Joanne (*dau*) 4 novembre
Jordi (*sd*) 23 avril
Jore (*nor*) 23 avril
Joris (*angl. nd*) 23 avril
Josh,
  Joss (*angl. nd*) 13 décembre
Juan (*Pays Basque*) 28 octobre
Judicaël (*br*) 27 décembre
Jules (*sd*) 12 avril

Julia, Julie (*sud-ouest*) 22 mai
Julian (*sd*) 28 août
Juliane (*sd*) 19 juin
Jurgen (*germ*) 23 avril

Kaelig (*br*) 17 décembre
Karel, Karell (*br*) 7 novembre
Karim (*ar*) 2 mars
Kasper (*als, lorr*) 2 janvier
Katel, Katell,
  Katelle (*als*) 7 novembre
Ké (*br*) 7 octobre
Kean (*angl*) 8 octobre
Keanu (*haw*) 8 octobre
Keelan (*celt*) 1er décembre
Keïko (*jap*) 22 novembre
Keith (*écoss*) 8 octobre
Ken (*br*) 17 juillet
Kenna (*celt*) 17 juillet
Kenza (*ar*) 8 octobre
Kevin (*br*) 3 juin
Khalissa (*ar*) 9 janvier
Kineburge,
  Kineswide (*als*) 6 mars
Kira (*pers*) 5 mars
Koulma (*br*) 31 décembre
Kristell (*br*) 24 juillet
Kristen, Kristian (*br*) 12 nov.
Kristina (*br*) 24 juillet
Kyla (*gaél*) 7 octobre

Laïg (*br*) 17 décembre
Lalita (*sansk*) 8 octobre
Lana (*br*) 18 août
Lani (*haw*) 18 août
Lanz (*germ*) 10 juin
Laur (*sd*) 10 août
Lavena (*br*) 3 novembre
Lee (*angl. sax*) 25 mai
Lena (*br, occ*) 18 août
Lenaïc, Lenaïg (*br*) 18 août

PRÉNOMS RÉGIONAUX ET ÉTRANGERS

Lennon (*angl*) 23 septembre
Leu (*nd*) 29 juillet
Libby, Libye (*angl*) 17 nov.
Lidy (*als*) 13 août
Lilian (*occ*) 17 nov., 6 juil.
Lindsay (*angl. sax*) 20 octobre
Lioba (*als*) 28 septembre
Lô (*br*) 22 septembre
Lœiz (*br*) 25 août, 21 juin
Lœiza (*br*) 15 mars
Logan (*celt*) 17 février
Loïc, Loïg, Loïk,
 Loïs (*br*) 25 août, 21 juin
Loraine, Lorraine (*lorr*) 2 mai
Lorenz (*als, lorr*) 10 août
Lorenzo (*sd*) 10 août
Lothar (*germ*) 25 août
Ludovic (*sd*) 25 août, 21 juin
Ludovica (*sd*) 15 mars
Ludwig (*als*) 21 juin, 25 août

Mabel, Mabelle (*auv*) 18 octobre
Madeline (*est*) 22 juillet
Madison (*angl. nd*) 22 juillet
Madona,
 Madonna (*ital*) 22 juillet
Maël, Maëla, Maëlle (*br*) 13 mai
Mafalda (*sd*) 2 mai
Magali (*sd*) 10 juin
Mage, Magge (*occ*) 10 juin
Maggie, Maggy (*als*) 10 juin
Magneric (*occ*) 25 juillet
Mahaut, Mahault (*ouest*) 15 mars
Maïssan (*ar*) 15 août
Maïssara (*ar*) 13 juillet
Maïté (*sd, occ*) 15 août, 1er oct.
Majda (*ar*) 15 août
Majoric (*occ*) 6 décembre
Malo (*br*) 15 novembre
Malva (*occ*) 5 octobre

Malvane, Malvina,
 Malvy (*occ*) 5 octobre
Manfred (*sd*) 18 juillet
Manon (*est*) 9 juillet, 22 juillet
Mansour (*ar*) 16 janvier
Margaine (*Champagne*) 10 juin
Margalide (*occ*) 10 juin
Marganne (*Champagne*) 10 juin
Margaret (*als*) 10 juin
Margaux (*Gironde*) 10 juin
Margerie (*nor*) 10 juin
Margie (*als*) 10 juin
Margot (*centre*) 10 juin
Mari (*Nice*) 15 août, 19 janvier
Marian (*sd*) 15 août, 17 fév.
Mariannick (*br*) 15 août, 26 juil.
Marietta, Mariette (*nor*) 15 août
Marinette (*Corse*) 20 juillet
Marion (*centre, est, midi*) 15 août
Marius (*sd*) 19 janvier
Marshall (*angl. nd*) 16 janvier
Martianne (*occ*) 13 avril
Marvin (*angl. nd*) 29 août
Mary (*occ. prov*) 15 août, 19 janv.
Maryvonne (*br*) 15 août, 23 mai
Matthis (*als, lorr*) 21 septembre
Maudez (*br*) 18 novembre
Mavel,
 Mavelle (*auv*) 30 juil., 29 avril
Max (*als, lorr*) 12 mars
May (*occ*) 11 mai, 15 août
Megan, Mégane (*celt*) 10 juin
Mel (*br*) 6 février
Melle (*br*) 9 mars
Melusine (*br*) 6 février
Metge (*occ*) 10 juin
Meven, Mevena (*br*) 21 juin
Meynard (*sd*) 8 juin
Mia (*scand*) 15 août
Mieg (*Champagne*) 1er octobre

PRÉNOMS RÉGIONAUX ET ÉTRANGERS

Mikaël,		Oswald (als)	2 juillet
Mikaëla (br)	29 septembre	Othilie, Othon,	
Milicent (nor)	31 décembre	Otton (als)	2 juillet
Miranda (sd)	15 août	Otis (angl. nd)	2 juillet
Mireille (prov)	15 août	Owen,	
Morgan, Morgane (br)	13 juillet	Owena (gall)	27 décembre
Morwenna (gall)	13 juillet		
Murdoch (écoss)	8 juin	Padrig (br)	17 mars
Murray (écoss)	3 juin	Paloma (esp)	31 décembre
		Pascalin (Nièvre)	17 mars
Nahema (ar)	20 février	Pascaline (Nièvre)	17 mars
Naïg, Naïk (br)	26 juillet	Pascual (sd)	17 mars
Naïm, Naïma (ar)	20 février	Paskal (br)	17 mars
Naoura (ar)	5 octobre	Patsie, Patsy (angl)	25 août
Nedjma (ar)	11 mai	Pavlina (slv)	26 janvier
Nérys (gall)	10 novembre	Pearce, Piers (angl. nd)	29 juin
Nolwenn (br)	6 juillet	Pépita, Pépito (esp)	7 déc.
Nora, Nore (occ)	2 mai	Per, Perig (br)	29 juin
Norig (br)	2 mai	Percie ou Percy (nd)	29 juin
Norman, Normann (als)	6 juin	Perry (angl. nd)	29 juin
Nour (ar)	2 mai	Peter, Petra (als)	29 juin
Nuala (irl)	25 décembre	Pétula (angl)	19 juin
		Phelan (gaél)	6 juin
Oanez (br)	21 janvier	Pia (occ)	29 juin
Oda (br)	20 avril	Pierrick (br)	29 juin
Odette (als)	20 avril	Pieyre (occ)	29 juin
Odia,		Preston (angl. sax)	25 juin
Odiano (als)	14 déc., 20 avril	Primrose (angl)	23 novembre
Odile (als)	14 décembre	Privaël (br)	15 mai
Oliva, Olive (sd)	5 mars		
Olivier, Olivier,		Quillan,	
Ollivier (sd)	12 juillet	Quillian (gaél)	13 novembre
Omar, Omer (nd)	9 septembre	Quincy (angl)	31 octobre
Onawa (amér)	27 août		
Onnen (br)	9 septembre	Rachid, Rachida (ar)	7 janv.
Orlando (sd)	15 septembre	Rainier, Raynier (sd)	17 juin
Orsa,		Raled, Khaled (ar)	21 juin
Orsanne (angl. nd)	20 déc.	Rambert (sd)	13 juin
Orson (angl. nd)	20 décembre	Ramon (occ)	7 janvier
Ortolana (sd)	12 août	Ramsay,	
Osanna, Osanne (nor)	21 août	Ramsey (angl. sax)	7 janvier

PRÉNOMS RÉGIONAUX ET ÉTRANGERS

Ramuntcho (*occ, basque*) 7 janv.
Rauline (*nd*) 21 juin
Ray (*centre, midi*) 7 janvier
Régis (*sd*) 16 juin
Reinelda, Reinilde (*als*) 16 juillet
Reinhardt (*als*) 12 novembre
Renald, Reynaldo (*als*) 7 mai
Renata,
    Renate (*occ*) 12 novembre
Renaud,
    Renaude (*nd*) 17 septembre
Reynold (*als*) 7 janvier
Rieul (*br*) 3 septembre
Rodney (*angl*) 1er juin
Rodolph (*als*) 21 juin
Rolf, Rolph (*angl. sax*) 21 juin
Roman, Romane (*occ*) 28 fév.
Romaric (*occ*) 10 décembre
Romary (*sd*) 10 décembre
Ronald (*als*) 7 mai
Ronan (*br*) 1er juin
Rosa (*sd*) 23 août
Roseind (*als*) 11 mars
Rowan,
    Rowana (*angl. nd*) 3 novembre
Roy (*centre-ouest*) 16 juin
Rozenn (*br*) 23 août
Rumwald (*als*) 3 novembre
Rupert (*als*) 29 mars
Russel (*angl. nd*) 18 décembre
Ruth (*als*) 29 mars
Ryan (*irl*) 16 juin

Saadi, Saadia,
    Sadia (*ar*) 26 février
Sabrina (*occ*) 16 septembre
Saby (*occ*) 5 juin
Sadira (*pers*) 20 mars
Saïd, Saïda (*ar*) 26 février
Salama, Salim, Salima (*ar*) 22 avril
Salby (*sd*) 10 sept., 1er sept.

Sally (*angl*) 13 juillet
Salvator, Salvatore (*occ*) 18 mars
Salvé, Salve (*sd*) 11 janvier
Salvia, Salviana, Salviane,
    Salvina (*occ*) 11 janv., 1er sept.
Samara, Samir,
    Samira (*ar*) 20 août
Sammie, Sammy (*angl*) 20 août
Sans, Sanz (*Gascogne*) 5 juin
Santiago (*esp*) 25 juillet
Savine (*Calvados*) 30 janvier
Scott (*angl. sax*) 12 novembre
Sean (*gaél*) 27 décembre
Sébastian,
    Sébastiane (*occ*) 20 janvier
Sérénic (*occ*) 7 mai
Sernin (*occ*) 29 novembre
Servan, Servana,
    Servane (*br*) 1er juillet
Seymour (*angl. nd*) 15 janvier
Shane, Shannen,
    Shannon (*irl*) 27 décembre
Shani (*afr*) 25 juin
Sheila, Shelah,
    Sheela (*irl*) 22 novembre
Shelley (*angl. sax*) 22 novembre
Shona (*angl. nd*) 27 décembre
Sibert (*Rhône*) 1er février
Sigfrid, Siegfried (*als*) 15 février
Silvan, Silvana (*sd*) 17 février
Sly (*angl. nd*) 26 novembre
Soizic (*br*) 22 décembre
Solly (*angl. nd*) 25 juin
Spencer
    (*angl. sax*) 28 septembre
Stacey, Stacie,
    Stacy (*angl*) 15 avril
Stephan (*als*) 26 décembre
Steve (*occ*) 26 décembre
Steve, Steven,
    Stevie (*angl*) 26 décembre

PRÉNOMS RÉGIONAUX ET ÉTRANGERS

Störr (*scand*) — 26 décembre
Stuart (*angl. sax*) — 11 avril
Sullivan, Sully (*angl. nd*) — 4 mai
Suzel, Suzelle (*als*) — 11 août

Tallulah (*amér*) — 9 février
Tancrède (*nor*) — 15 juin
Tanguy (*br*) — 19 novembre
Taylor (*angl. nd*) — 9 février
Tennyson (*angl. nd*) — 8 avril
Théobald (*als*) — 27 juillet
Thibaud (*ouest*) — 27 juillet
Thibert (*bourg*) — 27 juillet
Thierry (*pic*) — 1er juillet
Thomassia (*occ*) — 28 janvier
Tiphaine, Typhaine (*sd*) — 10 novembre
Tony (*sd*) — 13 juin
Trévor (*gall*) — 3 octobre
Tristan (*br*) — 19 mai
Troy (*angl. nd*) — 16 juin
Trudie, Trudy (*als*) — 17 mars
Tyrone (*irl*) — 11 juin

Ubald (*occ*) — 16 mai
Ugo (*fr-comté*) — 17 novembre
Ulmer, Ulric, Ulrica, Ulrich (*als*) — 10 juillet
Urbain (*sd*) — 25 mai
Uriella, Urielle (*br*) — 1er octobre

Valens (*sd*) — 14 février
Valère (*sd*) — 14 juin
Valéry (*sd*) — 1er avril
Valière, Vallière (*bourb*) — 28 avril
Valma (*gall*) — 24 mars
Valory (*angl*) — 1er avril
Vaneng (*nd*) — 9 janvier

Vera (*sud, sud-ouest*) — 1er sept.
Véran (*sd*) — 11 novembre
Vérana, Vérane (*sd*) — 1er septembre
Vivian (*sd*) — 2 déc., 28 août
Viviane (*br*) — 2 décembre
Vivien (*sud-ouest*) — 28 août

Wakefield (*angl. sax*) — 15 février
Walbert, Walberte (*als*) — 2 mai
Walburge (*als*) — 25 février
Wallace, Wallis, Wallys (*écoss*) — 2 mai
Walter (*als*) — 9 avril
Wanda, Wandrille (*nd*) — 22 juillet
Warren (*angl. sax*) — 19 avril
Wendoline (*gall*) — 14 octobre
Werner (*als*) — 19 avril
Wesley (*angl. sax*) — 28 mai
Whitney (*angl. sax*) — 6 janvier
Wibert (*sd*) — 3 août
Wilhelm, Wilhelmine (*als*) — 28 mai
Willa, Wilma (*germ*) — 28 mai
Winona (*amér*) — 3 novembre
Wolf (*germ*) — 31 octobre
Wynne (*gall*) — 18 octobre

Xavier (*basque*) — 3 décembre

Yann (*br*) — 27 décembre
Yanna (*br*) — 30 mai, 21 août
Yannick, Yannig (*br*) — 27 déc.
Yola (*germ*) — 11 juin
Yves, Yvon, Yvonne (*br*) — 23 mai

Zane (*scand*) — 21 août
Zara (*ar*) — 13 juillet

PRÉNOMS MYTHOLOGIQUES

▼

Adam	2 mai	Circé	24 juillet
Adrastéa	9 janvier	Cléothéra	9 juillet
Aéropé	25 janvier	Clio	9 juillet
Aesa	22 février	Cloélia	9 juillet
Aesane	22 février	Cynthia ou Cynthie	1er février
Aethalia	7 oct., 10 nov.	Cythéréa	30 avril
Aethalie	7 oct., 10 nov.		
Agenor	11 octobre	Dalila	9 juin
Aglaé	5 octobre	Damia	26 septembre
Aglaéa	5 octobre	Dana	11 décembre
Aglaïa	5 octobre	Danae	11 décembre
Aglaïane	5 octobre	Daphné	5 octobre
Akasha	31 mars	Délia	9 juin
Amalthée	5 janv., 10 nov.	Déliane	9 juin
Amarynthe	9 juin	Délie	9 juin
Antéïa	18 avril	Diamanta	2 mai
Antia	18 avril	Diane	9 juin
Aphrodise	30 avril	Dione	6 juillet
Aphrodite	30 avril		
Ariane	18 septembre	Egéria	10 novembre
Atalante	10 mars	Egérie	10 novembre
		Egina	10 novembre
Batia	30 janvier	Egine	10 novembre
Batiane	30 janvier	Electra	10 novembre
Baucis	7 novembre	Electre	10 novembre
		Erinna	28 juin
Calliope	7 avril	Eris	18 mai
Calypso	14 octobre	Eudora	19 nov.
Cassandra, Cassandre	20 mars	Europe	10 oct., 25 janv.
Chloé	9 juillet	Euryalé	10 octobre
Chloris	9 juillet	Eurydice	20 novembre
		Evadné	6 septembre

▲

PRÉNOMS MYTHOLOGIQUES

Gaïa	22 septembre	Lacinia	13 décembre
Galatée	5 octobre	Lamé ou Lamée	
Galéata	5 octobre	ou Lamie	17 septembre
		Lamia	17 septembre
Harmonia	6 février	Lanassa	18 août
Harmonie	6 février	Laodamie	14 décembre
Hébé	10 novembre	Laodice	14 décembre
Hector	21 juillet	Laothéa	8 octobre
Hélicé	18 août	Lara	10 novembre
Hellé	18 août	Larentia	19 octobre
Héra	20 mars	Latonia	8 octobre
Hercule	20 mars	Lavinia	3 novembre
Hermione	28 août	Léda	18 août
Hersé	28 août	Levana	3 novembre
Hersilia	28 août	Ligéa	10 novembre
Hostilia	10 novembre	Lima	10 novembre
Hostilina	10 novembre	Liriopé	10 novembre
		Luna	10 novembre
Iaera	10 novembre		
Ialména, Ialmène	4 août	Maïa	15 août
Ianthé	3 janvier	Matuta	21 sept., 7 mai
Idaéa	4 septembre	Mélia	31 décembre
Idaïa	4 septembre	Mélie	31 décembre
Idalie	4 septembre	Mélissa	10 novembre
Idye	4 septembre	Menthé	5 octobre
Ilia	4 août	Méropé	10 novembre
Iliona	4 août	Mézence	1er janvier
Ilioné	4 août	Minthé	5 octobre
Io	4 août	Moïra	13 juill., 13 nov.
Iolé	4 août	Myrrha	5 octobre
Iphigénie	9 juillet		
Iris	4 septembre	Naïs	10 novembre
Issé	10 novembre	Nana	10 novembre
		Naria	26 octobre
Jana	9 juin	Nausicaa	25 juill., 3 sept.
Jason	12 juillet	Neis	10 novembre
		Noria	25 octobre
		Nundina	2 mars
Kora	7 novembre		
Koré	7 novembre	Oreste	1er mai

PRÉNOMS MYTHOLOGIQUES

Orna, Ornée	4 octobre	Tanaquil	12 janvier
Orseis	10 novembre	Tatia	12 janvier
		Tatiane	12 janvier
Palladia	8 octobre	Temessa	1er octobre
Pallas	8 octobre	Thalia ou Thalie	8 octobre
Palmyre	5 octobre	Théia	8 octobre
Pasiphaé	10 novembre	Théophané	27 décembre
Pénélope	18 août	Théophania	27 décembre
Perséphone	7 novembre	Théophanie	27 décembre
Psyché	10 novembre	Thétis ou Thétys	10 novembre
		Thisbé	17 novembre
Rhoda ou Rhode	10 novembre	Timandra	19 avril
Seia	10 novembre		
Séléna ou Séléné	18 août	Vallonia	22 octobre
Silla	10 novembre	Victa	17 novembre
Stilbé	10 novembre		
Syrna	7 janvier	Xanthé	3 décembre

PRÉNOMS ÉCOLOGIQUES

▼

Abélia	5 octobre	Azza	6 décembre
Acanthe	31 mars		
Aechmea	5 octobre	Bahia	30 janvier
Africa	5 août	Bee	6 septembre
Alban	22 juin	Benoîte	16 mars, 5 octobre
Albane	22 juin	Bergamote	5 octobre
Alizé	9 janvier	Béryl	29 juin
Allamanda	5 octobre	Bianca	3 octobre
Althéa	5 octobre	Blanca	31 mai, 3 oct.
Alysse	5 octobre	Blanche	3 octobre
Amaryllis	5 octobre	Blanda	31 mai
Ambre	29 juin	Blandine	2 juin
Ambroisie	7 décembre	Britannia	1er mai
Améthyste	29 juin		
Anémone	5 octobre	Calédonie	1er juillet
Aneth	5 octobre	Candida	3 octobre
Angelica	5 octobre	Candide	3 octobre
Angélique	5 octobre	Candie	3 octobre
Aphélandra	5 octobre	Candy	3 octobre
April	9 juillet	Cannelle	5 octobre
Aster	5 octobre	Capucine	5 octobre
Astéria	5 octobre	Célosie	5 octobre
Astérina, Astérine	5 octobre	Cerise	5 octobre
Aube	1er mars	Chiona	3 avril
Aubépine	5 octobre	Chioné	3 avril
Aulne	5 octobre	Chloris	9 juillet, 10 novembre
Aurore	20 octobre	Christal, Chrystal	24 juillet
Avelaine	29 avril	Circé	24 juillet
Avelina, Aveline	29 avril	Clair	4 novembre
Azalée, Azaléa	6 décembre	Claire	11 août
Azami	6 décembre	Clara	11 août
Azur	2 juillet	Clarence	26 avril

PRÉNOMS ÉCOLOGIQUES

Clarent	26 avril	Florent	4 juillet
Clarinda, Clarinde	11 août	Florentia	1er décembre
Clémentine	21 mars	Florentin	24 octobre
Cléome	5 octobre	Florentine	24 octobre
Clivia	9 juillet	Florestan	24 octobre
Coline, Colleen	6 mars	Florette	24 novembre
Colomba	31 décembre	Florian	4 mai
Colomban	23 novembre	Floriane	4 mai
Colombe	31 décembre	Floribert	27 avril
Colombine	31 décembre	Florine	1er mai
Corail	12 décembre	Fougère	2 septembre
Coraline	12 décembre	Forester, Forest,	
Cornaline	29 juin, 16 sept.	Forrest	3 décembre
Dahlia	5 octobre	Frumence	27 octobre
Daisy	10 juin		
Dalia	5 octobre	Gaillarde	5 octobre
Daliane	5 octobre	Galane	5 octobre
Daphné	5 octobre	Geilana	5 octobre
Dawn	20 octobre	Gemma	11 avril
Deutzia	5 octobre	Gemmie	11 avril
Diamanta	2 mai	Gentiane	5 oct., 11 déc.
Dune	11 décembre	Ghaïs	22 septembre
		Gilia	5 octobre
Eartha	22 septembre	Ginger	10 octobre
Eglantine	5 octobre	Glen	1er septembre
Eirlys	17 juillet	Greta	10 juin
Emeraude	29 juin	Gretel	10 juin
Esméralda	29 juin	Greten	10 juin
Estrella	11 mai	Gwen	18 octobre
Etoile	11 mai	Gwenaël	3 novembre
Evette	6 septembre	Gwenaëla, Gwenaële	3 nov.
		Gwenaëlla, Gwenaëlle	3 nov.
Faye	1er août	Gwenda,	
Fern	30 mai	Gwendoline	14 octobre
Fleur	5 octobre	Gwenn, Gwenna	18 octobre
Fleuret	4 novembre	Gwennaella	3 novembre
Fleurette	4 novembre	Gwenaelle	3 novembre
Flora	24 novembre	Gwennaïs	18 octobre
Flore	24 novembre	Gwennola	18 octobre
Floraine	24 novembre, 1er mai	Gwennolé	3 mars
Florence	1er décembre	Gwennoline	14 octobre

PRÉNOMS ÉCOLOGIQUES

Haïla	18 août
Hazel, Hazela, Hazeline	6 décembre
Hersé	28 août
Hersilia	28 août
Hiacynthia	17 août
Himalaya	10 mars
Holly	5 mars
Honey	5 octobre
Hyacinthe	17 août
Ila, Ile, Ilean, Iléana, Iléane	4 août
Iris	5 oct., 4 sept.
Iscia	5 octobre
Isciane	5 octobre
Isione	5 octobre
Iver	23 mai
Jacinthe	5 octobre
Jade	29 juin
Jafar	3 avril
Jasmin	5 octobre
Jasmina ou Jasmine	5 octobre
Kira	5 mars
Lani	18 août
Lanz	10 juin
Lee	25 mai
Leith	25 mai
Liane	25 mai, 22 mars
Libye, Libby	17 novembre
Lila ou Lilas	5 octobre
Lilith	6 septembre
Lis	5 octobre
Lotus	5 octobre
Loup	29 juillet
Louve	29 juillet
Lyla	5 octobre
Lys	5 octobre
Malva	5 octobre
Malvane	5 octobre
Malvina	5 octobre
Malvy	5 octobre
Margaine	10 juin
Margalide	10 juin
Marganne	10 juin
Margaret	10 juin
Margarita	10 juin
Margaux	10 juin
Margerie	10 juin
Margie	10 juin
Margot	10 juin
Marguerite	10 juin
Mari, Maria, Marian, Marie	15 août
Marina, Marine	20 juillet
Marjolaine	5 octobre
Mauve	5 octobre
May	11 mai, 15 août
Mélissa	10 novembre
Menthé	5 octobre
Miel	6 février
Minthé	5 octobre
Mirabel ou Mirabelle	5, 15 août
Muguette	17 novembre
Myrrha	5 octobre
Myrtéa	5 octobre
Myrtille	5 octobre
Naïs	10 novembre
Nanda	5 octobre
Nandina	5 octobre
Narcisse	29 octobre
Nymphéa	10 novembre
Opale	29 juin
Orchidéa ou Orchidée	5 oct.
Paloma	31 décembre
Palmyre	5 octobre

PRÉNOMS ÉCOLOGIQUES
▼

Pâquerette	5 octobre
Pearl	29 juin
Perle	29 juin
Perlette	29 juin
Pervenche	5 octobre
Phelan	6 juin
Phyllis	6 juin
Porphyra	26 février
Porphyre	26 février
Primrose	23 août
Prunelle	5 octobre
Réséda	5 octobre
Rosa	23 août
Rosalba, Rosalbanne	23 août
Rosalia, Rosalie	23 août
Rosalinde	23 août
Rosamonde	23 août
Rosanna	23 août
Rosée	23 août
Roseline	17 janvier
Rosemarie ou Rosemary	23 août
Rosemonde	23 août
Rosetta, Rosette	23 août
Rosie	23 août
Rosine, Rosita, Rosy	23 août
Rozenn	23 août
Rubis ou Ruby	29 juin
Russel	18 décembre
Sadira	20 mars
Sanséviéra	5 octobre
Santoline	5 octobre
Saphir ou Saphire	29 juin
Savannah	10 septembre
Sélénan, Séléné	18 août
Sly	26 novembre
Sophora	5 octobre
Stella	11 mai
Sullivan, Sully	4 mai
Swann, Swanny, Swein, Swenn	26 sept.
Sylphide	5 novembre
Sylvain	4 mai
Sylvaine, Sylvana	4 mai
Sylvestre	31 décembre
Sylvette, Sylviane	5 novembre
Sylvia, Sylvie	5 novembre
Symphorine	5 octobre
Tallulah	9 février
Tiara ou Tiaré	5 octobre
Tigre	12 janvier
Tilia	5 octobre
Tillandsia	5 octobre
Valériane	5 octobre
Valma	24 mars
Vanille	5 octobre
Venise, Venetia	9 janvier
Viola	5 octobre
Violaine	5 octobre
Violetta	5 octobre
Violette	5 octobre
Weigela	5 octobre
Wendoline	14 octobre
Wolf	31 octobre
Wynne	18 octobre
Xenia	5 octobre
Yasmine	31 mai
Zéphir, Zéphire	20 décembre
Zillah	2 mai
Zinnia	5 octobre

Caractères généraux des SIGNES ZODIACAUX

Le Bélier

21 mars – 19 avril
signe de Mars, signe de feu

Animal : l'aigle. **Végétal** : le cèdre. **Minéral** : le fer, l'or, la chrysolite. **Couleurs** : le jaune, l'orange, le blanc. **Parfums** : les résines, le santal. **Traits de caractère** : activité, émotivité, improvisation, passion, instabilité, énergie, rancune, colère.

Le Taureau

20 avril – 20 mai
signe de Vénus, signe de terre

Animal : le bœuf. **Végétal** : la fève. **Minéral** : le rubis, le jais. **Couleurs** : le rouge foncé, l'orangé. **Parfums** : lourds et capiteux. **Traits de caractère** : réalisme, persévérance, fierté, avidité, sensualité, instinct de possession.

Les Gémeaux

21 mai – 20 juin
signe de Mercure, signe d'air

Animal : la fouine. **Végétal** : le coquelicot. **Minéral** : le jaspe, le lapis-lazuli. **Couleurs** : bleu, vert cru, blanc. **Parfums** : l'ambre. **Traits de

caractère : activité, éloquence, fantaisie, égoïsme, aisance, appétit de vivre, superficialité.

Le Cancer

21 juin – 21 juillet
signe de Neptune, signe d'eau

Animal : le poisson. **Végétal** : le jonc. **Minéral** : l'albâtre, la perle. **Couleurs** : couleurs pâles. **Parfums** : chèvrefeuille. **Traits de caractère** : passivité, rêverie, instabilité, sensibilité, imagination, caprice.

Le Lion

22 juillet – 22 août
signe du Soleil, signe de feu

Animal : le cheval. **Végétal** : le tournesol. **Minéral** : l'or, le saphir. **Couleurs** : rouge éclatant, violet. **Parfums** : l'encens. **Traits de caractère** : générosité, force, volonté, gravité, peu créatif, fidélité.

La Vierge

23 août – 22 septembre
signe de Mercure, signe de terre

Animal : la fourmi. **Végétal** : le noisetier. **Minéral** : la turquoise, l'agate. **Couleurs** : le bleu, le blanc. **Parfums** : fleuris ou boisés. **Traits de caractère** : sens du devoir, fidélité, réserve, tempérament anxieux, dévouement.

La Balance

23 septembre – 22 octobre
signe de Vénus, signe d'air

Animal : le mouton. **Végétal** : le palmier. **Minéral** : le cuivre, l'onyx. **Couleurs** : les pastels. **Parfums** : aromatiques. **Traits de caractère** : douceur, bonté, superficialité, versatilité, sensualité.

Le Scorpion

23 octobre – 21 novembre
signe de Mars, signe d'eau

Animal : le chien. **Végétal** : le chêne. **Minéral** : le fer, la chrysolite. **Couleur** : rouge. **Parfum** : le musc. **Traits de caractère** : sens des réalités, opiniâtreté, individualisme, intolérance, autoritarisme, grande force de travail.

Le Sagittaire

22 novembre – 22 décembre
signe de Jupiter, signe de feu

Animal : le cerf. **Végétal** : arbres fruitiers. **Minéral** : or, cuivre, sardoine. **Couleurs** : jaune, orange. **Parfum** : cuir de Russie. **Traits de caractère** : intelligence, énergie, sensibilité, nature colérique, amour des mondanités.

SIGNES ZODIACAUX

Le Capricorne

23 décembre – 19 janvier
signe de Saturne, signe de terre

Animal : la chouette. **Végétal** : le cyprès. **Minéral** : l'améthyste, le rubis. **Couleurs** : couleurs foncées. **Parfums** : entêtants. **Traits de caractère** : froideur, gravité, réserve, rêverie, pessimisme, nature rancunière, profondeur, force de travail.

Le Verseau

20 janvier – 19 février
signe d'Uranus, signe d'air

Animal : le chien. **Végétal** : le peuplier. **Minéral** : la turquoise, l'émeraude. **Couleurs** : intermédiaires. **Parfum** : vétiver. **Traits de caractère** : complexité, versatilité, générosité, rêverie, solitude.

Les Poissons

20 février – 20 mars
signe de Jupiter, signe d'eau

Animal : le cheval. **Végétal** : le fenouil. **Minéral** : l'argent, l'étain. **Couleurs** : jaune, rouge, violet. **Parfum** : citronnelle. **Traits de caractère** : égoïsme, manque d'assurance, versatilité, sensualité, esthétisme, passion, instinct de jouissance.

BIBLIOGRAPHIE

LA VIE DES SAINTS ET DES BIENHEUREUX SELON L'ORDRE DU CALENDRIER –, par les Révérends Pères Bénédictins de Paris, 13 volumes 1935-1959. Réf. : 8° H 8953 (1-13) (Bibliothèque nationale).

LA VIE DES SAINTS POUR TOUS LES JOURS DE L'ANNÉE –. Paris 1737 (collection privée).

DICTIONNAIRE HISTORIQUE DES SAINTS –. Dir. John Coulson, New York Howthorn books 1958, édition française 1964, S.E.D.E. (collection privée).

VIE DES SAINTS ILLUSTRÉE POUR CHAQUE JOUR DE L'ANNÉE –. P. Giry 1880. Réf. : 4° H 88 in-8° (Bibliothèque nationale).

CHOIX DE PRÉNOMS BRETONS –. Gwennolé le Menn, Puf de Bretagne, Saint-Brieuc, 1971.

PRÉNOMS CHRÉTIENS (*a list of Christian names*) –. Washington Government Printing Office 1920. Réf. : C 1538 (8), (Bibliothèque Sorbonne).

THE OXFORD DICTIONARY OF ENGLISH CHRISTIAN NAMES –. Oxford Clarendon Press 1945 (E9) Withycombe. Réf. : L 2 640 in-12, (Bibliothèque Sorbonne).

PRÉNOMS ESPAGNOLS (*Die Hypokoristischen formen der neuspanischen vornamen*) –. Joseph Statmann-Köln c Vleugels 1935. Réf. : Cologne 1935 (38) in-8° (Bibliothèque Sorbonne).

PRÉNOMS FÉMININS FRANÇAIS (*Uber Einige Französiche Frauennamen Hala as M. Niemayer 1895*) –. Mélanges Tobler (Adolph), p. 180-209. Réf. : LPF 223 in-8° (Bibliothèque Sorbonne).

LE WHO'S WHO DE LA MYTHOLOGIE –. Michaël Grant et John Hazel, éditions Seghers 1975 (collection privée).

DICTIONNAIRE ÉTYMOLOGIQUE DES NOMS DE FAMILLE ET PRÉNOMS DE FRANCE –. Albert Dauzat, Paris, Larousse, 1955. Réf. : L 7230 in-8° (Bibliothèque Sorbonne).

BIBLIOGRAPHIE

▼

DICTIONNAIRE ÉTYMOLOGIQUE DE LANGUE FRANÇAISE –. Albert Dauzat, Jean Dubois, Henri Mitterand, Paris, Larousse, 1938. Réf. : L 5881 in-12° (Bibliothèque Sorbonne).

DICTIONNAIRE DE LATIN : GAFFIOT.

DICTIONNAIRE DE GREC : BAILLY.

Pour ce qui concerne les législations :

Revue de l'administration et du Droit Administratif de la Belgique, 117ᵉ année, tome C X 11.

Imprimerie Dioncre 602-602 a, Chaussée de Boondael, Bruxelles 6 1970.

Je remercie Mme Marie-Pierre Guichoux-Floc'h pour ses précieux renseignements concernant les prénoms bretons.

TABLE

Présentation 7

4 000 PRÉNOMS D'HIER, D'AUJOURD'HUI ET D'AILLEURS 15

SAINTS THAUMATURGES 357

SAINTS PATRONS DES MÉTIERS ET CORPORATIONS 359

PRÉNOMS COMPOSÉS FÉMININS 361

PRÉNOMS COMPOSÉS MASCULINS 369

CLASSIFICATION DES PRÉNOMS
SELON LEUR ORIGINE :
- prénoms de l'Antiquité 377
- prénoms du Moyen Âge 391
- prénoms modernes 411
- prénoms régionaux et étrangers 420
- prénoms mythologiques 430
- prénoms écologiques 433

CARACTÈRES GÉNÉRAUX DES SIGNES ZODIACAUX 437

Bibliographie 441

Composition réalisée par NORD COMPO

Imprimé en France sur Presse Offset par

BRODARD & TAUPIN

GROUPE CPI

La Flèche (Sarthe).
N° d'imprimeur : 12920 – Dépôt légal Édit. 19824-05/2002
LIBRAIRIE GÉNÉRALE FRANÇAISE - 43, quai de Grenelle - 75015 Paris.
ISBN : 2 - 253 - 16588 - 3

31/6588/3